独立学院与产品供给

——诸方博弈及市场运作

张　震　祝小宁　著

科学出版社

北京

内 容 简 介

本书从公共管理、博弈论和经济学三个视角对独立学院进行研究。根据公共管理理论对独立学院的产品属性给予准确界定，高等教育的市场化运作是独立学院得以存在和发展的前提。而博弈论在众多学科中都有广泛应用。独立学院在办学过程中除了要兼顾各方的利益，还要实现自身的健康发展；而要维持独立学院的正常运行，则离不开对其作为产品的运作分析和成本分析。此外，本书介绍国外私立高校对我国独立学院的经验借鉴。

本书可以作为公共管理专业的大学生、硕士生的教材和参考书；也可以作为行政人员、事业单位人员和关心独立学院发展的相关人员的信息指南。

图书在版编目(CIP)数据

独立学院与产品供给：诸方博弈及市场运作 / 张震，祝小宁著. —北京：科学出版社，2015.11
ISBN 978-7-03-046480-4

Ⅰ.①独… Ⅱ.①张… ②祝… Ⅲ.①高等学校-学校管理-研究-中国 Ⅳ.①G647

中国版本图书馆 CIP 数据核字 (2015) 第 282675 号

责任编辑：杨 岭 于 楠／责任校对：陈会迎
责任印制：余少力／封面设计：墨创文化

科 学 出 版 社 出版
北京东黄城根北街16号
邮政编码：100717
http://www.sciencep.com

成都创新包装印刷厂印刷
科学出版社发行 各地新华书店经销
*
2015 年 12 月第 一 版 开本：787×1092 1/16
2015 年 12 月第一次印刷 印张：20 1/2
字数：520 千字
定价：108.00 元

序　言

一

独立学院在我国高等教育领域，是继公办高校（普通本科高校）和民办高校之后所出现的一种新的办学机制或办学模式。它的产生有其特定的历史背景，是我国高等教育从"精英教育"走向"大众教育"的特殊产物。自改革开放以来，随着经济的发展、社会的进步、生活水平的提高，原来的"精英教育"已经不能满足我国社会经济发展的需要，也不能满足人民群众对高等教育，尤其是优质高等教育（亦即"本科教育"）的需求。虽然国家对高等教育的投入不断加大，但还是难以满足大众化阶段高等教育迅猛发展的需要，庞大的高等教育经费成为政府难以承受的巨额财政负担，我国高等教育一直受制于教育经费严重投入不足。同时，随着社会经济、科学技术的发展，我国高等教育的规模越来越大，尽管经过 10 年的扩招，在校生规模已经达到 2700 万人，高等教育毛入学率达 24％，但在今后一段时期内如果继续保持这样高的录取率和在校生规模，我国高等教育将面临很大的压力。而新的形势势必要求高等教育进一步加快发展，加快发展又将受到国民经济发展总体水平和国家财政实力的制约。以前我国高等教育扩招所走的内涵式发展道路，囿于公办高校（普通本科高校）的潜力已经充分发挥，只能寻求走高等教育扩招的外延式发展道路。独立学院和它之前的民办高校正是借此应运而生的，它们共同构成了推进高等教育大众化的基础，使人民群众有了更多接受高等教育、获取更高人生收益的机会。无论从就业机会看还是从薪酬看，受过更高层次教育的人就业机会总是更好，如果是国家紧缺的专业则会有更多的就业选择和更高的薪酬。正是在这样的求学者自身和社会需求双重驱动的背景下，1999 年出现了以新的机制和模式试办的独立学院，这在一定程度上缓解了政府对高等教育投入不足、公办高等院校扩容有限和人民群众追求优质高等教育的问题。自产生之日起，独立学院就依托母体公办高校，享受到较好的教学资源，同时又集社会力量办学的热情，以及民营机制所具有的活力和民间资本所带来的资金，使其能够适应高等教育自身发展和社会需求而得到快速发展。政府也陆续出台了一些对其进行规范管理的规章制度，为独立学院的发展壮大提供了政策保障。但是，目前各地独立学院的发展却遇到了诸多问题，这些问题不仅来自独立学院内部，也来自社会各方的阻碍与牵制。独立学院的深入发展问题越来越受到国家或社会的关注。

二

现实问题必然会引起学界关注，何况独立学院这类事关国计民生的大事。从目前关于独立学院研究的文献来看，无论是数量上还是质量上都取得了较丰富的成果，梳理起来有以下几方面。就研究特色而言，研究主题从宏观到微观，研究内容由单一向多样，但研究方法比较陈旧。就宏观研究而言，主要集中在独立学院的概念厘定、法律地位、产权归属、政府定位和生存发展等诸多方面。就微观研究而言，主要集中在独立学院的人才培养目标、内部运行机制、内部治理机制和师资队伍建设等诸多方面。不可否认，这些研究成果为独立学院的后续研究做了有益的知识储备，但也应看到，对独立学院的研究还需要在以下几个方面继续努力。就关系思维而言，独立学院发展中产生的各种问题，多半由各种内部关系（即独立学院与母体高校、独立学院与投资方、独立学院与董事会和独立学院教师与学生）和外部关系（即独立学院与政府部门、独立学院与普通高校、独立学院与职业技术学院和独立学院与民办高校）没有处理到位所致。无论何种关系，独立学院与众多主体之间都存在着博弈关系，都要追求各方利益的最大化，博弈的结果对于独立学院自身发展及其社会效益都有着重要的影响，凸现出关系思维的重要性。就区域比较而言，从目前独立学院的发展态势来看，独立学院发展的区域特点非常明显，如何在关注区域独立学院发展的真实境遇基础上，展开区域间独立学院发展的比较研究，继而分析和总结我国区域高等教育的发展模式，同样是一个非常有意义的课题。就研究视角而言，独立学院作为一种新的组织形式，是在现有制度的空隙中生长出来的，面临着诸多问题。对独立学院的研究不可能通过单一的视角就能够分析清楚，需要进行多视阈综合关照下的独立学院研究。鉴于此，我们认为，关系思维是后续在关注独立学院问题时应当引起重视的。但从现有研究成果看，若仅仅关注独立学院内外关系的某一面，就会缺乏内部关系的外部延展或外部关系的内部投射，研究者需要跳出孤立审视独立学院关系的研究范式，全方位把握独立学院的发展脉络。本书在此方面力求作出尝试。区域比较也是后续关注独立学院问题时应当引起重视的，但从现有研究成果看，在区域比较上仍处于较低水平，开展进一步研究的空间很大。在国外也存在与独立学院相类似的高等教育主体，在其发展中积累了不少成功的办学经验，值得借鉴，本书力求作出尝试。研究视角也是后续关注独立学院问题时应当引起重视的，但从现有研究成果看，尽管已呈现多视阈研究的初步特点，但各视角之间的相互沟通却显得比较欠缺，应当加强公共管理理论、博弈论和公共经济等多视阈综合关照下独立学院研究，本书力求作出尝试。

三

文献综述的梳理，目的是发掘研究价值。本书在对现有研究成果数据的挖掘、梳理、分析中，寻找到"关系思维"、"区域比较"、"研究视角"是后续研究独立学院的着力点，并致力于把三者综合起来加以关注，以"独立学院产品供给中诸方利益博弈及其市场运作研究"为选题，经过对选题的进一步打磨，提炼"独立学院与产品供给——诸方博弈及市场运作"为现有选题。围绕选题，本书分为六部分，八章布局。第一部分（亦即第一章）：绪论，阐述选题立论意义、梳理选题研究现状和介绍选题理论依据，为研究的展开作承前介绍。第二部分（亦即第二、第三章）：公共产品供给，是公共经济的重要内容，分别涉及供给主、客体，在供给主体中关注公共产品供给主体（亦即"西方政府再造和中国行政体制改革")、介绍基础教育(primary education)和高等教育供给者情况，在供给客体中厘定公共产品供给客体、介绍基础教育和高等教育被供给者情况，为研究的展开作前期铺垫。第三部分（亦即第四章）：演进历程，独立学院自出现至今中央政府、母体高校和投资方居功至伟，究竟怎样参与（历程），应该扮演何种角色（干系人），怎样才能成为一种新的办学模式或机制（"优""独""民"），正是本部分的目的所在。第四部分（亦即第五章）：关系博弈，在独立学院发展中，存在着"独立学院与母体高校、独立学院与投资方、母体高校与投资方"的内部关系和"独立学院与政府部门、独立学院与本科高校、独立学院与职业技术学院"的外部关系，基于各自利益的不同，在关系中存在着博弈，独立学院要生存、求发展，就要寻求博弈均衡点。第五部分（亦即第六章）：经验借鉴，独立学院作为一种高等教育办学模式，在国外有类似情形，如美国社区学院、英国伦敦大学和印度附属学院，尽管与我国国情不同、体制不同、措施不同，但对推进高等教育大众化有可借鉴的经验。第六部分（亦即第七、第八章）：市场运作，是独立学院作为产品市场化的重要内容，分别涉及"产品定性、产品投资、产品收益"的运作分析和"资源配置、成本构成、成本分担"的成本分析，鉴于独立学院所提供的高等教育产品和高等教育服务与公办高校和民办高校不同或有所不同，为了便于清楚认识这种差异，只有做了这两种分析或许才能解决独立学院作为产品的市场化运作。

四

　　本书在选题确定后，经过理论设计，实际研究，达到预设的研究目的。作为一项成果，其预期价值主要体现在两个方面：在理论上，对"独立学院与产品供给——诸方博弈及市场运作"的研究中，有的方面有所突破、创新，有的方面对现有研究做了进一步归纳、提炼，有的方面对经验作重新梳理、借鉴。这些都具有较强的针对性、理论性和系统性。至于是否达到预期目的，只能让读者去评述，至少把对独立学院的思考、研究，做了一个总结，也许首先是对自己学术的一个交代。

张震于峨眉山家书斋

2015 年 6 月 6 日

目　　录

第一章　绪　　论

本章是全书的理论基础，为本书研究的展开作承前介绍，在结构上一共有三节内容。第一节"立论意义"，阐述独立学院是人民群众求学需求增加、政府对高等教育投入不足和高等教育自身扩容有限下的必然产物；第二节"文献综述"，从宏观研究和微观研究两个角度对文献进行了梳理，并从关系思维、区域比较和研究视角三个角度对研究成果做了评述，凸现本书的研究特色；第三节"相关理论"，对本书要运用的相关理论进行了介绍，主要有新公共管理理论、现代组织理论、现代产权理论和高教职能理论等。

第一节　立　论　意　义

独立学院的产生，有特定的历史背景，它是我国高等教育走向"大众化"的特殊产物。它的出现，适应了经济发展下人民群众对高等教育的需求，在一定程度上缓解了政府对高等教育投入不足和公办高等院校扩容有限的问题。自产生之日起，独立学院依托母体公办高校，享受到较好的教学资源，同时又集社会力量办学的热情，以及民营机制所具有的活力和民间资本所带来的资金，使其能够适应我国高等教育自身发展和社会需求而得到快速发展。政府也陆续出台了一些对其进行规范管理的规章制度，为独立学院的发展壮大提供了政策保障。但是，独立学院在其产生和发展中却遭遇了诸多问题，不仅有来自内部的，也有来自外部的。独立学院的深入发展问题，越来越受到国家或社会的关注。

一、求学需求

自改革开放以来，随着经济的发展、社会的进步，我国不仅国家综合国力逐渐居于世界前列，人民群众的生活水平也得到了很大提高，人民群众对高等教育的需求也日益旺盛。据有关资料介绍，自改革开放以来，随着我国经济的持续增长，人民群众的收入有了很大的提高，且消费结构有了很大的改善。我国居民收入在"八五"期间有明显提高，且在 1996～1998 年三年继续增长。1995 年城镇居民人均可支配收入 4283 元，到 1998 年已达 5425.1 元；1995 年农村人均纯收入 1577.7 元，到 1998 年已达 2162 元。城乡储蓄存款余额由 1995 年的 29 662.3 亿元，上升至 1998 年的 53 407.5 亿元（杨德广，2000），到 2002 年 12 月已达到 87 342.5 亿元。随着收入的增加，人们的消费观也发生了变化，原来在消费结构中占据重要地位的衣、食比例下降，而交通、通信、教育、健康、娱乐等比例上升，在本人及子女接受教育方面的消费（投入）也提高了，这从某一方面反映出人民群众对教育，尤其是高等教育的需求逐年攀升。在这样的情况下，1999 年扩招以后，原来的"精英教育"已经不能满足我国社会经济发展的需要，人民群众强烈要求国家提供更多的求学机会，对高等教育大众化产生了强烈需求。而"独立学院及在它之前的民办高校的产生和发展，共同构成了推进我国高等教育大众化的基础。独立学院使人民群众有了更多接受高等教育、获取更高人生收益的机会"（周满生，2006）。无论是从就业机会看还是从薪酬角度看，受过更高层次教育的人就业机会总是更好，而且国家紧缺的专业人才会有更多的就业机会。这也正如教育部原部长周济所认为的，我国老百姓一贯重视教育，解决基本温饱问题之后，孩子上大学的需求就更加迫切。总而言之，对于高等教育的规模问题，必须有一个清醒的认识，必然还要有一个大的发展（周济，2003a）。

当今社会中，接受高等教育已成为适龄青年提升自我的普遍愿望和就业的基本要求。在自身和社会的双重驱动下，上大学成为转型时期学子"我要读书"的新内涵。"国家公办高校经过前几年的扩招早已严重饱和，致使成千上万的高考学生没有办法进入大学校门深造，这与国际上发达国家和其他发展中国家相比，我国的人力资本存量和高等教育发展水平仍然较低"（施进军　等，2010）。2000 年，在我国 25～64 岁的劳动力人口中，达到大学文化程度的比例仅为 5%；2001 年，平均每 10 万人口中，大学生在校人数仅为594 人，与美国、日本和韩国等发达国家相比，我国这两项指标分别仅相当于这些国家的1/10～1/5。这种教育现状既不能满足国家为提高综合实力与国际竞争力对高层次人力资源的迫切要求，也不适应全面建设小康社会和基本实现国家现代化的需要。

除此之外，我国高等教育学龄人口与高等教育规模不匹配。根据国家统计局第五次人口普查数据，测算出我国人口变化趋势，全国人口将在 2040 年达到的峰值为 14.8 亿人，高等教育的学龄人口变化情况如表 1-1 所示。

表 1-1　2007～2050 年学龄人口变动趋势表

年份	总人口/亿人	高等教育学龄人口（18～22 岁）/万人
2007	13.29	11 917
2008	13.38	12 488
2009	13.48	12 192
2010	13.57	11 463
2020	14.34	8 208
2030	14.66	8 812
2040	14.80	7 443
2050	14.57	6 938

资料来源：未来我国教育的要求与职业教育发展趋势. www. chinagz. org

从表 1-1 的数字可以看出，21 世纪前 50 年中，我国高等教育学龄人口在 1 亿人左右，最低的年份也有 7000 万人。这样数量众多的高等教育学龄人口，势必对高等教育产生巨大的需求。"按照国际评价标准，我国尚属于教育欠发达国家，若要实现高等教育毛入学率20%的目标，达到教育中等发达国家水平，则高等教育总规模将达到 2200 万人左右"（《2020 高教发展战略研究》课题组，2007）。在 2007 年之后的几年中，我国高考报名人数进入一个持续的高峰期，在此期间每年的高考人数都将超过 1000 万人，但国家教育资源有限，无法满足大众对高等教育的需求。如果没有独立学院这类新的高校模式，数百万的学生将无法接受高等教育，这种巨大而迫切的社会需求，既是国家发展的内在要求，也是适龄青年受教育权能否得到保障的一个紧迫课题。可见，我国高等教育不仅在数量规模上需要面对规模庞大的高等教育学龄人口，而且必须要以优质的教育供给来满足人民群众日益多元化的求学需求，而公立高校那种"一枝独秀"或"一股独大"的高等教育公共产品供给现状，显然是无法破解这个难题的。

我国高等教育供给长期处于"短缺"状态，特别是高质量的本科以上层次的高等教育机会一直供不应求。自1999年以来，经过几年的大规模扩招，我国高校在校生人数已经突破2000万人，但本科生的比例只达到了40%左右，与人民群众对大学本科以上层次优质高等教育机会的需求相比，仍是杯水车薪。展望未来，形势或许更加严峻，更加引人关注。据《中国教育与人力资源问题报告》预测，"2020年我国高等教育发展规模将达到3300万人，即或本科层次高校招生仍保持现在40%的比例不变，届时将比目前净增680多万人，需要再增加680多所万人规模本科层次的大学才能满足高等教育发展需求"。同时，在独立学院产生的前几年，出现越来越多大学新生弃学的现象，究其原因是多方面的，但绝大部分是因为院校或专业不理想而选择复读。这种现象的出现，一方面是因为我国高校经过几年的大幅度扩招，已大大缓解了广大青年对高等教育的需求，青年对高等教育的需求出现新变化，已不再满足于上大学，而是要上好大学；另一方面是由于考生的自主意识大大增强，市场这只"无形的手"对高等教育的调节作用越发显著。这种调节作用不仅体现在人们对高校的选择上，更体现在高校毕业生的就业状况上，后者又反过来制约着前者的选择。这表明当下我国的高等教育发展已面临求学需求多元化的挑战，而高等教育又如何来满足这种求学需求的转变呢？

二、投入不足

高等教育是一国科学技术得以更新发展的支柱，是一国综合实力得以加强的根基。随着社会经济、科学技术的发展，高等教育的规模越来越大，办学成本越来越高，而建设高水平大学需要大量的资金投入。"自改革开放以来，我国加快了现代化建设的步伐，需要数以千万计的专门人才和大批拔尖创新人才，这对我国高等教育在量的发展和质的提高方面都提出了更高的要求"（王建和谢鸿飞，2005）。虽然"现在的高考录取率已经迈上一个新的台阶达到15%，甚至在很多地区已经达到60%以上，但要在今后一段时间内继续保持这样的高考录取率水平，高等教育规模发展将面临很大的压力"（周济，2005）。这一压力主要来源于国民经济发展总体水平和国家财政实力的制约，即使"国家财政性教育经费仍将会有较大增长，但按照国家教育资源总体配置的部署，今后一段时间教育投入的增加将主要用于农村教育，特别是农村义务教育的发展，国家财政性教育经费用于高等教育的投入是不可能有很大幅度增长的"（戴吉亮和耿喜华，2007）。因此，高等教育供给不足与人民群众不断增长的需求，尤其在优质高等教育供给不足方面，仍然是现阶段高等教育发展面临的基本矛盾。高等教育要保持高速的发展，需要寻求新的办学模式和运行机制。

当前，国家财政对高等教育体系投入力度虽有所加大，但还是难以满足大众化阶段高等教育迅猛发展的需要。我国的高等教育在步入大众化阶段的过程中，一直受到教育经费投入不足的困扰，这也是一块明显的"短板"。与十几年高校扩招过程中激增的大学生数量对比明显的是，政府对高等教育的投入仿佛在"坐过山车"。"我国高校校均生规模从 1998 年时 4000 人，上升到了当前（2008 年）的 14 000 人，是五年前的五倍多"（王旭明，2008）。生均高等教育经费支出却迅速下降，2000 年为 7310 元，2005 年降到了5376 元。"以 2008 年我国 GDP① 总值 30 万亿元人民币计，如果财政性教育经费达到 4% 为 1.2 万亿元，按 20% 的比例拨给高校只有 2400 亿元，全国普通公办高校 1653 所，每校只能分到 1400 万元；全国普通公办高校在校生 1600 多万人，生均只有 1500 元"（倪明辉等，2010）。我们就近对比我国香港地区对高等教育的投入发现，香港高等教育每年的生均财政拨款约为 17.8 万人民币，而内地高校的生均财政性经费只有 5000 多元人民币，仅为香港的几十分之一。如此大的悬殊，实在让人感叹。考虑到物价因素，原本 5个人使用的教育经费，现在要 10 个人来分，这种状况怎么能够保障高等教育的质量。

据有关资料介绍，"1997 年全国教育经费总投入为 2700 亿元，比 1996 年增长 20%，而全国的学生有 2.3 亿人，其中普通高校的学生有 300 万。把 2700 亿元分摊到 2.3 亿学生头上，每年人均教育经费仅 1000 多元，而目前高校培养一名大学生人均每年需要约 1.5 万元，国家每年至少要投入 480 亿元，才能基本满足高等教育发展的需要。目前，高等教育办学经费明显不足，国家投入仅占实际支出的 1/3～1/2"（杨德广，2000），尽管 1997 年我国高等教育成功实现从免费教育制度向高等教育成本补偿制度的过渡，但我国大学生每人每年缴纳学费平均不足 500 元，远远不能满足办学需要，从而造成高等教育因资金短缺在教学科研设施建设、师资引进、后勤服务方面举步维艰。同时，考虑到广大人民群众的经济承受能力，今后公办高校收费标准仍要稳定相当一段时间，不可能再有大幅度提高。

众所周知，"教育经费占 GDP 6% 以上是支撑教育现代化的基石。但是，我国 1993年《中国教育改革与发展纲要》规定的到 2000 年要达到 4% 的目标并没有实现，2006 年也仅占 3.01%"（张志勇，2009）。如果 2010 年实现了 4% 的目标，就需要在 2007～2010年，每年至少增加 0.25 个百分点。然而，不难发现当时实现这个目标的可能性受制于一个不能忽视的现实因素：随着 GDP 这个基数的快速增长，提高教育投入比例的难度无疑越来越大。不仅如此，一方面，我国政府预算内教育经费占教育总投入的比例，从 1994年的 80.5% 下降到 2006 年的 40.8%；另一方面，在教育总投入中，社会捐资集资经费的比例更是连年下降，从 1991 年的 8.6% 降到 2006 年的不到 1%。就国家间横向比较而言，2006 年我国高校总经费中，政府投入占 42.6%，非政府投入占 57.4%；经济合作与发展组织（organization for economic co-operation and development，OECD，美、英、法等 30 国组成的国际组织）国家，政府投入占 79%，非政府投入为 21%；部分非 OECD 国家，政府投入占 64%，非政府投入占 36%。这种国家间的巨大差异，也直接说明我国在高等教育投入方面的不足是不争的事实。此外，教育资源不平衡是另一个矛盾所在。"北京当地院校的生均拨款比中央部属院校还多，而四川、江西培养一个公办大学生，仅能得到 2000 多元政府拨款，还不足上海培养一个公办小学生（经费）的四分之一"（简伟秀，2008）。生均预算内拨款最低省份是最高省份的 1/8，这种状况在全世界是绝无仅有的。

---

① 国内生产总值，（gross domestic product）。

当今世界各国的社会经济发展都对高等教育的发展提出了迫切的要求，然而高等教育的发展需要巨大的资金投入，庞大的高等教育经费成为各国都难以承受的巨额财政负担。世界各国，特别是西方主要发达国家在高等教育领域纷纷进行了带有民营化和市场化倾向的改革。"利用民营方式和市场机制改变高等教育的低效与无能的状况，提高高等教育的运营效率；利用民营化渠道和市场化机制来筹集和配置教育资源，促进高等教育的迅速发展"（翟志华，2008）。利用民营方式和市场机制的目的是促进高等教育面向市场、面向社会、面向未来，使高等教育更加适应社会发展的需要。世界各国在这方面的经验，无疑为我国在高等教育中如何从"精英教育"向"大众教育"转型，解决投入不足提供了借鉴。

三、扩容有限

一般而言，高等教育发展有内涵式和外延式两条路可走。由于外延式发展周期较长，投资较大，我国在相当长的时期内采用了内涵式发展道路，但高校扩招以后我国公办高校的潜力已经充分发挥。自1999年高校扩招以后，高等教育突出的问题就是财政性经费投入严重滞后于规模发展，很多地方高校生均拨款逐年下滑，许多高等学校处于超负荷运转状况，办学条件全面紧张，学校基础设施建设短时间内更是难以实现同步增长，从而导致人均教育资源短期内出现较大幅度下降。"一些公办高等院校学生宿舍拥挤、破旧、简陋；大多数公办高等院校基础设施老化，供电、供水、供气设施因资金短缺而年久失修，存在很大的隐患；公办高等院校教学用房、图书馆和仪器设备、食堂和浴室等极为紧缺，无法满足迅速增加的学生之需要"（陈国维，2002）。

"据1999年年末有关资料统计，按教育部发展规划司1996年制定的办学条件、招生标准，在1071所普通高校中，超过2/3的学校办学条件有缺口，教学行政用房缺2377万平方米，学生宿舍缺558万平方米，教学仪器设备缺38.3亿元，图书馆缺1.7万册图书；在510所教学型高校中，有305所生均教学行政用房面积在标准的80%以下，有193所生均教学实验仪器资产值在标准要求的80%以下，有307所生均拥有图书数在标准的80%以下"（孙远雷，2001）。这种情况在全国各省市普遍存在，只是程度不同而已。以经济发展水平居全国前列的浙江省为例，尽管浙江省高等教育投入增长非常快，但短期内很多办学条件指标也出现了下降。1999年浙江省普通高校本专科在校生数比1998年增长了22.04%，但同期校舍建筑面积只增加17.19%，生均校舍建筑面积从39.48平方米下降到37.91平方米。可见，我国现有普通高等院校扩容有限，为了解决人民群众日益增长的高等教育需求与普通高等院校扩容有限的矛盾，就必须发展独立学院，加强民办高等院校发展。

除此之外，"据有关资料介绍，高校扩招以来，师生比急剧增大，有的高校师生比高达1∶40，超过合理比例的二至三倍，出现了几百个学生同时上课、几十个学生一起做实验、学生上自习找不到座位的场面。正如《人民日报》在2006年5月15日刊发的一篇评论文章所指出，中国高等教育以令人吃惊的速度进入了大众化阶段的同时，许多高校因盲目扩张而患上了'消化不良症'"（童慕兰等，2014）。同时，教师队伍还存在着学历层次不高、专业结构性矛盾突出，以及公共基础课和新兴学科专业的专任教师严重缺乏等问题。另外，"高校教师补充能力不足与高等教育事业发展的矛盾也很突出。表明：我国公办高校在投入和资源上都受到严重的限制，要继续承担高等教育规模发展的任务有较大的困难，今后高等教育规模要继续有大的发展，不能只寄希望于公办高校，必须要有新思路和新举措"（刘翠秀，2005）。

由此可见，自1999年开始，我国高校实行本科大扩招，一些名校也承担了扩招的重要任务；2002年以后，本科扩招步伐放慢，研究生开始扩招。大学扩招虽然提升了新增劳动力的学历层次，但一些学校教学质量滑坡，高校毕业生就业压力大，甚至陷入就业困境。这说明简单的扩招无法解决高等教育大众化的基本问题——如何保障人才培养的质量。国家在制订教育发展规划时，要对高等教育规模发展问题进行总体把握。要按照高等教育自身发展的规律，分析教育机构是否有条件给予学生更多高质量的教育。如果扩大规模以牺牲学生的培养质量为代价，这既是对受教育者的不负责，也是对教育长远发展的损害。要按照经济发展形势和产业发展趋势，预测我国社会的有效人才需求，从而确定哪些层次的高等教育扩招、哪些层次的高等教育维持原有规模。

总之，随着市场经济改革的深化、经济发展步伐的加快，社会也出现了纷繁复杂的变化趋势。人们的生活观念、生活方式、生活需求都有了显著提高。教育是现代社会人们的精神需要和发展需要，经济的发展增加人们对教育的需求。"20世纪末，在经济发展较快、人口较多而高等教育发展不足的江苏、浙江两省，率先办起了一批二级学院。很明显，独立学院的产生和发展，正是适应了高等教育大众化的潮流，缓解了我国高等教育扩容有限的问题"（陆根书等，2008）。

第二节　文　献　综　述

一、研究特色

通过搜索中国学术期刊全文数据库发现：2001~2003年有关独立学院的研究论文为104篇，2004年为186篇，2005年为358篇，2006年为504篇，2007年为899篇，2008年为1321篇，2009年为1901篇，2010年为2456篇，2011年为2833篇，2012年为2958篇，通过搜集近些年关于独立学院的专著，发现2003~2013年有关独立学院的专著共计25本。其中，2004年为1本，2007年为7本，2008年为3本，2009年为5本，2010年为4本，2011年为5本。这说明近年来有关独立学院的研究呈现逐渐升温的趋势，研究成果越来越多。总体来看，这些研究呈现如下几个特色。

（一）研究主题从宏观到微观

最初，有关独立学院的研究多是"正名"性的，一般集中于探讨独立学院的学科性质等宏观领域。随着时间推移，独立学院运行过程中不断出现新问题、新矛盾时，研究者把研究的对象逐渐拓展到教学教辅、教师队伍、学生管理与人才培养模式等微观领域。其中，宏观层面的研究主要探讨以下三个主题：独立学院的界定及属性、独立学院与母体高校之间的关系，以及独立学院未来发展的趋势等。微观层面的研究主要探讨以下三个主题：人才培养模式问题、学生管理问题，以及师资队伍建设与管理问题等。

(二)研究内容由单一向多样

　　根据汤建民等(2009)的研究，1999~2007年有关独立学院研究论文的数量呈现加速增长的态势，这说明独立学院的存在是不容忽视的。而且，对其发展过程中出现的一些普遍性问题，学界已经形成了一个新的研究领域，逐步出现一批专题研究学者，但研究者目前仍主要集中在与独立学院关系密切的院校中。其研究规模如图1-1所示。

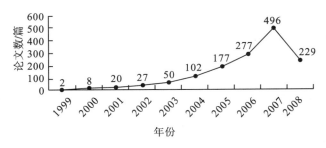

图 1-1　1999~2008 年发表的论文篇数

　　从论文的年度关注焦点来看，由单一方向逐渐深入到独立学院其他各方面。2003年，独立学院发展的可行性研究及其对中国高等教育发展的意义是学者研究的重点内容，在核心期刊上的11篇论文均围绕此主题展开；2007年，发表在核心期刊上的论文数量已达79篇，这一方面说明独立学院的学术研究水平不断提高；另一方面，从主题上看，论文涉及独立学院的治理模式、人事管理、财务管理、教学管理、学生管理、后勤管理、校园管理、党政管理、思政教育、教学与科研建设和师资队伍建设等诸多方面；2012年，发表在核心期刊上的论文数量已达386篇，论文数量达到了近些年来的最高点，从主体上看，涉及独立学院的学生管理、思想政治教育、课程设置、党风廉政建设、教学管理、培养模式、师资建设、治理结构等方面的内容。从以上研究成果的数量与主体的发展趋势来看，随着独立学院研究的深入，对独立学院的研究由表及里、由浅入深、由单一性到多样化，并且现有的研究成果几乎涵盖了独立学院的方方面面。

(三)研究方法比较陈旧

　　纵览现有的研究成果，大多数论文主要是运用社会科学的一些基础性方法来完成的。问卷调查法、实地考察法、个案法等被单一或组合运用，但是结论基本是建立在思辨定性的演绎基础上，鲜有比较确定的定量反映独立学院发展状况的成果，尤其缺乏系统评价的指标体系。因此，现有研究在相当大的程度上存在"各说各"的现象，未能形成一致讨论的逻辑起点。这就需要借鉴时下的社会统计研究方法，通过数据统计与分析来进行定量研究，以进一步明确独立学院的基本状况。

二、宏观研究

　　在宏观研究中，有关独立学院的定义、独立学院的属性、独立学院的走向、独立学院的地位、与政府的法律关系（涉及产权等独立学院长远发展的问题）的研究较多，而直接旗帜鲜明地探讨公平问题的研究呈减少趋势。

（一）独立学院的概念界定

关于"独立学院"的定义，在 2003 年 4 月以前，有诸如"（国有）民办二级学院"、"民办高校"、"公立高校独立学院"等之说。在 2003 年 4 月之后，随着教育部颁布了《关于规范并加强普通高校以新的机制和模式试办独立学院管理的若干意见》（亦即 [2003]8 号文件，以下简称《意见》），在法规的统一下学术界形成了比较一致的看法，未在此问题上过多纠结。对于何谓独立学院，《意见》中明确指出："本文所称独立学院，是专指由普通本科高校按新机制、新模式举办的本科层次的二级学院。一些普通本科高校按公办机制和模式建立的二级学院、分校或其他类似的二级学院机构不属于此范畴"（教育部，2003）。

（二）独立学院的法律地位

独立学院作为高等教育的新成员，被给予法律上的名分，对明确其在法制社会中的角色定位，进一步规范发展和内外互动具有重大现实意义，但这方面的认知不仅在社会上，在学界也是甚少的。并且，不同的学者对该问题有不同的意见：有的将独立学院定位为公益性企业法人；有的定位为事业法人。法律地位的不明确使独立学院难以有真正的法律保障，对其日常活动的开展也造成了一定的阻碍。其中，具有代表性的看法有以下几种。秦慧民和王大泉（2005）认为，在对"独立学院"这个概念的阐释上，应当主要采取一种对办学模式的描述性阐释，即独立学院是公办高校利用自身的无形资产及教育教学优势，与其他组织合作创建的独立设置的具有法人资格的新型办学实体。他们认为对于独立学院到底应该属于民办非企业法人、事业法人，还是公益性企业法人的问题，必须进行认真分析。他们还对独立学院应成为公益性企业法人进行了可能性和现实性论证。蔡梅娥（2011）认为，独立学院的法律地位，在现行法规中基本上被界定为民事主体，但在学位授予等事项中作为行政主体，而从接受政府相关部门的登记管理、业务指导、监督检查方面来看，又具备行政管理相对人的身份。现行法规关于独立学院法律地位的界定存在着诸多缺陷，可通过引入公益法人制度、拓展行政主体范围等路径加以解决。吴娴和代芳芳（2009）认为，可从教育法学的角度，通过分析独立学院与政府、投资方、所依托高校的法律关系，以及独立学院与教师、学生的法律关系，来探讨独立学院的法律地位，并发现了独立学院法律地位存在的问题，提出了一些合理的解决对策。严毛新（2008）也认为，当前独立学院具有独立法人地位的规定尚不够明晰，其法律地位亟待解决的问题主要有：与我国现行民办高等教育的法律体系不协调、独立学院法律地位规范的内容不健全、规范性法律文件的效力级别明显偏低。他认为完善独立学院法律地位应从健全独立学院法律制度，以及将独立学院的立法纳入现行民办高等教育法律体系两个方面入手。

（三）独立学院所有权归属

大多数学者认为，目前独立学院在所有权方面存在着所有权归属不明、法人地位不明，以及母体高校、投资者、独立学院三者之间的关系不明等很多问题。部分学者主要是从独立学院产权存在的问题和解决对策这两个方面进行了研究。其中，具有代表性的看法有以下几种。齐鹿坪（2006）认为，就产权界定不清晰而言，很多独立学院的合作协议中只明确了双方获取回报的利润，未对公立高校的无形资产和政府划拨的土地进行科学的资产核定，对产权界定也未有明确的说明。就所有权和经营权未实现真正分离而言，投资者通过投资，表面上将资金的所有权让渡于学校，实际通过进入董事会，控制董事会的表决权来控制学校的整体决策，进而拥有独立学院的全部财产，甚至是全部控制权，从而导致一些独立学院在运行中未能实现所有权和经营权的分离。就产权的最终归属不明确而言，独立学院是以社会民间资金作为主要办学硬件设施的投入，必然产生资金投入和资金（固定资产）的产权问题，特别是资产积累到一定程度后，容易在举办者、投资者和办学者之间滋生一些财产纠纷问题，为独立学院的健康发展留下了隐患。明航（2008）认为，基于独立学院本身、民间投资者和母体高校三者之间的关系，可归纳出独立学院产权具有多元性、多样性，以及由此所产生的所有权、办学权和收益权分属不同主体等特性。独立学院产权的主要问题，主要表现为"产权要素主体归属不明确"、"法人地位主体责、权、利不一致"、"产权之间无形资产没有纳入产权范围"，产生这些问题的直接与间接原因，包括不健全的法律制度下新的办学机制的实施，以及教育的本质属性与社会资本的营利性之间的矛盾。要坚持构建独立学院可持续发展产权制度的基本原则——明晰独立学院的产权结构及法人治理结构，并从投资方、举办方和独立学院三个方面推行股份制产权；要完善独立学院可持续发展的产权制度的途径——产权股份制改造、对无形资产进行评估、规范高校内部国有资产的管理使用和监督，以及加大政府的宏观调控及完善立法。朱军文（2004）也认为，产权是新制独立学院与其他高等教育组织形式的本质区别所在，其终极所有权归属目前存在的三种情形、终极所有者缺位或虚置的原因以及明晰所有权主体对其举办者之一母体公立高校国有教育资产的影响。

（四）独立学院的政府定位

目前大多数学者认为，在独立学院的办学过程中，政府职能定位不合理，为了独立学院的健康发展，必须对政府职能进行合理定位。其中，具有代表性的看法有以下几种。吴卓建和沈建乐（2006）认为，可总结为几点：一是缺少科学的理性分析，停留于计划经济模式；二是缺少从长计议，局限于得过且过却又好大喜功；三是缺少对独立学院的投入，"公"与"私"反差较大；四是缺少对学校的总体指导，而微观干涉和不切实际的浮躁行动却时而可见。李波（2011）认为，独立学院既不是公办高校，也不是传统意义上的民办高校，政府应在独立学院的发展中扮演什么样的角色还没有成熟的经验可循。政府要充分发挥独立学院的体制机制优势，保证独立学院生产高等教育公共物品的质量和数量，保证独立学院办学的公益性；政府应立足自身职能，明确权力边界，在独立学院发展过程中扮演支持者、监督者、协调者、治理参与者的角色。李振文（2005）认为，在独立学院发展初期，政府本着"保护和鼓励"的原则，对独立学院的规制较少，监管较弱，法律法规也不完善。政府管理职能的缺位与错位，以及独立学院自身的缺陷造成了独立学院发展的不规范和矛盾，政府对独立学院的管理定位就是要让政府摆脱对独立学院的日常琐事的管理，从宏观上把握独立学院的发展方向，使政府真正成为独立学院发展过程中的"掌舵人"，而非"划桨者"。张海峰(2008a)也认为，社会化并不等于政府角色和职能作用的完全退出，政府应该在自身现有行政能力和效率的基础上，在独立学院发展中扮演适当的角色、承担力所能及的责任、定位合理的职能作用，尽快制定独立学院发展的配套法律、法规和政策，创造发展的良好政策环境，构建和强化政府监管、资助、扶持及激励等必要的职能。

(五)独立学院的生存发展

大多数学者认为，独立学院在发展过程中，既有机遇又有挑战，独立学院唯有由外延式发展转向内涵式发展，才能实现其自身的可持续发展。其中，具有代表性的看法有以下几种。孙爱东和袁韶莹(2006)认为，我国高等教育从理论上来说刚刚步入大众化阶段，现在的高等教育人口毛入学率仅19%，高等院校的生源市场非常广阔，随着我国人口结构的变化，高等教育适龄人口正呈现逐年减少的趋势，与此同时，公立高校在10年内还会继续扩招，民办高校也会继续增加，其生源问题就很难解决。而独立学院高昂的学费、地位的模糊不清更加剧了这一状况，致使许多由于办学经费不足，不得不依靠学生学费来正常运转的民办独立院校陷入生存与发展的困境。刘俊和王英(2010)认为，独立学院作为一种充分利用现有高等教育资源的全新办学模式，其蓬勃发展使我国高等教育资源得到充分利用，并在发展方式上由外延式扩张向内涵式发展转变，独立学院在发展过程中也体现出一系列不足，如何正确看待和分析缺失，并采取相应措施就显得尤为迫切。赵光年和王慧珍(2010)也认为，在我国高等教育从"精英教育"向"大众化教育"的转化过程中，独立学院作为普通高等学校的重要组成部分，其人才培养质量已成为社会关注的问题，以湖南农业大学东方科技学院的实践为例，提出推进独立学院内涵式发展的对策，以期为全国独立学院实现可持续发展提供借鉴。刘光临(2009)认为，只有从办学理念、办学模式、管理体制、运行机制、法律地位、监督管理、持续发展等方面全面分析独立学院发展面临的困难与存在的问题，才能准确预测独立学院未来的发展趋势。刘光临还提出了一些促进独立学院健康发展的对策和建议。

三、微观研究

关于微观方面的研究，近年的成果大都从以下几个方面开展。

(一)独立学院人才培养目标

文晶娅(2012)认为，独立学院在生源状况、师资力量、办学条件等方面，都与母体高校有着较大的差别，合理确定独立学院的人才培养目标，为地方社会发展和经济建设培养大批的应用型人才，既能为服务地方社会和经济作出贡献，又能够促进学校持续健康地向前发展。肖江淑(2008)认为，有些独立学院在人才培养上没有针对自身特色进行定位，而是盲目追求与"二本"一致，教学计划全盘照搬，培养出的也将是母体高校的"克隆"产品或"次品"。其典型做法就是以考研率、计算机等级考试，以及英语四、六级考试通过率等来佐证自己的人才培养质量不低，这些都体现了独立学院的培养目标定位不准确甚至是定位缺失。崔玉华(2006)认为，独立学院应该培养应用型创新人才，并探索这种人才培养的模式，主要体现在培养规格上"专业的设置一定要为地方经济服务"、"课程体系的设置为了适应应用型人才的培养目标一定要突出课程设置的模块化"、"专业方向的课程设置要紧密结合就业市场"、"对学生要进行通、专结合的教育"等宽口径、多方向、复合型，培养过程要注重基础教学，加强实践环节，实施个性化培养。涂金兰(2007)认为，目前独立学院凭借灵活的办学机制和母体学校优良的教育教学资源，越来越受到大众的青睐，"以市场为导向、以特色谋发展，为社会培养急需的应用型人才"是独立学院人才培养的定位，"注重基础、强化能力、突出专长、提高素质"是人才培养的目标。李林和周震(2007)认为，如何培养创新应用型人才是独立学院实现可持续发展的根本要求，也是当前各方所普遍关注和探索的重大热点问题。独立学院培养创新应用型人才要以转变教育观念为前提，以审度和改革课程教学体系为主要途径，以建设创新型教师队伍为根本保证，以加强人文素养教育为有益补充。刘光临(2009)认为，独立学院的人才培养目标与人才培养质量是关系到独立学院生存与发展的关键问题，他从现代大学历年的人才培养目标出发，结合我国高等教育系统的分层结构，研究了独立学院的人才培养目标，以及在人才培养全过程中的专业设置、教学计划与课程设置、教学过程组织与管理和学生素质教育等相关问题。总之，学者们一致认为独立学院的办学一定要有特色，要为社会培养实用型人才，在培养过程中要加强管理和改革，力争使学校培养的学生有优势、有能力、有市场。

(二)独立学院内部运行机制

独立学院的运行机制比较灵活，这是独立学院发展的一个特色，但在实际的运行过程中也产生了不少问题，目前大部分学者的研究都集中在权利运行机制和教学运行机制两个方面。李巧珍(2007)认为，很多独立学院的举办者盲目信奉所谓"全员聘任、优胜劣汰"的制度，并将其作为解决学院一切人事问题的法宝，这反而可能造成独立学院持续发展的障碍。杨帆(2005)认为，独立学院的运行机制不完善主要是没有体现一个"新"字，没有从实际出发建立独特的内部运行机制，现行独立学院仅在人事制度与分配制度方面做了一些局部修补，没有形成教职工能上能下、能进能出的岗位聘用制度和激励约束机制，这就从内部削弱了自身发展的潜力。关红霞(2006a)认为，独立学院在运行机制方面基本沿用传统高校系制下的学系运行机制；在权力运行机制方面董事会制度尚不完善是其主要问题，表现在董事会的缺乏、董事会的虚设、董事会的越位和董事会的错位等方面；在教学运行机制方面主要存在着专业设置不合理、教师队伍不稳定、教学管理和教学质量保障系统不健全等问题。这些都与政府宏观调控不到位、社会参与不充分、市场机制不规范和办学不够自主有关，构建高效的独立学院内部运行机制，需要从独立学院的权力运行机制和教学运行机制两个方面展开。独立学院权力运行机制应由董事会领导、院长全面负责、教授学术主导、党委监督保证、全体民主参与，其教学运行机制应包含人才培养机制、教学管理机制、质量保障机制、师资队伍建设机制及各机制之间的相互协调运行，以保证独立学院人才培养质量。

（三）独立学院内部治理机制

目前国内学者的研究主要是从两个方面展开，一方面针对我国独立学院内部治理机制中出现的问题进行对策分析，另一方面借鉴国外高校内部治理机制的成功经验。其中，吴国萍和梁君（2005）认为，董事会制度是独立学院实行的较为有效的治理制度，但仍然存在很多不成熟的地方，普遍存在着董事会缺失、董事会虚设、董事会越位和董事会错位等问题。吴荣顺和宫照军（2010）认为，综合分析独立学院在发展过程中所出现的各种问题，关键在于内部治理机制的不完善，导致其"优"、"独"、"民"的优势难以有效发挥。我国应借鉴美国私立高校的内部治理制度，完善独立学院内部治理机制，实现可持续发展。杨炜长和石邦宏（2009）认为，建设有效的内部治理机制对独立学院的健康发展至关重要，董事会不仅要对举办者负责，还要承担更多的社会责任。董事会是决策的中心，应赋予董事会独立的决策权，规范董事的决策责任是提高董事会决策质量的有效途径；校长是独立学院管理的中心，明晰董事会与校长之间的权力界限、改善校长的工作动力机制是提高独立学院管理效率的有效措施。美国私立高校通过董事会、校长、专业行政人员、教授会等校内组织的分权制衡机制，使民主化参与和专业化管理有效结合，实现了私立高校办学的自主性和科学性。因此，我们可以借鉴美国私立高校的经验，推进董事会构成的多样化，增强独立学院董事会的决策民主性和监督的多元化，建立分工明确、密切配合的院务管理机制，以专业化、职业化的管理团队支撑和完善院长负责制，赋予教师组织及学生组织参与和监督学校运营重大事项决策的权利，构建独立学院内部主体间的权力分配和制衡机制。

（四）独立学院师资队伍建设

大多数学者认为，独立学院在师资队伍建设方面存在不少问题，这些问题主要集中在数量不足、质量较低、结构不合理和管理体制不完善等方面。周满生（2006）认为，目前独立学院的师资主要来自母体学校，刚一开始办的时候兼职教师和退休教师比较多，这样做的好处是有丰富的教学经验，有助于保证质量；坏处是不利于形成特色。学校办学要面向市场、面向用人部门和社会需要，特别强调"新"，而老教师和公办学校教师同公办学校形成了固定的教学理念和系统的教学方法，这些理念和方法不一定适合独立学院。很多母体学校是研究性大学，这种母体大学的教师同独立学院的人才培养规格要求是不一样的，这对独立学院来说既是有利因素，也是不利因素。李巧珍（2007）认为，相当多的独立学院主要依赖各高校的退休教师，多采用兼职授课的形式，没有稳定优秀的师资队伍。而且，从社会招聘来的教师，档案大多放在人才市场，往往没有参加职称评定和各种学术活动的机会，这些都不利于独立学院师资队伍建设。姜毅（2006）认为，独立学院存在着师资队伍的年龄、职称结构不合理，师资队伍稳定性差，师资管理制度不健全，高层次人才短缺，考核、评价体系及师德建设有待加强等问题。肖江淑（2008）认为，独立学院的师资队伍存在着很多问题：教师数量不够；没有形成专职教师队伍；师资往往从本部来，并同时在本部兼有同样的课程，用同样的教材、教案给独立学院的学生授课；教学方法刻板、缺乏创新性。独立学院还往往成了母体高校新上岗年轻教师的培训场所，他们授课缺乏经验与方法、教学效果较差；而外聘教师难以专注到教学当中，不便于管理。曹怡（2010）认为，师资乃办学之本，建立一支适应独立院校特点与发展的精干教师队伍是独立院校的办学根本，高质量的教育依靠高水平的教师，师资队伍是学校办学的核心主体，教育竞争的关键是师资的竞争。师资队伍的素质决定着独立学院的办学质量，建立一支高素质的稳定师资队伍，是事关独立学院教育教学质量稳步提高和独立学院可持续发展的重大课题。当前，独立学院教师队伍建设成为发展的瓶颈——"老少多，中青少；低层次多，高层次少"。曾瑞（2011）也认为，要保证独立学院的健康可持续发展，在日趋激烈的生存竞争中提升自身的竞争力，独立学院就必须保证其教学质量和办学水平，而建立一支高素质的师资队伍是保证独立学院教学质量和提升办学水平的关键，同时也是独立学院生存和发展的关键。但目前我国的独立学院师资队伍建设情况堪忧，普遍存在对师资队伍建设缺乏整体、长远的规划，师资队伍的整体结构不合理，不能适应学院教学和发展的需要，忽视对教师进行继续教育等问题。

四、观点评述

从目前有关独立学院问题的研究文献来看，无论从数量还是质量上，都取得了较为丰富的成果，为独立学院问题的后续研究做了较好的知识贡献。但是，我们也应看到，对于独立学院问题的研究还需在以下几个方面作进一步的努力（张烨和叶翔，2006）。

（一）关系思维

从独立学院发展过程中产生的各种问题来看，大都是由于各种关系没有处理到位。从现有研究成果来看，独立学院发展过程中所面临的关系可以归为两类：一类是外部关系；另一类是内部关系。外部关系主要包括独立学院与政府部门、投资方、母体高校和社会等诸多方面的关系；内部关系则包括独立学院与董事会、教师和学生的关系。无论何种关系，独立学院与众多主体之间都存在着博弈，努力追求各方利益的最大化。博弈的结果对于独立学院自身发展及其社会效益都有着重要的影响，因而独立学院与诸多主体的关系具有外部性，并制约着其发展。同时，也正是诸多主体的关系，独立学院才得到了发展契机，无论从独立学院的产生（它是社会发展中教育需求增加的直接产物）来看，还是从独立学院的发展来看，办学目标必须紧密结合社会需求和市场环境的变化来调整，这都无一例外地凸显出关系思维的重要性。因此，无论是政府部门制定的政策，还是投资方的产权地位及"合理回报"，抑或母体高校对独立学院的管理和指导，还是社会需求的变化，都是独立学院发展的重要影响因素。

鉴于此，本书认为，关系思维的确是今后在关注独立学院发展中应当引起足够重视的。究其主要原因，本书（我们）赞同以上看法，"对独立学院的研究，虽然探讨的关系层次不同、关系对象各异，但最终关注的几乎都是独立学院如何由依附依存走向独立和独立学院的外部性问题。需要特别指出，立足于关系视角的独立学院问题的研究非常有意义，但从现有研究文献来看，许多研究者只关注独立学院内部众多相关利益群体的关系，或只关注独立学院的外部关系，而在对内部关系的研究中缺乏外部延展，在外部关系的研究中缺乏内部投射。这种局部的关系思维对于理解独立学院问题来说，不能不说是一种局限，加强关系思维，从更高一层次的关系视角将独立学院的内外关系放在高等教育发展的系统中进行考察，跳出孤立审视独立学院关系的研究范式，这应该是独立学院研究的真正价值和意义所在"（张烨和叶翔，2006）。本书（我们）正是立足于关系思维的视角来分析独立学院的相关问题，力求较深层次地把握独立学院的发展脉络，厘清其发展过程中产生的问题，并从市场化运作的角度来解读其未来发展路径。

（二）区域比较

从我国独立学院的发展态势来看，其区域特点非常明显。这种区域发展特点，其实也反映着区域内各种高等教育组织形式之间的发展关系和存在样态。如何在关注区域独立学院发展的基础上，展开区域间独立学院发展的比较研究，继而分析和总结我国区域高等教育组织形式的发展模式，同样是一个非常有意义的课题。从现有研究来看，虽然也有不少区域独立学院的研究成果，但在区域比较和研究视阈方面仍处于较低水平，开展进一步研究的空间很大。

我国独立学院起步晚、发展迅速，但在发展过程中也出现了不少问题。纵观国外类似经验，独立学院这一名称虽为我国所独有，但在国外也存在与它性质相类似的高等教育组织。比较著名的有美国社区学院、英国伦敦大学、印度附属学院和自治学院。这些类型的高校组织在性质上与我国独立学院有相似之处，并且它们在创立时间上较早，在其发展过程中积累了不少成功的办学经验，这对于我国独立学院的发展具有重要的借鉴意义。因此，在本书中，笔者分析了美国社区学院、英国伦敦大学、印度附属学院和自治学院这三种类型学院的发展历程及成功经验，以解决我国独立学院发展过程中出现的问题，促进其健康发展。

（三）研究视角

从现有研究来看，对独立学院的研究已呈现多视阈的初步特点，但仔细分析各种视角之间的相互沟通却显得比较欠缺。例如，独立学院合法性问题、独立学院与既有制度的关联和冲突问题、独立学院与其他高等教育组织形式的关系问题、独立学院作为一种独特组织形式的稳定性和自我发展完善的问题等。显然，对独立学院所存在或可能存在的这些问题，其研究不可能通过单一的视角就能够分析清楚，只有推动多视阈综合关照下的独立学院问题研究才能得到解决。

在本书中主要从三个视角进行研究：一是公共管理理论研究视角；二是博弈论研究视角；三是经济学研究视角。所谓公共管理理论研究视角，指独立学院的产品属性是其市场化运作的依据，必须根据公共管理相关理论对独立学院的产品属性给予准确定性。由于其产品属性的复杂性和多样性，既可以作为"准公共产品"，主要由政府提供、消费者分担部分成本，也可以作为"准私人产品"，由市场提供、消费者付费。从独立学院的办学实践来看，高等教育可以进行市场化运作，高等教育的市场化运作是高校独立学院和普通民办高校得以存在的前提。所谓博弈论研究视角，指博弈论作为一门重要的理论和分析工具，在很多学科都有广泛的应用，其主要研究公式化了的激励结构间的相互作用，是研究具有竞争性现象的数学理论和方法。在独立学院的办学过程中存在诸多的利益相关者，存在着一种既合作又竞争的关系(亦即"存在着利益博弈")。从博弈论的视角分析是为了使独立学院在诸多主体(亦即"干系人")博弈中，兼顾各方利益的同时实现自身健康发展。所谓经济学研究视角，指独立学院作为吸引社会力量参与办学的一种高等教育经济实体，为了维持其自身的正常运行，必须从经济学视角对其进行投资－收益分析。教育事业作为一项特殊的事业，与一般的经济事业不同，其提供的产品和服务具有外部效应，在运用经济学理论分析独立学院时，必须结合独立学院自身的特殊性具体问题具体分析，才能得出科学的结论。

第三节　相　关　理　论

一、新公共管理理论

韦伯创立的官僚制理论(制度)对于资本主义在西方的发展功不可没，但随着工业社会的兴起，这套官僚制理论(制度)日益暴露出弊端，如果仍然沿袭传统的思路进行行政体制改革，那么官僚制理论(制度)所存在的诸如"行政人员墨守成规、效率低下"、"政府行政裁量权不断扩大"、"政府运行成本居高不下"、"公共服务质量低下、缺乏创新"等问题将继续存在。"只能采取更多的等级控制、更细的规则约束，其结果是更多的繁琐程式、更高的运行成本和更低的行政效率，必须寻找完全不同的路径才能在超脱中解决问题"(张兴荣，2006)。正是在这样背景下，新公共管理运动(理论)兴起于20世纪80年代的英国、美国和新西兰等国家。随后，新公共管理理论作为一种新的理论思潮(政府模式)，深刻影响到其他发达国家和发展中国家，成为行政革新(政府再造)的主导性思想之一。"新公共管理理论往往以多种面貌出现，是一种多元混合体。既是一种政府治理理论而取代传统公共行政学，又是一种新型公共行政模式与传统官僚制相区别，还是在当代西方公共行政领域进行的政府改革运动"(顾媛媛，2006)。

(一)基本内容

新公共管理理论是西方行政学家关注的热点，西方行政学家纷纷著书立说，对其表述众说纷纭，但都主张引入市场竞争机制，采用私人部门管理的理论、方法及技术，以市场或顾客为导向，重新调整国家、社会、市场三者的关系，提高公共管理水平及公共服务质量。

1. 政府以市场为取向

"政府以市场为取向"，这实际上是新公共管理理论各家学派所推崇的"引入市场竞争机制，以市场或顾客为导向"。新公共管理理论的这个理论尽管在表述上或许有所差异，但其基本意思是相同的，都认为这是新公共管理理论的出发点和落脚点，因而是最重要的核心理念。在市场经济中，市场遵循价值规律，受供求关系制约。政府作为市场经济中的一员，也应该受到市场的制约。这就要求"以市场看待政府运作，公众如顾客，政府则为厂商，公共行政应奉行顾客至上准则，政府不再只是发号施令的权威官僚机构，而是公共产品供给的提供者和公共产品的服务者，政府公共行政不再是'管治行政'而应该是'服务行政'"（肖菲，2009）。

2. 确立政府有限责任

"确立政府有限责任"，这是新公共管理理论强调"引入市场竞争机制"对政府责任的必然要求。既然"引入市场竞争机制，以市场看待政府运作，公众则如顾客，政府则为厂商"，那么在市场经济中政府就不应该是"管制行政"，而是"服务行政"。而要成为"服务政府"，就要把不该管的事务完全交由市场组织和第三部门才能服务好，实现由"全能政府"向"有限政府"转型。因此，政府要通过明确自身职责的社会定位，进而区分管理和具体操作的内容，回归制定政策的社会角色——"掌舵人"，而不是"划桨者"。"类似'划桨者'的社会角色，主要由政府以外的私人部门、非营利组织、社区组织和公民自治组织等第三部门来承担，这样政府就成为多元管理主体的组织者、协调者，是多元管理主体的核心"（王亚伟，2011）。

3. 政府仿企业化再造

"政府仿企业再造"，这是新公共管理理论强调"引入市场竞争机制"，对政府流程再造的必然要求。新公共管理主张从官僚制重视"效率"转而重视服务质量和顾客满意度，由自上而下的控制转向争取成员的认同和争取对组织使命和工作绩效的认同（马倩，2009）。政府作为追求公共利益最大化的代表，要提供公共产品，这也是政府运作的宗旨。在市场经济中，政府提供的公共产品也是产品的一种，是否符合要求取决于公众满意度，亦即通过市场检验，判断出新政策的合意性。要达此目的，就需要对政府流程再造。对此，新公共管理实践通过三个基本途径——绩效目标控制、结果考核、仿企业化管理改革，逐步实现公共管理的"自由化"，做到"让管理者来管理"。

（二）重要价值

新公共管理作为一种新型公共行政模式，在兴起于20世纪70年代的西方政府再造运动中得到运用并收到良好效果；对发轫于20世纪70年代末的我国行政体制改革，也具有借鉴意义。

1. 树立科学发展理念，建设服务型政府

"树立科学发展理念，建设服务型政府"，实际上是新公共管理理论所主张的"引入市场竞争机制，以市场或顾客为导向"的中国化"以人为本，是科学发展观的核心。强调现代政府管理上的人本精神，就是在政府行政管理变革中，要牢固树立科学发展观，确立以人为本理念，体现人文关怀，更多地为社会和公民提供服务"（李春，2005）。在计划经济时代，我国政府实质上属管制型政府，强化的是政府管理职能，而弱化了政府服务职能。在市场经济时代，必须转变管理理念，强化服务意识，以社会和公民的满意程度为价值取向和评价标准，全面推进服务型政府建设。"政府要有市场精神，遵照市场规律，把自己作为提供公共产品的'企业'，以购买公共产品的'顾客'的需求作为行动

指南"（唐春丽，2009）。

2. 确立"有限政府"理念，规范政府职能

"确立'有限政府'理念，规范政府职能"，实际上是新公共管理理论所主张的"确立政府有限责任"的中国化。新公共管理理论强调政府的"掌舵"责任，主张政府的有限性，政府不再也不需全能。我国原有的行政管理模式建立在计划经济之上，政府是"全能政府"、"统制政府"，政府职能渗透到社会的各个角落，对社会和公民进行全方位的控制。随着市场经济的发展，这种行政管理方式遇到了前所未有的挑战，既存在越位、错位，也存在缺位。看似无所不包，实际上不该管的管了，该管的又无人管。这就要求认真研究、科学把握政府与市场、政府与企业、政府与社会、政府与公民等之间的关系，界定政府角色、规范政府职能。中央多次明确，"在社会主义市场经济的条件下，政府的职能主要是经济调节、市场监管、社会管理、公共服务"。这实际上是对"有限政府"的最好概括。各级政府必须切实执行，特别是要履行"社会福利的提供者"与"经济稳定和增长的主舵手"角色，做好社会保障、社会公平、教育平等、医疗保健、环境保护等方面的工作。同时，把不该管的事务完全交由市场组织和第三部门。

3. 正视社会治理多元主体，大力培育第三部门

"正视社会治理多元主体，大力培育第三部门"，实际上这是新公共管理理论所强调"有限政府"的必然结果。随着社会的不断发展，政府无法包揽所有公共事务，需要第三部门参与承担。"与政府相比，第三部门有明确的服务对象，具有更贴近基层的优势，有利于提高解决问题的效率；与企业相比，第三部门具有鲜明的非营利、服务特性，具有维护社会公平的优势。这些特点，使它在政府、企业间，在政府、公民中承担沟通、协调、承上启下等社会整合功能。一言概之，第三部门在公共事务管理和公共物品提供过程中发挥着政府和市场不可替代的作用"（王永明，2007）。当然，我们必须清醒地认识到，社会也会失灵。过去普遍认为，自由竞争的市场，存在市场失灵；政府并非万能，存在政府失灵；第三部门作为社会主体，以弥补前两种主体不足的面貌出现，但实际上也会失灵，即"社会失灵"。有效的经验是，使三者有机互补，共同形成互相促进社会发展的良性机制。

4. 引入企业管理方法，切实提高行政效率

"引入企业管理方法，切实提高行政效率"，实际上这也是新公共管理理论主张的"仿企业化，再造流程"的中国化。"企业管理的理论、方法和技术，确实能够改进政府的管理，提高工作效率，这已为'西方政府再造'运动所证实。我国的公共管理，要积极借鉴企业管理中的成功经验，积极采用新方法、好方法，以提高行政效率。如重视市场需求和顾客的反馈，讲求投入和产出，讲求成本核算等做法，都是可以引入公共行政管理中的"（张志明，2003）。这些做法，"既可以提高政府管理人员的责任感，使他们树立效率意识，还可以科学地衡量管理人员的工作业绩，以有限的资源创造更多的公共物品，提供更好的服务"（臧乃康，2004）。

（三）主要启示

1. 以市场为取向，办好独立学院

目前，在世界范围内普遍存在着对高等教育经费投入不足的现象。同时，高等教育规模扩张的脚步却不能停止。很多原先依靠政府财政办教育的国家，都先后突破了这一困境，面向市场或引入市场机制，意味着政府的退出，这也正是新公共管理理论的基本主张。但是，在我国高等教育领域引入市场机制，允许、甚至鼓励私人和社会力量参与办学，并不一定伴随着政府的退出，政府行为基本价值并未改变，政府难以放弃质量的监管（张玲玲，2006）。政府对一般民办教育有诸多限制，始终不能放手发展，民办高校在我国的发展现状并不能令人满意，作为公办高校的补充，二者还不能满足社会对普通高校产品的需求，政府作为管理者未尽到职责。而独立学院兼具公办高校和民办高校之长，作为提供普通本科高校产品的一支新的力量，充分利用老大学的办学优势、教学传统、师资队伍、管理模式、社会资金和办学热情，采用灵活的民营机制，实现高起点快速发展，提供了高质量的本科教育，基本满足社会对此的需求。可见，独立学院之所以能够兴起、发展，以新公共管理理论视之，正是坚持引入市场竞争机制、以市场或顾客为导向的结果。新公共管理理论能够对独立学院的兴起、发展和问题，从理论上作出解读。

2. 发挥独立学院作为第三部门作用

独立学院具有三大重要特征：一是采用民办机制，所需经费投入及其他相关支出，均由合作方承担或以民办机制共同筹措，学生收费标准也按国家有关民办高校招生收费政策制定；二是实行新的办学模式，它应具有独立的办学场地、基本设施、教学组织和教学管理，独立进行招生、独立颁发学历证书、独立进行财务核算，具有独立法人资格，还能独立承担民事责任；三是独立学院的优势，身兼公办和民办高校之长，既依托现有的公办高校有好的教学传统、教学资源和管理模式，又借重社会力量有好的资金、资源和办学热情，更重要的是带来民营机制与活力。近年来，一些地方和高校的改革实践充分证明了"优"是独立学院的一个很好的特征，也是独立学院的优势所在（周春初和易臣何，2008）。可见，独立学院的"六独"，由"独"所表现出的"优"，正是独立学院存在和发展的关键。它作为非政府组织，在提供普通高校产品中，与公办高校和民办高校一道，满足了社会需求，是一支不可或缺的办高等学校力量。以新公共管理理论视之，正是坚持引入市场竞争机制、大力培养第三部门的结果。新公共管理理论能够对此做出解读。

3. 确立政府有限责任，办好独立学院

在高校教育产品供给上，我国计划经济时期完全由政府供给，满足了当时社会需求，其成绩不容低估；到了市场经济时期政府供给有限，随之出现民办高校和独立学院对供给的补充，才能满足社会需求。那种由政府提供高校教育公共产品供给来满足社会对高

校产品的需求的局面已经一去不返。高校教育作为一种产品，要么以公共产品出现（公办高校），要么以私人产品出现（民办高校），要么以准公共产品出现（独立学院）。在我国市场经济时期，只有以公办高校为主，民办高校和独立学院为辅，三者的结合才满足社会对此的需求。其中，就政府的责任来说，在公办高校中政府多半既"掌舵"又"划桨"；在民办高校和独立学院中就是"掌舵"而不"划桨"。就要求政府从"管制型"向"服务型"转型，而要实现"服务型"目标，又要求政府从"全能型"向"有限型"转轨。只有确立政府有限责任，才能办好独立学院。我国不乏这方面的经验教训。可见，办好独立学院，除坚持以市场为取向外，确立政府有限责任也是必不可少的。以新公共管理理论视之，正是坚持引入市场竞争机制、确立政府有限责任的结果。新公共管理理论对此也能作出解读。

二、现代组织理论

现代组织理论是 20 世纪 60 年代以来形成和发展起来的，其代表人物主要有巴纳德、西蒙和钱德勒等。其中，巴纳德提出"组织的定义"、"组织的要素"、"组织的协作"的看法，被誉为"社会系统学派之父"，对行为科学发展也作出重要贡献；西蒙提出"管理就是决策"和"令人满意的准则"的看法，被誉为"决策学派之父"；法约尔在西方国家经济关系矛盾尖锐化背景下，为进一步缓和劳资矛盾提出了行为科学理论；卡斯特、罗森茨韦克等运用系统科学的理论、范畴及一般原理，提出组织管理活动的理论。这些管理学者从各自不同的角度发表自己对管理学的见解，从而形成了现代组织理论的庞大体系。

（一）基本内容

1. 组织中的"社会人"

行为科学理论与古典管理理论相比，探讨的重点已由技术、职能和组织转向对人的研究（蒋衔武等，2008）。巴纳德就持这种看法，不赞成法约尔将组织看成是由物质和人（社会）所组成的观点，认为组织中不应包含那种作为技术手段系统的物质组织，应注重在生产活动中人的因素。因为"组织中的人是'社会人'，而不是'经济人'，员工来到职场所寻求的不仅仅是收入的来源（亦即'不单纯追求金钱收入'），还有社会及心理方面的需求"（转引自唐倩，2005）。这种需求引起行为动机，行为动机能够提高组织的生产率。这个理论被 20 世纪 30 年代美国著名的管理学家梅奥的管理实验所证实，发现企业员工都是"社会的人"，有着归属、被关爱等复杂的精神和心理需求。据此，"企业应采用'组织好集体工作'、'采取措施提高士气'、'促进协作'和'使企业的每个成员能与领导真诚持久地合作'的新型的领导方法"（转引自曲慧梅，2008）。

2. 组织中的非正式组织

行为科学学派认为，组织中的人既然是"社会人"而不是"经济人"，那么就有着归属、被关爱等复杂的社会及心理方面的需求。"这些需求必然导致企业中非正式组织的广泛存在，并对企业生产率产生着重要影响。巴纳德就持这种看法，不同意将组织简单地看成是由个人与个人所构成的集团，强调组织的非集团性"（赵德志，2012）。"行为科学学派认为，组织中'非正式组织'相对于'正式组织'而言，二者相互依存，'非正式组织'通过影响员工的工作态度来影响企业的效率和目标的实现"（赵玉峰，2008）。"巴纳德在《经理人员的职能》一书中，第一次提出了'非正式组织'概念，并简要阐述了'非正式组织'与'正式组织'的关系，使'非正式组织'成为管理学研究中的一个重要问题"（赵德志，2012）。并提出非正式组织具有自发性、盲目性和非程序性等几个重要特征。

3. 组织中的系统论

组织中的系统论是现代组织理论的重要内容，以社会系统学派、决策学派、系统管理学派和权变学派为其代表（吴春，2002）。其中，社会系统学派提出了"组织内外协作系统"的看法，认为在组织内要建立协作关系，离不开"协作的意愿""共同的目标""信息交流"等三个基本要素；在组织外要重视协作系统，也离不开"协作效果"、"协作效率"、"组织目标与环境相适应"等三个基本条件。"决策学派提出了'管理就是决策'的看法，认为决策从确定目标开始，寻找可供选择的方案，以'令人满意准则'为标准，经过比较作出优选决定；还将组织比作'一块三层蛋糕'，高层设计系统确立目标并监督其实施，中层管理日常操作和分配，下层从事基本的操作"（工慧梅，2008）。系统管理学派提出了"组织是一个开放系统须具有连续不断的投入、转换和产出循环"的看法，认为组织应包括"目标"、"价值"、"技术"、"心理"、"结构"、"管理"等分系统，要从系统的概念出发考察计划、组织和控制等企业管理的基本职能；强调用系统观点看组织，把所有的活动联结起来实现总的目标；同时，也承认高效率的子系统的重要性。"权变学派组织理论提出了'组织内外环境随机应变'的看法，认为组织的各子系统内部和各子系统之间是相互联系的，组织与其所处的环境也是相互联系的，以此确定各种变数的关系类型和结构类型；强调在管理中要根据组织所处的内外部环境随机应变，针对不同的具体条件寻求不同的最合适的管理模式、方案和方法"（李慧敏和王卓甫，2010）。

（二）重要价值

"作为与古典组织/管理理论相对的现代组织理论，其研究者们将目光转移到古典组织理论研究者们所忽视的人的因素和环境因素上，并吸收了行为科学、系统理论、运筹学和计算机科学等学科的方法和内容"（邓志良和叶泽方，1995）。这些理论对于组织的发展具有重要的价值。

1. 重视组织中人的价值和需要

以泰勒为代表的古典管理理论，在管理中重视技术、职能和组织等方面（亦即"巴纳德讲的物质因素"），而"巴纳德认为不应该包括那种作为技术手段的物质因素，使行为科学学派的组织理论与古典管理理论相比发生了'重心'转移，转向对人的研究、更加注重在生产活动中人的因素"（蒋衔武等，2008）。"行为科学学派组织理论重视组织内人的重要性，开始研究人的行为差异、行为原因以及对组织结构的影响"（尤献忠，2004）。

"行为科学学派组织理论,从区别组织目标与个人动机差异,发现人是有着丰富需要的'社会人'而非'经济人',不是单纯追求金钱收入,还有社会及心理方面的需求,需求引起动机,动机的满足能提高组织的生产效率"(孙平,2006),据此,提出了一套行之有效的刺激方法,把非物质因素大范围地引入管理组织的激励机制中;并且,需求不仅引起人的动机,还导致组织中非正式组织的广泛存在,要重视非正式组织成员个人的情感和需要,正式组织的结构和作用不总是有效的。但是,"它对个人情感和需要的过分强调却使它走上了与古典管理理论相反的另一个极端,忽视正式组织的存在,缺乏对理性和经济因素的研究"(陈彦雄,2009)。

2. 运用系统理论来设计组织运作

社会系统学派组织理论和系统管理学派组织理论对"运用系统理论来设计组织运作"发挥了重要作用。其中,社会系统学派组织理论提出了"组织内外协作系统"的看法,研究分析的重点在组织内部关系,虽然它率先把组织视为协作的系统,但对组织与周围环境的关系问题的讨论还不深入,对组织结构模式设计作出的贡献是用其构造了社会协作型集权式等级结构;"系统管理学派组织理论提出了'组织是一个开放系统须具有连续不断的投入、转换和产出循环'的看法,运用系统观点来考察管理的基本职能,可以提高组织的整体效率,使管理人员不致于只重视某些与自己有关的特殊职能而忽视了大目标,也不致于忽视自己在组织中的地位和作用,但系统管理学派组织理论虽然从宏观上改变了以往组织理论限于组织设计和规范管理的普通原则的简单做法,囿于它侧重于组织及其管理的总的方面,从而难以运用于组织管理实践中的具体问题——组织中各分系统的相互关系及其协调问题,处理这些更为具体的问题,还需要了解各分系统的独特特征和相互关系的具体模式"(曲慧梅,2008)。

3. 主张组织必须适应环境变化

权变学派组织理论提出了"组织内外环境随机应变"的看法,尽管认为组织的各子系统内部和各子系统之间是相互联系的,组织与其所处的环境也是相互联系的,但考察的重点主要是组织的外部环境,主张组织积极地适应外部的变化,只有适应了环境的变化,组织才可以生存下去。那种"面对较为稳定的环境的组织,分化较少,可以通过已有的手段加以管理;相反,那种面临不确定环境的组织,分化较为严重和复杂,只有通过灵活的手段才能管理。实际上,组织管理实践并不存在最好的方法,衡量组织管理最好方法的唯一尺度,就是看其是否很好地适应了环境变化"(曲慧梅,2008)。"这点在该理论名称上就可见一斑——权变学派,其核心就是'权衡与变通',要求理论家和管理者在决策过程中更加灵活,更加具有适应性"(吴春,2002)。

总之,现代组织理论以古典组织理论为基础,于20世纪60年代以来形成和发展起来。该理论在研究对象上,从"经济人"转向"社会人",从组织中的正式组织转向非正式组织;在研究视野上,从着眼于组织内部转向组织环境;在研究的方向上,从关注组织被动适应环境转向主动影响环境。因此,这一理论为组织理论提供了一个全新的视角和分析方法。以此为基础,组织理论经过不断演化,形成众多理论流派,每种流派都从不同的角度、运用多种方法研究组织问题，各有建树，并为管理实践活动提供了理论指导。

（三）主要启示

1. 独立学院要重视"以人为本"

独立学院符合社会系统学派之父巴纳德对组织定义的三要素作为一级组织而存在。作为组织的管理，在管理理论中以泰勒的管理科学、法约尔的行为科学和巴纳德的社会系统学派组织理论等为代表（施宙等，2009）。泰勒在组织管理中重视技术、职能和组织等物质因素，法约尔在组织管理中重视物质因素和非物质因素（人），巴纳德在组织管理中则重视非物质因素（人）。这三种组织管理理论，出现有先后，各有优劣，但巴纳德的社会系统学派组织理论更能适应现代组织的存在和发展，是现代组织理论的重要内容。"该理论认为组织中的人是'社会人'有着丰富的需要，而非'经济人'单纯追求金钱收入"（曲慧梅，2008）。结合现代组织理论的要求，独立学院作为一种我国高等教育办学新的模式，建院之初注重组织的技术、职能和组织等物质因素是必要的，否则独立学院能否存在都是一个大问题。但是，在组织的物质因素基本具备的情况下非物质因素（人）就显得非常重要，不能把教工仅仅视为单纯追求金钱收入的"经济人"，当然这一需求有其客观性、合理性，还应该非常关注他们的社会及心理需求而视之为"社会人"才是根本，把这种非物质因素大范围地引入独立学院管理的激励机制中，提出一套行之有效的刺激方法，并关注该组织中的非正式组织，因为非正式组织具有通过影响员工的工作态度来影响企业的效率和目标的趋势，要善于引导非正式组织所具有的盲目性和非程序性取向。只要这样做了，在独立学院中就坚持了"以人为本"。

2. 独立学院合理设计组织结构体系

现代组织理论中的社会系统学派、决策学派、系统管理学派的组织理论，对"合理设计组织结构体系"都很有建树。社会系统学派提出了"组织内外协作系统"的看法，在组织内要关注"协作的意愿"、"共同的目标"、"信息交流"等三个基本要素，在组织外要关注"协作效果"、"协作效率"、"组织目标与环境相适应"等三个基本条件；决策学派提出了"管理就是决策"的看法，确定目标、选择方案和作出决定，还将组织分解为高层设计、中层管理和下层操作等三个环节；"系统管理学派则提出了'用系统观点看组织'的看法，要从系统的概念出发考察计划、组织和控制等企业管理的基本职能，把所有的活动联结起来实现总的目标"（曲慧梅，2008）。结合现代组织理论的要求，独立学院作为一种我国高等教育办学新的模式，介于公办高校和民办高校之间，取二者之所长，有着自己的组织管理特点，要根据现代组织理论中关于"合理设计组织结构体系"的思想，独立学院的组织设计既要精简，又要高效，根据其不同发展阶段进行内部管理的重新整合。在独立学院内部管理体制创建中，要形成其办学目标和定位，着眼于组织本身的改善和效率的提高。"在独立学院内部管理体制形成中，机构的设置要本着精简、层次权限分明的原则，要有利于管理职能的发挥，有利于实现高效、便捷的管理；在独立学院内部管理体制发展中，随着规模扩大可以适当增加管理层次，重整管理流程、调整组织结构，形成更加合理的部门职责分工和协调机制"（刘心廉等，2005）。

3. 独立学院应积极主动地适应环境

现代组织理论中的权变学派组织理论，对"组织应积极主动地适应环境"很有建树。"该理论提出了'组织内外环境随机应变'的看法，认为组织与其所处的环境是相互联系的，强调在管理中要根据组织所处的外部环境随机应变，针对不同的具体条件寻求不同的最合适的管理模式、方案和方法"（曲慧梅，2008）。实质上，权变组织理论的核心就是"权衡与变通"。独立学院要在变化快速且复杂的环境中不断生存、发展，就必须主动地适应环境，而不是被动地应对环境，只有适应了环境的变化独立学院才可以生存、发展下去。尤其，当独立学院面临不确定的环境、分化较为严重和复杂的情形下，只有采用灵活的手段才能管理。按照权变组织理论观点，衡量组织管理最好的方法的唯一尺度，就是看其是否很好地适应了环境变化。独立学院作为我国高等教育从"精英教育"走向"大众教育"的产物（1999 年），一些普通高校应对这一环境变化纷纷举办"二级学院"（亦即"校中校"），但在 2003 年教育部 8 号令要求下，只有部分取得举办独立学院的主体资格；在取得办学资格的普通本科高校中，在 2008 年教育部 26 号令规范下又被淘汰一些；在符合规范举办的普通本科高校中，按照教育部 26 号令"去独"要求，能从中走出来毕竟不多。为什么同样作为普通本科高校在举办、发展独立学院中出现如此大的反差？固然原因是多方面的，但主要取决于在面对外部的变化时谁能随机应变、主动地适应环境，而不是被动地应对环境。

三、现代产权理论

现代产权理论（亦即"西方现代产权理论"）兴起于 20 世纪初，属于新制度经济学的分支，关注新制度经济学"产权制度、经济组织和制度变迁"中的"产权制度"，其突出代表者为科斯，最早认识到传统经济学（亦即"新古典经济学"）的弊端，率先进行了这方面的研究。"他所致力考察的不是正统微观经济学所研究的核心问题——经济运行过程本身，而是正统经济学所忽略的问题——经济运行背后的产权结构，他所运用的研究方法不是正统经济学的基本方法——数学、边际分析，而是典型的制度分析，并通过对某些经济现象的分析，来阐述隐含在这些现象背后的经济运行规则及规定这些规则的制度基础，为现代产权理论的诞生奠定了重要的理论基础"（储东涛，2004）。除科斯之外，威廉姆森、斯蒂格勒、德姆塞茨和张五常等对现代产权理论的研究也很有建树。

（一）基本内容

1. 交易费用理论

"科斯最早提出'交易费用'概念，却没有指出'交易费用'的原因和性质，威廉姆森发展了科斯的交易费用理论"（卢栋仁，2010）。威廉姆森认为："组织经济活动不计交易费用是不合理的，一种组织形式较之另一种组织形式的任何优势都因不计交易费用（亦即"不计成本"）的缔约活动而消失殆尽，交易费用是比较组织形式（亦即"经济制度")谁优谁劣的决定性因素"(韩继坤,2008)。也就是说,任何一种体制或组织在其运行中都要产生交易费用(亦即"费用"或"交易成本"),而交易费用的多少是衡量或比较其优劣的尺度,交易费用与体制或组织形式直接相关。但是,交易费用与产权又是何关系,它毕竟是现代产权理论的一个重要内容。对此,"正如德姆塞茨所认为的,要说明产权的重要性就要引入'交易费用',产权理论就是要研究如何通过界定、变更和安排产权结构(亦即'产权'),而产权又离不开交易费用,交易费用是现代产权理论的基础性概念"(刘金富和徐文国,2003)。也就是说,"现代产权理论认为,经济学要解决使用稀缺资源而引发的利益冲突,而'冲突'的解决取决于产权的解决,这就要求如何通过界定、变更和安排产权的结构,降低或消除市场交易过程中的成本和费用,提高经济运行的效率,交易费用与产权也是直接相关"(张明龙,1999)。

2. 产权效率分析

产权理论认为,产权运行时的"产权界定"、"产权安排"、"产权经营"三者缺一不可,要提高产权运行的效率,就必须从这三方面来考虑降低交易费用,交易费用决定着产权效率。对此,科斯定律做了阐释。科斯定理认为,只要交易费用不为零,产权就对降低社会成本、提高经济效率发生作用。"一般说来,在生产成本既定时,交易费用越多,经济效率就越低;交易费用越少,经济效率就越高。产权效率分析要解决的正是如何通过有效率的经济组织和产权规则,最大限度地减少交易成本,有效地配置和使用社会资源,促进经济增长。有效的经济组织是经济增长的关键,而要保持经济组织的效率,就要降低交易费用,需要在制度运行上(亦即'产权运行时')明晰产权、产权安排和产权经营,将个人的经济努力变成私人收益率接近社会收益率的活动"(刘金富和徐文国,2003)。对此,也体现在产权理论两大规则上。一是使经济组织对资源配置的不一致行为所造成的损害降到最小;二是使阻碍经济组织在资源配置上达成合作协议的障碍降到最低。这一切都取决于交易费用,决定着产权结构;产权结构又决定着资源配置。

3. 产权定性分析

产权理论认为,产权是一组权利(亦即"使用权"、"用益权"、"决策权"、"让渡权"),规定产权人对于他拥有的资源能够做什么或不能做什么,如在权利所允许的范围内他可以拥有、使用、转让、赠予、改变财产或排斥他人侵犯财产,产权人享有的各项权利和禁止他人对其财产的行使就成为产权所具有的两个特点,亦即通常讲的排他性。产权从资产属性可以划分为三大类:一是私人性资产(产权),关键在于对所有权行使的决策完全由私人或独立的经济主体作出,产权人在数量上可以由一个,也可以由两个或多个构成;二是公共性资产(产权),是具有公共性或外部性的资产制度,只有对那些具有较强的公共性或外部性的资产(产权),公共产权制度才是有效的;"三是俱乐部资产(产权),介于私人产权与公共产权之间,是借用足球俱乐部制这种有效组织的假设,解决经济活动中由无偿使用公共资源和信息的'搭便车'现象所造成的公共投资的问题"(刘金富和徐文国,2003)。

产权定性分析有助于企业产权制度的选择和调整的解读。产权理论认为,企业产权结构的调整和演进，大致经历了全部产权集中掌握在某个企业主手中的单一制、全部产权集中掌握在两个或两个以上企业主手中的合伙制、全部产权集中掌握在众多或 50 个以上产权人手中的股份制三个阶段。"在合伙制中，共同投资者分享剩余索取权、共同监督权和经营管理权；在股份制中，公司内部发生了所有权与控制权的分离，股票持有者享有剩余索取权，股东大会和董事会享有决策权，总经理和部门经理分别享有不同的经营管理权。鉴于此，产权理论认为私有产权是产权制度演进的起点，产权制度的发展史也是近代经济发展的历史"（刘金富和徐文国，2003）。

（二）重要价值

现代产权理论关于交易费用理论、产权效率分析和产权定性分析等的论述，克服了正统经济学研究的不足，弥补了传统产权理论的一些缺陷，发展了新古典经济学的市场理论，最重要的价值是提出了交易费用理论。

1. 强调市场运行存在交易费用

现代产权理论强调，市场运行是有成本的，这个成本就是交易费用。在市场运行中，无论是获取准确的市场信息，还是每一笔交易的谈判、签约和监督，都存在交易费用（亦即"需要成本"），从而完善了新古典经济学的市场理论，使得市场机制配置资源效率评价更加科学；现代产权理论还强调，企业作为参与市场交易的组织，其经济作用就在于将若干所有者组织成为一个整体参与市场交易，通过减少市场交易数目来减少交易摩擦，降低交易费用，企业产生的原因就在于企业的出现可以节约市场交易费用（亦即"降低其在市场运行的成本"），在这方面现代产权理论比起传统经济学产权理论和马克思主义产权理论来认识更加深刻，使人们认识到企业不光是"协作"形式，更重要的是具有优化资源配置、节约费用的功能，同时企业的经济规模取决于交易费用与管理费用的比较，这一论述比原来只从投入产出比来衡量企业适度经济规模更全面，并且把企业与市场的功能边界在理论上交代清楚了。

2. 突出产权安排对交易费用的影响

现代产权理论突出了产权安排的作用，解除外部性造成市场失灵的困惑，对此传统经济学对外部性的解决几乎是束手无策，只提出采用强硬手段。现代产权理论认为，产权安排对交易费用的影响很大。这主要表现在两个方面：一是产权安排意味着主体对不同交易方式组合的选择可能产生的交易进行比较、权衡，市场交易、企业交易和政府交易都会产生交易费用，但其数量和程度是不同的，各种交易方式在安排中所占的比重不同和管理效果不同，所发生的交易费用也就不尽相同；二是产权安排还制约交易主体，尤其是法人主体——企业的规模，如果企业交易代替市场交易的数目增多，市场交易费用将减少，但企业内部的交易费用将会增加，从而影响企业的适度规模，只有当交易费用与企业内部的交易费用之和最小时才会产生适度的企业规模。

3. 强调产权制度与经济行为的内在联系

现代产权理论通过强调产权制度与经济行为的内在联系，确定了产权制度的极端重要性。科斯在《社会成本问题》(1960年)一文中曾精辟地指出:"一旦考虑进行市场交易的成本,合法权利的初始界定会对经济制度的运行效率产生影响。"这一原理阐明了产权制度的重要作用,尤其是"制度"对当事人权利的界定、变更和安排对利益激励的作用。现代产权理论认为,经济增长的根本原因在于产权制度的有效安排,使之合理化。只有建立起合理的产权制度(亦即"通过界定、变更和安排产权的结构"),才能降低或消除市场交易过程中的成本和费用,提高经济运行的效率,改善资源配置,加快技术进步,促进经济增长。

(三)主要启示

1. 独立学院要做到产权归属清晰

独立学院虽然有国有资本的投入,但其主要投资来源于民间社会资本,且学校的运营是按照与民办高校类似的民营机制的要求来运作的,独立学院的产权明晰问题就成为其运营发展的首要问题。独立学院要在市场经济条件下提高产权运行效率,唯有遵循现代产权理论的基本理论和基本原则,"产权归属清晰是产权有效运行和提高产权效率的基础,尽管根据'科斯定理'推论产权的界定不是万能的,但没有产权却是万万不行的"(史琼,2009)。"问题的关键在于如何界定、变更和安排产权的结构(亦即'如何建立有效率的产权制度'),才能降低或消除市场交易过程中的成本和费用,提高经济运行的效率,改善资源配置,促进经济增长"(杨新建,2003)。在独立学院发展过程中,"尤其是独立学院进入规范发展阶段,产权不清晰是当前独立学院最为明显的表现,这种模糊的产权现状既不能调动独立学院举办者的办学积极性,也难以达到防止国有资产流失的效果,这将是独立学院健康发展的重大隐患,严重影响了独立学院的进一步发展"(阚海宝和杜伟,2006)。同时,由于独立学院合作办学的形式多样,各方投入比例不同,且各投资方对利益要求的差异巨大,其产权结构复杂,影响各异。因此,在独立学院发展过程中,只有遵循现代产权理论,树立产权意识,在产权安排上遵循"归属清晰、权责明确、保护严格"的原则,才能保障其产权的有效运行,降低交易成本,提高产权运行效率,进而提高学校本身的经济效率。现代产权制度对于我国独立学院的发展具有重要的借鉴意义。

2. 独立学院要做到产权流转顺畅

产权归属清晰是独立学院存在的前提,但独立学院在产权归属清晰以后,就要努力做到独立学院发展的长期与近期、权利与责任、收益与风险相对称。其中,教育不是一种短期行为,而是一项长久事业,投入教育的资产及其积累不得随意抽逃,绝大部分必须仍用于教育事业本身的滚动积累和发展,贯彻长期与近期并存的原则;为了实现独立学院的可持续发展,要坚持对出资者财产的保护,国家法律明确规定保护私人合法财产,私人合法财产不可侵犯,个人或营利性组织投入教育的资产所有权应受保护而不得被随意剥夺,对举办者的贡献、能力和精神进行鼓励,同时为实现教育的可持续发展,举办者还应承担起保证教育的公益性和资产保值增值的责任,贯彻权利与责任并存的原则;

投资办学要承担资产风险，对教育的投资也应体现收益，尽管独立学院办学不能以营利为目的，但不否定盈利，承认其取得"合理回报"的合法性，若剥夺其出资所有权和收益分配请求权则显然是不合理的，应当贯彻风险与收益并存的原则。同时，"通过独立学院建立公积金制度，可以化解学校及国家的风险，国家可通过一系列制度，尽量发挥预警功能和督促功能，促使办学结余稳定地以一定的比例再投入学校；良好的分配制度，是以健全的财务会计制度为前提的，科学理账、账目公开，才能做到分配公平合理；完善独立学院的监督制度，独立学院投资直接回报的基础应该是财务管理规范、财务制度健全，能够正确进行成本核算"（阚海宝和杜伟，2006）。

3. 独立学院要探索产权有效运行

民办民营高校（亦即"民办高校"）的产权有效运行，不仅需要国家立法的保障，民办民营学校本身所具有的特殊性和复杂性，更需要在实践中不断探索符合现代高校制度的现代产权制度（亦即"股份公司"）。现代高校制度是在浙江等地兴办的民办学校、公办学校改制，创办"股份制"学校，实现"教育股份制"等办学体制改革和教育市场化改革的实践中逐步明晰起来的。何谓"教育股份制"？它特指民办教育中的"股份制"，是在民办教育实践和发展中逐渐形成的另一种多元化投资的产权结构模式，即由多个教育投资主体联合投资组成教育投资股份公司，再由具有法人资格的教育投资公司作为教育举办者，独立投资举办教育机构，形成了教育投资股份公司和民办学校的"双法人"制的组织形式，它使教育投资公司产权股份化，却没有使学校产权股份化、多元化，学校的出资人只有一个，即教育投资公司。"教育股份制"源于企业产权组织，尽管二者有很大区别，不过可以吸收其有益成分、合理借鉴，尤其股份公司是企业产权制度的典型形式，拥有完整的制度结构体系，国家要在借鉴企业股份制的基础上，对现有教育股份制模式进行完善，保证独立学院资产流向监管更具有合理性，保证独立学院产权资源配置功能的充分发挥、教育投资的合理有序流动、产权各主体的相对明晰。这种组织形式正是由于借鉴了成熟的股份公司组织形式和法人治理结构，从而克服了部分"股份制"学校中存在的产权模糊的制度性缺陷。

四、高教职能理论

通常谈及"高教职能理论"，不外乎涉及"高教职能理论（功能）"或"高等教育管理是政府的一项重要职能"两部分内容，抑或兼而有之。本部分关注的是"高等教育管理是政府的一项重要职能"的理论或学说。政府作为高等教育的管理者，时常面临着在管理中的缺位与越位、人才上的需求与培养和高校中的规范化管理与个性化发展等现实困境，如何正确、妥善处理政府、社会和高校之间的多重关系，正是政府职能从"划桨型"向"掌舵型"转变的重大课题。基于此，本部分将介绍政府高等教育管理职能理论的基本内容，以期为中国高等教育管理体制改革，特别是独立学院改革中政府职能的转变提供一些依据。

(一)基本内容

1. 发挥政府对教育服务的作用

当前，在社会治理模式中我国正处于服务型政府发展阶段。服务型政府模式对政府角色的定位，必然要求各级教育行政主管部门和公务员，要改变多年来已经习惯了的"管"字当头的政府工作思维和方式，树立为公共服务的意识，将"为人民服务"和"为高校服务"的观念真正落实到政府的各项工作中(刘哲，2008)。对此，学术界给予关注。饶华敏和姚迪(2013)认为，政府要树立服务的意识，以一种新型的管理模式来管理大学，政府对大学的管理模式要实现从控制到服务的转变，但政府服务职能的转变不是简单地淡化政府的责任，而是强化政府的管理，让政府作用的定位和范围更加合理，使政府的教育干预更为有效，从而让大学功能充分发挥；张建新和廖宏志(2011)也认为，教育管理部门应以"服务行政"的理念来对高校进行调控，让属于大学自主权范围的课程设置、校长产生、教师招聘等权力回归大学，使大学成为一个真正独立的学术自治机构。

2. 政府教育职能向有限转变

当前，政府所处的服务型阶段是由管理型发展而来的。在管理型治理模式阶段，政府的职能不仅注重管理，而且其职能过于微观、具体和细致；在服务型治理模式阶段，政府职能要从中逐渐退出，把办学的微观职能"归还校长、回归学校"，从而确保学校作为相对独立法人依法办学的权利。对此，多数学者认为，在市场经济条件下政府对高等教育管理的行政范围要向有限范围转变。吴亚玲(2012)认为，政府要放宽政策，实行权利下放，给予高等教育管理机构足够的自我发展空间(亦即"给予自主权")，自主权的适当释放可以在一定程度上促进高等院校的发展，可以实现自主创新，大胆地运用新技术、新的管理方式；王晓梅(2010)认为，在市场经济条件下，政府管理高等院校必须尊重市场经济的发展规律，摆脱计划经济条件下的高度集中的管理模式，使各高等院校充分享有办学的自主权，这样才能充分调动各办学单位的积极性和主动性，加快高等教育的发展步伐；张应强和彭红玉(2009)也认为，今后一段时间内，我国高等教育管理体制改革的重点应该变"行政分权"为"教育分权"，释放集中在政府手中的过多权力，将其权力限定在公立高校的举办权和区域高等教育宏观管理权上，充分赋予广大高校办学自主权。

3. 政府管理以宏观调控为主

多数学者认为，在市场经济条件下，政府的高等教育职能方式应以法规、政策为主，依法治教；"应以宏观、间接的管理方式，注重运用教育规划、教育战略等形式的职能方式，并善于运用财政拨款、财政转移支付等间接的职能方式；同时，政府也要充分发挥市场机制在资源的配置、财产权的保护等方面的作用"(詹琼雷和周清明，2009)。饶华敏和姚迪(2013)认为，我国大学与政府的关系发生着转变，必然引起政府角色的变化，要求政府必须按照政企分开的原则，转变职能、简政放权、转变角色，充分利用立法、规划、拨款、政策指导、信息服务、评估监督等一些必要的行政手段，由对大学实行直接行政管理转为宏观调控管理；别荣海（2011）也认为，高等教育办学要求政府逐步弱化直接行政管理，实现以行政手段为主的直接管理向以经济法律手段为主的间接宏观管理转变，借用西方新公共管理运动的术语，政府在高等教育发展中的角色是"掌舵人"而不是"划桨者"，政府要确定高等教育的发展方向和设定办学的质量标准，要宏观调控高等教育的发展方向和设定办学的质量标准。

（二）重要价值

高教职能理论（学说）提出了全能型政府已不能适应高等教育发展的迫切要求，政府角色定位及职能转变势在必行，修正了原来的一些理论（学说）所认为的"政府对高等教育管理主要表现为管制型政府"的看法，无疑有利于促进我国高等教育改革的顺利进行。

1. 处理好政府与高校的关系

高等教育职能是就政府的职责而言，在政府的众多职能中属于管理高等教育方面的职责，涉及政府与高等教育（高校）的关系。而"关系的处理，直接与政府和高校对大学管理中所扮演角色密切相关。一般而言，在对高校的管理中有'举办者'、'管理者'和'办学者'等三重角色"（姚晓威，2010）。所谓"举办者"，涉及政府、组织和个人；所谓"管理者"，涉及政府或政府授权的组织；所谓"办学者"，则涉及大学本身。显然，政府在三重角色中应该只能扮演"举办者"和"管理者"角色，高校在三重角色中应该只能扮演"办学者"角色，但在实际对高校的管理中却存在着政府集三重角色于一身的状况，政府在超出法律规定行使职权（亦即"越位"），也在替代高校自身责任管理大学（亦即"错位"），正确处理政府与高校的关系，就成为事关整个高等教育改革和发展的重要因素。而高教职能理论所提出的"政府教育职能向有限转变"、"政府管理以宏观调控为主"、"发挥政府对教育服务的作用"要求，正是要求政府在高等教育管理中明确自身的角色定位，打破原有的政府集多重角色（亦即"三重角色"）于一身的现象，实现政府高教职能从"全能"向"有限"、从"划桨"向"掌舵"的转变，努力创设政府与高校间的平衡和谐关系。

2. 处理好政府与市场的关系

如果说政府和高校对大学的管理是主体与客体的关系，那么政府和市场对大学的管理则是主体与环体的关系。无论政府还是高校，对大学的管理总是在一定背景下发生，背景不同，其关系就存在差异。尤其，作为大学监管者的政府所处的背景（亦即"环体"）不同，其角色的定位、职能的范围和职能的方式都将发生很大变化。在计划经济时期，政府对高校的管理，往往扮演全能政府角色，职能无所不包（亦即"职能无限"），直接管理；在市场经济时期，政府对高校的管理，则应该扮演有限政府角色，职能有限，宏观管理。显然，在当今市场经济时代，如何理顺政府与市场间的微妙关系，也成为影响高等教育改革能否取得成功的关键因素之一。加之，在计划经济时期对大学的管理上，政府集"举办者"、"管理者"、"办学者"三重角色于一身，而高校多半只能是"办学者"角色；在市场经济时期对大学的管理上，政府也可能集"举办者"、"管理者"、"办学者"

三重角色于一身，尽管高等教育改革要求从"办学者"角色退出，但作为另外二重角色毋庸置疑，而高校不仅要担当"办学者"角色，还可能担当"举办者"角色（民办高校和独立学院），这是高等教育从"精英教育"走向"大众教育"的必然结果，或者说也是高等教育市场化的必然结果。如果政府仍然沿袭管理公办高校模式管理民办高校和独立学院，那么势必违背市场经济规律阻碍这类高校的发展。

3. 以政府为主多渠道筹措资金

如果说"处理好政府与市场的关系"是"因"，那么"以政府为主多渠道筹措资金"就是"果"。根据公共产品理论，在我国高等教育产品中，既有纯公共产品（公办高校），又有准公共产品（独立学院），还有私人产品（民办高校）。高等教育公共产品定性不同，产品供给主体就有差异。纯公共产品由政府提供，私人产品由市场提供，准公共产品则兼而有之。也就是说，在高等教育领域产品供给者不仅仅限于政府，要积极引入竞争机制，鼓励社会力量参与高校举办。而要达此目的，高教职能理论特别强调政府要运用将计划与市场有机结合起来的职能方式，形成高等教育产品供给主体多元化格局，建立起以政府投资为主、社会多渠道筹资为辅的经费筹措方式。从国际比较来看，任何市场经济国家高等教育经费来源都由政府拨款、市场融资和学校自筹等几部分组成，政府划拨为主要的经费来源。例如，法国对教育部属院校的政府拨款比例为 89.5%，英国对大学的政府拨款比例为 55%，德国为 68.5%，美国对公立学校的政府拨款比例为 59.3%，日本为 63.1%。可见，"我国政府要在保证政府财政性投入的主渠道前提下，积极拓展非财政性教育经费的来源和渠道，以减轻政府对高等教育的财政负担"（李宁，2006）。例如，"通过兴办校办企业以及学校和企业合作获取相应的资金赞助，通过社会团体和个人投资、出资和捐资高等教育事业，也可以通过争取国际银行组织的贷款用于高等教育事业发展等途径"（李勇，2010）。

（三）主要启示

独立学院作为一种民间投资者与公办高校合作举办的办学模式，是中国特色的民间资本投资高等教育的一种重要形式（周国宝，2006）。政府必须依据高教职能理论，合理定位自身角色，积极转变职能，致力于通过立法规范和促进民办高校和独立学院的有序发展，保证民营机制的高校与公营机制的高校具有同等的竞争权利和合法权益，尤其制定相应的倾斜性政策和制度以鼓励社会力量参与民营机制教育事业的发展，积极探索民营机制教育的多样化模式。

1. 积极引领观念更新

政府引领观念更新，自己先要更新观念，树立"公办与独立学院一体化"的大教育体系观。各级政府要充分认识到独立学院与公办高校一样承担了社会责任，服务于公共利益。政府要用整体的观点审视独立学院在高等教育发展中的作用，使两者互为补充、相互激励，共同促进我国高等教育事业的发展，满足人民日益增长的受教育需求。在此基础之上，政府还要做转变大众观念的引导者，应引导社会大众更新观念，为独立学院发展营造一个良好的舆论环境；利用掌握的信息资源和在大众中的威望，引导媒体对独立学院多作正面报道，积极宣传独立学院的优势，消除人们对独立学院的误解、偏见、疑虑、歧视等态度；引导大众了解独立学院的运行机制、收费标准、办学质量等，促成独立学院发展的合力。

2. 完善独立学院法规政策体系

根据高教职能理论，政府的角色要从"管理"转变为"服务"，政府的职能要从"无限"转变为"有限"，政府的管理要从"细微"转变为"宏观"，为独立学院发展提供良好环境，充分发挥政府正面的外部性积极作用，但"现有的独立学院绝大多数是在政府相关政策法规不完善的情况下建立与发展起来的，不仅独立学院发展缺少政策参照和法律保护，而且政府对独立学院也缺乏一个可操作性的政策法规"（陈倩和王宇辉，2006）。当前，完善独立学院法规政策体系的核心是制定一部专门、详尽、可操作的独立学院法。我国政府应该借鉴外国政府在私立高等教育立法中的重要作用，在遵循有关法律的前提下，在对我国独立学院的历史、现状和发展规律充分了解的基础上，制定一部系统的、科学的、适合我国国情的、满足现代教育需要的、专门的独立学院法，进一步从法律上明确独立学院的地位、权利、作用及产权关系，健全监督、管理和评估机制，为我国独立学院的发展提供指导、动力，从而推动整个教育事业的发展。

3. 加强对独立学院的财政支持

政府对私立高校提供各种形式的资助，是外国的普遍经验。在美国、日本私立高校的发展中，政府采取多元化的资助政策，既保证私立高校的法律地位，又有效降低其学费标准，并通过被资助的条件对其进行管理。我国各级政府应从中得到启示，根据教育成本分担原则，结合我国国情，着眼于整个高等教育体系，推动、制定、落实对独立学院的专项财政补贴政策，将使其财政资助政策具体化、制度化，既能减轻独立学院的财政压力，又能激发公立高校的竞争意识，有效防范独立学院因债务巨大停办给学生造成伤害和资源浪费。另外，"根据国家财政部、教育部等有关文件精神，独立学院学生享受国家的奖学金、励志奖学金和助学金，家庭特别困难的学生可开具'贫困证明'开学后交给所读院校申请'助学贷款'或在生源所在地申请国家助学贷款，学生毕业后在招聘录用、考研、公务员报考及其他方面待遇等均与其他本科完全相同"（闫博和孟子勋，2014）。

第二章　公共产品供给的主体

我们都知道，公共产品的供给，是公共经济的一项重要内容。说到公共产品的供给，首先要谈论的就是它的主体。无论是在中国还是西方，政府都是最大、最重要的主体。通过西方政府再造和中国行政体制改革鸟瞰，可以为我们梳理中西方政府作为公共产品供给主体提供帮助。"在中西方教育公共产品供给主体上，在当今众多主体中政府也是最主要的主体。通过中西方教育公共产品供给主体洞察，也可以为我们梳理中西方政府作为教育公共产品供给主体提供帮助"（俞桂海，2009）。如果将西方政府再造和中国行政体制改革是作为公共产品供给主体一般探讨，那么教育公共产品供给就是作为公共产品供给特殊探讨。鉴于此，本章公共产品供给主体的研究思路分为一般和特殊维度：在一般中，介绍西方政府再造和中国行政体制改革公共产品供给主体（第一节、第二节）；在特殊中，介绍基础教育和高等教育公共产品供给主体（第三节、第四节）。众所周知，无论是西方的政府再造运动，还是中国的行政体制改革，在公共产品供给主体上，都促进了公共产品供给主体由政府向市场、社会的转变，出现其供给主体多元化趋势。其中，"教育作为一种产品，其供给主体在基础教育和高等教育中有所不同。在基础教育方面理应由政府作为主体来提供；而在高等教育方面，则可以由政府提供抑或私人提供抑或混合来提供"（杨汝亭，2009）。因此，对中西方公共产品供给主体的梳理，是对独立学院研究的必要前期铺垫。

第一节　西方政府再造

从 20 世纪"80 年代以来，西方各国陆续掀起了政府改革或政府再造的热潮，主要是为了迎接全球化、信息化以及知识经济时代的到来；为了摆脱财政困境、提高国际竞争力和政府效率"（程艳新，2004）。正如"著名公共管理学者胡德所说，西方政府再造并不是由英国单独发展起来的，而是 20 世纪 70 年代中期以后公共管理领域中出现的一种显著的国际性趋势"（陈振明，2002）。"代表这一股潮流、全面推进行政改革的既有君主立宪制国家，也有民主共和制国家；既有单一制国家，也有联邦制国家；在政府制度上，既有内阁制政府，也有总统制政府；在市场体制上，既有自由型市场经济，也有政府导向型经济；高举改革旗帜的，既有右翼政党，也有左翼政党。"[①] 可以说，政府再造浪潮席卷了西方乃至全世界。

---

① 国家行政学院国际合作交流部. 西方国家行政改革述评[M]. 4 版. 北京：国家行政学院出版社，1998：序（方克定作），4

一、西方政府再造的背景

任何社会改革，都离不开当时的社会背景。考察西方政府再造，也必须明晰其特定历史背景。统观西方各国的政府再造，有其深刻的政治、经济及文化等发展变化的背景。

（一）政府失灵

第二次世界大战以后，由于凯恩斯主义和福利国家观念的盛行，西方国家纷纷效仿。政府加大了对市场的干预，政府职能急剧扩张，从而导致政府机构膨胀、冗员众多、办事拖沓、效率低下，影响了政府的正常运作。当政府在对市场进行干预的时候，往往干预不当，不能有效地克服市场失灵，甚至阻碍了市场功能的正常发挥，引起了经济关系扭曲，从而加剧了市场缺陷和市场的混乱，难以实现社会资源最优配置，这就是所谓的政府失灵（张国庆，2000）。这致使公众重新考虑政府的角色问题。对此，可以作进一步剖析。正如有学者认为的，"马克斯·韦伯提出的官僚制，是适应工业社会的需要，与稳定的社会结构和传统的工业技术基础和相适应的一种政府组织形式，20 世纪 70 年代以前，官僚制理论在西方国家一直占据统治地位"（陈振明，2002）。但是，"从 20 世纪 60 年代末以后，变化逐渐发生，西方国家开始由工业化社会进入信息化社会，社会结构日益分化，需求层次增多，原有的官僚制模式由于规模庞大、层级复杂、程序繁琐，显得力不从心。人们看到的，多是效率低下、组织结构僵化、缺乏弹性和回应性等情况。除此之外，官僚制还显露出一些官僚痼疾：腐败、不负责任、滥用权力、官僚主义、形式主义，等等"（国务院发展研究中心"公共管理与政府改革"课题组，2002）。随着社会的发展和社会结构的日益分化，官僚制引起大众的不满乃至批判，甚至一些西方学者公开喊出"拒斥官僚制"口号。对此，西方国家相继开展政府改革，以改善政府和公众的关系，重塑政府形象为己任。正如戈尔在其《国家绩效评估》报告中所说的，"面临当前迅速变化的世界、飞速发展的信息技术、激烈的全球竞争和要求众多的顾客，庞大的组织、控制、管理严密的官僚制组织——无论是公共部门还是私营部门——已经不能正常运行了"（转引自张再欣，2006）。可见，必须对官僚制组织进行根本性的改造，以适应社会转型的需要。政府失灵成为西方政府再造运动发生来自内部的第一个原因。

（二）国际竞争压力

20 世纪末，历史发展的一个显著特征就是全球化和经济一体化。其对公共部门的挑战主要来自两个方面："一方面，世界经济一体化的进程使世界逐渐成为'地球村'，传统的国家越来越失去'国家一统'的权威，国家权力正在向超国家机构流动，如世界银行、国际货币基金组织、世界贸易组织和欧盟等，其结果便是一国的政策以及政府行为越来越受到国际规则的限制；另一方面，经济一体化又使政府如同企业一样被卷入全球化竞争的漩涡之中，政府与企业处在一条船上，政府扮演怎样的角色，成为决定和影响国家竞争力的一个核心因素"（王宏伟，2002）。全球经济一体化趋势所造成的竞争压力日趋加剧，国际经济竞争的压力迫使一国的法规政策不仅必须与国际社会的法规政策相协调，而且必须以更有效的方式、以更强的能力制定更具前瞻性的经济和社会政策，以应对复杂多变的经济环境。在全球化的挑战面前，"传统官僚制行政模式显得日益僵化、迟钝和低效，很难适应时代的需要。现代社会要求政府寻求更为有效的政府模式来提高政府的效能，面对这种挑战，政府不得不进行调整、创新与改革"（王超然，2007）。可见，国际竞争压力成为西方政府再造运动发生来自环境的第二个原因。

（三）现代企业经验

1980 年以后，由于全球经济衰退，可供政府使用的资源逐渐减少，而社会对公共服务的质量与数量的需求却大量增加，二者本身已形成矛盾。再加上国防军备竞争加剧，牵扯政府很大的精力。同时，政府还要面临推动经济发展、维护宪政秩序、解决日益存在的许多社会问题的压力。而我们看到，政府自身存在很多弊端，使得政府的"不可治理性"因素增加。因此，西方世界的政府普遍遭受政府失灵的严厉批评，人们认为政府"能力不足"、"绩效不彰"、"欠缺效率"、"浪费资源"。各国政府承受着改造、变革的巨大而严重的压力。怎样改革、路在何方，应该以何为榜样？就成为摆在西方各国政府面前亟待解决的现实问题。与此同时，企业在科学技术迅猛发展、竞争日益激烈的情况下，不得不进行管理创新，以求其更好地发展而取得成绩，为西方诸国政府改革所寻觅路径提供了一束曙光。企业通过改善自身形象、提高顾客地位等一系列措施获得了顾客的好评，赢得了市场。鉴于企业在面临困境时采用的提高效率、回应社会、满足顾客需求所取得的成功经验，20 世纪 80 年代伊始，西方一些政府以新管理主义典范为出发点，倡导"企业型政府"或"企业家政府"，从而开始了大规模的、持续不断的政府再造运动。如果仔细分析西方各国的行政改革方案，虽然各自由于国情的差异、行政改革计划的内容各有不同，但其重点是一样的，都试图借助企业的管理方法、管理技术，来构建一个"企业型政府"，从而解决囿于官僚制而带来的行政成本居高不下、行政效率低下、没有回应社会和不能满足公民需求等政府弊端。可见，现代企业经验成为西方政府再造来自借鉴的第三个原因。

二、西方政府再造的做法

在 20 世纪 70 年代的西方世界，发生了一件"发轫于英国后波及全球"的震惊世界的大事，参与的既有西方的理论工作者，也有实践工作者。后来，"一些学者从理论的角度把它称为新公共管理理论，从实践的角度把它称为新公共管理运动或西方政府再造运动"（毛立红，2007）。这场政府再造运动如何制度设计、如何制度安排，在此作简要梳理。

（一）政府再造设计

俗话说，理论是行动的先导。当现实提出迫切要求，而原有理论不能解决的时候，总会有一些专家或学者提出治疗结症的药方，兴起于 20 世纪 70 年代的西方政府再造运动中一些专家或学者的看法就属于此列。其中，尽管具有代表性的看法很多，当首推被誉为"政府再造大师"的戴维·奥斯本（David Osborne）、彼德·普拉斯特里克（Peter Plastrik）和特德·盖布勒（Ted Gaeble），他们在《摒弃官僚制》和《改革政府》两本书中，对西方政府再造做了设计。

在《摒弃官僚制》一书中，"戴维·奥斯本和彼德·普拉斯特里克提出，'再造'是指对公共体制和公共组织进行根本性的转型，以大幅度提高组织效能、效率、适应性以及创新的能力，并通过变革组织目标、组织激励、责任机制、权力结构以及组织文化等来完成这种转型过程"（李波，2006）。他们认为：政府再造是用企业化体制来取代官僚体制，即创造具有创新惯性和质量持续改进的公共组织和公共体制，而不靠外力驱使。要有效地进行政府再造，就要运用一切可能的杠杆作用。这些杠杆作用影响着政府的思维和行为模式。奥斯本和普拉斯特里克（2002）将政府改革战略归纳为"五C战略"，亦即核心战略、后果战略、顾客战略、控制战略、文化战略。另外，杠杆作用和元工具的运用分不开。所谓元工具，是指综合多种战略的方法。在"五C战略"中，核心战略是确定目标，行使着"掌舵"的功能，其余的四个战略行使着"划桨"的功能。政府再造过程中需要关注的问题是如何处理好"掌舵"与"划桨"之间的关系，使政府更有效地发挥其职能。

在《改革政府》一书中，戴维·奥斯本和特德·盖布勒提出了政府再造的十条原则，旨在用企业家精神改革公营部门，使政府真正成为以公众服务为导向的企业化政府和现代治理型公共组织：第一，企业化政府应该把政策制定（"掌舵"）与服务提供（"划桨"）分开；第二，政府将部分控制权和职能转移至社区，鼓励民众关心和参与公共事务；第三，把竞争机制注入提供服务中去，改变政府对公众服务的垄断；第四，政府要在内部放松管制，并从根本上简化行政制度；第五，按结果而不是按投入进行拨款；第六，满足顾客而不是官僚制度的需要，经常关注顾客的利益和要求；第七，政府应发挥企业经营的精神，进行有效的投资；第八，政府管理要有战略眼光和预见性；第九，通过组织等级扁平化和使用团队等方式下放权力给基层和雇员；第十，通过市场力量进行变革，公共服务的市场要对社会开放。（侯书和，2003）

此外，英国学者E.费利耶（Ewan Fehe）等的设计也具有代表性。他在《行动中的新公共管理》一书中认为，西方国家行政管理改革存在着包含重要差异和各自明确特征的四种模式：第一，效率驱动模式（the efficiency drive），这是当代西方政府改革运动中最早出现的模式，往往被称为撒切尔主义的政治经济学，代表了将私人部门管理的方法和技术引入公共部门管理的尝试，强调公共部门与私人部门一样要以提高效率为核心；第二，小型化与分权模式（downsizingand deeentralization），这种模式与20世纪组织结构的变迁密切相关，推动公共部门的组织结构向分散和分权式的扁平化模式转化，以增强组织灵活性和自主性；第三，追求卓越模式（in seareh of exeellenee），强调组织文化的重要性，人际关系管理学派对公共部门管理的影响，寻求以有效途径引导和发展适宜的组织文化并推动组织发展；第四，公共服务取向模式（public service orientation），这种模式体现了将私人部门管理观念和公共部门管理观念新融合的尝试，强调采用私营部门的质量管理思想实现公共部门的公共服务使命，关注提高服务质量和产出价值，强调公民参与和公共责任制，这一模式虽不成熟但极有潜力。（费利耶，1996）

（二）政府再造实施

俗话说，有了理论就需要付诸行动。在一些专家所提供的新公共管理理论指导下，西方政府再造运动逐渐在各国展开。它发轫于 20 世纪 70 年代，从英国开始而后波及全球。"西方很多国家根据本国的实际，制订了各自的政府再造实施方案，如美国的企业化政府改革运动、丹麦的公营部门现代化计划、奥地利的行动管理计划、希腊的 1983～1995 年行政现代化计划、法国的革新公共行政计划、葡萄牙的公共选择计划和澳大利亚的财政管理改进计划"（程红，1999）。整个运动可划分为两个阶段：第一阶段为民营化时期，时间是从 70 年代末延续至 80 年代末或 90 年代初，10 年左右；第二阶段是政府重塑时期，与民营化阶段衔接，迄今已经历十余年仍在继续。可见，政府再造运动从实践层面除旧布新，拓展天地，不断推出富有生命力的新理念和实践方式。虽然政府再造运动的发展在各个国家的进程都不一样，改革和政策选择的侧重点也有所不同，但是改革的诉求无疑都覆盖了以下几个方面。

1. 政府的企业型改革

企业在面临困境时的顺利发展，为政府再造提供了可资借鉴的成功经验，在西方政府再造的实施进程中，强调政府应广泛采用私营部门成功的管理手段和经验。新公共管理理论认为，公共部门与私营部门或许存在着本质的区别，但这并不意味着私营部门的管理方式、方法和技术就不能运用于公共部门。我们看到，西方一些国家广泛地采用了私营部门的管理手段和经验，根据服务内容和性质的不同，采取相应的供给方式。

首先，以顾客为导向，把政府当作企业、公民当作顾客对待。民主政府以创造民众利益、服务民众为宗旨。为达到这个目的，政府应该像企业针对顾客的需求来提供服务一样，针对公民的需要来供给公共产品。政府要检讨并改变传统公共服务和公共产品供给的方法，建立顾客回应系统，倾听作为顾客的公民意见，满足他们的要求。"西方一些国家在实践中把公民当作顾客看待，实行以顾客为中心，给公民提供'用脚投票'选择服务机构的机会，并定期广泛征求公民对公共服务的满意程度，赋予公民买主的权利，向顾客做出承诺，通过这些措施使政府与公民之间的'单向性'交流转变为'双向性'交流"（李芬，2009）。从而以市场为导向，重塑政府与公民的关系。

其次，政府实施绩效管理。政府机构一方面吸引私营部门的管理人才到政府部门任职或兼职，另一方面大力引进私营企业的管理方法和技术，如绩效评估、标杆管理、全面质量管理等，从而提高政府部门的整体绩效和行政效率。以绩效预算和绩效评估为主要内容的绩效管理是被运用得最多的企业管理方法。特别是"英国在对执行机构的控制和管理中运用绩效管理，对各执行机构确立明确的绩效指标，定期对执行机构的绩效状况进行评估并将评估结构公布于众，这不仅成为推动执行机构绩效状况的有效方法，也成为政府对执行机构有效的监督手段"（王佩亨，2003）。

最后，"政府信息化。西方一些国家以建立一个具有高度民主性、责任性、法治性、回应性和高效透明性的政府管理体系为目标，要求政府能够以低成本和主动灵活的方式实施政府行为，实现政府的有效管理"（黄健荣，2005）。这方面的一项重要举措就是政府信息化。政府信息化旨在利用现代信息技术改造政府运作方式和业务流程，以提高政府工作效率和对公民的回应力。"以公民需求为导向的'电子政府'也成为以美国为首的西方各国政府追求的目标。从技术的角度来看，'电子政府'确实为人类提供了这样的蓝

图，即未来的政府可以运用互联网连续不间断地和随机地为公民提供无缝隙的公共服务。"（王佩亨，2003）

2. 公共服务的市场化改革

政府公共服务的市场化改革是要解决政府该管的事情如何管好的问题，也就是政府如何优质高效地提供公共服务的问题。改革的基本思路是：在政府公共服务领域引入市场竞争机制，将政府权威与市场交换的功能优势结合起来，以提高政府公共服务的供给能力、质量和效率。

首先，对政府与市场关系进行重新定位。西方一些国家在政府部门内部运行中进行市场化和准商业化的改革，引入竞争机制，从而改善政府提供公共服务的效率和质量。新公共管理理论认为，政府没有效率的主要原因在于政府独家提供公共服务，没有竞争，主张用市场的方式来改造政府，让更多的私营部门参与公共服务的供给，从而引入竞争，包括公共部门与私营部门之间和公共部门机构之间的竞争，以降低成本、提高政府的工作效率和服务水平（李芬，2009）。此外，借鉴私营部门的成功管理经验和方法，也是一个很大的突破。市场化实际上是在政府公共服务处于困境的时候，利用社会力量和民间资源提高公共服务供给水平的有益尝试。

其次，重新整合国家与社会的关系。"西方一些国家通过公私伙伴关系、社区自组织管理、外包、民营化等途径，以多种组织形式生产和提供公共物品和公共服务，使公民组织、民营机构与政府组织共同承担公共管理的责任，实现合作共治"（黄健荣，2005）。但是，"政府是多元管理主体的组织者、协调者，是多元管理主体的核心。它引导、培育、监督其公共管理组织，并与之合作，共同管理，提供公共产品和服务"（封雷，2007）。

3. 政府的管理体制改革

在西方政府再造实施中，如果说以市场为导向是要解决政府"为谁服务"的价值取向问题，那么政府管理体制改革则是要解决政府自身存在的问题。一些西方国家在政府再造中在这方面主要实施了如下措施。

首先，西方一些国家把高度集权的等级森严的组织结构转变为分权的、扁平的、网络式的组织结构，在很多方面做出根本性的调整，如行为评价的标准、控制手段及行政组织文化等。"科层制的政府组织采取的改革措施是分权与分散化改革。这方面最大胆和最具影响的改革计划是撒切尔政府的续价计划，其做法是把中央政府各部门分成决策机构与执行机构两个部分：由部长和少数高级文官构成精干的核心部，负责制定政策和对执行机构的运作进行协调、监督；把部内的中小层组织转变为具有独立性质的若干个执行机构，履行政府的政策执行和服务提供职能，并在人事管理、机构编制和财务等方面享有充分的自主权。主管部长与各执行机构负责人通过签订合同（框架文件）约定双方的责权关系，并通过'框架文件'对执行机构的运行实行'适距控制'"（王佩亨，2003）。

其次，政府放松严格的行政管制。西方政府再造主义者认为，虽然任何组织都必须有规章，但是过于刻板的规章会适得其反。正如奥斯本和盖布勒（1996）所认为的："我们接受规章和繁文缛节以防止发生坏事，但是同样这些规章会妨碍出现好事。它们会使政府的办事效率非常慢。对迅速变化的环境不可能做出反应。它们使得时间浪费，精力浪费，成为组织的顽疾。"所以，自 20 世纪 70 年代开始，放松政府管制的改革盛行于西方各主要国家，改革的重点是放松对市场的管制，改革的结果是政府从市场全面撤退。"如美国在里根政府的推动下，市场管制改革从卡车、航空、公共汽车灯、铁路、行业到电信业、能源和银行，打破了行业垄断，推动了生产力的发展"（王佩亨，2003）。

最后，"公务员不必保持中立。新公共管理理论认为，因为行政所具有的浓厚的政治色彩，公务员与政务官员之间有着不可避免的相互影响"（梅志罡，2006）。与其回避，倒不如正视这种关系的存在。基于这种看法，西方一些国家对部分高级公务员实行政治任命。为了保持他们的政治敏锐性，让他们参与政策的制定过程并承担相应的责任。一方面，要加强政府的内部管理；另一方面，管理者要积极参与政策的制定，处理好不同组织、部门、公众和大众媒体之间的关系，树立顾客意识，以政治的眼光看待外部环境与公共管理的交互作用。在实践中，"撒切尔政府以提高文官的政治敏感性和响应性为名，加强对高级文官的政治控制，导致高级文官政治化"（李凯歌和程强，2010）。"美国国会也以政治中立使公务员成为政治上的二等公民为由，通过了公务员政治权利法案"（王佩亨，2003）。

三、西方政府再造的借鉴

近二十多年来，许多西方国家顺应了时代的要求，开展了大规模的政府再造运动，旨在根本变革政府组织和体制，创建一个以顾客为导向的企业型政府和服务型政府，以提升政府效能。正如美国"政府再造大师"戴维·奥斯本和彼德·普拉斯特里克在《摒弃官僚制：政府再造的五项战略》一书中所指出的，"再造"是指对公共体制和公共组织进行根本性的转型，以大幅度提高组织效能、效率、适应性及创新的能力，并通过变革组织目标、组织激励、责任机制、权力结构及组织文化等来完成这种转型过程（转引自侯书和，2003）。政府再造是一项长期和持续进行的艰巨工程，必须构建一个清晰的目标和一套完整的策略。西方国家政府再造为我们提供了借鉴的经验，但我们要根据自己的具体情况，制订出切实可行的改革方案，积极推进我国的政府改革，以适应时代发展和全面建设小康社会的需要。

（一）建设服务型政府

西方诸国在政府再造运动中，强调以顾客为导向，亦即以公民为导向，这与科学发展观的"以人为本"不谋而合。我们可以看到，"西方政府再造运动对于我国建设服务型政府具有重要的借鉴意义。西方政府摒弃管制型政府模式下的'官本位'、'权力本位'和'政府本位'，选择再造运动中'以民为本'的政府观，强调的是'民本位'、'权利本位'和'社会本位'"（王洪强，2011）。由此，决定了政府公共政策的制定和执行，必须体现社会公众的民主参与和利益表达，政府行为必须是公开和透明的，确保公民参与，自觉接受人民群众的监督；各级政府的绩效评定，必须建立外部导向和结果导向的社会评价机制。因此，"当前树立和落实科学发展观，就必须切实转变政府职能，将以往的

'全能政府'、'无限政府'转变为'责任政府'、'有限政府'，切实履行政府完善公共服务、加强公共管理的职能，建设服务型政府"（蔡建文，2008）。结合我国当前的实际情况，"一方面要继续推进政企分开、政事分开、政社分开，将政府职能切实转变到社会管理、市场监管、经济调节、公共服务方面来；另一方面要探索政府职能实现的新形式，通过利用非政府的竞争机制、社会力量和市场力量，推动公共服务的市场化与公共管理的社会化"（王成东，2007）。

（二）健全政府绩效评估

建设服务型政府，对内来说就要提高自身效率；对外来说就要回应社会。为达此目的，政府绩效评估不失为一种好的方法。所谓政府绩效评估，是指"运用科学的方法、标准和程序对政府机关的业绩、成就和实际工作做出尽可能客观的评价，根据管理的能力、效率、服务质量、公共责任和社会公众满意程度等方面的判断，对政府公共部门管理过程中投入、产出、中期成果和最终成果所反映的绩效进行判定和划分等级"（罗文剑和潘丽君，2007）。绩效评估是改善政府绩效的动力。通过绩效评估可以促进政府部门认识到自身工作中的绩效水平，并明确各部门和人员的目标，激发工作的积极性和创造性，提高整体的工作效率，同时有利于促进政府与公众之间的沟通，了解公众的切实需要，提高政府的服务能力，但我国现行的政府绩效评估体系中普遍存在着制度不规范、操作不科学、导向不正确等严重问题，极大影响了绩效评估实效的发挥。而"西方国家在政府再造运动中，充分发挥了绩效评估在提高政府运行效率中的作用，可以说在政府绩效评估理论与实践两个方面都积累了丰富的经验和教训，为我国政府绩效评估的实践提供了宝贵的借鉴"（辛孝群，2006）。"我国正处于政府绩效评估理论的研究和实践的初始阶段，必须借鉴国外先进的绩效评估经验，并结合我国的基本国情，建立中国特色的、符合社会主义初级阶段的规范、科学的政府绩效评估体系，改进目前政府绩效评估中的不足，提高政府绩效评估水平，以适应社会经济的快速发展的需要"（徐红和祝小宁，2005）。

（三）重塑政府文化

在奥斯本的政府再造五项战略中，有一项是文化战略。虽然文化战略起不到"掌舵"的作用，但是它的"划桨"的作用不可忽视。"长期以来，我国政府所要求的高效、廉洁的指标遭遇官僚主义、封建保守等传统意识的冲击。几千年的封建制度下形成的官本位思想至今还仍未消除，官僚主义的作风仍然普遍存在。另外，虽倡导法治，人治的现象依然可见。这一系列的现象都是旧有的文化所带来的，为此改革首先是意识形态的改革。只有观念发生变化并且朝着符合改革的方向改变，改革的步伐才能加快，改革才能真的有成果。我国的政府文化不是一朝一夕可以改变的，需要长期的努力。我国的传统政治文化不能完全被摒弃，适应社会主义现代化建设的部分应该保留并且发扬，同时对于国外优秀的政府文化应给予借鉴，并结合我国的基本国情，形成符合中国发展需要的政治文化"（胡宇轩，2009）。所谓政府文化，是指在社会管理过程中政府及其行政人员所特有的较深层次的基本行为习惯、思想观念和价值取向，是影响和制约其行为方式、工作作风及工作绩效等的价值因素，是政府及其行政人员在社会事务中的价值观、行为观、工作作风及工作效率的综合体现。"中国改革开放前的政府文化是一个复杂的矛盾体，一方面它以廉洁、效能、服务的精神规范引导着行政人员；另一方面全能、集权、官僚主义、封闭保守的传统意识又时时在压抑着行政本身的活力"（宁晓玲和朱水成，2009）。"改革开放给我国带来了无限生机，也给政府文化不断进行自身的变革和调整提供了机会，促使我国政府文化朝更高的层次转型，呈现出了符合时代发展要求的新型政府文化面貌"（王超然，2007）。

（四）引入竞争机制

西方政府再造主张将竞争机制引入政府公共服务领域，将政府权威与市场交换的功能优势结合起来，从而提高政府公共服务的质量、效率和供给能力。从西方各国的再造实践来看，主要采取了合同承包、公司合作、用者付费和凭单制度等四种形式。结合我国的具体国情，可以在引入竞争机制方面采取如下方式。在公共基础设施建设方面，政府要在吸引国外资金和国内民间资本方面取得重大进展（刘美萍，2007）。与此相应，"政府的主要职责也应该实现转变，政府的主要职责是进行决策和管理，即制定公共政策并实施监督与评估，而具体的公共服务则应由非营利组织、私营部门和下级政府组织通过竞争来提供"（王清，2009）。同时，与西方在政府再造运动中放权的做法相适应，政府在运行过程中应当根据市场规则来制定公共政策，以此来保障市场经济的正常运行。在我国政府公共服务领域引入竞争机制，有利于提升政府部门的竞争力，有利于提高政府的服务质量，最大限度地满足公民的需求，真正做到为人民服务，保障人民的合法权利，从而加强公务员的责任心和使命感，真正成为人民的公仆。

第二节 中国行政体制改革

胡锦涛同志在党的十七大报告中曾明确指出，"必须加快行政管理体制改革，建设服务型政府"。这一提法对于指导我国的行政管理体制改革具有重大的指导意义。其意义主要表现在两个方面：一方面，自改革开放以来，我国便进入了社会转型期，由原来的计划经济向市场经济体制转变，目前，"社会主义市场经济体制日益完善，传统的计划经济体制不再一统天下，非公有制经济得到了快速的发展；另一方面，随着经济全球化的深入发展，我国与世界各国的联系日益密切，我国政府的公共政策与公共服务必须适应形势的发展所提出的新要求。可见，国内和国际都对我国政府管理的现代化提出了新的要求——构建与全球化和现代社会相适应的政府行政范式"（王盛琳，2009）。近20多年来，中国更是经历了一场前所未有的社会变革。这场变革是在邓小平的智慧、胆略及他创立的理论指引下，围绕改革开放、实现现代化这一中心任务而展开。"作为整个社会变革的重要组成部分，中国行政体制改革及由此引起的政府结构、能力、功能、管理方式的变化，无疑是非常深刻的"（吴艳君，2003）。要实现党的十八大制定的行政体制改革目标，必须回望中国走过的道路，总结行政体制改革的经验与教训。

一、中国行政体制改革的背景

要了解中国进入新时期以来的行政体制改革，必须首先对这一改革的背景进行必要的分析。中国行政体制改革的背景，可以从多角度切入。在此，选择社会学视野，主要从发动这一改革时及改革进程中中国社会面临的政治、经济和文化的环境切入。

（一）政治背景

中国行政体制改革的政治背景，是与新中国成立后中国的政治发展、政治体制运作密切相关的。在新中国成立之初的若干年间，随着各项事业的展开，中国的政治发展、政治体制运作，从整体上看是健康的、积极向上的，与此相联系，中国的行政管理体制也在一定程度上显现出它的活力与能力。但令人遗憾的是，社会主义制度基本确立之后，随着"左"的错误的发展，中国的政治体制运作、政治发展开始偏离原来的轨道，以致对政府的行政活动也产生了一系列深刻的影响。在党的十一届三中全会以后，全党不仅顺利完成了工作重点的转移，抛弃了"以阶级斗争为纲"这一脱离社会主义实际的错误口号，而且通过规模空前的思想解放运动，拨乱反正、平反冤假错案，使中国迅速走上了改革开放的正确轨道。十一届三中全会以来政治体制改革的步步深入，为行政体制改革的展开、深化提供了强有力的政治保证。

（二）经济背景

中国行政体制改革的经济背景，是与改革前后中国经济体制、管理方式及经济运行机制发生的深刻变化密切地联系在一起的。"改革开放之前，中国一直效仿苏联，实行高度集中的计划经济体制。在这种体制下，政府是整个社会资源配置的主体，国家的各种经济活动都被严格地纳入计划的轨道，企业只是政府的附属物，没有经营自主权，企业的产、供、销等各项环节都被限制在政府的计划范围之内。这种在苏联模式影响下建立起来的计划经济体制，在新中国成立初期特定的历史阶段发挥过一定的积极作用，这是必须肯定的，但随着时间的推移、现代化建设事业的全面发展，其弊端也暴露无遗。党的十一届三中全会以后，中国开始了全面的改革开放，它首先是从经济领域开始的"（郭崇益，2005）。以生产责任制的推行为中心的农村改革的兴起，则标志着拉开了与传统计划经济体制挑战的序幕。也正是从这个时候起，中国进入了进行经济体制改革和大力推进现代化的新阶段。这个新阶段预示着，随着经济的发展、经济环境的变化及经济体制改革的深入，作为直接作用于经济并为经济基础服务的上层建筑，中国的行政体制也必将随着经济基础的变化而发生改变。

（三）文化背景

中国行政体制改革，除了要受制于政治经济因素的影响外，还要受到社会思想文化背景的影响。在某种意义上说，社会思想文化因素，如社会对改革的认同支持程度、社会的整合状态，以及人们的价值观念、思维方式、社会心理等，对行政体制改革的影响往往带有更根本的性质。"改革开放以来，邓小平建设中国特色社会主义理论在政治思想领域、社会文化领域等各个方面逐渐确立并深入人心，这为中国的改革开放提供了强大的精神动力。"（张士义，2012）从根本上说，"不管是中国特色社会主义理论的确立，还是改革开放以来整个思想文化领域的繁荣，都是中国共产党重新确立的实事求是、一切从实际出发的正确思想路线的产物"（邱乘光，2014）。中国的行政体制改革是在一种错综复杂的社会思想文化背景下展开的，而且社会思想文化领域中各种因素的交织变化，都会对行政体制改革的发展产生广泛而深刻的影响。

二、中国行政体制改革的做法

中国行政体制改革，其发轫时间与西方政府再造一样，都是 20 世纪 70 年代。但是，改革所要针对的对象却不同。西方诸国主要针对韦伯官僚制弊端、由行政体制改革到行政体制再造而引发；中国则主要针对计划经济结症、由经济制度转轨到行政体制改革而发生。中国行政体制改革有自己的制度设计和制度安排。

（一）行政体制改革设计

任何社会运动，理论是行动的先导。任何体制改革，总离不开制度设计。中国的行政体制改革与西方政府再造运动都发生于 20 世纪 70 年代。在西方，一些专家为政府再造做了预设；在中国，也存在行政体制改革的构想，要抓住三个主要任务，实施"三坐标的公共行政体制建构战略"。具体来说，"有这样三个方面，一是以满足不断提高的社会公共需求为轴心，分段建设公共服务型政府的建构战略；二是以适应社会主义市场经济发展与国际化进程为轴心，收缩干预权力、提高治理能力的法治政府与效能政府的建构战略；三是以适应社会主义民主政治发展为轴心，强化政治责任、拓展人民责任的渐进型责任政府建构战略"（李军鹏，2011）。归纳起来，在中国行政体制改革设计部分，分别要建构"服务政府""法治政府""效能政府""责任政府"等四种类型。

1. 服务型政府

所谓服务型政府，就是要以社会公共需求的不断增长为轴心、与我国公共行政体制建设的阶段性要求相适应的政府，它可分为以下三个阶段。

第一阶段："在 2011~2015 年，完善基本公共服务。逐步形成符合国情、覆盖城乡、比较完整、可持续的基本公共服务体系，这就要求调整适度财政支出结构，往公共服务领域投入更多的财政资金"（房斌，2011）；以发展社会事业和解决民生问题为重点，在公共资源配置上更注重向基层、农村、欠发达地区倾斜；强化政府促进就业的职能，健全再就业援助制度；"建设覆盖城乡居民的基本卫生保健制度，给群众提供有效、安全、价廉、方便的公共卫生和基本医疗服务，健全医疗卫生服务体系"（昆仑，2007）；坚持教育优先发展，促进教育公平，逐步缩小城乡、区域教育发展差距；"加强公益性文化事业，加快建立覆盖全社会的公共文化服务体系；完善社会保障制度，逐步建立与社会保险、社会福利、社会救助、慈善事业相衔接的覆盖城乡居民的社会保障体系"（本刊编辑部，2006）。在这一阶段，重点是实现基本公共服务均等化，使基本养老保险覆盖全体城镇劳动者，基本医疗保险覆盖全体城镇居民。

第二阶段：在 2016~2020 年，完善公共服务体系。全面建设小康社会的奋斗目标，蕴涵着我国公共服务体系建设的主要任务：第一，能够提供足够的、满足广大人民群众需要的公共服务和社会福利，城乡居民的公共服务水平明显提高；第二，形成比较完善的现代国民教育体系、科学和文化创新体系、全民健身和医疗卫生体系，人民享有接受良好教育的机会，基本普及高中阶段教育，消除文盲；第三，"在人得到全面发展的同时，生态环境得到改善，资源利用效率显著提高，社会可持续发展能力不断增强，促进人与自然的和谐相处，推动整个社会走上生活富裕、生产发展、生态良好的文明发展道路"（孙福东，2008）。

第三阶段：在2021~2050年，建成完善的公共服务型政府。从2021年起，到2050年时达到中等发达国家水平，基本实现现代化，把我国建成富强民主文明的社会主义国家，是我国的现代化建设奋斗目标。在这一阶段，适应社会公共需求的增长，我国公共服务型政府建设的主要任务为：我国公共医疗卫生支出占GDP的比重达到6%以上，公共退休金支出占GDP的比重应达到7%以上，公共教育支出占GDP的比重应达到7%以上，大学生毛入学率应达到60%以上。为此，"要将政府公共服务支出占政府总支出的比重提高到70%。在这一阶段，必须加快建设覆盖全体国民的公共服务体系，使基本的、无差别的公共服务体系覆盖全体国民，从而建成完善的公共服务型政府"（王竹青等，2012）。

2. 法治、效能型政府

适应社会主义市场经济发展与国际化进程为轴心，收缩干预权力、提高治理能力的法治政府与效能政府的建构战略，可分为如下三个阶段。

第一阶段：在2011~2015年，在法治政府建设上，第一，政企分开、政事分开，政府与市场、政府与社会的关系基本理顺，政府的市场监管、经济调节、社会管理和公共服务职能基本到位；第二，行政规范、公正透明、运转协调、廉洁高效的行政管理体制基本形成；第三，中央政府和地方政府之间、政府各部门之间的职能和权限比较明确；第四，制定行政法规、规章、规范性文件等制度建设符合宪法和法律规定的权限和程序，充分反映客观规律和最广大人民的根本利益；第五，法律、法规、规章得到全面、正确实施，法制统一，政令畅通，公民、法人和其他组织合法的权利和利益得到切实保护，违法行为得到及时纠正、制裁；第六，科学化、规范化、民主化的行政决策机制和制度基本形成；第七，监督制度和机制基本完善，政府的专门监督和层级监督明显加强；第八，行政机关工作人员，特别是各级领导干部依法行政的观念明显提高，遵守法律的氛围基本形成。在效能政府建设上，试行政府绩效公告与评估制度，坚定实行大部门体制，将中央政府组成部门精简到21个左右，改革分税制，着手调整中央与地方事权划分。

第二阶段：在2016~2020年，在法治政府建设上，建成一般法治意义上的法治政府。"完善司法制度，特别是完善对行政的司法监督制度，法院可以审查行政机关的行为是否符合宪法及法律。"（宋坡，2009）例如，"行政机关的行为导致其法定权利受到侵害的人，或者受到有关法律规定范围之内的机关行为的不利影响或损害的人，均有权力要求司法审查"（周一涛，2004）。在效能政府建设上，全面推行公共部门绩效报告与评估制度，实行大部门体制，将中央政府组成部门精简到18个左右。"划分中央公务员与地方公务员，明确中央与地方的事权与财权，全面完善政府组织机构体系，实现政府机构设置的法制化，全面完成事业单位改革的任务，形成科学的公共服务组织体系。"（朱之

鑫，2006）

第三阶段：在 2021～2050 年，在法治政府建设上，深入推进法治政府建设，完善社会主义宪政体制。在效能政府建设上，全面推行政府向人大的绩效报告制度、绩效预算制度与绩效审计制度；全面优化政府组织结构，推进行政区划改革，推行市县分治、优化省级区划，压缩政府层级；实现政府间关系法律化，明确划分中央政府与地方各级政府的职责权限；完善的多中心治理结构基本建立，公民社会发育成熟，政府与社会的合作伙伴关系形成制度化、程序化、经常化的运作机制。

3. 责任型政府

"建立与完善责任政府体制，要适应我国社会主义民主政治的发展进程，要与我国行政管理体制改革的总体战略相匹配。因此，可以采取'行政问责'、'政治问责'和'人民问责''三步走'的战略。"（李军鹏，2007）

第一阶段：在 2011～2015 年，重点完善行政问责制。完善行政问责制，要按照权责统一、依法有序、民主公开、客观公正、有错必究的原则，建立以行政首长为重点的行政问责制度：第一，要明确行政责任划分，以便确定行政责任；第二，要加强对违法、不当行政行为的责任追究，落实责任追究制度；第三，"要健全行政问责的制度体系；第四，要完善行政问责制度的配套措施，尽快出台《道德责任规范》《行政过错责任追究条例》等相关法律法规，要建立政府绩效评估制度，深入推进政府绩效评估的法制化、制度化"（朱中原，2008）。

第二阶段：在 2016～2020 年，在改革与完善人民代表大会制度的基础上，力争在 2020 年左右完善政治问责制度。第一，要改革和完善人民代表大会制度。要提高人大代表的政治责任能力，首先要提高人大代表的素质；对各级人大代表的候选人资格要有相应的规定；要严格遵循普遍、平等、直接、秘密选举的原则，在一定范围内引入竞选机制，便于选民认识和评判被选举人；"调整全国人民代表大会结构，减少行政机关人员在全国人大代表中的比例，适当减少人大代表的名额，适当延长与增加人大及其常委会的会期，逐步实行人大代表的专职化；完善全国人大专门委员会体制，使其充分发挥对行政机关的监督与问责功能。第二，完善人大及其常委会对政府人员政治责任的追究机制。人民代表大会问责的主要手段包括重大事项决定权、法律和工作的监督权、人事任命权、质询权、调查权、罢免权、撤职权，等等"（李军鹏，2007）。

第三阶段：在 2021～2050 年，与我国选举制度改革和完善相配套，在基本实现普选的基础上，到 21 世纪中叶（2050 年），全面完善人民问责制。人民问责制是社会主义国家责任体制建设的最终目标。人民问责制的关键是把国家行政职位交由普选产生的人担任。马克思和恩格斯（1995）指出："为了防止国家和国家机关由社会公仆变为社会主人——这种现象在至今所有的国家中都是不可避免的——公社采取了两个可靠的办法。""把行政、司法和国民教育方面的一切职位交由普选选出的人担任，而且规定选举者可以随时撤换被选举者"（姬莹，2011）。由于我国历史条件的局限，不可能马上实现普选，而是要创造条件，力争在 21 世纪中叶实现人民问责制。

（二）行政体制改革实施

1. 推进政企分开、政资分开、政事分开、政社分开

"四个分开"一直是改革开放以来行政体制改革的重点。"分开"的核心是政府把不该管、管不了、管不好的事情交给市场、交给企业、交给社会，政府集中精力管好应该由政府管的事；"分开"的方式是政府转变职能，该分化的分化、该弱化的弱化、该取消的取消、该强化的强化，同时改进履职方式、创新管理手段、优化工作机制、提高行政效率。改革开放以来经过六次集中的政府机构改革和常态化的政府职能机构调整，"四个分开"取得了实质性进展，政府履行职能中的越位、错位、缺位现象越来越少，市场作用得以发挥，企业自主经营受到保障，社会和事业单位的功能进一步强化。

一是在"分"字上做文章。划清政府与市场、企业、事业、社会在市场经济条件下的职能、定位、责任及相互关系，即明确政府做什么、市场做什么、企业做什么、事业单位做什么和社会做什么。该政府做的事，政府要责无旁贷，恪尽职守，尽职尽责，做好、做实、做出成效；不该政府做的事，政府要把它分出去，有些还给企业，有些交给市场，有些赋予事业单位，有的转给社会。交出去后，政府主要是创造条件，优化环境，放手让市场、企业、事业单位和社会发挥作用，并对它们发挥作用的过程进行指导、引导和支持。

二是"政府主要集中精力抓好该由政府管理的事项，做到当为必为，不该为不为，有所为有所不为，使企业、市场、事业和社会充分而有区别地实现其责任和功能"（齐永立，2009）。"经济调节、社会管理、市场监管、公共服务是政府在市场经济条件下的基本职能。对这十六个字的职能，政府力争做到：全面履行、认真履行、切实履行、准确履行。"履行中，坚持责任与权力挂钩，权责一致，责权对等，有什么权负什么责，有多少权负多少责，避免滥权、越权、失权等行为。

三是政府积极引导和支持市场、社会、企业和事业单位切实履行好自己的职责，承担起社会责任。"尊重市场规律，充分发挥市场在资源配置中的基础性作用，健全市场，培育市场，发展市场，科学有效地对市场进行监督和管理，促进统一、开放、竞争、有序的现代市场体系的形成。"（袁贺敏，2008）尊重企业的经营自主权，支持企业自主经营、自我发展，为企业发展创造良好的市场条件和外部条件。注重社会作用的发挥，健全社会管理体制，组织社会组织积极参与社会管理和群众工作，完善科学有效的利益协调机制、矛盾调处机制、诉求表达机制和权益保障机制。充分发挥事业单位的作用，发展社会公益事业。

2. 行政审批制度改革

"简政放权行政审批制度改革是政府职能转变的突破口，是行政体制改革的重要内容。"（本刊编辑部，2014）2001 年以来，国务院部门已分六批先后取消和调整行政审批事项 2497 项，占原有总数的 69.3％；31 个省（自治区、直辖市）取消和调整了 3.7 万余项审批项目，占原有总数的 68.2％。多头审批、多次审批、交叉审批、重复审批的情况

基本改善，方便了群众办事，减轻了群众和企业负担。（孟晓倩，2009）

一是"清理、精简和调整现有的行政审批事项。在行政体制改革中，各级政府按照《行政许可法》的规定对现有行政审批事项进行了全面清理，不符合规定范围的一律取消；能够通过其他方式规范的不再继续用行政审批，重点防止一些部门和地方利用'红头文件'等对公民、企业和其他社会组织进行限制性规定"。没有法律法规依据、不按法定程序设定的登记、监制、年检、审定、认定，以及准运证、准销证等，一律取消。

二是简化行政审批程序，改进行政审批方式。对申请、受理、审查、决定等各个审批环节一一进行甄别，尽可能缩短流程、简化手续、提高效率。严格执行审批期限。坚持阳光操作、公开透明，不仅审批项目对社会公开，而且审批内容、审批过程、审批收费、审批结果都公开，把审批全过程置于社会和公众的监督之下。

三是"办好政务服务中心。政务服务中心是在政府领导下由政府有关部门共同组成，行使行政审批和公共服务职能的行政机构。它承担着为社会和公众服务的任务，同时要把分散在政府各个部门的行政审批事项集中在一起统一行使行政审批，实现政府对行政审批的规范、有效和综合"（王澜明，2012）。"政务服务中心实行'一个窗口受理'、'一条龙服务'、'一站式审批'、'一个窗口收费'，使行政审批实现了公开化，规范化，使各部门的审批联成一体，相辅相成，相互监督，相互制约"（苏俊瑾和李武生，2011）。最近几年不少政务服务中心推行"网上受理""在线审批""在线评议""电子监察"，实现了审批服务"一号呼入""一网办理""一办到底"。"政务服务中心通过增强服务意识，创新服务方式，改进服务内容，规范服务行为，落实服务责任，提高服务质量，更好地担负起了行政审批的责任"（王澜明，2012）。

3. 稳步推进大部门体制改革，健全部门职责体系

2008年，"我国实行的政府机构改革，这是向着大部门体制迈进的坚实一步，下一步改革的重点是推动政府机构的优化组合，以建立职能有机统一的大部门体制，健全部门职责体系，更好地适应经济社会发展和市场经济体制要求的"（朱海波和郑保，2010）。

大部门体制是按照社会主义市场经济条件下政府管理经济社会事务的要素设置部门。"把政府相同或相近的职能进行整合，纳入一个部门为主来进行管理，其他部门可协调配合，或把职能相同或相近的机构进行合并，组成一个新的大部门，这样可以加强协调配合，提高工作效率。"（宁有才，2008）"大部门体制有四个显著特征：一是职能有机统一。按照政府'经济调节、市场监管、社会管理、公共服务'的基本职能设置机构，坚持一项职能集中到一个部门，一件事情由一个部门承担，不搞职责交叉，不搞同一事项由几个部门共管。二是机构综合设立。将职能相同或相近的部门整合后组建若干精干的大部门，承担政府某一方面的职能。这些大部门履职范围宽，涉及领域广，组织形式优，协调问题顺，部门内部工作联系衔接融洽。三是运行机制高效。大部门把外部协调变成了内部协调，避免了推诿扯皮；工作流程由原来多个系统、多个渠道变成了一个系统、一个渠道，加之环节压缩、层次减少，办事效率显著提高。四是机构序列合理。政府主要由大部门组成，取消了大量的议事协调机构，精简了办事机构，使得政府机构序列精干优化。"（王澜明，2012）

4. 严格控制机构编制，减少领导职数，降低行政成本

经过六次集中的政府机构改革，中国的机构和编制总量是基本适应经济社会发展和政府履行职责需要的。正是基于这一基本判断，党中央、国务院多次要求，机构编制要从严控制，现有的行政编制总盘子不能突破。

多年来，中国机构编制管理形成了一整套的制度、机制和方式，如"统一领导、分级管理"的管理体制，"一支笔审批"的规定，行政编制与事业编制分类管理，编制与财政、人事综合约束机制等，实践证明是行之有效的，要继续坚持。根据工作任务和需要，调剂部门之间的编制；事业编制不得与行政编制混用，尽可能多地减少事业编制；机关需要增加的人员，尽量用自然减员来补充。"建立健全一种机制，使监察、编制与财政、审计、组织人事等部门相互配合又相互制约，建立编制台帐，实行机关人员'实名制'，保证机关工作人员不超员、不超编。""实行编制信息公开，加大对违反编制纪律的监督查处力度，维护行政编制的权威性、严肃性。逐步建立编制管理的违规处罚机制、宏观调控机制、动态监控机制、盘活存量机制，并且通过立法不断推进编制管理的法定化、科学化和规范化"（王澜明，2012）。领导职数偏多，这是我们在历次机构改革中都着力解决的问题。尽管在这个问题上下了很大工夫，但领导职数偏多的问题还没有完全解决，特别是副职过多，领导之间分工过细且相互交叉。近几年，各地减少了副书记的领导职数，减少了层次，提高了效率，得到了社会和群众的高度称赞。可见，严格控制机构编制，减少领导职数，是降低行政成本的重要方面。中国行政体制改革通过降低行政成本，包括精简优化机关人员，创新工作运行机制，改进工作方式和方法，把有限的经费用到最主要的工作上，产生了更大的经济效益和社会效益，使行政成本得到了有效降低。

三、中国行政体制改革的评价

中国行政体制改革的设计和做法经过 30 多年不断探索、实践，主要取得了以下成绩。

（一）政府机构改革取得显著成效

行政体制改革的一项重要内容是政府机构改革，政府机制改革容易陷入"精简—膨胀—再精简—再膨胀"的怪圈。但是，改革开放以来，中国已经顺利完成了五次政府机构改革。在这些改革中，1998 年开始的第四次机构改革成效尤为突出："通过大幅精简政府机构及其人员编制数量，国务院部委从原有的 40 个减少到 29 个，部门内设机构精简了 1/4，移交给企业地方社会中介机构和行业自律组织的职能达到 200 多项，公务员数量从 3.2 万人减至 1.6 万人"（马国芳和刘洪，2009）。同时，"调整和撤销计划经济体制下建立的直接管理经济的专业部门，初步建立起与社会主义市场经济体制相适应的政府组织体系"（汪玉凯，2007）。

（二）政府职能转变稳步推进

行政体制改革的重点任务是转变政府职能。"1988 年，我国开始第二次机构改革，

第一次提出'政企分开'的原则转变政府职能；1993 年，我国开始第三次改革，提出应该按照'建立适应社会主义市场经济发展的行政管理体制'目标要求，将政府职能转向统筹规划、组织协调、掌握政策、提供服务、信息引导和检查监督"（朱江华，2009）。"1998 年，我国开始的第四次改革，进一步明确了政府职能转变的方向，要求政府职能转变应该集中在公共服务、宏观调控和社会管理三个方面"（马国芳和刘洪，2009）。2003 年开始的第五次改革和当前正在进行的第六次国务院"大部制"改革，明确提出政府职能转变应该集中于经济调节、市场监管、社会管理和公共服务四个方面，建设"行为规范、运转协调、公正透明、廉洁高效"的行政管理体制。随着行政体制改革的深入，政府职能转变与经济社会发展的要求逐步趋于一致：一是政府职能的重心发生改变，从过去注重"以阶级斗争为纲"转向经济建设上来；二是政府在继续完善经济调节职能和加强市场监管的同时，加强社会管理和公共服务职能，更加注重全面履行政府职能；三是"政府履行职能的方式从以直接管理、微观管理为主转向以间接管理、宏观管理为主，手段从单一的行政手段转向综合手段，综合运用行政、经济和法律"（赵婷婷和张凤荣，2007）；四是"调整了政府结构，进一步理顺了职责关系，之前行政部门存在的权责不清、职责交叉重叠、多头管理、协调不力等问题得到明显改善"（朱江华，2009）。

(三)政府与企业、市场、社会的关系进一步理顺

"政府职能转变是深化行政体制改革的关键，政府职能转变的核心在于正确处理政府与企业、市场和社会之间的关系，以切实解决政府职能越位、缺位和错位等问题。目前中国在上述关系调整方面做了大量工作，已初步取得成效：一是较好地处理了政府与企业之间的关系"（朱江华，2009）。深化了国有企业改革，推进了政企分开、政资分开，有效落实了企业自主权，同时政府通过财税等经济手段和法律手段引导企业生产、竞争行为，加强市场监管，创造了包括公有制经济在内的不同所有制经济公平竞争的市场环境。二是较好地处理了政府与市场之间的关系。政府减少了对资源配置和微观经济活动的直接干预，将经济管理职能的重心转到搞好宏观调控和创造良好的市场经济发展环境上来。三是"较好地处理了政府与社会之间的关系。在一定范围内发挥了基层自治组织、社会中介组织和服务性民间组织在社会公共事务管理中的作用，放权于社会"（王世谊等，2004）。

(四)行政管理体制机制不断创新与完善

改革开放以来，中国各级政府都在积极实践和探索，加快推进行政决策的科学化、法治化和民主化，行政管理体制机制创新取得重大进展。这表现在以下几个方面：一是加强了行政决策的民主化、科学化，初步建立了群众参与、专家咨询和集体决策相结合的行政决策机制；二是"谋求行政权力的有效制衡，建立健全了过错责任追究制度，制定落实了罢免、法定质询的具体程序，创设了责令辞职、引咎辞职等具有可操作性的责任追究制度，加强了政府审计、预算、财务监督，初步做到了权责明确、监督到位和问责有力"（刘国军，2008）；三是积极推进行政审批制度改革，有效规范了行政审批程序，减少了行政审批环节，提高了政府行政效率。

第三节　基础教育供给主体

基础教育供给主体，是教育公共产品供给主体的重要内容。所谓基础教育供给主体，指在基础教育产品中的供给者。在讨论之前，先要对基础教育概念做出厘定，否则产品供给就缺乏对象。一般而言，基础教育是公民生存发展与进一步接受教育和学习的基础，因而是每个公民都必需的。而一个公民国家，其存在的理由就是要让每个公民能最大限度地获得其生存发展所需，公民之所必需就是国家所必需，对公民必需的满足对于国家和民族来说是有利的。"对公民进行基本的文化和技能的教育，提高公民的素质，使公民具备进一步接受更高级教育的能力，具备学习的能力，使公民具有终生学习的知识基础和能力基础，这不仅对于增强国家和民族的安全性、稳定性是有益的，而且对于提高国家和民族的发展力、竞争力和综合国力也是有益的。在这个概念上，基础教育又称为'国民教育'（national education）。同时，基础教育是一个历史概念，它所包括的具体内容是随着历史的发展而逐步扩大的。最初的基础教育主要指小学阶段，随着经济、政治、社会的发展，其范围扩大到初级中学，后来又扩展到高级中学，以后还有扩展到大学专科和本科教育的可能性。"（古翠凤和周劲波，2008）也就是说，随着社会、经济、政治的发展，每一个公民在其一生中，将来要不断地学习和接受更多、更高级的教育。在人生的早期，基础教育的内涵是因其所要具备的知识、技能而接受的基础教育内容和质量。目前，我国的基础教育包括小学、普通初级中学、普通和职业高级中学三个阶段。其中，包括目前正在实施的九年义务教育，以及九年义务教育之外的普通高级中学的基础教育和职业高级中学的基础教育。与基础教育相关的，还有义务教育和免费教育说法。尽管这三个概念有所差异，本部分的讨论中却是作为同一个概念而用。因此，"我们所说的基础教育，主要指为公民生存发展和进一步接受教育和学习基础的一种教育，基础教育也叫义务教育或免费教育，这种教育产品应该由国家为公民提供，是公共产品供给的一种"（史小艳，2014）。既包括西方基础教育公共产品供给，也包括中国基础教育公共产品供给。

一、西方基础教育供给主体

西方基础教育产品供给主体，在各自文化背景下，针对面临的"政府失灵""顺应世界历史发展潮流""借鉴现代企业成功经验"的大背景，结合各国基础教育实际，有其自己的制度设计和制度安排。

（一）设计

提及基础教育产品供给，世人总会想到政府。实际上，"西方的基础教育产品供给者最初是私人，随后发展到公益（非营利）组织，最后才是政府组织，它经历由私人志愿提供和消费到国家强制提供和消费的过程，或者说是由非义务教育转变为义务教育，并且义务教育的年限和免费程度逐渐扩大的过程"（古翠凤和周劲波，2008）。可见，政府成为基础教育产品供给责任者，并不是理所当然，有其演变过程。在当今世界，基础教育

（义务教育）产品供给成为西方诸国基本教育国策，是政府必须提供的纯公共产品供给。在此，以美国和法国为例。在美国，教育是各州的保留权力，州和州以下地方政府承担着发展教育的主要责任。联邦政府没有直接管理权，主要通过立法和财政资助的手段对教育施加影响。而州政府控制教育事业的发展的主要方式是制定本州的教育法规政策和财政拨款。而"在法国，中央政府直接负责基础教育的投入，教育经费绝大部分来自中央预算直接支出而不是美国那样的转移支付，地方政府只需负担较少部分"（马陆亭，2006）。根据国外义务教育管理体制的不同，在其教育纯公共产品供给上，可划分为中央集权和地方分权两种方式。

1. 中央集权

"法国对义务教育实行的是中央集权型管理，基础教育经费由中央政府直接拨付，法国的义务教育管理集中程度在西方国家中是最高的。"（刘泽云，2003）法国国民教育部对全国各级公立学校实行严格的管理和控制，全国所有公立学校的教职工都是它的雇员。法国全国分为 28 个学区，每个学区由若干个省组成，学区总长对该学区的学校拥有广泛的管理和监督权力。由于教育经费由中央政府直接划拨，各省、市镇只承担一部分学校的基本建设和日常开支费用，这就大大减轻了下级财政的负担。学区内的各省设有省级督学员，负责省内初、中等教育事务，在初等教育领域的职权很大。（叶澜，1996）可见，以法国为代表的中央集权式国家，中央政府在基础教育举办、管理和承办方面扮演着重要角色，其基础教育产品供给由政府承担，属于纯公共产品供给。

2. 地方分权

地方分权是相对于中央集权而言，根据西方各国不同国情又可分为两种情形：一是以地区政府为主，如德国和英国。德国在文化教育领域实行"文化联邦制"，即地区政府（州政府）享有绝对的主权。"它（州）负责教学计划、课程表的制定以及教师的指派等，市镇则负责提供学校的地基、校舍、物质装备以及行政人员等。"（郭新力，2006）"英国义务教育管理的权力掌握在地方教育当局手中，地方最高权力机关（郡议会）委托地方教育行政当局行使其在义务教育领域的权限。这种管理方式侧重联邦整体内的文化教育制度的一致性，更具有自主性与灵活性，可根据当地具体经济社会状况拟定。二是以当地政府为主，如日本和美国。日本和美国的义务教育管理权限基本上归当地政府。"（刘泽云，2003）美国的学区行使管理中小学的职责，其决策机关是学区教育管理委员会或学校董事会；日本中央和地方在教育方面的分工原则为：中央政府管理高等教育，都道府县管理高中教育和特殊教育，市町村管理义务教育、幼儿教育和成人教育。从以上的论述中可看出西方国家基础教育的提供者为各国政府。相较于德国推行的"文化联邦制"，这种管理方式具有更大的自主性与区分度，各级政府都明确了所涉及的教育范围，越高层次的政府主体负责越高的教育等级制度的制定。可见，以德国、英国、美国和日本为代表的地方分权式，地方政府在基础教育举办、管理和承办方面扮演着重要角色，其基础教育产品供给由政府承担，属于纯公共产品供给。

（二）做法

俗话说，再好的制度设计，最终都要落脚在行动上。西方诸国在基础教育公共产品供给方面，无论是在法规、政策的制定，还是在政府实施中，不乏其资料佐证。归纳起来，可以从"由谁举办""资金来源""支付方式"等三个主要方面进行梳理。

1. 由谁举办

基础教育产品供给，出现伊始并不都是由政府承担，至少在私立学校如此，呈现多主体提供基础教育产品供给现状，但自从政府认识到基础教育对国家或民族的重要性，西方诸国很早就纷纷以立法形式，赋予政府承担义务教育纯公共产品供给责无旁贷的义务。这反映出基础教育自出现之日起，"由谁举办"的话题就一直纷争不息，尤其自新公共管理运动出现后，管理主体多元化成为世界潮流，但政府尽管再不能一支独大，其管理的重要作用却不能低估，在基础教育领域政府仍占据举足轻重的地位。据有关资料介绍，"英国从 1880 年实施 5～10 岁免费义务教育，1918 年延长到 12 岁，1944 年延长到15 岁，1972 年普及了 11 年免费义务教育，对已经结束了义务教育但没能升学的青年实行继续免费教育直到 18 岁"（徐冲，2007）；"美国的法律规定儿童 6～16 岁必须入学，美国的公立学校由政府税收支持，学生免费入学"（肖远骑，2004）；"法国 1925 年全国基本普及初等义务教育，1936 年延长到 8 年，1967 年延长到 16 岁，义务教育阶段还给医疗、交通补助费"（叶澜，1996）。可见，西方诸国正是借助立法形式，督促政府实施基础教育，并取得可喜成就，反映出政府作为"举办者"的重要作用。

2. 资金来源

根据义务教育各国管理体制差异，在义务教育的经费来源上，各国政府也各有不同。在法国，中央财政通过国民教育部把义务教育教师工资直接划拨到教师的个人账户，承担了 70％以上的义务教育经费，而义务教育的校舍建设与学校行政经费则由地方政府负担，其中市镇政府和省级政府分别负担小学和初中的相应经费；在德国，义务教育经费主要由州政府负担，教师工资由州政府直接拨入教师个人账户，地方政府负担公用经费和基建经费，在义务教育公共支出中州政府承担了 3/4 的份额，市镇政府承担 1/5 的份额，中央政府所占比重仅在 3％左右；在英国，实行由地方教育当局管理基础教育财政的体制，义务教育经费的承担主体是当地政府，亦即区政府，区政府一般负担了义务教育经费的 80％左右（俞学明等，1999），这并不代表中央政府就不发挥作用，分权制的基础教育投入体制要求地方政府通过征收地方税作为它的收入来源，由地方政府对基础教育的投入进行预算，然后根据地方政府收入的增减情况进行适当调整，进而确定对基础教育的投入。可见，西方诸国政府，无论中央集权制还是地方分权制，都保证了各国进行基础教育经费的需要。

3. 支付方式

西方诸国为了缩小地区之间义务教育的差距，促进教育公平，都实行了教育财政转移支付制度。这种财政转移支付有三种形式：一是通过一般性转移支付来平衡地方政府财力，间接保证地方政府投资义务教育的力度，如德国义务教育财政重心在州一级，州政府直接划拨教师工资到教师个人账户，不体现为义务教育专项转移支付，州政府承担了义务教育公共经费的75%左右，仅有极少量的部分由州政府转移给市镇政府，州政府之所以有能力承担教师工资，是因为州政府的财力通过完善的州级财政平衡得到了保障，人均财力的州际差缩小到了尽可能低的程度，德国虽然并没有专门设计一套义务教育财政转移支付制度，但这并不等于德国不存在义务教育转移支付，各州间义务教育财政的平衡体现为事前平衡，也就是通过一般性转移支付实现的州际财政能力的平衡。二是中央政府直接承担占据义务教育经费最大比重的教师工资并直接拨付给教师个人，这样做有两个好处，第一，可以减轻地方政府的压力；第二，可以防止地方政府减少对义务教育的投入，像法国中央政府负担了义务教育公共支出的70%以上，由国家直接转移到教师个人账户上，义务教育经费政府间转移支付力度很小，1992年中央政府仅向地方政府转移了义务教育公共支出的2%，1994为1%，1995年为1%，同时辅之以政府间一般性转移交付和对处境不利群体、地区的特别扶持制度，这样就大大降低了地区间义务教育发展的不平衡性。三是建立义务教育专项转移支付，直接规定下级政府必须将该项资金用于义务教育，像美国的州政府通过一般性义务教育转移支付支持义务教育的经常性经费，这在平衡州内各学区间义务教育公共产品供给的差距上发挥了极大作用，联邦政府则主要以专项补助的形式满足特殊教育需求，特别针对贫困儿童，由于两级政府各司其职、互为补充，1992年、1994年、1995年中央政府转移了义务教育公共支出总额的7%左右，州政府转移了约47%，相比较而言州政府的作用要大得多。（刘泽云，2003）可见，西方诸国政府，在基础教育支付经费方式上，不管是中央政府负担为主，还是一般性转移支付为主、专项转移支付为主，都保证了各国基础教育的正常运行。

（三）借鉴

从国外基础教育的发展来看，多数西方发达国家已实现了9年、10年、11年不等的免费义务基本教育，国家对于义务教育的重视程度很高。借助法律力量，督促政府；也借助法律力量，约束适龄儿童父母。例如，有些西方国家立法规定，适龄儿童必须接受一定年限的义务教育，其父母具有监督子女接受教育的义务，若其子女未遵从法律规定接受相关教育，孩子的父母便会受到年限不等的刑事处罚，严重者还会入狱。正因为有这两方面的督促或约束，西方诸国基础教育事业蓬勃发展。从成功的经验看，在基础教育公共产品供给上，主要有以下几点值得借鉴。

1. 明确举办者

在基础教育发展上，举办者、管理者和承办者是关键。其中，举办者处于优先地位。在基础教育产品供给市场上，西方诸国一直就存在"举办者"的多元化趋势，不仅有政府，还有私人、俱乐部。是崇尚"百花齐放"，还是"一枝独秀"，乃至"政府主导"？这一直困扰着各国政府。尤其，在新公共管理运动盛行的今天，大力倡导有限政府，杜绝全能政府。政府应该管自己该管的，其他应该交给市场、社会来完成。是否意味着在基础教育产品供给领域政府应该退出？西方诸国实施基础教育(义务教育)产品供给的经验证明，基础教育产品供给仍然是政府的重要责任，要坚持举国办基础教育国策。作为我国来说，要借鉴西方成功经验，完善相关法规，督促政府基础教育管理，明确政府作为基础教育(义务教育)公共产品供给举办者的责任。

2. 保障资金来源

基础教育公共产品供给，在经费上涉及中央政府和地方政府。西方诸国由于国情差异，在涉及基础教育中教师工资、基建费、行政办公费和学生书本费诸多方面，不管采用中央集权式还是采用地方分权式，都明确了各级政府所应该承担的费用。其中，有的国家中央政府担负为主，有的国家地方政府担负为主。不管哪种方式，都保证了西方诸国基础教育(义务教育)顺利开展。作为我国来说，应该根据自己的国情、财力情况，各地差异、城乡差异，中央和地方两极政府合理分担基础教育所必需的费用。同时，鼓励私人和其他非政府组织及营利组织，积极出资办学、捐资助学，在政策的支持、扶持上给予引导，从而形成以政府为绝对办学主体、社会各种力量一齐办学的良好局面。

3. 理顺支付方式

在西方诸多基础教育公共产品供给的资金支付方式上，主要采用了以法国为代表的中央政府为主、以德国为代表的一般性转移支付为主和以美国为代表的专项支付为主等三种方式。"在第一种方式中，法国中央政府1992、1994、1995年仅向地方政府分别转移了义务教育公共总支出的2%、1%和1%，自己却承担了义务教育公共支出的70%以上；在第二种方式中，德国虽然没有专门设计一套义务教育财政转移支付制度，但是并不是说义务教育支付不存在，各州之间义务教育财政的平衡体现为事情平衡，亦即通过一般性转移支付实现的州际财政能力的平衡，州政府承担了义务教育公共经费的75%左右；在第三种方式中，美国1992、1994、1995年中央政府转移了义务教育公共支出总额的7%左右，州政府转移了约47%，相比较而言，州政府的作用大，主要在于联邦政府主要专项补助特殊教育需求，特别是针对贫困儿童，州政府主要通过一般性转移支付来满足义务教育经费的支出。"(刘泽云，2003)不管哪种方式，均在西方诸国义务教育公共产品供给中发挥重要作用。对于我国来说，应该根据国情，借鉴西方经验，在可能存在的多种转移支付方式中，需要理顺各自的关系，保证我国基础教育公共产品供给所需资金及时、合理到位。

二、中国基础教育供给主体

中国基础教育产品供给主体，在本国文化背景下，为了顺应世界改革潮流，赶上发达国家脚步，针对面临的实际问题，也有其自己的制度设计和制度安排。

(一)设计

在基础教育产品供给主体设计上，中国与西方不同，未采用"中央集权"或者"地方分权"制度设计，而是采用中央政府和地方政府共同担责、地方政府统筹落实的制度设计。在这设计中，"供给主体""供给规划""供给经费"是其主要内容。并且，"供给主体"是前提，"供给规划"是核心，"供给经费"是保障。如果没有"供给主体"，那么基础教育产品供给缺少承担人；如果没有"供给规划"，那么"供给主体"缺少目标；如果没有"供给经费"，那么"供给规划"缺乏保障。在此，借助相关法规政策的简要梳理，以这"三目"（供给主体、供给规划、供给经费）为纲，可以大致了解中国基础教育产品供给主体设计（制度设计）的情形。

1. 供给主体

第一，1954 年《中华人民共和国宪法》明文规定：国家设立并逐步扩大各种学校和其他文化教育机关，以保证公民享受教育权利。第二，1985 年《中共中央关于教育体制改革的决定》规定：发展基础教育的责任在地方，有计划、有步骤实施九年义务教育，实行基础教育由地方负责、分级管理的原则，除大政方针和宏观规划由中央决定外，具体政策、制度、计划的制定和实施，以及对学校的领导、管理和检查，责任和权力都交给地方，省、市（地）、县、乡各级管理的职责如何划分，由省（自治区、直辖市）决定。第三，1986 年《中华人民共和国义务教育法》规定：各级人民政府及其有关部门应当履行本法规定的各项职责，保障适龄儿童、少年接受义务教育的权利。第四，1995 年《中华人民共和国教育法》明文规定：中国公民有受教育的权利和义务，公民不分民族、种族、性别、职业、财产状况、宗教信仰等，依法享有平等的受教育机会。可见，在中国基础教育公共产品供给主体上，无论是国家根本大法还是大政方针，要么以赋予公民接受教育的权利，蕴涵着政府承担教育的职责；要么明确规定各级政府承担教育的职责，尤其在基础教育领域，地方政府责任重大。

2. 供给规划

第一，1956 年 1 月，最高国务会议通过的《1956—1967 年全国农业发展纲要》规定：从 1956 年开始，按照各地的情况，分别在 7 年和 12 年内普及小学义务教育。第二，1980 年 12 月，国务院通过的《关于普及小学教育若干问题的决定》规定：在 20 世纪 80 年代，全国基本实现普及小学教育，有条件的地区还可进而普及初中教育。第三，1985 年 5 月，《中共中央关于教育体制改革的决定》强调：我们有必要也有可能把实行九年制义务教育当作关系民族素质提高和国家兴旺发达的一件大事，突出地提出来，动员全党、全社会和全国各族人民，用最大的努力，积极地、有步骤地予以实施。第四，1995 年《中华人民共和国教育法》规定：政府对教育投入进行量化管理的目标："三个增长"和"两个比例"。第五，1999 年 6 月，《关于深化教育改革全面推进素质教育的决定》提出：基本普及九年义务教育和基本扫除青壮年文盲是全面推进素质教育的基础，赋予了义务教育以素质教育的内涵，强调了义务教育在实施素质教育中的基础地位与作用。第六，2001 年 5 月，国务院《关于基础教育改革与发展的决定》规定：义务教育实行"在国务院领导下，由地方政府负责，分级管理，以县为主的体制"。可见，在中国基础教育公共产品供给规划上，法律、法规明确规划出实施基础教育的宏伟蓝图。

3. 供给经费

第一，在新中国成立初期的时候，中国实行的教育管理制度是这样表述的："中央直接管理的大中小学经费列入中央人民政府预算，由财政部掌管；各大行政区、省(市)管理的县立中学以上教育事业费，分别列入各大行政区及省(市)预算内，乡村小学、县简师、教育馆的经费，可由县人民政府随国家公粮征收地方附加公粮解决，但地方附加公粮不得超过国家公粮的15%。各城市的小学教育经费，可征收城市附加教育事业费。"(樊香兰，2009)在这一体制中，无论是城镇还是乡村小学，经费无论是来自中央拨款还是来自地方的附加教育事业费或附加公粮，都是由各级政府统一筹划、统一支出的。第二，1986年的《中华人民共和国义务教育法》规定："义务教育经费投入实行国务院和地方各级人民政府根据职责共同负担，省、自治区、直辖市人民政府负责统筹落实的体制。农村义务教育所需经费，由各级人民政府根据国务院的规定分项目、按比例分担。"第三，2006年7月，教育部通过的修订后的《中华人民共和国义务教育法》规定"实施义务教育，不收学费、杂费"，明确相关主题法律责任，出台了系列意见以解决义务教育均衡发展的问题。可见，在中国基础教育公共产品供给经费上，法律明确由中央政府和地方政府共同承担、地方政府统筹落实的体制，保证了基础教育所需费用。

(二)做法

制度设计再好，还要考虑制度安排实施。在中国基础教育产品供给主体的做法上，无论是在法规、政策的制定，还是在政府实施中，不乏其资料佐证。归纳起来，主要表现在"以地方政府为主导""多渠道筹措办学资金""保证经费筹集渠道畅通"等三个方面，与西方诸国在基础教育产品供给主体"由谁举办""资金来源""支付方式"做法相比较，二者有共性，也有特殊性。

1. 以地方政府为主导

改革开放以前，中国实行计划经济体制。新中国成立初期，在有关政策法规方面就明确规定了各级政府在教育领域的职责："中央政府直接管理大中学，预算其经费，经费预算由财政部掌管"(胡建美，2009)；"各大行政区、省(市)地方政府直接管理县立中学以上，其经费列入各大行政区、省(市)地方政府预算"(张学敏，2003)；"各县级地方政府直接管理乡村小学、县师范、教育馆，其经费县政府随国家公粮征收地方附加公粮解决，所管理的城市小学经费，由征收城市附加教育事业费解决"(刘央和张宏杰，2009)。可见，不要说基础教育产品供给责任由政府承担，其他教育产品供给(高等教育)责任也是由政府承担。尽管这种教育供给体制随着社会发展而变化，但新中国成立初期确立的政府办教育体制，在改革开放以前未有多大变化。正因为长期坚持单一由政府办教育体制，既导致国家财政负担的加重，也造成教育经费投入的严重短缺。而教育投入的不足，制约了教育事业的发展，最终影响了经济建设发展。改革开放以后，经过各地的实践和探索，借鉴新公共管理运动以市场为导向、引入市场竞争机制经验，形成以政府为主导、各种力量参与的办学体制。在基础教育领域，在中央政府宏观掌控下，出现以地方政府为主导、各种社会力量参与的局面。

2. 多渠道筹措办学资金

改革开放以前，长期坚持单一由国家进行投资的政策，制约了教育事业的发展，最终影响了经济建设发展。"改革开放以后，我国社会主义建设重心开始转移，经济体制发生了重大变化。中央与地方财政收支格局的变化，客观上要求必须改变教育经费投入的来源结构，调整教育发展的'重心'，建立新的教育经费分担机制，以适应教育发展的需要。"（张学敏，2003）经过各地的实践和探索，教育、计划、财政等部门对解决教育投入的思路有了质的突破和发展。逐步实现了教育投资主体由一元政府投资向国家、社会、学校、集体与个人多元投资的转变，形成了以国家财政拨款为主，多渠道筹措教育经费的体制。"在这种体制下，各地把实现'一无两有'问题作为发展基础教育的突破口，所谓一无两有问题，是指：实现校校无危房、班班有教室、人人有课桌坐凳。"（杨建华和张爱玲，2007）在这个过程中，地方各级政府广泛开展了各种形式的捐资、集资办学活动，充分调动广大群众办教育的积极性。"陆续出台了一系列增加教育经费投入的具体政策与措施，逐步形成了我国教育经费六条主要来源渠道，第一财政拨款，第二征收用于教育的税（费），第三对非义务教育阶段学生收取学费和对义务教育阶段学生收取杂费，第四发展校办产业，第五支持集资办学和捐资助学，第六建立'财'、'税'、'费'、'产'、'社'、'基'）的多渠道筹措教育经费的新路子。通过这些途径使我国教育经费投入总量迅速增加，大大改善了办学条件。"（张学敏，2003）据统计："1985~1991年，全国在政府财政预算内拨款之外，另筹措资金1000多亿元，新建了中小学校舍2.75亿平方米，改造破旧校舍1.6亿平方米，消除中小学危房4.23亿平方米，使中小学危房比重由20世纪80年代初的16％下降到3％以下。"（刘香汉，2006）这一阶段的实践证明，在发挥国家财政投入主渠道作用的同时，通过多渠道筹措教育经费，是符合中国国情的发展教育的一条成功之路。

3. 保证经费筹集渠道畅通

1985年，中共中央颁布了《关于教育体制改革的决定》，明确了"低重心"的教育发展战略，开始对基础教育实行"分级办学、分级管理"，筹措基础教育经费的直接责任者变成了地方各级政府（孙万猛，2009）。这种办学体制的改革，调动了地方政府办教育的积极性，在实现多渠道筹措教育经费方面有了关键性进展。多渠道筹措教育经费体制虽然已经确立，但还需要进一步健全与完善，才能保证教育经费稳步增长的机制。所以，以法律形式把这种机制确定下来，成为必然。1993年中共中央、国务院印发的《中国教育改革和发展纲要》（以下简称《纲要》），1994年国务院印发的《〈纲要〉实施意见》，1995年颁布的《中华人民共和国教育法》，都对保证教育经费支出、增长与管理，做出了明确的规定，使中国的教育经费筹措和管理初步迈上了规范化、法制化的轨道。尤其是，"1998年中央出台了'1个百分点'政策（即：自1998年起至2002年的5年中，中央本级财政支出中教育经费所占比例每年比上年提高1个百分点），这是解决教育经费问题上的一个重大突破"（焦新，2003）。"中央财政"1个百分点"的政策出台后，全国大

部分省（自治区、直辖市）人民政府也相继增加了本级财政的教育经费支出。"（焦新，2003）

（三）评价

在中国基础教育产品供给方面，以立法规定、政策引导的方式，通过"供给主体""供给规划""供给经费"的制度设计，通过"以地方政府为主导""多渠道筹措办学资金""保证经费筹措渠道畅通"的制度安排，实践证明取得举世瞩目的成就。

1. 基础教育普及化程度大大提高

基础教育的首要也是最基本目标是普及。因为基础教育是公民生存发展与进一步接受教育和学习的基础，因而是每个公民都必需的。而一个公民国家，其存在的使命就是让每个公民能最大限度地获得其生存发展所需。进入 21 世纪以来，中国基础教育发展速度很快，普及范围和程度大大提高。截至 2012 年年底，全国"普九"人口覆盖率达99.3%（2002 年为 65%），初中毛入学率为 98%（2002 年为 87%），这标志着中国义务教育已进入普及化阶段，标志着中国用比较短的时间完成了发达国家需要上百年才能完成的目标。（古翠凤和周劲波，2008）例如，法国实现义务教育目标用了近 200 年，德国近100 年，美国 68 年，日本 63 年，印度 35 年。

2. 基础教育公共支出大幅增长

改革开放后，经济持续增长为教育财政投入奠定了坚实基础，公共教育支出呈现高速增长态势。"1979～2003 年，教育财政支出增长了 34.87 倍；教育支出占财政支出的比例提高了近 5 个百分点，其中国家财政预算内支出增加了 34.74 倍。"（沈百福，2008）"1996～2003 年，国家财政预算内用于农村基础教育的投入从 329.96 亿元猛增到1266.04 亿元，增幅高达 284%，年均增长 41%，远高于同期国家财政对教育的总体投入增幅。"（刘艳，2006）据统计，"2001 年以来预算内教育经费年均增长 21.32 亿元，小学的基础教育生均预算内事业费拨款年均增长达 24.22%，初中达 23.26%"（褚金柳，2006）。这些数据充分表明：从 2001 年明确了基础教育实行"在国务院领导下，由地方政府负责、分级管理、以县为主"的体制后，全国基础教育经费投入开始呈现持续稳定增长态势。

3. 基础教育公共政策体系初步建立

顺应财政和经济体制的变化，自 2001 年《国务院关于基础教育改革与发展的决定》提出"分级管理，以县为主"，到 2005 年 12 月《国务院关于深化农村义务教育经费保障机制改革的通知》提出"中央和地方分项目、按比例分担农村义务教育经费"，经过近些年的努力，"明确各级责任，中央地方共担，经费省级统筹，管理以县为主"的义务教育管理体制和经费投入保障机制基本确立，表明中国正在尝试建立系统、完整的基础教育公共政策体系。结合新的经费保障机制和修改后的义务教育法，中国已初步建立的基础教育公共政策体系可以整理归纳为以下几部分内容：第一，地方各级政府财政预算中将基础教育经费单列，并对政府教育投入增长做出数量要求(三个增长，两个比例)；第二，基础教育管理责任或事权在地方，实行省级政府统筹规划实施，县级为主管理；第三，基础教育经费投入由中央和地方各级政府共同负担，省级政府负责统筹落实，农村基础教育经费由各级人民政府根据国务院的规定分项目、按比例分担；第四，各级政府对贫困家庭学生免费提供教科书并补助寄宿生活费，建立社会弱势群体教育财政救助制度；第五，2006年开始，全国免除西部地区农村义务教育阶段学生学杂费，2007年扩大到中部和东部地区，实行渐进的义务教育免费时间表；第六，县级以上人民政府建立健全统计公告和基础教育经费的审计监督制度，关注财政支出绩效；第七，尝试建立义务教育质量监测与评价制度，重视教育权利平等和义务教育质量均衡发展；第八，学校管理试行校长负责制，学校经费使用情况等要向师生和家长公示，接受监督。

第四节　高等教育供给主体

所谓高等教育，是指在完成中等教育的基础上更进一步的专业教育，是培养高级专门人才的社会活动。高等教育办学主体是指高等教育机构的举办者或投资设立者。高等教育机构由谁设立(或举办)，这是区分公立大学和私立大学的关键。政府设立并依靠财政资金维持的大学称为公立大学，由第三部门设立并依靠民间资本维持的大学称为私立大学。在世界上一些国家和地区，公立大学的声望高，而在另一些国家和地区，公立大学则不如许多私立大学具有声望及竞争力。当前，尽管公、私立大学在不同国家和地区的声望与竞争力有所区别，但按照设置主体的性质对大学进行分类的问题上，世界上绝大多数国家，尤其是发达国家的做法基本一致，如日本将所有的学校分为三种，即由日本政府设立的学校(包括高等院校)为国立学校，由县市郡等地方各级政府设立的学校为公立学校，由非营利性社会团体设立的学校为私立学校。在中国高等学校的举办上，流行的也是三种，即公立高校(普通高校)、私立高校(民办高校)和混合高校(独立学院)。本部分将介绍中西方高等教育供给主体情形。

一、西方高等教育供给主体

西方高等育产品供给主体，在各自文化背景下，针对面临的"政府失灵""顺应世界历史发展潮流""借鉴现代企业成功经验"的大背景，结合各国实际，有别于基础教育产品供给主体，有其自己的制度设计和制度安排。

(一)设计

在西方高等教育产品供给主体上，如果说在西方基础教育产品供给主体上政府处于绝对优势地位、其他主体仅仅参与而已的话，那么在西方高等教育产品供给主体上，却呈现中央政府、地方政府、第三部门和市场主体并存的局面，出现西方高等教育产品供给主体多元化趋势。例如，当代美国高等教育办学主体系统的构成因素有政府、第三部门和市场主体三个，这三个因素在美国都是合法存在的，而且在美国3000多所高校中，几乎一半是由政府举办，另一半是由第三部门举办，政府办学面向全体民众，以服务于全体公民的教育需求为追求，其学生已占到在校生总数的 3/4 甚至 4/5，"第三部门办学主要遵循的原则是'少而精'，追求举办高水平大学，其特点是以较少的学生，较低的生师比，培养出类拔萃的人才，从这个方面看来，政府与第三部门在美国高等教育办学主体系统中几乎并列发挥作用"（祝爱武，2014）。

1. 中央集权

中央集权式的高等教育产品供给主体设计，多半体现在西方诸国法律规定或制度中，但往往通过一些具体事例表现出来。"在欧洲，西方很多国家是福利型国家，经济比较发达，人口基数较少且增长缓慢，教育有条件被纳入公共福利的范畴内，教育的大部分经费来自国家财政，学生无需交纳高昂的学费，甚至有近一半的欧洲国家资助大学教育，大学生不用负担高等教育的学费。虽然在南欧国家，以及比利时、法国、爱尔兰、荷兰、英国和冰岛等国的大学生要交注册费或学费，但他们可以获得入学的资助。在这一些国家，高等教育办学主体构成模式是政府优势型。"（祝爱武，2014）例如，第二次世界大战后英国大学的大部分经费都是由政府提供，20 世纪 90 年代以来，英国政府对大学的拨款占大学全部经费的比例一直维持在 70% 左右（丁富增，1999）；丹麦、比利时的佛兰德斯、德国和瑞典的大学资金来源高度集中于公共基金，比重高达 90%～97%；法国和荷兰公共基金的比重也达到了 60%～70%（刘向东等，2005）；2000 年，苏格兰制定了新的学费政策和学生资助政策，在苏格兰高等教育机构进行全日制学习的苏格兰本国学生不需再缴纳学费，苏格兰还实施毕业缴费制度，从 2001 年开始学生入学和就读期间不用缴纳学费，而是等到毕业时缴纳数额为 2092 英镑的费用，如果毕业生毕业时其家庭没有能力支付毕业生缴费，他可以通过向国家贷款这一途径来缴纳，如果毕业生的年薪不足 10 000 英镑，他可以不归还贷款（赵丽芬等，2007）。可见，西方诸国在高等教育产品供给主体上，受福利主义影响，无论是单一制国家，还是联邦制国家，政府都是举办大学的当然承担者，尤其中央政府责无旁贷。这种高等教育办学主体构成模式，不仅可称为政府优势型，而且更准确的说是中央政府优势型。

2. 地方分权

在世界各国政体上，历来存在单一制和联邦制。联邦制下的地方政府，具有更大的权力。在高等教育产品供给主体上，除中央政府以外，地方政府也扮演着重要角色。例如，日本的"由县市郡等地方各级政府设立的公立学校"和美国的"由州政府设立的赠地学院"就是其代表。这些从西方诸国颁布的相关法律、制度中，不难寻觅其踪影。例如，"在美国，高等教育举办权和管理权没有赋予联邦政府，联邦政府没有办学责任，也就不能成为高等教育办学主体，而地方州政府则具有举办和管理高等教育的责任，可以成为高等教育办学主体"（祝爱武，2014）。为此，"美国州政府为创办州立大学（或赠地学院），在制度设计上颁布了一系列法规：如 1862 年颁布与实施了《莫里尔法》，莫里尔被誉为赠地兴学院的先驱人物；19 世纪下半叶至 20 世纪初，美国颁布了一系列资助与加强赠地学院发展的法律。如 1887 年的《海奇法》、1907 年的《纳尔逊修正案》和 1914 年的《史密斯-利弗法》，这促使了赠地学院在美国的蓬勃发展"（雷新华等，2007）。"直接促成一批赠地学院的诞生，如威斯康星大学、康奈尔大学、密歇根州立大学等，政府建立起了由公众支持、面向全体民众、州政府控制管理为特征的公立高等教育。"（王利军，2010）

3. 第三部门

第三部门作为高等教育产品供给主体设计，在西方国家的相关法规、制度上有规定，也可以通过一些事例表现出来。"世界各个国家高等教育最初的创建者大多都是政府，各国高等教育也多为政府主导，但是 21 世纪以来，单纯由政府主导的高等教育明显与多变的国际产业结构及分工格局变化对人才的需求不适应，为了促进高等教育的优化，必须在高等教育领域引入竞争。"（吴新华，2010）这项改革促成的结果，即是各国都不同程度地在高等教育领域引入私立大学。例如，创建于 1876 年由美国知名实业家约翰斯霍布金斯捐资创办的美国第一所研究型大学——约翰霍布金斯大学，这所大学在大学使命、教学方法、研究生招生等方面均以德国学术性大学的思想为导向，贯彻"学术自由"的高等教育理念，"美国研究型大学是一步步成长起来的。他们把研究生教育确定为大学最核心的教育任务，引导学生从事高水平的学习、开展研究生教育，通过科学研究促进知识的增长"（廖雅琪，2006）。在此影响下，哈佛等私立学院通过实施选修制、改造专业学院、创设研究生院等改革措施，由传统的文理本科学院改造发展成为现代研究型大学（贺国庆等，2003）。可见，在西方高等教育产品供给主体上，第三部门也是一支不能忽视的生力军，既有日本由非营利性社会团体设立的私立学校，也有美国由实业家举办的私立高等教育、第三部门举办的初级学院，它们是第三部门举办高等教育的代表。在其高等教育产品供给提供的质量上，不一定就低于政府所举办的，美国在这方面就具有代表性。

（二）做法

按照制度经济学的说法，好的制度设计还得靠制度安排实施。在西方诸国高等教育产品供给主体安排上，不乏资料佐证，从不同角度可以梳理出诸多做法。从公共管理视角，既然在西方高等教育产品供给主体设计上，既有政府组织，也有非政府组织，那么这些组织作为主体究竟如何、资料来源和支付方式究竟怎样呢？

1. 由谁举办

在西方高等教育产品供给主体上，政府在基础教育产品供给主体"一枝独秀"的局面一去不复返，呈现多主体各领风骚趋势，但政府作为高等教育产品供给主体的重要性不能低估。在欧洲，国外许多大学有着非常浓厚的政府味，它们或是直接由政府行政部门所设立，或者主要接受政府的资助，或者是通过其他方式与政府相联系，如"法国高等教育机构是指中等教育后的所有科学、文化职业性公共教育机构，包括大学、'大学校'、短期高等教育机构和大型科学文化教育机构四种类型"（赵丽芬等，2007），绝大多数高等教育机构由政府举办，为公立高等学校；在美国，州政府举办了具有美国特质的高等教育机构，即应对大众高等教育需求的新型高等教育机构，或者说是与传统型"大学"不同类型的高等教育机构——赠地学院（州立大学）及后来的社区学院，为美国高等教育结构增添了新的内容，在高等教育产品供给主体市场上，3000多所高校中政府举办占了一半。此外，在高等教育产品供给主体市场上，第三部门活跃。例如，在美国3000多所高校中几乎一半是由第三部门举办的。"在目前美国前30所大学排名中，由第三部门举办的大学有25所，政府举办的大学有5所；在美国前50所大学排名中，由第三部门举办的大学有34所，政府举办的大学有16所。"① 根据诺贝尔奖数量，在排名靠前的11所大学中，办学主体为第三部门的有10所（表2-1），这些数据表明第三部门是美国高水平研究型大学的主要办学主体。近年来，在美国还出现了一种新的高等教育办学主体类型，即市场主体，它举办营利性高等教育机构，这是现代信息技术发展和当代世界高等教育竞争的产物。"美国于20世纪初基本上形成了以大量社区学院为底座的公立高等教育与私立高等教育并列发展的高等教育系统，形成低重心的'金字塔'型高等教育结构。"② 另外，为了促进高等教育均衡发展，而各国高等教育资源分配不公主要体现为贫富差距导致大学在区位上多分布在富裕地区及受教育权主要为富人所享用，各国政府主要采取了通过加大对高等教育的资助，在落后地区建立高等院校和为穷学生提高资助以促进教育公平两种措施。

表 2-1　获诺贝尔奖最多的美国大学排名

序号	学校名称	获诺贝尔奖数量	学校举办者
1	哈佛大学	30	第三部门
2	斯坦福大学	16	第三部门
3	加州理工学院	15	第三部门
3	麻省理工大学	15	第三部门
3	芝加哥大学	15	第三部门
6	伯克利加州大学	14	州政府
6	哥伦毕业大学	14	第三部门
8	普林斯顿大学	10	第三部门
8	洛克菲勒大学	10	第三部门
10	康奈尔大学	8	第三部门
11	耶鲁大学	5	第三部门

注：排名统计采用的是"得奖者当时工作单位"的标准

资料来源：获诺贝尔奖最多的美国大学排名（采用的是"得奖者当时工作单位"的标准）[DB/OL]. http：//finance. ifeng. com/rou/20101008/2684733. shtml[2014-6-8]

2. 资金来源

在欧洲，法国是一个高福利国家，教育被列入公共事业，高等教育的大部分经费都由国家拨款，国家的投资比例很大，投入的经费在高等教育经费中占主导地位。从20世

---

① 美国前50大学的 TOEFL、SAT、lELTS 录取成绩[DB/OL]. http：//3y. uu456. com/69-492ty22cql7u3cm9al70-1. html. [2014-6-8]

② 获诺贝尔奖最多的美国大学排名（采用的是"得奖者当时工作单位"的标准）[DB/OL]. http：//finance. ifeng. com/rou/20101008/2684733. shtml[2014-6-8]

纪 70 年代末起，教育经费开始超过国防预算，成为国家最大的一项财政支出。法国公立高等学校是不收学费的，除了享受助学金的学生外，大学一、二、三年级的其他学生只交纳数额很少的注册费，收费标准由教育部指定，法国的助学金有两种，一种是以社会标准发放的；另一种是以大学标准发放的。没有享受到助学金的学生，还可以享受无息贷款。另外，法国有孩子在上学的家庭能够享受减税和子女补贴等福利待遇。（马露奇，2008）在法国享受高等教育已经成为一种公民权利，大学本科入学已经相当普及，70％以上的高中生取得大学入学资格都可以进入大学学习。法国 87 所综合性公立大学里，绝大多数学院都是敞开式入学，基本没有入学门槛，但淘汰率高达 50％～80％（非法语国家学生要想进入法国真正的精英大学，必须参加法国外交部的统考，统考要求法语水平很高，而且要有出色的专业背景。学语言是要花钱的，而且费用不菲）。（王诺诺，2011）在美国，20 世纪初掀起了以多样性为特征的初级学院运动，初级学院的办学主体主要为州政府，也有第三部门，州政府举办的初级学院以低收费或者不收费政策，增加低收入家庭子弟接受高等教育的机会（贺国庆等，2003）。此外，社会力量积极扶持私立高等教育的发展：在许多国家中，私立高等教育的发展离不开全社会的支持和关心。"这种关心和支持不仅是经济上的支援，同时还包括对私立大学地位的认可、私立高校招生、毕业生的就业机会、教师的待遇等。比如，韩国几乎所有私立大学都有一个教育财团，这种教育财团是以企业集团作后盾的，最著名的私立大学延世大学有大宇财团作后盾；国民大学是双龙财团；成均馆大学是三星财团，这些财团每年都会拨巨款支持教育，成为私立大学运营发展的重要支撑。国家设立'私学振兴基金'，通过学校法人出资、社会捐赠、政府拨款、发行债券及基金收入等办法筹措，专门用于改善学校设施和教学环境，振兴私立教育事业。"（朱毅蓉，2004）又如，"美国私立高校的教育经费很大一部分是依靠某种组织提供，如教会。据日本私立高校协会统计，1982 年社会捐赠与捐款收入占该协会所属学校总收入的 7.1％"（高时庆，2004）。可见，从法国和美国的情况不难看出，高等教育产品供给举办者的确定，决定了办学经费的来源。如果是中央政府举办的国立高校，那么经费由中央政府承担或主要承担；如果是地方举办的公立高校，那么经费由地方政府承担或主要承担；如果是第三部门举办的私立高校，那么经费由第三部门承担，它可以是非营利组织，也可以是营利组织。

3. 支付方式

在高等教育产品供给支付方式上，各国对提高高等教育的资助主要表现在两个方面：一是提供给学校的经费支持，加大高等教育投入。例如，"澳大利亚在 2002 年《建立坚实的基础：资助澳大利亚高等教育》的报告以及 2003 年《我们的大学——支撑澳大利亚的未来》的报告中，阐述了联邦政府改革高校资助体系的计划，从 2000 年开始块状事业费拨款体系被联邦拨款计划取代，联邦根据上一年实际提供的资助学生数量，按照学科标准给予拨款，每所在该计划下接受资金的高等院校，将被列入一项联邦政府的资金协议范围"（崔受林，2008）。又如，美国高校的办学经费中，联邦政府和州政府的投资只占其经费来源的一部分，私人、企业财团、宗教团体和慈善机构的捐赠及学生的学费收入为高校提供了强有力的支持，为了增加使用资金的灵活性和扩大经费来源，美国大学还纷纷成立了基金会，作为独立于大学的机构（洪成文，2000）。二是对在读大学生提供助学金。例如，美国近年来全美高等学校学费和食宿费突破3.5万美元，接受高等教育所需费用对于每一个美国青年和家庭来说都是昂贵的，有79％的学生无力支付数万美元的教育费用。"面对这种情况，美国政府做了大幅度增加教育投入的决定，在21世纪投入高等教育经费1577.87亿美元。美国高校也通过多种方式为大学生提供各类经济资助，如奖学金、助学金、短期贷款、校内长期低息贷款、联邦政府勤工俭学计划、校外长期低息贷款、学校内外兼职工作和打工等，以帮助美国学生解决高等教育的费用。"（吴新华，2010）又如，"澳大利亚联邦政府为了保证澳大利亚所有群体都有机会享受高等教育，进行额外的财政资助、文化政策调整、明确公平原则和以绩效为基础的奖励。从2005年起，高等教育公平项目每年增加230万澳元资金，为了确保高校集中解决弱势群体的问题，资金的分配将依据制定的绩效模型来执行。有资格参与高等教育公平项目资金分配的高校要扩大招生范围，以吸引弱势群体接受高等教育"（崔爱林，2008）。可见，在高等教育产品供给资金来源确定后，其支付方式就显得尤为重要。与西方基础教育产品供给支付方式所讲的"中央政府承担""一般转移性支付""专项转移支付"不同，而主要体现在"提供给学校的财政支持"和"对在读大学生提供助学金"上。

（三）借鉴

通过对国外高等教育供给主体中政府作用的介绍，可以发现中国和它们的高等教育存在许多相通的地方，中国高等教育的发展可以借鉴它们的成功经验，实现高等教育的跨越式发展。

1. 举办者多元化

西方很多国家在高等教育产品供给主体市场上，出现了中央政府、地方政府、第三部门和市场主体举办者主体多元化局面。在有的国家国立和公立占据主导地位（如在欧洲和日本），在有的国家第三部门或私立占据主导地位（如美国）。究竟是公立还是私立，显然以各国国情而定，在高等教育产品供给领域都发挥了重要作用。西方诸国在经济实力上属于发达资本主义国家，在福利主义盛行中，在高等教育产品供给上，尚且"两条腿走路"、举办者多元化，那么中国作为后发国家，在高等教育产品供给主体上，无论是国家经济实力，还是举办高等教育的经验，与西方诸国仍有不小的差距，它们在高等教育产品供给上"多元化"的经验值得借鉴。可喜的是，中国在高等教育产品供给主体多元化上已经迈出坚实的一步。中国教育部原部长周济曾表示，中国还将继续推进高等教育大众化，到2020年实现高等教育毛入学率达到40％的目标。中国将逐步从大众化迈向普及化，美国、日本等国家高等教育顺利步入普及化的关键是多样化的高等教育体系。因此，中国需要建立多样化的高等教育结构体系：在办学体制上要有国家举办、地方政府举办及民办等多种类型的高等院校。

2. 确保资金来源

资金来源是确保高等教育产品供给主体得以实施的关键。实际上，从西方诸国高等教育产品供给市场不难看到，"由谁举办"和"资金来源"看起来是两个问题，实质上就是一个问题。只要明确了高等教育产品供给的举办者，自然会赋予承担相应资金保障的责任。在西方诸国高等教育产品供给资金来源上，都明确了中央政府、地方政府和第三部门承担的比例。在中央集权式国家，一些国家承担的高等教育产品供给经费是很高的，如英国为70%左右、德国为90%～97%，法国为60%～70%；在地方分权国家中，有的国家采取低收费和不收费方式，反映出其费用的承担，如美国各州举办的初级学院；在第三部门举办的国家，美国尤为典型，近占到全国高校一半，其费用由举办者承担。西方诸国在高等教育产品供给经费保障方面的经验，正在被中国所借鉴。在中国也是以法规政策形式明确规定了普通高校（国立和公立）和民办高校（私立）各举办者应该承担的办学经费。尤其是，对独立学院这类高等教育产品供给经费，在法规政策方面规定了举办者各方的投资形式。致使在高等教育产品供给经费上，不仅出现举办者多元化，经费来源也得到保障。

3. 支付方式多样

在西方诸国高等教育产品供给上，不仅其经费来源得到保障，其支付方式也是多种多样的。在政府提供给高校的财政支持方面：有的由中央政府提供给学校财政支持，如法国和苏格兰公立高等学校不收学费、美国联邦政府以采取用土地资助手段鼓励州政府举办赠地学院；有的由地方政府提供给学校财政支持，如日本由县市郡等地方各级政府设立的公立学校、美国各州举办的初级学院。在政府对在读大学生提供助学金方面：有的通过多种途径为大学生提供各类经济资助。例如，"美国为高校在读学生提供助学金、奖学金、校内长期低息贷款、短期贷款、校外长期低息贷款、学校内外兼职工作和打工和联邦政府勤工俭学计划等，以帮助美国学生和家庭解决高等教育费用"（刘丽平，2008）；"有一些国家的高校，在入学和就读期间不缴纳学费，实施毕业缴费制度，例如苏格兰，到毕业时缴纳一笔数额为2092英镑的费用；如果毕业生毕业时没有能力支付毕业生缴费，他可以选择向国家贷款来缴纳；如果毕业生的年薪不足10 000英镑，他可以不归还贷款，比如苏格兰就是如此"（常思亮，2006）。在政府提供受高等教育公平方面：有的进行额外的财政资助，如澳大利亚从2005年起，每年高等教育公平项目增加230万澳元资金，资金的分配将依据制定的绩效模型来执行，以确保高校集中解决弱势群体的问题；有上大学的孩子的家庭能够享受子女补贴和减税的福利待遇，如法国就是如此。此外，在私人和第三部门提供给高校财政支持方面："有一些国家由非营利性社会团体设立私立学校，承担其费用，比如日本；有的以第三部门设立的高校，承担其费用，比如美国的约翰霍布金斯大学，便是由知名实业家约翰斯霍布金斯捐资创办的美国第一所研究型大学。"（崔爱林，2008）西方诸国在高等教育产品供给支付方式上的成功经验值得中国借鉴，在这方面中国也采取了类似诸多措施，尽管还存在差距。

二、中国高等教育供给主体

中国高等教育产品供给主体，在本国文化背景下，为了顺应世界发展潮流，接近发达国家水平，在制度设计和制度安排上有诸多与西方国家一致的地方，均要涉及"主体设计""主体安排""经验借鉴"等高等教育产品供给主体问题。在其发展总趋势上，也正在由精英教育向大众教育转型。

（一）设计

中国高等教育产品供给主体的设计，是关注中国高等教育产品供给首先面临的，参照西方诸国在高等教育产品供给主体设计上"由谁举办"布局思考，结合中国基础教育产品供给主体设计上"供给主体""供给规划""供给经费"布局理解，在中国高等教育产品供给主体设计布局上，仍沿用其在基础教育产品供给主体设计的思考。

1. 供给主体

中国高等教育产品供给主体，在中国的《宪法》《教育法》《高等教育法》《民办学校促进法》《独立学院设置和管理》等诸多法律、法规中都有明确规定，为中国高等教育产品供给主体制度设计提供了法律依据。其中，在《宪法》中，规定了公民有接受教育的权利和义务，蕴涵着政府对公民接受教育权利要给予保护，政府理所当然成为办学的举办者，包括成为高等教育举办者；"在《教育法》中规定：'高等教育由国务院和省、自治区、直辖市人民政府管理'，表明我国高等教育的管理体制是由中央和省级政府两级管理、分工负责，以省级政府统筹为主，条块有机结合的体制，我国高等教育产品供给的主体是中央政府和省级地方政府，这二者是高等教育的举办者"（芮国强，2006）；在《高等教育法》中，规定"国家根据经济建设和社会发展的需要，制订高等教育发展规划，举办科学技术文化，多种形式积极发展高等教育，国家鼓励企事业组织、社会团体及其他社会组织和公民等社会力量依法举办高等学校"，"国家根据少数民族的特点和需要，帮助和支持少数民族地区发展高等教育事业，为少数民族培养高级专门人才"（李云霞，2006）。《高等教育法》中的规定表明高等教育举办者既可以是政府，也可以是其他组织和个人；在《民办学校促进法》中，对民办高校亦即私立高校办学做了明确要求，致使《高等教育法》所规定的"多种形式积极发展高等教育"落到实处；在《独立学院设置和管理》中，对于介于公立高校与私立高校之间的一种新的办学体制做出明确要求，依法举办。可见，在高等教育产品供给主体上，中国诸多法律、法规和政策明确规定了举办者，使得在办学上通过深化改革和立法，划分、规范举办者、管理者和办学者的权利与义务。举办者可以是各级政府及有关部门，也可以是事业、企业、具有法人资格的公民个人或社会团体。他们可以单独办，也可以联合办。

2. 供给规划

中国高等教育产品供给规划，是其供给主体的深化。中国高等教育究竟应该怎样发展（蓝图），国内有学者在谈及中国行政体制改革建构战略中有较为深刻的论述：中国存在行政体制改革的构想，要抓住三个主要任务，实施"三坐标的公共行政体制建构战略"。具体来说，"第一是以满足不断提高的社会公共需求为轴心，分段建设公共服务型政府的建构战略；第二是以适应社会主义市场经济发展与国际化进程为轴心，收缩干预权力、提高治理能力的法治政府与效能政府的建构战略；第三是以适应社会主义民主政治发展需求为轴心，强化政治责任、拓展人民责任的渐进型责任政府建构战略"（李军鹏，2011）。归纳起来，在中国行政体制改革设计部分，分别要建构服务政府、法治政府、效能政府和责任政府等四种类型。其中，服务型政府又分为"完善基本公共服务"（2011~2015年）、"完善公共服务体系"（2016~2020年）和"完善的公共服务型政府建成"（2021~2050年）三个阶段。"在第一阶段，应该在公共服务领域投入更多财政资金，尤其是教育方面；坚持优先发展教育，逐步缩小城乡、区域教育发展差距，促进教育公平。"（张力，2007）"为保障这一目标的实现，应将政府总支出中政府公共服务支出的比重提高到40％，GDP中教育公共支出的比重要达到4％。"（金三林，2009）在第二阶段，教育类公共需求加速增长，到2020年高等教育毛入学率达到32％，到2020年中国公共教育支出占GDP的比重至少要达到目前中等收入国家平均水平（亦即4.8％），为确保教育优先发展，这一指标应达到5.5％。在第三阶段，适应社会公共需求的增长，公共教育支出占GDP的比重应达到7％以上，大学生毛入学率应达到60％以上，为此要将政府公共服务支持占政府总支持的比重提高到70％。可见，在学者谈及中国行政体制改革的战略构想时，对中国高等教育产品供给规划勾画了蓝图。

3. 供给经费

在中国高等教育产品供给上，中国相关法规、政策，不仅明确了高等教育举办者，而且规定了高等教育产品供给经费。"在我国《教育法》中，确定了中国高等教育管理体制改革的目标，基本形成了举办者、管理者和办学者职责分明的体制框架，经费来源主要以财政拨款为主，多渠道经费投入，中央和省、自治区、直辖市人民政府实行两级管理，分工负责，以省、自治区、直辖市人民政府统筹为主，条块有机结合的体制框架"（刘宝存，2009）；"在《高等教育法》中，明确规定"国家建立以财政拨款为主，其他多渠道筹措高等教育经费为辅的体制，使高等教育事业的发展同经济、社会发展的水平相适应"（许进军，2009）；"国务院和省、自治区、直辖市人民政府依照教育法第五十五条规定，保证国家兴办的高等教育的经费逐步增长；国家鼓励企事业组织、社会团体及其他社会组织和个人向高等教育投资"（刘海波，2008）。此外，在中国《民办教育促进法》和《民办教育促进法实施条例》中，规定了民办高等教育产品供给经费；在中国《独立学院设置和管理》中，规定了有别于普通高校和民办高校体制的独立学院产品供给经费；在2004年《2003—2007年教育振兴行动计划》中，确定了"深化高等教育经费投入体制改革，建立与市场经济体制相适应的教育经费投入体制和高等学校多渠道筹措教育经费的机制"。以上这些规定，是借助立法形式和政策规划，对中国高等教育产品供给经费做了预设。随着改革开放的深入，社会对高等教育产品的需求日益旺盛，中国高等教育产品供给经费体制发挥着越来越重要的作用。

（二）做法

制度设计再好，还要考虑制度安排实施。在中国高等教育产品供给主体的做法上，无论是在法规、政策的制定，还是在政府实施中，不乏其资料佐证。归纳起来，主要表现在"由谁举办""资金来源""支付方式"等三个方面。

1. 由谁举办

在高等教育产品供给主体上,世界上绝大多数国家,尤其是发达国家的做法基本一致。例如,日本将所有的学校分为三种,即由日本政府设立的学校(包括高等院校)为国立学校,由县市郡等地方各级政府设立的学校为公立学校,由非营利性社会团体设立的学校为私立学校;在中国,在高等学校的举办上流行的也是几种,即由中央部属设立的学校为部属高校,由省级政府设立的学校为省属高校,由地级市设立的学校为市属高校,由私人设立的学校为民办高校,由混合主体(普通高校和政府、普通高校和企业)设立的学校有独立学院,在其设置主体的性质上也可以分为公立高校(普通高校)、私立高校(民办高校)和混合高校(独立学院)三种。在中国高等教育产品供给主体上,相关的法律、法规和政策明确了各类举办者的职责/责任:确定私人举办高等教育的责任时,必须依据《民办教育促进法》和《民办教育促进法实施条例》;确定混合主体举办高等教育的责任时,必须依据《独立学院设置和管理》;确定中央政府和地方政府举办高等教育的职责时,必须依据《高等教育法》。尤其,在政府举办的高等教育产品供给主体方面,中国有别于西方诸国的特殊性在于其进行了有益的探索。

早在1993年,中国政府就做出了逐步推进高等教育管理体制改革的决策,但一直推进缓慢,主要是由于中央业务部门主管各行各业和国有大中型企业。1998年国务院机构调整,大幅度撤消合并主管行业部委,这成为了高等学校管理体制改革的难得契机,这一格局发生了关键性转变。通过若干年的"共建、调整、合作、合并",世纪之交的中国高等教育管理体制改革涉及900多所高校,597所高等学校合并组建为267所高等学校;原来国务院有关部门直接管理的367所普通高校,改革后只有100所左右。教育部直属普通高校从34所增加到72所(这72所是由125所普通高等学校、12所成人高校、4所中专和9个科研单位合并组建而成的);同时,继续负责管理一所中央广播电视大学(主要是面向成人的高等教育)。国防科学技术工业委员会、国家民族事务委员会、公安部、国家体育总局等10余个部门管理着40所普通高校,原来归属业务部委的三年制专科院校全部划转归地方政府,其他本科院校均实行了省级管理、地方与中央共建的体制;国务院还授予省级政府高等职业学院及专科学校设置的审批权和招生计划权,这扩大了省级政府统筹本地区高等教育的责任和权利,基本形成中央和省级政府两级管理、以省级政府管理为主的新体制。(马陆亭,2004)

2. 资金来源

在中国高等教育产品供给资金来源上,长期以来实行政府财政拨款的单一体制,增加了政府巨额财政负担,不能满足广大群众对高等教育的日益增长的需求,面临"穷国办高等教育"窘境。随着社会经济的发展,教育经费也有了快速的增长,国务院和省级政府依照《教育法》第五十五条的规定,保证国家兴办的高等教育的经费逐步增长。据相关资料介绍,"我国高等教育经费投入总量不断增加,1950~2002年,各级财政对普通高校的财政拨款,财政预算内拨款累计达4605.66亿元,年增长率为11.86%,比我国同期财政支出的年增长率10.19%高0.67个百分点;1950~2002年,我国普通高校财政投入累计达 5028.21 亿元，年增长率为 11.96％，比我国同期国内生长总值的年增长率 10.55％高 1.41 个百分点"（石钧，2008）。以上数据表明国家对高等教育的财政投入年年都在增加。但是，高等教育财政拨款增长的变化，跟不上广大群众对高等教育的需求增长的变化。"我国著名经济学家厉以宁对研究得出：当人均 GDP 达到 800～1000 美元时，如果要实现教育与经济的良性发展，公共支持必须达到 GDP 比重下限 4.07％～4.25％，但 1996 年以来的 10 年时间内，我国对各类教育的投入占 GDP 的比重一直徘徊在 2％～3％。"（何树红和李凯敏，2014）随着高等教育改革的深入，教育经费分担机制逐步建立起来。1994 年，国家取消计划生、代培生和自费生的区别，学费从此成为高校经费的一大来源，大大减轻了国家的压力。"据 2003 年国家统计局的统计，我国高等教育经费中，国家财政性经费占 54.2％，学费和杂费占 24.2％。"（孔喜梅，2006）此外，依据《高等教育法》六十条规定，国家建立以财政拨款为主、其他多渠道筹措高等教育经费为辅的体制，使高等教育事业的发展同经济、社会发展水平相适应。"国家鼓励个人、社会团体、企事业组织、其他社会组织对高等教育进行投入。据 2003 年国家统计局的统计，社会团体和公民个人办学经费还占了 1.48％、社会捐资和集资办学经费占 1.56％。"（宋红娟和朱凌洁，2007）可见，在中国高等教育产品供给资金来源上，形成以国家财政拨款为主体，学费和杂费、社会团体和公民个人经费、社会捐资和集资助学为辅的机制。虽然目前国家拨款和学生学费为高校的主要收入来源，但多渠道已经打开，接下来就是要努力吸引社会力量投资和捐资助学。

3. 支付方式

在高等教育产品供给上，"支付方式"与"资金来源"密切相关。实际上，在"资金来源"介绍中，就包含着"支付方式"内容，但二者也存在差异。如果说《高等教育法》第六十条主要侧重于"资金来源"的话，那么在其六十一条中则侧重于"支付方式"。《高等教育法》第六十一条规定，高等学校的举办者应当保证稳定的办学经费来源，不得抽回其投入的办学资金。这从法律上保障了政府拨款、学费、捐款和学校自创收入等经费来源纷呈。1992 年，中国高校通过各种途径的创收就占经费总额的 14％，有利支持了中国高等教育事业顺利发展。尤其是，对政府拨款进行改革。随着财政体制的改革，国家对高校的拨款机制由过去的按开支项目拨款政策变为按大类拨款，同时给予高校使用经费的自主权，国家仅对公用经费支出是否适当进行审计与监督。同时，"废除了剩余资金在年底上交给国家的规定。新的拨款方式的主要衡量指标是全日制高校在校生人数。很多专款及基建经费投入都是依据学生人数，只有一少部分是出于特殊的考虑"（李丽霞，2005）。这种根据学生数拨款的方式在资金分配方面增加了透明度，但它一方面刺激高校盲目扩大招生规模，另一方面又无法激励高校提高效益和质量。随着高校国家财政拨款的减少和高校自主权的放宽，中国高校通过自主创收、以学养学的路子也在拓宽。另外，在高等教育产品供给支付上的一个特色是，在财政拨款有限的情况下，用办学资金重点扶植一些高校、国家重点实验室和重点学科。据相关资料介绍："'九五'期间国家实施的'211 工程'，各方面参与投入资金达 180 多亿元；'九五'期间国家实施了'985 工程'，国家重点支持北京大学、清华大学等校创建世界一流大学，还对一批高水平大学进行了省部重点共建，加大支持力度，投入经费达到了200多亿元。正是在国家的大力支持下，部分高校新建成一批国家重点实验室、国家技术转移中心和国家工程研究中心，形成了近千个重点学科"（周济，2002）。"九五"以来，教育部在全国高校陆续建立了近200个基础学科人才培养基地，各省市也分别建立起大批重点实验室、重点学科、人才培养基地和工程中心（戴守英，2004）。同时，"高等教育成本分担机制的改革平稳推进，虽然目前上大学仍需适当缴费，但奖学金、勤工助学、教育储蓄、学生助学贷款、学生困难补助等配套政策和措施也在不断健全和完善，初步形成了国家助学制度和教育成本分担机制"（夏绪仁，2008）。可见，在中国高等教育产品供给支付方式上，一是重点对政府财政拨款进行改革；二是重点扶持一些高校、学科和实验室；三是教育成本分担和国家助学机制初步形成。基于此，中国高等教育事业得到了快速发展，中国高等教育改革取得突破性进步，有力地促进了中国高等教育办学模式向适应社会主义市场经济体制的方向转变。

（三）评价

在中国高等教育产品供给主体上，以立法的形式和政策的规划、实施，进行了制度的设计和安排，取得了不小的成绩，是值得令人欣慰的，但从满足大众对高等教育产品的需求方面与西方诸国的差距而言，尚有不短的路程要走。究竟怎样看待中国在高等教育产品上的供给，结合上面对中西方的高等教育产品供给的介绍，在此做出点评。

1. 举办者多元化

在中国高等教育产品供给主体上，呈现出以国家财政拨款为主、其他办学经费为辅的局面。就其办学性质而言，有公立高校、民办高校和混合高校；就其办学类型而言，有普通高校、民办高校、职业技术学院和独立学院；就其办学形式而言，有中央部属高校、省属高校、地级市高校、民办高校和独立学院。无论哪种形式的高校，在中国高等教育产品供给主体上，无非是由中央政府举办的，还是由地方政府举办的，以及第三部门举办的三种形式。在大的方面，与西方诸国在高等教育产品供给主体上的多元化差别不是很大，但在高等教育领域政府举办的与第三部门举办的，在其所占比重、质量高低方面，中西方却存在差异。在西方，如美国，第三部门作为举办者，在高等教育产品供给主体数量上可能超过政府，在高等教育产品提供质量上也可能超过政府，而在中国，高等教育产品供给主体始终是政府占据主导地位，中央政府举办的高校在质量上一般高于其他形式办学主体。这种差异不影响高等教育领域举办者多元化的局面。高等教育产品供给主体多元化适应了由精英教育向大众教育发展的潮流，满足了大众对高等教育产品日益扩大的需求。当然，尽管中西方在高等教育产品供给主体上都实现了多元化，中国毕竟起步较晚，才刚开始步入"大众化"教育阶段，西方诸国在这方面的成功经验仍值得学习。

2. 确保资金来源

发展高等教育，仅有"举办者多元化"的设计和实施是不够的，还得有资金来源方面的大力支持。诚然，在中国相关法律、法规和政策的设计中，明确规划了教育的发展要与经济发展相适应，其经费投入要逐年提高、要占到 GDP 的 4％；也明确规定了各类举办主体应承担经费的职责/责任，采取多渠道筹措教育资金，在其实施中成绩不能低估。但是，据有关资料介绍，中国高等教育经费所占 GDP 比重至今未达到 4％的要求，很多年都徘徊在 2％~3％，不要说与发达国家在这方面差距甚大，或许连一些发展中国家都不如，也低于世界平均水平。可以说，在高等教育资金来源的筹措上，与西方诸国相比较，无论在以国家财政拨款为主形式方面、解决公立高校办学资金需求，还是在以第三部门筹措经费形式方面、解决私立高校和混合高校（独立学院）办学资金需求，都有不小的差距。尽管在立法形式、实施中开辟了多种渠道筹措高等教育经费，但企业事业单位、社会组织和公民个人在捐资助学、集资助学中所占的比重，比起西方国家还有差距；尽管在高等教育办学资金筹措上，为了缓解国家财政拨款的巨大压力实施了教育分担制，但比起西方国家财政拨款的那种高额投入或者减免在校生学费、杂费普及高等教育的举措来，中国政府往往面临尴尬的境地。因此，在中国高等教育产品供给资金来源方面，尽管以立法形式来保障，但在其效果上，不能仅仅有法可依，更是重在有法必依。或许这样做了，才能更好地促进中国高等教育事业的顺利发展。

3. 支付方式多样

新中国成立 60 余年，前 30 年在计划经济体制下，在举办高等教育上实行由政府财政拨款的单一体制，不可否认这种精英式办高等教育模式适应了经济的发展、大众对高等教育的需求；后 30 多年在市场经济体制下，放弃了闭关自守国策，开始了解、接触西方世界，学习其好的治国经验，引进先进的技术和管理，逐步融入世界之中，同时对内进行经济体制、行政体制的改革，使社会进步、经济发展步伐明显加快。在教育产品供给市场上，对高等教育的需求日益增大，尤其是高等学校从 1999 年开始扩招，高等教育由精英教育向大众教育转变，继续沿用政府办教育的单一财政拨款模式已不能适应经济的发展和社会的需求。对此，国家以立法的形式、政策引导的方法，在对学校的经费支持中：鼓励企事业组织、社会组织和公民个人捐资助学、集资办学；逐步实施高等教育成本分担机制，减轻政府沉重负担；鼓励、引导高校自创收入筹措教育经费；中央政府重点扶植"211 工程"高校和"985 工程"高校；地方政府重点扶持一些省属高校；把办学资金重点用在国家重点实验室和重点学科建设上。尤其是，在政府财政拨款改革方面，由过去按开支项目拨款转变为按大类拨款；废除剩余资金年底上交国家的规定；给予高校使用经费的自主权。在对在校生的资金扶持方面：不断健全和完善学生助学贷款、奖学金、教育储蓄、勤工助学、学生困难补助等国家助学制度。高等教育产品供给支付方式的诸多制度、措施，致使中国高等教育产品供给支付方面呈现出以国家为主、其他主体为辅的多样化格局，保证了中国高等教育事业的顺利发展。当然，在这方面与西方诸国相比较，无论是在支付的多样性，还是在支付的力度上，还有不小的差距，成为制约中国高等教育进一步发展的瓶颈。

第三章　公共产品供给的客体

公共产品供给客体与公共产品供给主体存在差异。公共产品供给分别涉及两端：主体属于前端，涉及提供者情况；客体（对象）则属于后端，涉及被提供者情况。如果只掌握了公共产品供给主体，而对其客体不甚了解，那么对公共产品供给的把握显然是不全面的。实际上，公共产品供给主体不仅有政府组织，还有非政府组织、第三部门，出现产品供给主体多元化趋势；相应地，在公共产品供给客体（对象）上，不仅有纯公共产品，还有准公共产品、私人产品/俱乐部产品，呈现产品供给客体多样性趋势。究竟怎样理解纯公共产品、准公共产品和俱乐部产品，直接关系到公共产品供给客体在基础教育和高等教育方面的情形。鉴于此，本章首先厘定公共产品供给客体（第一节），然后依据此探讨在基础教育和高等教育方面的情形（第二节、第三节）。或许通过对公共产品供给客体的一般和特殊两维度研究，能够达到本部分所祈求的对公共产品供给客体梳理的目的。

第一节　公共产品供给对象

关于公共产品供给客体（对象），在学术界有"二分法"和"三分法"之说。其中，所谓"二分法"，指公共产品对象可分为"公共产品"和"私人产品"，前者又可分为纯公共产品和准公共产品；所谓"三分法"，指公共产品对象可分为公共产品、准公共产品和私人产品/俱乐部产品。无论是"二分法"还是"三分法"，都可以，为了布局往往采用"三分法"。公共产品是具有非排他性和非竞争性的物品，按照公共产品的供给、消费、技术等特征，依据公共产品排他性、非竞争性的状况，公共产品可以被划分为纯公共物品、准公共物品和俱乐部产品。本节主要从概念、特征和表现三个方面来分别介绍这三种产品。

一、纯公共产品

在谈及公共产品供给对象时，人们常常首先想到政府在其中应该扮演的角色。在政府、市场和社会三者关系中，政府作为市场和社会的管理者，处于举足轻重的地位。即使在政府作为"守夜者"时期，也不能完全无视政府对市场监管的重要作用，更何况政府权力来自公民出让，行使对社会管理权责无旁贷。政府提供公共产品供给，就是自己应该履行的职责。鉴于此，在公共产品供给对象三种形式中，首先厘定纯公共产品。

（一）概念

公共产品（纯公共产品）是与私人产品相对应的一个概念。从最宽泛的意义上讲，私人产品是能够实现单个人独自消费的产品，而公共产品（纯公共产品）则是被多个人消费的产品。最早使用"公共产品"一词的是林达尔，他在博士论文《公平税收》中正式提出了此概念。而真正给予界定的是萨缪尔森，按照他的观点，所谓公共产品就是所有成员集体享用的集体消费品，而每个人对该产品的消费都不会减少其他社会成员对该产品的消费，或者说"公共产品是这样一种产品，无论每个人是否愿意购买它们，它们带来的好处不可分割地散布到整个社区里，指那种不论个人是否愿意购买，都能使整个社会每一成员获益的产品"（萨缪尔森，2004）。之后，奥尔森（1995）在他的《集体行动的逻辑》一书中也有类似的表述："任何物品，如果一个集团 X_1，…，X_i，…，X_n 中的任何个人 X_i 能够消费它，他就不能适当排斥其他人对产品的消费，则该产品就是公共产品。换句话说，该集团或社会不能将那些没有付费的人排斥在公共产品消费之外；而在非公共产品那里，这种排斥是可能做到的。"这两种观点有一个共性，都是从公共产品消费的角度说明公共产品的大众受益性。此外，布坎南还从公共产品供给的角度认为"任何集团或社团因为任何原因通过集团组织提供的商品或服务，都将被定义为公共产品"（转引自高培勇和朱军，2001）。据此定义，凡是由团体提供的产品都是公共产品，只不过优势提供的公共产品只能让团体成员受益，只是一种具有特定层次性的互益性公共产品，如果受益的范围很大，大到让所有人都受益的话，那就是典型意义上的公共产品了。

鉴于此，本部分采用大多数经济学家所认同的观点。所谓公共产品（纯公共产品），是指每个人对这种产品的消费，都不会导致其他人对该产品的消费减少。有时把公共产品与劳务连在一起，除可供公共消费的物质产品外，政府为市场提供的服务，包括政府的行政和事业方面的服务，也是公共产品。

（二）特征

在了解纯公共产品概念的基础上，还需要进一步分析它的特点，才能对此概念有一个准确的理解。如同在公共产品（纯公共产品）概念厘定上有争议一样，在其特征上也有不同看法。就其有代表性看法而言，马斯格雷夫认为："一种纯粹的公共物品在生产或供给的关联性上具有不可分特征，一旦它提供社会的某些成员，在排斥其他成员对它的消费就显示出不可能性或无效性。"（转引自许彬，2003）史卓顿和奥查德（2000）认为："我们将把所有那些其供给不是由个人的市场需求而是由集体的政治选择决定的物品，即把任何由政府免费或以低费用供给其他使用者的物品和服务，看作公共物品。"陈振明（2005）也认为，公共产品就是"具有消费的非竞争性和非排他性、自然垄断性及收费困难等特征的物品"。以上关于公共产品（纯公共产品）的看法，归纳起来，所谓公共产品（纯公共品）是指那些为整个社会共同消费的产品，它是在其消费过程中具有非竞争性和非排他性的产品，是任何一个人对该产品的消费都不减少别人对它进行同样消费的物品与劳务。显然，真正涉及其特征的是第一种和第三种看法。鉴于此，本部分重点介绍纯公共产品的非竞争性和非排他性两个基本特征。

1. 非竞争性

奥尔森的公共产品定义的数学等式，说明了定义中的这种产品只要被提供，则每个人对该产品的消费等于该产品的供给总量。既然每个人对该产品的消费都等于其总量，说明各人的消费互不影响，增加消费者对这一产品的消费的边际社会成本为零，从而对该种产品的消费具有明显的非竞争性。也就是说，一个人在消费某物品的同时，并不妨碍另一个人消费。例如，公共广播，甲收听的同时，并不妨碍乙收听。即便是增加无穷多个收听者，也不会增加公共广播提供者和原收听者的成本。进而，非竞争性有两方面含义：其一，边际生产成本为零，在现有的公共产品供给水平上，新增消费者不需增加供给成本，如灯塔等；其二，边际拥挤成本为零，任何人对公共产品的消费不会影响其他人同时享用该公共产品的数量和质量，如不拥挤的公共桥梁、未饱和的政府车站等。

2. 非排他性

从奥尔森的公共产品定义的数学等式也能逻辑地推导出公共产品的第二个基本特征——受益的非排他性。所谓非排他性，是指某些产品投入消费领域，任何人都不能独占专用，而且要想将其他人排斥在该产品的消费之外，不允许他享受该产品的利益，是不可能的，所有者如果一定要这样办，则要付出高昂的费用，因而是不合算的，所以不能阻止任何人享受这类产品。（张维迎，2012）例如，环境保护中，清除了空气、噪声等污染，为人们带来了新鲜空气和安静环境，如果要排斥这一区域的某人享受新鲜空气和安静的环境是不可能的，在技术上讲具有非排他性。又如，普通公路，一个人不论是否为其修筑付出了成本，都可以使用。

（三）表现

一般说来，公共产品（纯公共产品）的概念，要通过其特征表现出来，特征是概念的外化。在公共产品（纯公共产品）的表现上，学术界也存在不同表述，主要体现在对公共产品的定义中。美国的鲍德威和威迪逊（2000）认为，"一些商品表现出在同一时间中可使多个个体得益的特性，即它们是被共同消费的。由一特定群体同时消费的物品的典型例子，就是国防、法律执行、广播电视，以及为控制洪水所提供的服务。这些物品被称为公共产品"。新政治经济学学者也认为，"纯公共物品一般具有规模经济的特征，即纯公共物品消费上不存在'拥挤效应'，不可能通过特定的技术手段进行排他性使用，否则代价将非常高昂，国防、国家安全、法律秩序等属于典型的纯公共物品；对消费者收费不易，或者收费本身所需成本过高；其消费具有社会文化价值，如基础教育的正外部效应等。"（许小年，2009）据此，公共产品（纯公共产品）的表现可以划分为以下几方面。

第一，将公共物品划分为有形（物质方面）的公共物品和无形（精神方面）的公共物品。有形的公共物品是指能看得见、摸得着的公共物品，如公共设施；无形的公共物品则主要是指政府所提供的一些看不见的服务，如法律、政策和制度等。

第二，将公共物品划分为全国性的公共物品和地方性的公共物品。全国性的公共物品是指由国家和中央政府提供的物品和服务，如国防、外交、全国性法规等；地方性的公共物品是指由地方政府所提供的物品或服务，如城市基础设施、地方性法规等。

第三，管理及从事行政管理的各部门所提供的公共产品（纯公共产品），不仅包括物质产品，还包括各种公共服务。有时把公共产品与劳务连在一起来看，除可供公共消费的物质产品外，政府为市场提供的服务，包括政府的行政和事业方面的服务，也是公共产品。

在把握公共产品(纯公共产品)的表现上，还应该注意以下三点。

第一，成为公共产品的充足理由。同时具备"非竞争性"和"非排他性"两个特征的公共物品一般被称为纯公共产品，最典型的例子就是国防。从非排他性来说，一个国家国防体系建立起来以后，不会因某个人的要求而将全国的国防力量集中起来去保护他自己及其家人，每个国民享受到的保护程度是相同的，不会因个人差异而不同；从非竞争性来说，增加国民数量并不会增加现有的国防支出，也不会影响其他人既有国防利益的享受。任何人在享受国防保护的同时，并不妨碍其他人也同时受到保护，而且要排除某个不付费者从中受益也几乎不可能。从其数学等式可以看出，既然每个人都能消费整个的这种产品，说明只要愿意(有时甚至就算消费者不愿意也必须消费这种产品)，每个人都有权不被排除在受益范围之外，某一公共产品一旦被提供，则所有社会成员都可以同时享受同样质量和数量的公共产品，一部分人对该公共产品的享受不能将其他人排除在外，也就是说排除其他人对该产品的享受或者技术上不可行，或者虽然技术上可行，但排他成本非常高。

第二，政府是公共产品供给主体。对于纯公共产品而言，正因为具有消费的非竞争性和非排他性两个基本特征，同时公共产品的供给资金主要来源于公共财政，政府既然作为公共权力的代言人，为社会提供纯公共产品和服务就应当是一项重要职能。对此，休谟早就有论述，他认为对于由大家共同消费的产品，单纯依靠个人无法达到公共利益的最大化，只有依靠政府才能解决这一问题，因为政府不仅可以保护人们实行他们缔结的协议，而且可以促使人们订立协议，并强制人们促进某种公共利益。这表明了公共利益追求中个人的局限性和政府的优越性。所以，对公共产品的供给，政府充当直接供给主体是应有之义。

第三，纯公共产品供给受到挑战。在纯公共产品提供方式方面，传统上是政府直接负责公共产品的提供和生产，使得政府承担了越来越多的对经济活动的规制、干预和生产功能，政府规模越来越庞大，而财政开支的规模也与日俱增。但是，政府在经历了扩张性财政政策带来的一个时期的经济繁荣之后，制度安排的效用递减和传统官僚体制内在的弊病，使得自身无法经济、有效地提供公共物品，存在着过度提供公共物品、财政赤字负担过重和无法迅速回应公众多元化需求等诸多问题，这要求政府选择更为有效的供给制度安排。因此，近些年来，根据公共产品的不同属性和特征，安排公共产品的多元供给制度，使各种公共产品的需求与供给平衡，达到效率最优。

二、准公共产品

在了解了纯公共产品的基础上，在公共产品供给中将谈及第二种产品——准公共产品。现实社会是复杂的，特别是随着科学技术的发展，会使部分公共产品在性质上发生变异，一些纯公共产品也会随着科技的发展、时代的进步转变为准公共产品，甚至是私人产品。也就是说，纯公共产品存在是有一定的时间、空间限制的，是相对的。其实，纯公共产品与私人产品只是产品分类的两端，现实社会中除了这两类产品以外，还有大量的处于这"两端"之间的产品，还存在大量兼有公共产品性质和私人产品性质的准公共产品，那么什么是准公共产品呢？

(一)概念

关于准公共产品的概念,如同纯公共产品的概念一样,国内外学者都曾做过研究。布坎南(1965年)在《俱乐部的经济理论》一文中明确指出,根据萨缪尔森的定义所导出的公共产品是纯公共产品,而完全由市场来决定的产品是"纯私人产品",现实世界中大量存在的是介于公共产品和私人产品之间的一些商品,称作准公共产品或混合商品。韩康(2007)也认为,准公共产品是指这样一些产品,它们所提供的利益的另一部分可由所有者以外的人所享有,是不可分的,所以又有公共产品的特征,这种现象也就是人们熟知的外部性。以上两位专家的看法,回答了什么是准公共产品,但句意不明,只是说明在纯公共产品与私人产品之间存在准公共产品或混合产品。根据上述国内外学者的看法,参考其他学者的意见,可得出一个准公共产品的定义。准公共产品亦称为"混合产品",指通常只具备非排他性或非竞争性两种属性中的一个,而另一个则表现为不充分的这类产品。也就是说,那种只具备非竞争性而不具备非排他性或者只具备非排他性而不具备非竞争性的产品,就是我们通常讲的准公共产品。例如,教育、政府兴建的公园、拥挤的公路等都属于准公共产品。对于准公共产品供给,在理论上应采取政府和市场共同分担的原则。

(二)特征

在了解准公共产品的概念的基础上,为进一步把握还需分析它的特征,才可能对此概念有一个准确的理解。关于准公共产品,国内外一些学者在解读何谓准公共产品时,也曾做过解析。蒂鲍特认为,准公共产品介于私人物品和纯公共产品之间,相对于纯公共物品而言,它的某些性质发生了变化:一类准公共产品的使用和消费局限在一定的地域中,其受益的范围是有限的,如地方公共物品(并不一定具有排他性);一类准公共物品是公共的或是可以共用的,一个人的使用不能够排斥其他人的使用(转引自斯蒂格里茨,2008)。高培勇和朱军(2001)认为,准公共产品,即不纯粹的公共产品,是处于公共产品和私人产品之间的一种形式,只具有有限的非竞争性或有限的非排他性。从准公共产品的角度分类,又可以分为价格排他性公共产品和拥挤性公共产品两类。汪慧玲和温龙(2007)也认为,准公共产品是指具有竞争性和非排他性的产品。这些产品所提供的利益的一部分由其所有者来享有,是可分的,因而具有私人产品的特征,但其利益的另一部分可由所有者以外的人享用,是不可分的,所以又具有公共产品的特征。这种现象被称为是利益的外溢性现象,这类产品被称为准公共产品。严格说来,只有利益外溢的产品才可称为准公共产品。以上涉及的关于准公共产品的特征的看法,尽管在其表述上有差异,但归纳起来不外乎以纯公共产品应当具备的非竞争性和非排他性为标准,当不能同时具备时就由纯公共产品转化为准公共产品。是否同时具备,在其排列组合上不外乎下面两种情形(特征)。

1. 非排他性和不充分的非竞争性

在产品供给中,所谓准公共产品是指在非竞争性和非排他性中,只具备后一种特征、不完全具备前一个特征而形成的产品。教育产品就属于这一类,具有非排他性和不充分的非竞争性。教育产品是具有非排他性的,对于处于同一教室的学生来说,甲在接受教育的同时,并不会排斥乙听课。就是说,甲在消费教育产品时并不排斥乙的消费,也不排斥乙获得利益。但是,教育产品在非竞争性上表现不充分,在一个班级内随着学生人数的增加,校方需要的课桌椅也相应增加,随着学生人数的增加,老师批改作业和课外辅导的负担加重,成本增加,故增加边际人数的教育成本并不为零,若学校的在校生超过某一限度,学校还必须进一步增加班级数和教师编制,成本会进一步增加。这类产品由于具有一定程度的消费竞争性,称为准公共产品。

2. 非竞争性和不充分的非排他性

在产品供给中,在纯公共产品所具有的非竞争性和非排他性中,有只具备前一种特征、不完全具备后一个特征而形成的产品。公共道路和公共桥梁就是属于这种类型,具有非竞争性和不充分的非排他性。受特定的路面宽度限制,甲车在使用道路的特定路段时,就排斥其他车辆同时占有这一路段,否则会产生拥挤现象。因此,公路的非排他性是不充分的。但是,公共道路又具有非竞争性。它表现在:一是公共道路的车辆通过速度并不决定某人的出价,一旦发生堵塞,无论出价高低,都会被堵塞在那里;二是当道路未达到设计的车流量时,增加一定量车辆行驶的道路边际成本为零,但若达到或超过设计能力,变得非常拥挤时,需要成倍投入资金拓宽,它无法以单辆汽车来计算边际成本。正因为这类公共产品具有非竞争性和不充分的非排他性,也称为准公共产品。

(三)表现

在现实中,世人对准公共产品的认识,往往是借助其表现。一些学者在关注此问题时,多半采用列举方式,但鉴于在现实社会中存在大量准公共产品的情形,为了便于理解,借助其他学者的看法,把准公共产品表现作归类处理。以产品消费的匀质性或非匀质性特征与产品的排他性、竞争性的内在关系为依据,可以将准公共产品大致划分为维持型、发展型和经营型三种类别。

1. 维持型准公共产品

在三种准公共产品中,维持型准公共产品消费的非匀质性特征最弱,甚至可以忽略不计,因而其排他性、竞争性也最弱。此类产品的大多数均为社会的硬公共设施,如有偿消费的国家公园、博物馆、音乐厅、电影院、体育场馆、付费的高速公路等。维持型准公共产品消费的一个显著特征是,被消费产品的品质、种类、数量及时间都是既定的,个人的消费不以个人对产品的持续性占有为前提条件,消费行为呈流动形态并且受时间因素的约束。在某个时间段内,消费者以付费的方式或进公园游览,或进博物馆参观,或进体育场观赏比赛,或驾车通过高速公路从甲地到达乙地等,每个消费者之间消费的质与量并没有明显的差别。一旦越过这个时间段,其消费行为也随之结束,一般不会产生消费者消费不足或过度消费的问题。即使存在质量的差别,如在电影院或音乐厅等类似的场合,因位置的不同而产生的消费者满足程度上的差别,均可以通过简便易行、成本可忽略不计的方法予以解决，如采取不同的收费标准，让处在最佳观赏位置的消费者多付费，处在欠佳位置的消费者少付费的方法。类似的方法还有电影放映结束后的清场，规定高速公路上 A 地点抵达 B 地点需要的最长时限等。

2. 发展型准公共产品

发展型准公共产品指的是以教育为典型意义、关乎国民人文素质（如知识水平、文化素养等）的社会软性公共设施。作为最具典型意义的发展型准公共产品，教育的构成随社会发展的变化而变化，教育产品的排他性与社会每个成员接受义务教育（即免费教育）的水平线密切相关。水平线以下的义务教育原则上属于公共产品类别；水平线之上的教育则是准公共产品类别。假如社会将义务教育的水平线确定为大学以上，那么研究生教育则是准公共产品。至于是否接受社会水平线以上的教育，由个人依据自己的发展预期及做出的选择而定。而水平线的上下取决于社会的发展程度，进而教育产品的排他性会随着社会的发展发生变化。至于社会如何实施义务教育，不同的国家有不同的制度安排。现阶段，我国的教育由义务教育（即九年制免费教育）和非义务教育两部分构成。个人所受的教育年限的长短，是教育消费的非匀质性在量上的表现。所受教育的年限越长，其教育消费的量越大；反之，亦然。在现行的教育体制下，这种量的差别被"定格"为学历水平的差异。不过，在给定的教育时段内，个人的教育消费量基本上是匀质的。通常情况下，在同一个时段内，任何人都不可能同时在两所学校上课，也不可能一辈子都待在学校内，永远不毕业。在此期间，依据"有教无类"的基本原则，教育提供的消费量对于任何人都是相同的。那些因滞留（如留级）而引起的时间延长，实际上是对受教育者的一种惩罚，而不是过度消费。对于任何个人，在既定的时段内，教育一般不具备过度消费的可能性。教育消费的非匀质性，集中体现在被消费产品的品质差别上，不仅非义务教育存在着品质上的差别，即使是在作为公共产品的义务教育中，这种品质差别也是较为突出的。

3. 经营型准公共产品

经营型准公共产品指医疗及与其性质相近的一类准公共产品。一般而言，医疗有广义、狭义之分；广义的医疗，其实是由社会构建的医疗服务体系，包括社区医疗、疾病控制、预防免疫、公共卫生、妇幼保健及由医院提供的临床医疗服务等，其中的疾病控制、预防免疫、公共卫生等属于公共产品范畴；狭义的医疗，指的是消费者需要付费的、由医院提供的包括妇幼保健及依附医院系统的社区医疗或服务等。医疗产品消费的非匀质性，在品质与消费量两个维度上均存在着明显的差别。医疗产品品质的高低直接决定着患者的消费质量。高品质的医疗产品无疑会提高患者治愈的可能性和现实性。高品质的服务会降低误诊的概率，不仅减少患者的痛苦，节省治疗时间，甚至能挽救或延缓患者的生命，而且会为患者节约医疗费用。医疗产品的消费，以患者占有产品为条件，依据病情的严重程度，患者或住院或用药或消费其他医疗设施和辅助材料等，由此产生消费量上的差别。如果病情严重，患者对医疗产品的消费量及需付的费用也随之增大。在准公共产品的类别中，医疗产品的排他性、竞争性与私人产品别无二致。历史上，医疗产品的公益性往往是通过一些医生或医疗机构的自发行为而实现。所谓"悬壶济世""救死扶伤",则是社会公众对此类自发行为的一种褒奖和肯定。由某些医生或医疗机构的自发行为发展为社会或政府的自觉行为,医疗由私人产品转变为准公共产品,是人类社会理性程度和文明水平提高的具体表现。但是,将一种私人产品转变为准公共产品并使其公益性得以实现和保持,其困难是显而易见的。迄今为止,在严格意义上,还没有一个国家能够完全、圆满地解决好这个问题。由于医疗产品直接关系人们的生命健康及其生活质量水平,由医疗产品消费的非匀质性而产生的消费不足,具体表现在以下两个方面:一是患者对优质医疗资源的争夺或竞争。无论病情轻重,每个患者均希望减少疾病带来的痛苦,为保持或提高健康水平和生活质量而获得优质医疗资源。二是在排他性条件下,一些有严重疾病的患者可能因无力支付高额甚至巨额费用而失去看病就医的机会。前者是"看病难",后者则谓之"看病贵"。

在把握准公共产品的表现上,还应该注意:在准公共产品的提供方式上,根据西方国家的公共管理经验,对于准公共产品可以采取以政府为核心,政府与私人部门乃至第三部门合作等多种方式提供的途径,来动态地寻找准公共产品供给的最优效率。具体而言,政府不必直接提供某些准公共产品,它可以通过有效的、激励的制度安排来鼓励其他社会主体参与供给,也可能通过集体购买的方式满足公众的需求。这样,政府不必在力所不及的情况下直接提供供给产品,也能够保证公共利益的实现。特别是对于具有消费排他性的准公共产品,此类产品可以通过排他性技术的运用而将一部分人排除在外,而排除在外的人要想进入就必须达到其准入的条件,如付费进入,但一旦进入该领域,每个人对准公共产品的消费并不导致其他人消费的减少,那么作为准公共产品的供给主体就可能是私人部门,也就是说私人部门可以先在政府部门的审批同意下,提供一些满足公共需要的准公共产品,再按照"谁享受,谁付费"原则将不付费者排除在外,使其经营一定的年限用于收回其前期投入,这样既可以满足公众需要,又能缓解政府的财政压力,还能调动市场组织的积极性。

三、俱乐部产品

俱乐部产品源于俱乐部理论,该理论是指研究非纯公共品的供给、需求与均衡数量,它最早可追溯到 20 世纪 20 年代初期 A. C. 庇古与 F. 奈特对拥挤的道路征收通行费的有关论述。现代俱乐部经济理论的真正奠基人是布坎南与蒂鲍特。俱乐部经济理论的基本目的是研究非纯公共产品的配置效率问题。俱乐部成员的效用受到三个因素影响:私人物品消费量、俱乐部物品消费量、俱乐部的拥挤程度。从俱乐部理论可以总结出俱乐部产品的概念、特征及表现等。

(一)概念

关于俱乐部产品的概念,如同纯公共产品和准公共产品的概念一样,国内外学者都曾做过研究。桑德拉和谢哈特认为,俱乐部是"一个群体自愿共享或共担以下一种或多种因素以取得共同利益:生产成本、成员特点或具有排他利益的产品"(转引自杰克逊,2000)。布坎南认为,俱乐部是一种组织,它仅对组织成员提供商品,即俱乐部产品,在俱乐部内部，成员对俱乐部产品的消费是平等的、非排他的，俱乐部为了提供产品而支出的成本的补偿来自向俱乐部成员的收费（林修果，2006）。国内学者陈其林和韩晓婷（2010）认为，俱乐部产品只是一种规模扩大了的私人产品。它与私人产品的区别，不在于其性质的不同，而是规模的大小。它的非竞争性源于排他性，其较强的排他性有效地阻止了他人即外部人的进入，从而足以使俱乐部内部每个人消费的可能性与其他成员的消费量并不直接相关。从本书的视角看，它甚至不是一种真正意义上的准公共产品。俱乐部型公共产品，是通过收费实现排他的，即不具备非排他性但具备非竞争性。通过收费，将不愿付费者排除在对该产品的消费之外。（张思锋和李洁，2008）

　　鉴于此，根据上述国内外学者的看法，可得出一个俱乐部产品的定义：俱乐部产品是指虽然具有私人产品的基本特点，但却不十分强烈，且在一定程度上具有准公共产品的特征，然其受益范围较小或有特定的规定，如通常的一些会员制的运动俱乐部、读书社、行业协会等。显然，这个概念是描述性的，指这类产品既具有私人产品属性又具有准公共产品属性，它与纯公共产品和准公共产品不同。也就是说，如果要对俱乐部产品有一个准确认识，那么对这三个具有相似性或交叉性的概念需要作必要的辨析。在这三个概念中，如果以纯公共产品为基准，那么准公共产品具有纯公共产品的一些属性（较多），俱乐部产品也具有纯公共产品的一些属性（较少）。其中，"较多"指的是准公共产品只具备纯公共产品两要素中的一个而不完全具备另一个；"较少"指的是俱乐部产品只具备纯公共产品两要素中的一个而不具备另一个。无论是准公共产品还是俱乐部产品，在产品供给纯公共产品和私人产品的对象两端中，都是处于其间的过渡性产品类型（混合产品）。

（二）特征

　　特征是概念的深化，有时在概念厘定中并不能明确回答"是什么"，需要借助特征来完成，从而形成对某一概念的完整认识。俱乐部产品的概念，显然就属此例。在上面俱乐部概念的厘定中，把它指称为具有私人产品一些属性和准公共产品一些属性混合的一类产品。究竟做何解？对此，萨缪尔森的回答是：凡是具有效用的可分割性、消费的竞争性和受益的排他性的产品，均属于俱乐部产品。张思锋等的回答是：俱乐部型公共产品是通过收费实现排他的，即不具备非排他性但具备非竞争性。国内外学者的回答，都明确提炼出俱乐部产品的特征。在萨缪尔森那里是"效用的可分割性""消费的竞争性""受益的排他性"；在张思锋等那里是"不具备非排他性"和"具备非竞争性"。前一个学者强调三性，后一个则强调两性。为了便于概念辨析需要，选择萨缪尔森谈及的"消费的竞争性"和"受益的排他性"与张思锋谈及的"不具备非排他性"和"具备非竞争性"进行比较。究其理由，不仅仅是在数量上的一致性，而且在于它们的可比性。继之，究竟选择何者为好？这就要回到前面提出的"所谓俱乐部产品指称具有私人产品一些属性和准公共产品一些属性混合的一类产品"问题上。显然，张思锋对俱乐部产品的特征的提炼，更有助于对这个问题的解答：所谓俱乐部产品具有私人产品一些属性，指的是"不具备非排他性"，实际上讲的是排他性；所谓俱乐部产品具有准公共产品一些属性，指的就是"非竞争性"，也是纯公共产品所具备的两种属性中的一个。而对萨缪尔森的俱乐部产品的特征的提炼的放弃（在此不选取），就在于他不是针对"俱乐部产品是指具有私人产品一些属性和准公共产品一些属性混合的一类产品"问题而言，"消费的竞争性"和"受益的排他性"，究竟涉足的是私人产品还是准公共产品？显然，不太清楚。加之，一些学者在对俱乐部产品的特征的介绍中，在阐述"消费的竞争性"和"受益的排他性"时，其论据严重交叉，未能很好地把二者区分度交代清楚。据此，本部分在介绍俱乐部产品的特征时，提炼或概括为"排他性"和"非竞争性"。同时，参考萨缪尔森所谈及的"消费的竞争性"和"受益的排他性"。

1. 排他性/受益排他性

"排他性"与"非排他性"是一对相反的概念。在纯公共产品特征中，介绍过"非排他性"，据此可以推导出"排他性"。如果"非排他性"是指称某些产品投入消费领域，任何人都不能独占专用，要想将其他人排斥在该产品的消费之外，不允许他享受该产品的利益是不可能的，那么"排他性"则指称某些产品投入消费领域，某个人或某群人要想独占专用，就要将其他人排斥在该产品的消费之外，不允许他享受该产品的利益。这里对"排他性"的解读，与萨缪尔森所谈及的"受益排他性"所指相同。所谓受益排他性，是指排除那些没有付费的人消费该产品的资格。俱乐部产品对局内人是非排他的，对局外人却是排他的。排他性意味着市场愿意提供这种产品。排他性导致物品的稀缺性。稀缺是物品排他性的自然基础，排他性则是物品稀缺性的社会条件。任何物品，只要是排他的，就具备稀缺性。而稀缺性，则又是竞争性得以产生和保持的基本条件。当某种物品稀缺并且排他时，一个人希望或能够获取的消费量取决于他的支付能力及其愿意支付的价格。在市场经济条件下，排他性与竞争性之间存在着一种稳定的、内在的对应关系，并且对产品消费和资源配置起着基本的、决定性的作用。对俱乐部产品来说，市场应该并且愿意提供这种产品。

2. 非竞争性/消费竞争性

在上面纯公共产品的特征中，介绍过"非竞争性"，主要是依据奥尔森的公共产品的定义的数学等式来说明，意指一个人在消费某物品的同时，并不妨碍另一个人消费。例如，公共广播，甲收听的同时，并不妨碍乙收听。即便是增加无穷多个收听者，也不会增加公共广播提供者和原收听者的成本。这个含义的学理表述就是具备边际生产成本为零和边际拥挤成本为零的这类产品。其中，所谓边际生产成本为零，是指在现有的公共产品供给水平上，新增消费者不需增加供给成本，如灯塔等；所谓边际拥挤成本为零，是指任何人对公共产品的消费不会影响其他人同时享用该公共产品的数量和质量，如不拥挤的公共桥梁等。这里提及的"排竞争性"与萨缪尔森所谈及的"消费的竞争性"所指类似。所谓消费竞争性，是指在一定的规模下，会员数量的增加不需增加供给成本、不会影响其他会员同时享用该产品的数量和质量。

但是，如果超过一定的规模，一旦会员数量突破了最优数量，那么俱乐部就会出现拥挤。此时，俱乐部就会依据所提供的诸多产品投入的数量和质量，借助收费提价来缓解所出现的拥挤。比如，当个人差异不是体现在利用程度上，而是体现在位置时，为了实现效率，采取位置好坏定价是必要的，像观看电影、歌剧就属此类，借此缓解拥挤；

又如，当个人差异不是体现在利用程度上，而是体现在何时使用时，为了实现效率，采取非高峰定价和高峰定价是必要的，借此缓解拥挤；再如，当个人差异不是体现在利用程度上，而是体现在产品价格时，为了实现效率，采取产品价格高低定价是必要的，像一个运动俱乐部可以提供网球、游泳和其他项目就属此类，借此缓解拥挤。以上诸如此类，这或许就是萨缪尔森所谈及的"消费的竞争性"吧！

由此可见，俱乐部产品的第二个特征，在"一定规模下"表现为"非竞争性"；在"超出一定规模时"则表现为"消费的竞争性"。所以，本部分谈及的"非竞争性"并不完全等同"消费的竞争性"，而是类似。

（三）表现

俱乐部产品的典型例子是电影院、剧场和高尔夫球场等。这些产品是指随着消费者人数超过一定的约束范围之后，该产品的消费就变得拥挤了。所谓俱乐部产品，就是这样一类产品，一些人能消费，而另外一些人被排除在外，如日常生活中的收费路桥、公共游泳池、电影院、图书馆。还有一类与俱乐部产品相反的共同资源公共产品，是指在消费上有竞争性，但却无法有效排他的产品，如日常生活中的公共渔场、公共牧场。在此，我们从三个方面来分析俱乐部产品的表现。

1. 俱乐部产品供给的效用

俱乐部的效用取决于其性质——混合俱乐部，主要表现在以下几个方面。

第一，俱乐部生产的公共产品需要以大量的使用者（消费者）为前提。从单纯经济效率来讲，直觉上看确实由偏好相同的成员组成的俱乐部产品更有效率。例如，向所有成员收取相同的会费。一旦利用水平差异不容易被确定，将成员费设计为利用水平的函数就要复杂得多。此时，混合型俱乐部可以实现效率，但单一型的俱乐部却不能。（董建新，2005）比如，当个人差异不是体现在利用程度上，而是体现在何时使用时，为了实现效率，采取非高峰定价和高峰定价是必要的。而且只有混合型俱乐部才能更有效地在全部时间里利用集体物品。

第二，开始创建时的成本很高，而参加者所花费成本却低廉得多。在一般情况下，成员不会轻易脱离，但俱乐部的外围人员总会积极鼓动原俱乐部成员退出来加入新的俱乐部，以保证新俱乐部规模适度。这种过程会不断循环下去，这种均衡是不稳定的。在俱乐部理论中这被称为整数问题。现实中，单一产品的俱乐部是极少的，而多产品的俱乐部很多，如一个运动俱乐部，可以提供网球、游泳和其他项目，而不会只提供其中一种。

第三，俱乐部只生产适合俱乐部成员的产品，对其会员在购买上可实行多种价格优惠。在当今市场细分化倾向日益明显的情况下，企业（特别是旅游服务性企业）如果能在自己的目标市场上按照俱乐部的经营方式，多方面、多角度、全方位地满足消费者的需要，对于培养忠诚消费者、提高经营业绩将起到良好的作用。适合开展俱乐部营销的企业类型主要有：信息服务公司、社交服务公司、运动场所、饮食公司、旅游企业、购物场所等。

2. 俱乐部产品供给的模式

在俱乐部产品的提供方式上，根据供给主体的不同，包括四种：政府供给模式、市场供给模式、非营利组织供给模式和社区组织供给模式。可以说每种模式各有利弊。近年来，我国政府的财政困难问题日益显著，特别是地方政府的财政收支缺口日益扩大，而现实中大量的公共物品都是可收费的俱乐部产品。为缓解财政支出的压力，在供给俱乐部产品时，政府的基本政策取向应当是：明确各级政府的职能定位，发挥政府供给的主导作用，支持和联合其他供给主体供给俱乐部产品，引导和监督其他供给主体的独立供给行为，建立一个以政府供给为中心的多元供给模式。

3. 俱乐部产品供给的途径

所谓俱乐部产品供给的途径，就是指俱乐部产品的最佳供给。一般而言，俱乐部产品主要受私人物品消费量、俱乐部物品消费量和俱乐部的拥挤程度等因素所影响。其中，俱乐部的拥挤程度直接关系到俱乐部产品的最佳供给（途径）。所谓俱乐部的拥挤程度，主要指俱乐部最优成员数的确定。假如俱乐部的产品规模及成本一定，对于某一成员 P 而言，随着成员数的增加，给他带来的边际成本为负值，因为成员数增加减少了分摊成本；另外，随着成员数的递增，带给某一成员的边际效用最初为正值或为零，然后逐渐为负值。所以，每一成员为了获得最大收益，必须保证总成员数带给自己的边际收益与边际成本相等。由于每一成员都是同质的，那一位成员得到的最大效用也就意味着所有成员都得到最大效用，所以能满足上述条件的成员数就是俱乐部在产出既定情况的最佳人数。据此，在学理上的表述就是：边际生产成本和边际拥挤成本都为零的产品；边际生产成本为零、边际拥挤成本不为零的产品。

第一，边际生产成本和边际拥挤成本都为零的产品。以不拥挤的桥梁为例，如图 3-1 所示。

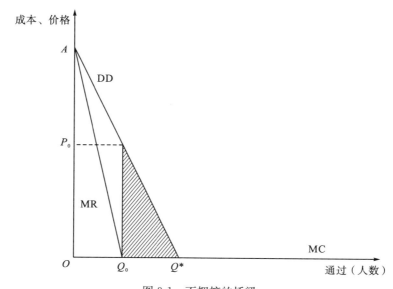

图 3-1　不拥挤的桥梁

　　用通过人数代表对一座桥梁的需求，它是价格（过桥费）的函数。DD 是需求曲线，它向下倾斜表示价格降低会带来需求（通过量）的增加。由于过桥不拥挤，边际成本线 MC 与横轴是一致的。由于边际成本为零，按照边际成本定价原则，价格也为零，过桥的通过量达到 Q_n。虽然，过桥的运营收益也将是零，考虑到桥的固定成本无法弥补，此时桥的经营者不但赚不到利润，还将遭受亏损。然而，对一座桥来说，收费是可能的，私人企业的人数可能通过这座桥并按他的愿望收费。一座桥的供给方必然是一个垄断厂商，MR 为厂商的边际收益曲线，它在 DD 的下方。为使利润达到极大，厂商将使其边际收益等于边际成本，过桥时的通过量为 Q_0，与之相对应的价格则为 P_0。不难看出，由于收费，桥的通过量由 Q_n 减至 Q_0，图 3-1 中阴影部分为社会福利的净损失。为了避免过桥福利的损失，过桥产品由政府免费提供，用收税的办法来筹集资金，以弥补造桥的直接固定成本。当然，此处我们忽略了桥梁最佳规模的决定问题，而假定桥梁规模是既定不变的。出于与公共产品最佳供给类似的考虑，造桥的直接固定成本在消费者之间按照受益情况进行分摊，然而在偏好问题不能很好解决的情况下，该产品实际上仍免费提供。（吴伟，2008）

　　第二，边际生产成本为零、边际拥挤成本不为零的产品。有些产品的边际生产成本为零，但随着消费者人数的增加会出现拥挤现象，也就是其边际拥挤成本不为零。仍然以桥梁为例，如图 3-2 所示。

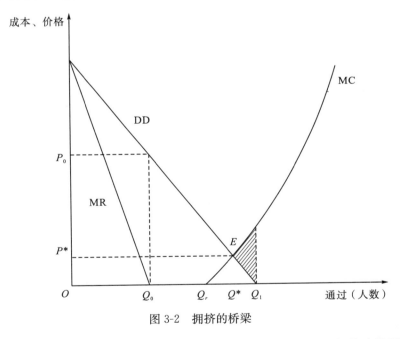

图 3-2　拥挤的桥梁

　　其中，DD、MR、MC 的含义都与图 3-1 相同，所不同的是，当通过量超过一定水平（Q_r）时，可能产生拥挤现象。这时，边际生产成本仍然为零，但由消费者承担的拥挤成本却增加了。这时如果仍然不收费，就会出现过度消费。如图 3-2 所示，当价格为零时，通过量将达到 Q_1，阴影部分代表消费者获得的效用不足以弥补他的消费带来的成本，因而引起的社会福利的净损失。避免过度消费，当供给量短期内无法增加时，就只有收费。

同样为了避免垄断的损失，应由公共部门来提供这类产品，按照边际拥挤成本收费，均衡价格和通过量应为边际成本线 MC 和需求曲线 DD 的交点 E 所确定的 P^* 和 Q^*。鉴于边际拥挤成本计量的困难，以及收费的目的是限制过度消费，实际收取的价格应以能保证不出现过度拥挤为准。

第二节　基础教育供给对象

进入 21 世纪以来，全球面临着诸如人口膨胀、环境恶化、贫困加剧和种族冲突等一系列问题，成为制约其发展的主要障碍，世界各国长期追求的那种"单纯依靠经济发展带动社会进步"发展模式受到质疑。如果继续这种发展政策，那么存在于国家、地区乃至个人之间的差距将进一步拉大。转变发展观念，将人的发展置于全部发展的中心，扩大经济发展和社会进步的基础，成为解决全球面临的社会问题的必然选择。1990 年 3 月，在泰国宗迪恩举行的世界全民教育大会，可以说正是在这样背景下举行的。本次大会的最重要议题，就是在全球范围内提出了"全民教育"的新概念。在这一新概念下，大会对 20 世纪 90 年代世界各国基础教育改革提出了新的要求：满足全民的基本学习需求，仅靠加强现存的基础教育是不够的，它需要一种"扩大的设想"。这种"扩大的设想"要求世界各国在现行基础教育服务范围，除了加强正规学校教育渠道外，还提倡有效利用各种非正规教育渠道，以保障每一个体的基本权利。同时，也强调世界各国必须注重基础教育的质量，即学习者所获得的实际学习结果和所具有的相关性。迈入 21 世纪以来，无论是发达国家还是发展中国家，基础教育均被提到各国的重要议事日程之上，普及和提高成为各国基础教育面临的两大艰巨任务，基础教育受到全球各国广泛和高度的重视。在此，选择西方发达国家和中国的基础教育情况进行梳理。

一、西方基础教育供给对象

西方基础教育产品供给对象，在现有的研究中资料不少，取得了可喜的成绩。但是，囿于不同的学者在其研究中基于各自偏好、所要达到目的的差异，在其介绍中选择的路径不尽相同，总会存在一些共性的东西，多半离不开"做法""特点""借鉴"等主要内容介绍。鉴于此，本部分拟采用此布局，期望通过由特殊到一般、从一般中提炼出经验的方法进行梳理，对西方基础教育产品供给对象有所了解。

（一）做法

基础教育，作为造就人才和提高国民素质的奠基工程，在世界各国面向 21 世纪的教育改革中占有重要地位。联合国教科文组织 1998 年的《中国教育统计年鉴》显示：第一级（幼儿教育、小学教育）和第二级（普通中学教育）教育在校生人数在 1980～1990 年增长了 1.06 亿人，占同期各级教育总增长人数的 86％，而在 1990～1996 年增长了 1.30 亿人，占同期各级教育总增长人数的 89％（郭晓平和叶玉华，2010）。基础教育在世界范围内的快速发展，表明了世界各国为此做出的巨大努力。当然，由于各国和各地区综合发展水平不同，基础教育的发展也在国家或地区之间存在差异。了解西方国家在基础教育方面采取的做法，有助于我们开阔视野，促进我国基础教育的改革与发展。

1. 提高基础教育的普及程度

西方发达国家历来重视其本国的基础教育（义务教育），以英国、德国和美国等国为其典型代表。这些国家对基础教育方面的持续重视和投入，也使得普及率越来越高，其国民整体素质逐步得到提升。

在英国，1870 年颁布了《初等教育法》，从此有了公立学校，标志着英国国民教育制度的正式形成，出现了公立和私立小学并存的局面并得以形成和迅速发展，据 1876 年英国政府发布的统计数字，其市镇就学儿童占城镇人口的 84%，就全国人口比例来看，就学儿童达全国总人口的 50%，到 19 世纪末英国 97% 的人口接受初等教育（滕大春，2002）；在德国，1850 年普鲁士颁布了《学校法草案》，规定国民学校是实施义务教育的公立学校，儿童 6 岁入学，14 岁毕业，1816～1846 年，受益于德国政府对初等教育的重视和提倡，学龄儿童入学率从 60% 提高到 82%，之后经过十几年的初等教育普及工作的努力，到 19 世纪 60 年代德国适龄儿童入学率达到 95% 以上（戴本博，1990）；在美国，马萨诸塞州 1852 年颁布了《义务就学法》，紧接着 1865～1918 年美国各州先后都制定了《义务就学法》，《义务就学法》的实施有力地推动了美国国民接受义务教育的范围，在这一时期，5～17 岁入学儿童占人口总数的比例从 57% 增长到 75%（滕大春，2002）。

西方国家有重视普及基础教育的传统。自 19 世纪以来，经过一个多世纪的发展，西方国家的基础教育普及情况又有了巨大提升和进步。联合国教科文组织在 1998 年的《中国教育统计年鉴》中，对世界基础教育近年来的新进展做了总结，其中包括：学前教育正在发展中国家取得明显进步，第一级和第二级教育的毛入学率继续上升，教育机会进一步扩大。但是，教育机会在国家、地区及男女之间存在的差异依然明显，发达国家与发展中国家，特别是与最不发达国家在第二级教育上的差异相当大。以 1996 年为例，三种类型国家第二级教育的平均毛入学率分别是 100.3%、50.4% 和 18.8%。从根本上说，教育上的差异反映着发达国家与发展中国家在知识和人口整体素质上的差距，也反映出西方发达国家历来非常重视基础教育的普及和提升。

2. 逐渐延长义务教育的年限

基础教育的普及程度，可以有多种指标反映，义务教育年限首当其中。西方国家早在 17 世纪就有关于国民受义务教育年限的相关规定，德意志魏玛邦国 1619 年就率先公布了《义务教育规定》，父母必须送 6～12 岁的儿童入学，否则政府将强迫其履行义务，同年魏玛宪法进一步规定"6～14 岁的儿童实行强迫教育"（金勇锋和张美善，2011）；英国自 1880 年就实施 5～10 岁免费义务教育，1918 年延长到 12 岁，1944 年延长到 15 岁，1972 年普及了 11 年免费义务教育，对已经结束了义务教育但未能升学的青年实行继续免费教育直到 18 岁（尹迎春，2004）。可见，西方各国对义务教育年限因国情的不同而有着不同的规定，但经过几个世纪后都在变化和发展，义务教育年限逐渐延长已经成为世界基础教育的普遍事实。

继西方发达国家之后，其他国家也陆续地普及和提高基础教育。椐联合国教科文组织 1991 年的《世界教育报告》，在有数据可查的 169 个国家中，义务教育中值年限为 7～8 年，一般是从非洲的 6 年到北美、欧洲和苏联的 10 年，其中义务教育延长至第二级教育第一阶段（初中）的国家比义务教育只包括第一级教育的国家更多；又据联合国教科文组织 1998 年的《世界教育报告》，在有数据可查的 171 个国家中，义务教育的平均年限为 8 年，非洲的平均年限已达 7.2 年，北美、欧洲主要发达国家的平均年限为 10～12 年（金勇锋和张美善，2011）；再据经济与合作发展组织 1998 年出版的《教育概鉴——经合组织指标》一书，在绝大多数经济与合作发展组织国家中，所有年轻人实际上已经享有至少 11 年的基础教育，只是参与的模式不尽相同，多数国家开始义务教育的年龄为 5～6岁，完成年龄在 14～18 岁，由于失业危机的增加及不具有充分教育准备的青年难以顺利就业，那些 16 岁完成义务教育的国家越来越倾向于将学生继续留在学校，直到他们完成高中教育，即离校年龄逐步趋于 17 岁或 18 岁。

3. 重视提高基础教育的质量

西方发达国家对基础教育的重视，不仅体现在普及程度和教育年限上，而且体现在提高基础教育质量上。归纳起来，主要表现在以下四点。

1）加大教育经费投入的保障机制

在德国，义务教育经费由各级政府负责提供，联邦政府负担 10%、州政府和地方政府负担 90%，1995 年度财政的 1708 亿马克用于教育公共开支，其中 850 亿马克用于义务教育部分，书本也都免费提供（金勇锋和张美善，2011）；在美国，自 20 世纪 90 年代基础教育财政供给进行了全面改革，1993 年克林顿总统签署了《2000 年目标：美国教育法》，该法案对美国基础教育财政体制做出了适当调整，进一步强化了联邦政府对基础教育的责任，突出了联邦政府对教育的财政资助与国家教育目标之间的紧密联系，强化了联邦政府在实现国家教育目标上的主导性，进一步明确了联邦教育资助是面向基层教育部门的，联邦对学校的财务平等拨款提供技术和其他资助，进一步明确了教育是州和地方政府的权责。（高建民，2004）

2）建立基础教育公平的保障机制

基础教育公平保障机制的建立，"建立公平的入学保障机制""对处境不利条件弱势儿童群体资助机制""减少不同学校间水平差距机制"是其重要内容。在英国，一直以实现为所有人提供均等教育机会为目标，着重从教育的起点抓起，针对如何制定公平的入学政策问题进行了一系列的公立学校公平入学改革，"所有学校的招生过程都必须接受地方教育当局的监督，建立一个客观、公正、透明的入学体系是地方教育当局必须履行的责任与义务"（《2006 年教育与督察法》），"通过法律途径保障中小学的入学公平与公正"（2007 年 2 月英国政府颁布了新修订的《入学操作规章》和《学校录取申诉规章》），新修订的《入学操作规章》对全国的中小学招生制度做出了统一的法律规定，要求所有公立学校的招生都必须遵守《入学操作规章》的规定（姚艳杰，2010）；在美国，坚持对弱势群体，包括少数民族的儿童、残障儿童，以及经济等方面处境不利条件下的儿童等予以大量资助，在美国各项有关的教育立法中，特别是在联邦和州一级，无论是在立法条款上还是在教育财政的运作方式上都突出一点，就是对处境不利条件下的弱势儿童群体予以大量资助（高建民，2004）。另外，英国政府对薄弱学校的改造，减少了不同学校间学校水平的差距，以此来确保基础教育的公平（高建民，2004）。

3）调整适应社会需求的课程结构

世纪之交，全球处在激烈的社会、政治、经济、文化与技术的变革和发展潮流中，教育为此面临巨大的挑战，而课程结构的调整将直接关系到教育能否适应新的时代要求。发达国家首先起步，从维护本国和远利益出发，积极进行课程的改革和充实。强化科学教育首先受到重视，一个典型的例子就是 1989 年美国促进科学协会提出的《普及科学——美国 2061 计划》（以下简称《计划》）。该《计划》的扉页上对科学教育的重要性做了这样的阐述："在下一个人类历史发展阶段，人类的生存环境和生存条件将发生迅速的变化。科学、数学和技术是变化的中心，它们引起变化，塑造变化，并对变化做出反应。科学、数学和技术将成为教育今日儿童面对明日世界的基础。"加强人文社会科学课程也是一个主要的趋向。20 世纪 90 年代以来，西方许多国家认识到，在追求技术文明的同时，继承和弘扬人类传统美德和优秀价值观念同样极为重要。许多国家在调整课程结构的改革中，再次注重对未来社会公民道德、情操和品行的培养，通过伦理、哲学、文学、历史等学科，强调认识和汲取民族的传统文化精华，以民族的、健康向上的文学、音乐、传统文化丰富和充实现代学校课程，以陶冶情操，弘扬爱国主义精神。另一趋向是围绕着世界各国共同面临的社会问题、面对信息技术的日益深入人们日常生活的局面开设实用性和知识性课程，欧美各发达国家和地区率先开设以科学、技术和社会为主题的相关课程，不仅将计算机技术作为辅助手段融合到教育教学活动中去，而且通过计算机网络教会学生了解更新、更广阔的知识世界。同时，许多国家针对当前日益严重的全球环境恶化问题，相继开设环境教育、生态保护等课程。

4）重视提高中小学教师质量

联合国教科文组织 1998 年的《世界教育报告》的中心内容就是"教师和变革世界中的教学工作"，呼吁在新技术革命不断深入社会生活各个领域的社会现实面前，重视教师培训和教师社会、经济地位的提高。时任联合国教科文组织总干事的马约尔先生在《世界教育报告》的前言中，高度评价教师的社会作用。他指出："在即将跨越 21 世纪的门槛时，青年一代的教育从来没有像现在这样更迫切地需要我们的承诺和资源；我们的教师从来没有像现在这样对我们共同的未来举足轻重。"事实上，20 世纪 80 年代以来西方许多国家已经采取了诸多切实可行的措施来努力提高中小学教师的质量。其中包括：要求教师不仅能够传授知识，更应该具有创新意识，掌握现代教学技术，在教会学生知识的同时教会他们掌握发现知识、学会学习的本领；制定基础教育教师资格审定制度；加强中小学教师的在职培训；改善基础教育教师工资待遇。

（二）特点

上述西方各国基础教育改革与发展的具体做法，呈现出了西方主要国家的基础教育改革与发展过程中的共性。这种共性突出表现在如下几个方面。

1. 产品规模大

基础教育产品，要满足社会发展需求，首先其规模要上去。也就是说，基础教育（义务教育)作为产品要满足社会需求,这种教育就要得到普及并逐步增加基础教育(义务教育)年限。对此,依法治教是重要保障。西方诸国对基础教育(义务教育)的依法治教重视由来已久,德意志魏玛邦国 1619 年颁布的《义务教育规定》、英国 1870 年颁布的《初等教育法》和美国马萨诸塞州 1852 年颁布的《义务就学法》就是其代表,最早的距今已有三个多世纪。这些国家的法律,对涉及基础教育(义务教育)的"普及程度""教育年限""教育质量"等做出规定。得力于此,西方诸国基础教育(义务教育)发展迅速。据联合国教科文组织 1998 年的《中国教育统计年鉴》介绍,教育机会在国家、地区及男女之间存在差异明显,发达国家与发展中国家,特别是与最不发达国家在第二级教育(普通中学教育)上的差异相当大,三种类型国家第二级教育的平均毛入学率分别是 100.3%、50.4% 和 18.8%(1996 年为例)。可见,发达国家当然包括西方国家,在基础教育的普及程度上,是其他国家无法相比的;在基础教育(义务教育)年限上,也远远超过其他不发达国家。

2. 产品质量好

基础教育产品,要满足社会发展需求,不仅要讲规模效应,这往往是一个国家或地区发展基础教育(义务教育)所要经历的,当规模达到一定程度后,还要讲质量效益。基础教育(义务教育)这一发展过程,也就是我们通常讲的由外延式发展向内涵式发展。西方诸国在发展基础(义务教育)中,通过依法治教都经历了这一过程。据有关介绍,在美国,最初基础教育的首要目的是通过规模和速度的增长来实现教育公平,但是发展至今美国基础教育的首要目的是通过一系列法规来提高教育质量,这也是整个美国社会所关注的焦点;在英国,20 世纪 80 年代以前将主要精力用于基础教育的综合化改革之上,相比之下教育的质量问题多少有所忽略,到了 20 世纪 80 年代迅速颁布了一系列法规,以提高教育质量和办学效率;此外,法国、日本、德国等国自 20 世纪 80 年代初以来,也通过一系列法规来提高教育质量,相继把提高质量和效率作为基础教育发展的重大课题。可见,发达国家当然包括西方国家,在基础教育的质量效益上,秉持依法治教和政府高度重视是分不开的。

3. 产品多样性

西方各国都视基础教育为决定国家和民族命运的大事,教育获得了前所未有的战略地位。这表现在基础教育受到全国上下的重视和支持,获得了立法的有力保证。在美国,布什竞选中即表示要当"教育总统",上任后第一个政务活动就是接见全国的教师代表,然后召集各州州长举行了基础教育最高会议。在英国,撒切尔夫人在为 1988 年《基础教育改革法》进行辩护时说:"我们需要受过良好教育,训练有素的、富于创造性的年轻人,如果今天的教育落后,明天国家的业绩就会落后。"韩国总统金泳三上任后自称"教育总统",于 1994 年 2 月成立了由 25 人组成并直接受总统领导的基础教育教改委员会。可见,基础教育在西方国家受到了前所未有的重视。这个重视,直接体现在政府对基础教育(义务教育)的投入上。在德国,义务教育经费由各级政府负责提供,联邦政府负担10%、州政府和地方政府负担 90%;在法国,中央财政通过国民教育部把义务教育教师工资直接划拨到教师的个人账户，承担了 70% 以上的义务教育经费，而义务教育的校舍建设与学校行政经费则由地方政府负担，其中市镇政府和省级政府分别负担小学和初中的相应经费；在英国，实行由地方教育当局管理基础教育财政的体制，义务教育经费的承担主体是当地政府，即区政府，区政府一般负担了义务教育经费的 80% 左右。可见，政府在基础教育(义务教育)供给上承担了主要责任，也反映基础教育(义务教育)作为产品在公立学校这块由政府承担，但囿于长期以来普遍存在的公立中小学缺乏活力，办学效率低下的弊端，各国从学校的运行机制入手，改革公立中小学的办学模式，一种新的办学体制正逐渐在英国形成。并且，新公共管理运动出现后，管理主体多元化成为世界潮流，其他办学主体提供的基础教育(义务教育)产品，越来越多地充斥基础教育市场。

(三)借鉴

20 世纪末，伴随着各国综合国力竞争日趋激烈的现实，西方各主要国家都在竞争中把目光投向教育，尤其是基础教育的改革。十几年来，这些国家的基础教育改革与发展取得了巨大的成效，同时也伴随着不足。对这些问题进行研究，把握西方各国基础教育的共性和特殊性，可为我国进行基础教育改革提供借鉴。

1. 摆正基础教育的基础地位

西方各国都视基础教育(义务教育)为决定国家和民族命运的大事，教育获得了前所未有的战略地位。这表现在基础教育受到全国上下的重视和支持，获得了立法的有力保证和政府的大力支持。之所以这样，因为基础教育是公民生存发展和进一步接受教育与学习的基础，因而是每个公民都必需的，就是要让每个公民能最大限度地获得其生存、发展所需，因为公民之所必需就是国家所必需，对公民必需的满足对于国家和民族是极为有利的。对公民进行必备的基本文化知识和技能的基础教育，培养公民素质，使公民具有进一步接受更高级的教育和学习的能力，使公民具备终生学习和接受教育的基础，对于增强国家和民族的稳定性、安全性，以及对于提高国家和民族的竞争力、发展力和综合国力都是十分有益的，是国家和民族利益之所在。因此，我国必须高度重视基础教育的地位，摆正基础教育的基础地位。

2. 实现基础教育又好又快发展

纵观各西方国家基础教育发展现状，有一个共同特点就是由注重规模和速度转向注重质量和效益，也就是我们通常讲的从注重外延式发展转向注重内涵式发展，这对我国有借鉴意义。就我国国情而言，我国教育基础薄弱，加之人口增长速度快，这给中小学的发展造成了巨大的压力。可见，我国既要在速度上取得较快发展，以满足广大适龄青少年的教育需求，又要提高基础教育的质量，实现基础教育又好又快的发展，其难度不小、责任重大。为此，要抓住以下两个重点环节：第一，要狠抓控制辍学。截至 1998 年，我国九年义务教育阶段城镇辍学率为 3% 左右，农村近 30%。可见，"控制辍学"必将成为"普九"的重点，其重点在农村。根据我国近 10 多年的"普九"经验，21 世纪初我国"普九"工作将向依法"普九"方向发展，把"普九"纳入法制轨道，大力宣传适龄儿童、少年及其父母或者监护人，以及相关的社会组织与个人履行《义务教育法》，保证适龄儿童、少年接受义务教育。第二，要努力提高九年义务教育质量。实现"普九"达标与达标后的巩固工作，解决的仅仅是"普九"的"量"，而非"普九"的质，是低层次的"普九"。必须努力提高九年义务教育质量，以提高"普九"层次，以保证整个中华民族基本素质的提高，以保证为我国经济体制改革、经济增长方式转变和我国三大产业结构调整提供高素质的劳动力。为解决"普九"质量问题，认真实施素质教育必将成为21世纪我国基础教育改革与发展的基本趋势。

3. 实行多元基础教育的办学体制

西方各国基础教育的一个共同特点就是办学体制更加灵活。而从我国基础教育的发展现状来看，我国基础教育具有不平衡性，城乡之间、地区之间都具有较大的差异性。因此，不论是从西方基础教育办学经验来看，还是从我国国情出发，实行灵活的、多元化的办学体制不仅不是权宜之计，而且应当进一步抓好。为此，《中共中央国务院关于深化教育改革全面推进素质教育的决定》提出，"进一步解放思想，转变观念，积极鼓励和支持社会力量以多种形式办学，满足人民群众日益增长的教育需求，形成以政府办学为主体、公办学校和民办学校共同发展的格局"。朱镕基同志在1999年6月全国教育工作会议上的讲话中也强调："我国在发展民办教育方面可以迈出更大的步伐。发展民间办学，吸引社会各方面力量共同办教育，才能实现大国办大教育。我国是穷国办大教育，不走多种形式办学的路子，别无选择。"可见，不断发展多种形式的社会力量办学，提供多样性的基础教育产品，是21世纪我国包括基础教育在内的各级教育的重点工作之一。具体来看，我国多种形式办学集中要抓的是"依法办学"和规范化办学，如下三个方面是其工作重点：一是严把审批关；二是狠抓管理关；三是严把质量关。或许只有实行多元化办学体制，尤其要重视社会力量权学的多种方式，才能满足广大人民群众对基础教育（义务教育）产品多样性的需求。

二、中国基础教育供给对象

中国作为后发现代化国家，在基础教育（义务教育）产品供给对象上，与西方诸国相比较，无论是在产品出现的时间、规模的大小方面，还是质量的好坏方面，均有不小的差距。依据中国的国情，有一套自己特色的产品呈现方式。

（一）做法

自新中国建立以后，国家非常重视基础教育，在全国开展了一场规模空前的扫除文盲运动，其成效不小。而真正把基础教育作为义务教育，从法律上给予保障，始于1986年《义务教育法》的颁布。之后，国家出台了多方面的配套措施。依据中央政府政策、法规，各省级地方政府也陆续出台本辖区义务教育方面的政策和法规，从而有力保证了基础教育（义务教育）在中国的全面推行。自义务教育实施以来，迄今已达近30年，取得了不小的成绩。怎样了解？本部分拟从"普及程度""教育年限""教育质量"等方面介绍，或许这有助于对中国基础教育（义务教育）产品供给对象有一个客观的认识。

1. 提高基础教育普及程度

我国政府十分重视基础教育的普及程度。目前，我国已有90%以上的人口地区普及了六年义务教育，65%以上的人口地区普及了九年义务教育。为了提高广大农村和偏远贫困地区的教育质量，除国家增加投入外，社会各界捐资兴办了许多希望小学。北京、上海等省市采取措施加强基础薄弱校建设，仅1996～1998年三年，北京市市区两级投入专款3亿元，改造和调整了数十所基础薄弱校，努力办好每所学校，为每个学生提供了相对均衡的办学条件和就读机会。此外，为适应小学生人数持续减少的趋势，北京、上海正通过"小班化教育"实验，进一步探索在教育过程中如何公平地满足所有儿童的发展需要，使每个儿童都获得充分的发展。义务教育事业经过十几年的发展，义务教育普及程度方面有长足的进步。正如《2009年中国人权事业的进展》白皮书所说，中国公民受教育权得到保障，到2009年年底，全国普及九年义务教育的人口覆盖率达99.7%，普及九年义务教育的县数占全国县数的99.5%。[①]

但是，随着社会发展，尽管义务教育普及率越来越高，接近西方发达国家水平，但其普及质量与西方诸国不同，尤其在2006年《义务教育法》修订之前。从1986年《义务教育法》颁布至2006年修订这一时期中，我国并未像西方诸国实施的义务教育那样完全实行义务教育免费制度。也就是说，义务教育阶段的基础教育产品供给仍然没有完全由政府提供，而是由政府、私人和公益（非营利）组织共同承担，还是处于混合物品提供方式的阶段。在这一时期，还要收取书本费和一定数量的杂费，主要包括与课桌椅、教室、学校、周边环境的建设和维护有关的部分费用，教学消耗品的部分费用，学生个人学习用具和消耗品的费用，还有一些资料费、补课费、用餐费、服装费、住宿费、择校费、赞助费等，名目繁多，数额较大。（古翠凤和周劲波，2008）2006年，西部农村首先实施义务教育经费保障机制改革，然后推及全国农村；同年秋季，全国农村义务教育在免交学杂费的同时，还免收教科书费，1.5亿学生因此受益。2006～2010年，国家财政将新增农村义务教育经费2182亿元。2008年春天，16个省（自治区、直辖市）和5个计划单列市进行免除城市义务教育学杂费试点；到了秋季，全国所有城市免除义务教育学杂费。（古翠凤和周劲波，2008）

2. 改革基础教育普及年限

基础教育在我国主要指的是九年义务教育，同时也包括高中教育阶段。关于义务教育，《教育法》第18条规定："国家实行九年制义务教育制度。"西方基础教育发展有一个重要特点，就是逐渐延长义务教育年限。伴随着我国经济、社会的发展，政府官员、学者、普通民众对延长义务教育年限的呼声也越来越高。目前已有部分省市在全国率先开展试点工作，将初中毕业后的职业教育和普通高中教育纳入义务教育中，在不同地区进行9+3义务教育试点工作，为社会大量培育出所急需的高素质专业技能人才，使我国

---

① 参见：《2009年中国人权事业的进展》白皮书[EB/OL]. http：//news. xinhuanet. com/ziliao/2010－09/26/c_12606837. htm[2012－2－24]

的劳动力素质明显提高，为建设创新型国家提供基础性高质量人力资源。就我国教育的现状来说，我国目前的基础教育学制为12年，表现为"六三三""五四三""九三"等多种形式，其中，"五四三"和"九三"等形式仍处于实验和比较的过程中。从新中国成立以来的学制改革的实验看，从青少年身心发展的规律看，人们倾向于基础教育学制仍以"六三三"制为妥，即实行六年小学教育、三年初中教育和三年高中教育。儿童6岁入学，12岁进入初中，15岁初中毕业，18岁高中毕业。但是，由于我国幅员辽阔，各地经济发展很不平衡，"六三三"和"五四三"形式将长期共存。

3. 重视提高基础教育质量

纵观新中国成立以来中国基础教育的发展历程，虽历经大小多次冲击或磨难，但仍能取得举世瞩目的成功，这与我国坚定不移地贯彻下面几条措施来提高基础教育质量密切相关。

1) 改革人才培养模式

几十年来，我们的教育价值观一直以社会本位论为主导，只强调教育为国家的发展服务，而忽视学生个体自身发展的需要。由此造成在人才培养上过分强调培养目标的统一性：统一的教育教学要求、统一的教学内容、统一的评价标准。这种"应试教育"的人才培养模式，使学校像工厂生产标准件那样用同一个模子去塑造每一个学生。"老师讲、学生听"成为课堂教学的唯一方式。这种以选拔为目的的教育，日益造成学生分化与人格偏差，严重压抑或扼杀了学生的创造性，使教育无法适应现代化建设和社会发展的需要。为了从根本上解决上述问题，中小学必须由"应试教育"转向素质教育，全面提高学生的素质。学生的素质主要包括思想品德素质、科学文化素质、身体心理素质和劳动技能素质。我们的教育要面向全体学生，尊重学生的主体性，让学生在德、智、体、美等方面得到充分的发展，使他们形成健全的个性和人格。中国基础教育面临的挑战和改革的需求是多方面的，但从整体和发展趋势看，全面实施素质教育是迎接挑战和改革的基本策略，是未来相当长一个时期中国基础教育改革的主攻方面。素质教育的思想本质是要克服基础教育一般模式中应试教育的弊端而非对基础教育过去及现在进行全盘否定。从一定意义上讲，素质教育的提出和全面展开，意味着我国教育改革的重心已开始由体制、学制、结构、法规等外部性的因素转向教育过程内部，开始把质量、效益提到主题位置，因而是带有整体和根本意义的教育变革。许多教育研究工作者和教师围绕素质教育进行了教学内容和教学方法改革实验。如北京市的"提高中学生学习质量联合革新计划"（又称"JIP实验"）、"小学生创造能力培养教学实验"，积极探索启发式和讨论式合作教学模式，鼓励学生独立思考，培养学生创新意识，让学生感受、理解知识产生和发展的过程，培养学生获取新知识的能力、实践能力及社会交往与合作学习的能力。实验取得了明显效果，促进了学生创新意识和创造能力的发展。

2) 严格的学校管理

以教学为主是靠良好的教学秩序和学校管理去保证的。中国基础教育的良好秩序表现在国家和各级学校对有关教学的一系列方面均有其相应的规定和规章制度。中央政府一向把学校看成是一块神圣不可侵犯的科学殿堂，并以法令的形式规定不许任何人冲击学校、教师和学生。新中国成立以来，每当学校的教学秩序发生混乱，认识发生模糊，教育质量受到影响时，中央便及时发布文件，制止混乱，澄清认识，把教学导入正规。如 1963 年的"小教 40 条""中教 50 条"，1982 年的《关于当前中小学教育几个问题的通知》等，中央政府的这些规定既表明中央对保证正常教学秩序的高度重视，同时也对统整全国各级学校的教育行为起了重大的指导作用。除中央政府外，各校亦有一套治校的方略。对学生，从早晨按时到校、自习、上课听讲、课间游戏、课外作业、考试和闲暇时间安排等均要求明确。这些规章、守则等虽带有束缚个性发展的副作用，但对保证世界上最庞大的教育秩序无疑是必要的。学生如此，教师亦然。学校除要求教师带头遵守作息制度外，对其备课、上课、作业、批改、实验演示、参观访问、班级活动等也都有其相关的严格要求。应该说，学校中若没有这套系统化的规章和近于半军事化的管理，要取得今天这样的教育质量是根本不可能的。

3）设计合理的课程结构

新中国成立以来，我国中小学教材编写，便把"去粗取精、去伪存真、洋为中用、古为今用"作为宗旨，注重从人类文明的精神宝库中择其精华，在各科教学中注重科学性和思想性的高度统一，使青少年儿童从接受正规学校教育开始便处于科学的、健康的、积极的、向上的文化氛围的感召和熏陶之中，以循循善诱、滴水穿石之功，培养起青少年一代坚定正确的政治思想，科学的人生观和世界观，优良高尚的思想道德品质，勤奋严谨、刻苦勇敢和科学探索精神等。几十年来，择编在中小学语文、历史、自然等课本中的许多篇章，如《小马过河》《刻舟求剑》《爱因斯坦》《谁是最可爱的人》，以及那些洋溢着美的神韵和深奥哲理的唐诗、宋词、元曲和明清的小说等内容，激励哺育了几代人的人生选择。今天，奋斗在祖国各个领域的科学家的忘我钻研精神、海外学子的拳拳报国之情、战斗英雄无私无畏的献身品质、劳动模范甘心奉献的高尚行为等，都是这些优秀文明哺育的结果。实践证明，新中国成立以来我国中小学教材内容的编选思想是正确的，其教育效果也是积极明显的。

4）注重"三基"传授

新中国成立以来，我国的基础教育，不论是教材内容组织，还是实际教育过程实施和教育质量评估，都突出把"三基"（基本知识、基本技能、基本方法）作为核心要素去反映。以"三基"去体现基础教育性质，完成基础教育任务，这恐怕是世界各国中小学教育的共同指导思想。既是如此，为什么中国的基础教育质量高于其他国家呢？棋高一着之处在于中国对"三基"的排列组合富有高度严密的逻辑系统性。例如，中国语文，其知识排列不是遵循知识产生的自然历史顺序，而是从人的认知和心理发展特点出发，从音开始，由音到字，由字到词，由词到句，由句到章。仔细看，这简直是一个天衣无缝的极其科学的语文学习序列。数学，从整数到小数，从小数到分数，进而代数，进而几何。在运算方式上，由加到减，由乘到除。乘除法应用"九九乘法口诀"一呼即出。这同样是一个无与伦比的学习序列。"三基"选择上的科学性与排列、传授上的系统性，不单使学生的文化科学知识学习量大质高，稳固扎实，而且从小锤炼了中国学生富有高度逻辑性的思维习惯和学习、工作方法。知识技能选择上的基础性、基本性和范例性，加上排列组合与教育过程上的系统性，铸就了中国基础教育质量上的优势。

5）重视中小学师资力量

教育质量直接决定于教师的质量和水平。对于一个拥有 13 多亿人口、近 3 亿多受教人口的发展中国家，要建立起一支高学历、高水平的教师队伍，谈何容易！在我国 802 万中小学教师中，直至今天不合学历者仍占半数。究其原因，在于我国地方经济发展水平的差距，导致了地方义务教育师资不均衡的现状。虽然，随着我国经济水平的不断发展，城乡基础教育的师资力量有了不小的提升，现阶段城乡基础教育师资水平的差距较大的问题仍很突出：第一，义务教育师资配置的城乡差距。城乡教师学历，特别是高学历差距很大；在教师职称方面，城市、农村小学教师中，小学高级虽然是主体，但城市小学高级占到 53.45%，农村为 44.80%，城市比农村高出 10 个百分点。第二，义务教育师资的地区差距。东部与中西部地区存在比较明显的差异。另外，即使是同一省份的不同地区，教师资源也存在较为明显的不均衡。第三，义务教育师资的校际差距。义务教育师资的校际差距主要指的是同一地区的重点小学与普通小学、重点初中与普通初中之间教师资源的差距。这种差距的存在主要是由"重点校"政策造成的。（关玉波，2009）我国目前教师队伍的现状可概括为：数量庞大，质量不高，基础教育尤为严重。但是，我们必须同时看到，中国自 1903 年癸卯学制始发展起师范教育，其对卓有成效地保证我国基础教育质量起到了功垂千秋的伟大历史作用。师范教育作为专门培养训练教师的教育形式，是世界上为数不多的国家所采用的教育结构模式。富于职业特点的师范教育是职业分工专门化的进步表现，是提高专业工作效率和质量的有效途径。多年来，由于我国十分重视师范教育的发展，我国的教师队伍成分构成发生了历史性的改观。

（二）特点

通过上述中国基础教育改革与发展的具体做法，呈现出中国举办基础教育的特色，或者说中国在基础教育产品供给对象上的特点，这与西方诸国在提供基础教育产品上有差异，也存在共性。就其基础教育（义务教育）供给对象来说，主要表现在以下几个方面。

1. 产品规模逐渐扩大

中国的基础教育，真正的开端始于新中国建立，在 1986 年《义务教育法》颁布以前，由于未从立法上给予保障，发展不是很顺畅、很均衡，尽管在《宪法》中赋予公民接受教育的基本权利和义务，毕竟没有专门涉及基础教育（义务教育）的法律，主要起作用的还是相关政策。《义务教育法》颁布以后，也相继出台了这方面的行政法规（国务院）、行政规章（教育部）、地方性法规（省级人大）和地方性行政规章（省级政府）等，出现以法治教的局面，我国基础教育（义务教育）真正走上正轨。目前，我国已有 90% 以上的人口地区普及了六年义务教育，65% 以上的人口地区普及了九年义务教育。在其推行中，有"六三"和"五四"制形式，即实行六年小学教育和三年初中教育。据有关资料统计，2009 年中国普及九年义务教育人口覆盖率达 99.7%，普及九年义务教育的县数占全国县数的 99.5%。在东部经济较发达省份，有的把义务教育推行到高中阶段。可见，自新中国建立以来，尤其改革开放以后，基础教育作为公共产品供给对象，在普及率和教育年限方面，随着社会发展、改革开放深入，其规模逐渐扩大。

2. 产品质量逐步提升

自新中国成立以来，我国步入了基础教育发展的春天，1986 年《义务教育法》颁布后基础教育发展进入提速阶段，2006 年《义务教育法》修订后进入再提速阶段，取得举世瞩目的成就。但是，在其发展中也曾遭受影响或挫折：一是穷国办教育，无论经济实力，还是办学经验，在改革开放前明显不足；二是受十年"文化大革命"农村教育动乱和 20 世纪 80 年代初全国教育战线"拨乱反正"的影响，基础教育遭受重创；三是改革初始的十年，各项事业均处于一个尝试与摸索的时期，作为政策制定者的中央政府在发展思路完全变更的前提下要调整和完善各方面政策需要一个过程。这些诸多因素汇集的结果，致使我国基础教育（义务教育）发展水平较低。同时，也要看到经过若干年基础教育发展，尤其义务教育的大力发展，在"改革人才培养模式""严格的学校管理""设计合理的课程结构""注重'三基'传授""重视中小学师资力量"等诸多方面取得了长足进步，其中有的还受到国外一直好评。正是对基础教育（义务教育）的高度重视，促进了中国经济的发展、社会的进步。

3. 产品形式呈多样性

中国基础教育产品供给对象，在第二章基础教育（义务教育）产品供给主体中曾涉及。在公共产品供给上，主体决定着客体（对象）表现的形式。也就是说，在基础教育举办上，如果是政府，那么多半就是国立或公立产品形式；如果是第三部门或私人，那么多半就是私立产品形式；如果是混合主体，那么多半就是混合产品形式。在中国基础教育方面，1985 年的《中共中央关于教育体制改革的决定》规定：发展基础教育的责任在地方，有计划、有步骤实施九年义务教育，实行基础教育由地方负责、分级管理的原则；2006 年的《义务教育法》第二条规定"国家实施九年义务教育"，第七条规定"义务教育实行国务院领导，省、自治区、直辖市人民政府统筹规划实施，县有关部门在各自的职责范围内负责义务教育实施工作"，第四十八条规定"国家鼓励社会组织和个人向义务教育捐赠，鼓励按照国家有关基金管理的规定设立义务教育基金"，第六十二条规定"社会组织或者个人依法举办的民办学校实施义务教育的，依照民办教育促进法有关规定执行，民办教育促进法未作规定的适用本法"[1]。可见，在基础教育（义务教育）法律规定中，举办者主要是政府，尤其是地方政府，同时允许其他办学主体存在。这就从立法层面，不仅规定举办者（主体）的多元化，而且规定基础教育（义务教育）产品（客体）被供给形式的多样性。的确，改革开放以后，逐步实现了基础教育（义务教育）投资主体由一元政府投资向国家、社会、学校、集体与个人多元投资的转变，形成了以国家财政拨款为主，多渠道筹措教育经费的体制。相应地，基础教育（义务教育）作为产品的形式也呈现多样性。

（三）评价

改革开放以来的 30 余年，我国通过不断地深化基础教育体制改革，有力地推进和促

---

[1]　http：//edu. people. com. cn/GB/4547065-htm/［2009－8－4］

进了教育事业的发展，基础教育取得了举世瞩目的成就。但随着世界经济全球化和国际化进程的不断加快，我国基础教育的发展在很多方面已呈现出许多的不适应，严重地制约了基础教育的全面发展。总结我国基础教育，我们要充分肯定所取得的成绩，同时也必须看到目前面临的困难和问题。

1. 基础教育优先发展的战略

改革开放后，经济持续增长为教育财政投入奠定了坚实基础，公共教育支出呈现高速增长态势。1979~2003 年，教育财政支出增长 34.87 倍；教育支出占财政支出的比例提高近 5 个百分点，其中国家财政预算内支出增加 34.74 倍。1996~2003 年，国家财政预算内用于农村基础教育的投入从 329.96 亿元猛增到 1266.04 亿元，增幅高达 284%，年均增长 41%，远高于同期国家财政对教育的总体投入增幅。据统计，2001 年以来预算内教育经费年均增长 21.32%，基础教育生均预算内事业费拨款年均增长，小学达 24.22%，初中达 23.26%（我国财政教育有关问题研究课题组，2000）。这些数据充分表明自 2001 年明确基础教育实行"在国务院领导下，由地方政府负责、分级管理、以县为主"的体制后，全国基础教育经费投入开始呈现持续稳定增长态势。但是，由于我国穷国办大教育的基本国情，基础教育优先发展的战略地位尚未完全落实，教育投入历史上欠账较多，尽管近年来随着教育规模进一步扩大，教育经费需求不断增大，我国基础教育经费紧缺状况仍没有从根本上得到缓解，长期以来，我国的义务教育公共投资水平在国际上一直处于偏低的状况。我国义务教育公共投资水平与国外发达国家尚有一定的差距，需要不断增加公共教育经费投入，提高其在国民生产总值中的百分比。如何提高我国义务教育公共投资的效益成为政府、学校和社会需要共同面对的问题。

此外，基础教育优先发展战略，还体现在"公共政策形成方式尝试'目标导向型'转变"。所谓目标导向型公共政策方案形成方式，是指在经济社会发展客观形势的要求之下，由公共政策主体先提出政策目标，然后围绕实现目标而主动地制订公共政策方案的方式，其特点主要突出特定发展目标和主动的政策行为。回顾改革开放以来我国基础教育政策，可以发现一些大的体制调整往往是因为其他方面的改革而作为配套措施出现，或是问题积累到非彻底根除不可的地步而不得不推出，其直接的政策目标更多地具有"补课"的性质。典型的有：为解决"分税"导致的乡级财政税源短缺问题而出台的教育附加费的政策、为改变税改负面影响下无钱办教的局面而进行的教育管理体制调整、为遏制教育乱收费现象而采取的"一费制"政策及教育收费公示制度等，很显然是一种"问题推动型"的政策形成方式。当然，这可以理解为应对形势需要而做出的适时调整，但是教育发展有其自身的特性和规律，如果政策制定始终停留于解决问题的层面，缺少足够的理论前瞻性和预测性，那么这样的政策指引下的教育发展是不可能长久和稳定的。尤其是，我国的基础教育具有投资大、周期长、见效慢的特点，更加需要一套系统稳定的投入保障政策体系。令人欣慰的是，随着近年来我国政策科学决策水平的不断提高，围绕目标的实现而研究和制订政策方案的决策方式受到了越来越普遍的重视。"城乡统筹""和谐发展""构建学习型社会"伟大目标的创造性提出，"基础教育是教育工作的重中之重"科学判断的明确做出，为当前我国基础教育政策创新提供了明确的目标导向。

事实证明，新出台的相关政策已经开始改变过去"配角"的身份，进入系统重建的新阶段。以义务教育经费保障新机制和免费义务教育的提出和实施为主要标志，政策突出体现稳定、长效、系统的特点，充分表明了政府在接下来一个时期主动进行基础教育制度创新的清晰思路与重大决心。

2. 基础教育的又好又快发展

基础教育首要的也是最基本的目标是普及。基础教育是公民生存发展和进一步接受教育和学习的基础，是每个公民都必需的。而一个公民国家，其存在的理由就是让每个公民能最大限度地获得其生存发展所需。进入 21 世纪以来，我国基础教育获得快速发展，普及程度大大提高。截至 2012 年年底，全国"普九"人口覆盖率达 99.3%（2002 年为 65%），初中毛入学率为 98%（2002 年为 87%），这标志着我国义务教育已进入普及化阶段，用较短时间实现了发达国家需要上百年才能完成的目标。例如，法国实现义务教育目标用了近 200 年，德国近 100 年，美国 68 年，日本 63 年，印度 35 年（李敏谊，2008）。

这一切成绩的取得，都得力于我国彰显"教育平等化"的取向。所谓"教育平等化"，指称"教育的平等"和"平等的教育"两个层次的内容。其中，"教育的平等"相对于经济、政治的平等，是"平等"的外延向教育领域的扩张，主要强调人们在教育地位、教育权利方面的平等状态；而"平等的教育"则相对不平等的教育，是教育内涵的更新，它更多地侧重于教育过程、教育资源配置方面的平等。可以说，改革开放以来我国基础教育政策制定始终彰显出一种强烈的"平等化"的政策精神与政策导向。从改革开放到 20 世纪末，我国基础教育政策的制定从根本上讲都是在追求"教育起点平等"，强调同等的受教育权利与地位，1986 年《义务教育法》的颁布及 1993 年"双基"目标的提出，就是分别从法律和政策两个层面上赋予了全国所有城乡儿童相同的受教育权利与义务，主要在于农村庞大的人口基数使得农村基础教育发展状况相对城市更为直接地影响着国家教育总体发展水平，改革开放的头 20 年我国基础教育工作就始终把实现农民受教育权利摆在了首位；进入 21 世纪，我国开始在教育起点平等的基础上，着手有关教育过程及资源配置方面的"平等化的教育"制度尝试，试图寻求全国教育的均衡发展：管理主体的由乡到县是为了更好地保障基础教育过程平等化的实现，中央转移支付的不断增加是为了更好地推进基础教育资源配置均衡化的实现，"一费制""两免一补""免费教育"的配套实行同样也是为了最大限度地消除农村教育受众家庭因素所导致的机会不均现象，诸如此类政策都旨在改变长期以来严重的差异化教育，试图在城乡之间建立相对平等、公平的均衡化教育。

但是，地区之间、城乡之间基础教育发展不平衡：第一，已经实现"两基"的广大农村地区巩固提高的任务十分艰巨，贫困地区"两基"攻坚工作还面临许多困难，高中阶段教育资源严重短缺；第二，完善农村义务教育管理体制工作发展还不平衡，不少地方调整工作有较强的突击性，还属于"强行入轨"，落实新的农村义务教育管理体制中存在的深层次矛盾需要逐步加以解决，农村义务教育经费短缺的问题依然十分突出，确保农村义务教育投入的体制和机制需要进一步加以规范；第三，地区之间、城乡之间在办学水平、办学条件等方面仍存在较大的差距；第四，课程改革实验工作不平衡，教师的观念、能力不适应课程改革的矛盾在一些地区和学校仍然比较突出，教师的培训机制需要进一步完善；第五，学校育德工作的针对性、实效性仍然有待进一步增强；第六，学校管理存在明显薄弱环节，一些地区和学校由管理不善造成的问题，影响教育改革和发展，并在社会上产生不良影响。

我国地区之间、城乡之间基础教育发展不平衡，主要在于不同地区在经济、科技和文化等方面的发展差异较大，教育发展水平也有比较大的差异。有研究教育经济和区域经济的学者根据各地的教育、社会经济发展水平划分教育经济区域，将我国原三个直辖市北京、天津、上海以外的 27 个省（自治区）分成发达、中等发达、欠发达三类地区。研究表明，不同地区在教育的投资来源结构、教育的投资支出结构、生均经费及教育投资政策等方面都存在着较大差异，而且这些差异正随着不同地区间经济发展程度差距的增大而增大。人均 GNP 的差距，省份与省份只有一两倍，乡与乡之间可以相差上百倍，县与县之间也可以差数十倍。导致我国基础教育不均衡发展的原因是多方面的，有的是历史形成的，需要通过经济发展和社会进步加以解决；有的是制度性原因，如政府公共政策的不完善和偏差，造成在教育资源的投入和教育事业发展水平的不平衡现象，现行的基础教育体制下放是其中一个不容忽视的原因。可见，基础教育在各省份的发展极不均衡，这种严重缺乏应有的社会公共保障体制的现实状态，使基础教育的规模和发展长期停留在狭小和落后的水平，更无力去推行和普及义务教育制度。此外，在制约"基础教育又快又好发展"因素上，除来自我国地区之间、城乡之间基础教育发展的不平衡外，诸如"重智育、不重德育""教育目标重统一要求、不重个性发展""教学内容重多重难、不重学生身心特点""教学过程重知识传授、不重能力培养""教育评价重结果、不重过程"等也是存在的。

3. 多元基础教育的办学体制

传统计划经济体制下的基础教育投资体制，在教育的投入上便集中地体现为教育经费供给的单一化特征。即国家作为教育的唯一举办者和所有者，教育资源投入的范围当然要与国家职能的范围相一致，政府财政就必然要统包一切教育事业经费。由财政统包供给教育事业的全部经费的体制，使国家财政拨款成为各级各类学校的唯一经费来源，某级某类教育或学校的发展就取决于政府重视与财政支持的程度，这就形成了各级各类学校对上级主管部门"等、靠、要"，吃国家财政"大锅饭"的局面，这种政府所提供基础教育经费不足的问题，又与现行的我国基础教育体制下放不无关系。

我国教育财政的体制下放，实质是把义务教育投入的主要责任下放到县、乡财政，一方面，由于我国县、乡财政普遍薄弱，根本不足以支撑义务教育的实施；另一方面，由于中央政府、省级财政投入甚少，这就削弱了财政调控职能，体制下放超越了合理的度，异化为权利分散的"乡校乡办""村校村办"，造成依法实现教育经费"三个增长"往往只能取决于地方政府领导人的"觉悟"，缺乏约束机制。尽管随着分税制的实施，中央财力有了明显增长，但由于缺乏规范化的转移支付制度，中央政府和省级政府的专项权仅局限于建设投资，而经常性开支的转移支付基本是一般性的财政预算补贴，往往还不能解决财政供养人口的"吃饭"问题，各级政府教育的事权政府在基础教育发展社会化中的定位和策略与财政明显不对称，这就加剧了农村教育投资的短缺（袁振国，2001）。而且，在许多地区，特别是在财政困难的欠发达地区，预算内财政拨款无法保证教师工资发放，不足部分只好用教育附加费和学生杂费抵项支付，造成义务教育经费错位使用的局面。正如有学者认为的："国民经济与教育发展存在着相互制约的关系，经济是教育发展的基础，经济可以在许多方面对教育进行制约，其中的一个重要方面是对教育所需资源的制约，说到底是对教育投资的供给能力制约了教育的发展。"（袁振国，2001）随着学龄人口膨胀、教育普及率的提高、大众对基础教育优质资源需求的日益增长，教育经费供给的单一化，以及由此派生的教育资源配置的非社会化和教育运行机制的低效率化等，就成为制约基础教育发展的重要因素，迫切要求改革基础教育办学体制，按照《义务教育法》规定，重视多元基础教育的办学体制。

第三节　高等教育供给对象

高等教育作为整个教育体系中的高层次，其存在能够培养公民的和谐人格，能够为经济发展提供创新型人才，能够提高一国的国家竞争力。研究高等教育的供给对象，有助于认清高等教育这一公共产品的供给状况；有助于发现其中存在的问题或不足；进而有助于高等教育的有效供给及培养更多高质量的人力资本。在谈到高等教育供给对象时，在不同国家其具体情况有所差别，以公共产品性质而言，可分为公立型高校、私立型高校和混合型高校。基于高等教育供给对象的整体性，本节首先拟从西方高等教育供给对象的做法、特点和借鉴等三方面来简要概述西方的高等教育公共产品供给对象的基本情况。然后，从我国高等教育供给对象的做法、特点和评价三方面来简要概述我国的高等教育公共产品供给对象的基本情况。

一、西方高等教育供给对象

高等教育供给，是从经济学中衍生的概念，按照经济学解释："供给是指生产者在一定时期各种可能价格下愿意而且能够提供出售商品的数量。"（高鸿业，1996）结合高等教育谈供给，是指"在一定的单位教育成本下，高等教育机构所能提供的教育，表现为教育机构培养一定数量、质量、结构劳动者的能力"（王善迈，1996）。可见，所谓高等教育供给所指向的对象，是指称"教育机构"（大学）和"大学生"。无论哪种形式，都可以说明高等教育公共产品供给对象情形。本部分在谈及高等教育产品供给对象时，或者"大学数量"或者"大学升学普及率"或者兼而有之来反映这方面情形。此外，高等教育供给有其自身理论体系，还包括高等教育供给的形式、内容、类型、目标和周期等，而与本部分直接相关的是高等教育供给概念（对象）。显然，高等教育供给对象的明确，为本部分讨论提供便利。在西方教育产品供给对象上，以教育公共产品类型而言，可分为基础教育和高等教育等两种形式；以教育公共产品性质而言，可分为公立型高校、私立型高校和混合型高校等三种形式。无论哪种形式，都能对西方诸国高等教育产品供给对象进行梳理。本部分为了保持与基础教育供给对象文风一致性，准备采用前一种整体性介绍方式。在其整体性介绍中,资料较为翔实,资料的处理也因人而异。在此,准备从西方高等教育供给的做法、特点和借鉴来概述西方高等教育供给对象情况。

(一)做法

高等教育是相对于基础教育而言,是人为了生存和发展所要经历的两种不同阶段、不同类型的教育。在各国的立法中都赋予公民有接受教育的基本权利和义务,其中就包括基础教育和高等教育。公民有接受教育的权利,国家则有提供公共产品供给的义务(责任)。显然,国家在提供教育产品供给上,处于主导地位。国家在公共产品供给对象方面究竟怎样?在具体谈及"做法"时,对资料的处理也是多样的,依据产品供给对象(高等教育)的特点,按照产品数量/规模、产品质量和产品形式等布局进行梳理。

1. 普及程度

美国率先普及了高等教育,其适龄人口的 80％以上均可以进入高校学习。据统计:2004 年高等教育在学率(全日制与非全日制高等学校在学人数除以十八九岁或二十一二岁的人口总数)已达到 89.5％。2005 年美国各类高等教育在学人数更是接近 1800 万人。这是一个世纪前的 60 倍,第二次世界大战后的 10 多倍。(陈小尘和胡弼成,2010)目前,英国的高等教育已经实现了普及化和大众化。英国高等教育从精英教育发展到大众教育经历了一个过程。1970 年以前,英国高等教育一直处于精英教育阶段,高等教育毛入学率保持在 15％以内。在 1971~1990 年的 20 年间,其总入学率从 14％上升到了 30％以上。1991 年英国政府发布的《高等教育的框架——英国高等教育白皮书(1991 年 5 月)》成为英国高等教育改革和实现快速增长的宣言书,为 1995 年后高等教育迅速普及化奠定了规划和政策基础。2002 年,18~30 岁适龄青年的高等教育毛入学率已经达到 43％。现阶段,英国的高等教育毛入学率应该上升到一半以上。(高书国,2007)

2. 办学形式

在西方诸国中,不同高等教育供给主体(举办者),其办学形式(对象)各不相同。其中,在这方面做得比较好的有德国、英国和美国。就德国来说,德国在第二次世界大战后经济取得巨大发展的原因,就在于实施了双轨制教育,同时在两个地点,有两个教学实施主体,其实质是由政府和企业共同出资办学(亦即混合型高校),企业和学校按照企业对人才的要求,以社会需求为导向培养学生,学生可以在国家规定的学习职业中选择自己感兴趣的科目,向招收学徒的企业报考,录取后企业和学校共同对学生开展共同教育,教育内容包括企业培训、专业理论和普通教育,其专业和课程都是在科学地分析职业性质与需求的基础上设置,这些课程基本覆盖了相当数量的社会职业。(王莹,2012)就美国来说,美国高等教育的成功,与其高度重视发挥市场机制,实现融资渠道多元化息息相关。美国在扩大高等教育产品供给时,非常重视政府市场两手抓,在进行充分调控的基础上重视发挥市场机制,其具体措施包括:第一,财政分级负担,根据每年的财政总收支情况,高等教育经费的 12％~20％由联邦政府财政负担,其余部分均由州政府和地方政府安排;第二,构建多元化融资体系,引入市场机制,打破教育资源垄断,运用市场化手段激发学校自身发展动力，提高教育资源的使用效率。20 世纪 90 年代后，教育家曾抨击政府对美国公立学校的投入太少，为缓和矛盾，政府随后将"绩效"理念引入高等教育投融资中，将"公平"与"效率"、"公共"与"市场"有机结合，充分运用资本市场，拓宽高等教育融资渠道，形成政府、市场和社会组织相互补充的多渠道融资体系。就英国来说，英国的高等教育在经历了从精英走向大众，从大学为主走向学校与学院并重，从市场导向为主到政府干预发挥重要作用等阶段后，近年来英国高等教育又开展了大刀阔斧的改革，在进一步加大政府干预高等教育的基础上，大力扶持并发展私立院校，私立院校提供本科学位，逐步发展营利性私立院校，目前英国共有私立大学和学院 65 所，其中最具代表性的学校就是白金汉大学，它成立于 1976 年，作为英国唯一的皇室特许的非营利性私立大学，在全英 115 所大学中列第 20 位，提供商务、生物技术、国际关系和法律等学科的学位教育，其课程设置和教学方式都是以高端就业为导向。（王莹，2012）

3. 办学质量

纵观西方各国政府，都十分重视大学教育质量问题，并采取多种措施来提高高等教育质量。西方国家上述形式多样化的高等教育办学形式，为其公民选择适合自身发展的高等教育提供了便利。就德国来说，采用"双轨制"的教学形式，在培训期内，学生每周必须接受 3~4 天的实践操作教育、1~2 天的理论课教育，他们既是企业的学徒，又是公立学校的学生，企业重点培养学生的实际操作能力，职业学校主要教授概念和文化基础课，学生在企业学习期间，必须按规定完成任务，企业内设有教室，学校内也有演示车间、机房和实训基地，企业与学校密切配合，提高学生的动手能力和操作技能，共同负起培养学生的责任，使得"双轨制"职业教育十分注重理论与实践的结合，强调培养学生动手能力（王莹，2012）。就美国来说，它是当前世界上高等教育教育质量最好的国家之一，非常重视高校对人才的吸引、投资和培养，设立公平的奖、助学金来保障和激发学生的科研能力，通过自由开放的专业选择使得学生的兴趣与专业相结合，以利于学生未来的发展，通过丰富的课程设置来为学生提供最前沿的知识，以利于学生增强竞争力。就英国来说，它的高等教育质量在世界上名列前茅，一直非常重视并持续改进高等教育的质量水平，针对教育供给平等、公平方面的问题导致教育供给投入产出比小，从 20 世界 60 年代开始，政府就开始介入高等教育，加强监督管理（王莹，2012），1991 年英国《高等教育改革白皮书》对高等教育质量保障的有关方面概念做了明确定义："质量控制"（高校内部为维持和提高教育质量而实施的管理过程）、"质量审核"（为督促高校设立适当的质量控制体系而进行的外来检查）和"质量评估"（对学校教育质量所作的外来评价）。就澳大利亚来说，联邦政府一直很关注大学的质量，20 世纪 70 年代以来，每年都发布一些大学的质量报告，1992 年 11 月设立高等教育质量保证委员会，1993~1995年，在质量保证计划的资助下，进行了三轮独立全面的院校审计，政府把质量改进纳入它的年度院校财政讨论中。

（二）特点

上述西方诸国高等教育改革与发展的具体做法介绍，蕴涵着西方主要国家高等教育改革与发展过程的共性特点。在对其共性提炼中,有"高等教育结构类型的多样化""高等教育课程设置的综合化""高等教育的教学、科研、生产一体化""高等教育协作的国际化""高等教育宗旨的终身化"等诸如此类的概述,表面看起来对其"特点"这样提炼似乎谈及的是西方高等教育方面的,但仔细审视显然不是按照公共产品特色概括,不适合本部分提炼要求,应该采用另外的提炼方式为宜。

1. 产品规模大

西方诸国非常重视高等教育,均以立法形式保障,英国在 1944 年颁布了《1944 年教育法》,美国在 1965 年颁布了《高等教育法》,日本在 1974 年颁布了《教育基本法》,法国在 1984 年颁布了《法国高等教育法》。美国在 1968 年和 1972 年对《高等教育法》加以修正,形成了两个修正案。这些高等教育公共资源基本法,对高等教育的目的、性质和原则及其他关于高等教育公共资源的重大问题做出了法律规定。例如,《法国高等教育法》,共分六部分 69 条:第一部分主要规定了高等教育的含义、性质、任务及实施高等教育的基本原则;第二部分规定了法国公共高等教育各阶段的入学资格、培养目标及其管理;第三部分规定了法国公立高等学校的法人资格及其权利义务、学校的设置程序及不同种类公立学校的管理体制、学校内部各种委员会的组成与财务制度等;第四、第五和第六部分就受教育者、教育人员和中介机构等问题做了规定。西方诸国的教育基本法就构成了其高等教育公共资源立法的基本法维度,也是一切政府行为的最高准则,非常重视高等教育公共资源的投入,鼓励、扶持多种形式的办学体制,形成以公立高校为主体、其他高校积极参与的高等教育产品多样性局面。上面谈及的美国率先普及了高等教育,其适龄人口的 80% 以上均可以进入高校学习;谈及的英国高等教育已经实现了普及化和大众化,2002 年 18~30 岁之适龄青年的高等教育毛入学率已经达到 43%,现阶段高等教育毛入学率应该上升到一半以上。如果没有高等教育产品规模的扩大,那么高等教育入学的高比例无从谈起。西方诸国在高等教育公共产品供给对象上的规模化,不仅满足了本国大众对高等教育的需求,而且是其他国家无法比拟的。

2. 产品质量好

高等教育产品,要满足社会需求,不仅要讲规模效应,当规模达到一定程度后,还要讲质量效益。西方诸国对高等教育产品质量的重视,主要表现在"高等教育的教学、科研、生产一体化""高等教育课程设置的综合化""高等教育协作的国际化"等"三化"上。

所谓"高等教育的教学、科研、生产一体化",意指随着新技术革命与现代世界经济的空前发展,反映了科学理论对新技术的指导作用及科技对现代大生产的推动作用,高等学校作为人才荟萃、智力密集、最能产生新知识和开发新技术的组织,如果与企业联合起来就可把大学的潜力从潜在优势转化为现实优势,对新兴产业的建立、新技术的开发,都能产生巨大的推动作用,通过联合还能缩短从科研成果到制造产品之间的周期,当今许多西方国家都积极致力于这方面的改革实践,把大学作为主要依托,建立以大学为轴心的教学、科研、生产联合体,美国在波士顿地区和加利福尼亚地区形成的高教、科研与生产结合体系就是两个成功的样板（"科学工业综合体"和"硅谷电子工业基地"），建立以高等教育为主导的、同科研和生产紧密结合的联合体，将是世界各国推崇的高等教育发展的共同模式。

所谓"高等教育课程设置的综合化"，意指现代科技和生产的发展是以综合化为基本特征，反映到高等教育中就是课程的综合化，要求基础教育与专门教育、应用研究与开发研究相互渗透，目的在于培养学生适应社会发展的要求和具有解决复杂课题的能力，当今高等教育中课程的综合化，已为许多西方国家所重视，并采取了一系列行之有效的措施，使高等教育在课程改革方面收到了显著的成效，像日本的筑波大学把综合科学纳入教学计划，重新组织课堂内容，以加强学术领域的研究，这已引起国际教育界的瞩目。

所谓"高等教育协作的国际化"，意指随着新技术革命的兴起，尤其是通信、信息、航天技术的发展，大大缩短了各国间的地理距离，加强了在经济、科技、教育和文化等方面的频繁联系，同时各国的教育都是国际教育领域的一部分，都面临着激烈的竞争，西方诸国的高等教育几乎无一例外地以面向世界为前提，使本国的高等教育向国际开放，借助交流国际高教经验、交流情报资料、参加国际学术活动、合作项目、交换学者和互派师生等形式，以促进学术、文化和教育的交流和协作，像日本为加强高等教育协作的国际化，以培养富有"国际性的日本人"，采取了一系列措施来改革现行的高等教育体制，美国的高等教育更是一个面向世界开放的体系，素来重视利用自己在高等教育方面的优势吸引外籍教师和学生，不同国籍的教授汇聚在美国的许多名牌大学中执教和研究，世界上各民族优秀的青年学生纷纷到美国留学，这几十万外国学生给美国带来了各民族最优秀的东西及他们的聪明才智，这些足以引起西欧各国的羡慕，高等教育协作已进入国际化的新时期。

此外，在重视高等教育产品质量方面教师录用严格，对教师的聘用，特别是教授的招聘，美国一些名牌私立大学是相当严格的，力争挑选到一流的教授，保持住自己学校的声誉，那些居于前列的私立大学主要以教授、副教授为主，两者要占到教师队伍的70％以上，美国私立大学的声誉较之于公立大学来说要好，而日本私立大学教授这一层次要比国立、公立学校高，如早稻田大学教授占7％（1980年）。

3. 产品多样性

产品质量好，是顾客的最佳选择，毋庸置疑。但是，产品质量好，也是因人而异的，要生产出满足顾客不同需求的产品。对此，西方诸国主要通过重视私立高校和高等教育结构类型多样化来实现。

就私立高校而言，西方诸国非常重视，通过立法明确规定了私立高校的法律地位和政府支助，像日本政府1950年制定的《私立学校法》规定了尊重私立学校的自主性、实现私立学校的公共性和政府资助私立学校这三条私立学校发展的基本原则，促进政府对民办教育的资助，像美国联邦政府1965年颁布的《高等教育法》第一次明确规定联邦政府要向公立和私立高等学校提供长期的资助，政府资助一般占学校费用的35％；像加拿大的职业学院，通过短期的教学帮助学生做好就业前的准备，侧重于对学生各种实践技能的培养，虽然是私立的，但它们必须由各省批准并进行规范管理，较之公立学校它们收费更低廉，更重视对学生的道德品质的培养，并能执行严格的学术教学标准，能够保持较高的课程水平和教学质量。"面向学生""面向市场""节约经费"，也是国外许多私立大学办学的出发点，在不少国家私立大学倾向于开设和发展"短平快"及其他经济性专业，使大学毕业生能尽快找到工作，同时为了满足社会各界对人才的需求，及时、灵活地设置急需专业，使私立大学的专业设置呈现出多样化。像日本的私立高校中，既有学术水平高的研究型一流大学，如早稻田大学、庆应大学，也有以实施人文社会教育为主的一般大学，还有学制短、女生比例高、学校规模小、实施职业教育的短期大学，从不同的方面以多种形式满足市场需要，向社会提供了各种规格的专门人才；像法国的私立高等教育在国家高等教育体系中所占比例很低，只在职业方面以短期学校的全貌出现，如秘书训练、商业、图书馆技术、家政学和旅游等，目的是补充公立高校所忽视或无法办理的学科专业领域。

　　就高等教育结构类型多样化而言，现代生产对高等教育改革提出新的要求，各国对人才，不仅是高级的技术人才和管理人才，还有大批的熟练的中级技术人才的需求日增，这就要求高等教育必须建立适合现代生产需要的合理的人才结构，改革传统高等教育象牙之塔的结构，实行其结构类型的多样化(亦即多种形式办学)，除扩充原有的大学外，大力发展年限不同的短期大学与初级学院，使各类高等学校并存，培养目标互异和学制灵活多样，短期大学和初级学院近些年来尤为受到重视获得了很大发展。像目前美国的初级学院或社区学院已发展到1500多所，学生人数达650万人，约占全美大学学生总数的50%以上，是高等教育中发展最快的学校；像德国的初级技术大学发展也很快，已成为德国高等教育体系的重要组成部分，目前共有155所初级技术大学占其高等学校总数的一半左右，学生人数近28万人，约占其全部大学生总数的40%；像日本的短期大学，从1965年的270所、在校生14万人，增加到1988年的545所、在校生近40万人。可见，由于各国短期大学与初级学院都以培养目标明确、学制短、收费低、地区性强、就业容易而见长，颇受各企业、生产部门的欢迎，促进了其自身规模和数量的发展。因此，高等教育向着多样化的方向发展，从单一结构向多种结构演化，这是当代西方高等教育供给主体的共同特点之一。

(三)借鉴

　　虽然国外高等教育供给对象按照其性质，可分为公立型高校、私立型高校和混合型高校等三种形式，但近些年来面对世界范围内兴起的新技术革命的挑战和全球性的经济、军事、政治的竞争，不管是公立型高校，还是私立型高校或者混合型高校，纷纷以巨大的紧迫感乃至危机感竞相策划和研究高等教育改革的问题，采取了相应措施，呈现出一些特点，是值得其他国家借鉴的。

1. 产品规模

　　高等教育的发展，首先得讲规模效益。规模的扩大，离不开国家的大力支持。西方国家作为法治社会，依法行政是政府管理社会公共事务必须遵守的准则。在发展高等教育的过程中，非常重视高等教育方面的立法，不断提升高等教育公共资源的法制性，为高等教育公共资源的发展提供了依据和可靠保障。在宪法之下，各国都设有教育基本法，如日本 1947 颁布的《教育基本法》、法国 1984 年颁布的《法国高等教育法》、英国 1944 年颁布的《1944 年教育法》和美国 1965 年颁布的《高等教育法》等；教育基本法之外，西方政府也制定和实施了其他一系列法律，如美国的《高等教育设施法》、日本的《学校教育法》和澳大利亚的《高等教育财政法》等。为了更好地贯彻执行基本法、普通法的有关规定，西方政府进一步制定和实施了一系列的条例和细则，如日本的《关于国立大学评议会暂定措施规则》、美国的《2000 年目标：美国教育条例》等。这些基本法、法律、条例和细则，就构成了西方政府高等教育公共资源立法的法规维度。在这样的法制框架下，西方政府一直把加大高等教育公共资源投入作为己任。也就是说，高等教育公共资源的数量多少与质量优劣很大程度上依赖于政府资金的投入数量。在澳大利亚，1996 年的高等教育投资总金额为 53 565.84 万美元，1997 年的高等教育投资总金额为 54 662.66 万美元，1998 年的高等教育投资总金额为 54 034.44 万美元，1999 年的高等教育投资总金额为 53 826.84 万美元，2000 年联邦政府的高等教育投资额达 60 亿澳元；在英国，高等教育经费尽管有多种来源，但政府对高等教育的投入近些年来一直占到高等教育总经费的 2/3 左右，1999/2000 年度英国大学院校的总收入为 127.8 亿英镑，其中高等教育拨款委员会的补助为 51.5 亿英镑，占总收入的 40.3%，1997~2006 年投在教育上的 GDP 比例已从 4.5% 提高到 5.6%；在美国，公立高等学校的经费相当一部分来自州和地方政府，平均来看美国州和地方政府对公立高校的投入占公立高校总经费收入的 40% 左右，虽然私立高等学校的经费以自筹为主，但也会得到州和地方政府的资助，一般而言对私立高校的投入占私立高校总经费收入的比例在 4% 左右。可见，西方诸国在高等教育发展中取得规模效益，与"以法治教"、政府重视（投入）是分不开的。

2. 产品质量

西方诸国历来重视高等教育产品质量，在举办者、管理者和办学者环节上均有法规方面的明确规定。在举办者上，为了保证教育质量，各国政府加强了管理措施，尤其加强私立大学的审查、认可工作，严格开设课程，严格学位、证书和文凭颁发制度。在管理者上，美国对私立教育的管理通过"立法管理"和"私立学校协会"两种途径。英国 1991 年《高等教育改革白皮书》对高等教育质量保障的"质量控制""质量审核""质量评估"有关方面概念做了明确定义。澳大利亚政府 1993~1995 年在质量保证计划的资助下把质量改进纳入它的年度院校财政讨论中。在办学者上，德国《高等教育总法》第 58 条规定"高等学校是公立团体，同时也是国家机构，它有权在本法规定的范围内对本校事务进行管理"。法国《高等教育法》第 20 条规定"公立科学、文化和职业机构是国立高等教育和科学研究机构，它具有法人资格，在教学、科研、行政、财政方面享有自主权"，主要通过"高校管理自主权"和"高校拥有财政权"，来实施办学者对高等教育产品的质量管理。

除法规明确规定以外，德国的"双元制"、美国的"宽进严出"和挪威的"质量保障系统"在西方诸国"产品质量工程"上具有代表性。其中，德国的"双元制"意指实行学校为一"元"和企业为另一"元"的在培养学生上学校和企业合作（"双元制"）的办学体制，使企业直接参与学校的办学过程和教学过程，使学校的教育直接面对企业，学校的教学内容紧密贴近企业实际，形成以市场和社会需求为导向的职业教育办学机制；我国目前的高等职业教育体制却过于重视学生知识系统性的培养，对学生职业能力训练不够突出，实践环节缺乏应有的力度和针对性，导致学生毕业后不能适应企业的要求，学非所用。美国的"宽进严出"意指高等教育已经达到了普及化阶段，几乎所有的大学激烈的竞争和优胜劣汰让学生必须始终保持着竞技式的冲刺状态，2003 年美国高校各专业的平均淘汰率为 17.7％，一些热门专业的淘汰率高达 50％以上，优胜劣态的自然法则在美国的高校一览无余，但同时也成就了美国高等教育精英辈出的辉煌历史；当前我国高等院校招生人数持续快速增长，应广泛推行宽进严出的结业考核制度，这不仅有利于改变当前高校学生普遍存在的学习涣散、被动的局面，提高高等教育毕业生质量，更有利于国家从宏观上调整人才结构，使优秀生源、合格生源和不合格生源自动分流，减轻高等教育就业负担。挪威的"质量保障系统"意指由一个特定组织进行（亦即教育质量保障处），该机构是一个独立性很强的非政府机构，主要目的是通过对质量体系、院校和课程的评价、资格认可，以监督挪威的高等教育质量，它具有"认证机构独立""评估工作客观""评估标准国际化""评估过程公开化""评估专家来源广泛""评估结果可申述""质量保障体系因校制宜"等特点，形成了一套高等教育质量保障体系，尽管时间很短，但却取得了非常显著的成效。我国目前尚没有建立起全国性的体系完善的质量保障系统，评估机构缺乏相对的独立性，评估工作透明度不高，评估工作的公正性和客观性也亟待提高，要建立健全教育质量保障系统，充分发挥质量保障的积极作用，就要学习挪威精神。

3. 产品形式

产品多样性，是西方诸国高等教育产品供给对象（亦即"公共资源供给"）的众多特点之一，日本 1950 年的《私立学校法》和美国 1965 年的《高等教育法》以立法形式明确了私立学校存在的合法性，使私立高校成为西方诸国高等教育产品供给对象之一，改变了 19 世纪后半叶以来建立起来的公共教育政府垄断制度，在高等教育产品供给对象市场引入竞争机制。对此，有其学理依据。按照公共选择理论的观点，西方高等教育公共资源具有私人物品的特征，即具有效用的可分割性、消费的竞争性和受益的排他性，与私人物品一样它应该通过市场竞争来供给；按照新公共管理理论的观点，在西方高等教育公共资源上，要以市场为导向、引入市场竞争机制，打造有限政府，形成以政府为主导其他主体参与的主体多元化、产品多样性的局面。关于这一点，西方一些学者也有精辟论述：被誉为教育市场化的重要代表人物、诺贝尔奖获得者弗里德曼在《政府在教育中的作用》（1955 年）一文中认为，20 世纪后半叶以来建立起来的公共教育制度是一种政府的垄断，要改革这种不合理的高等教育公共资源供给方式，就应该在教育领域中引进竞争机制，在"消费者"和"生产者"中形成市场观念，确定新型的市场交换关系，进而取代免费集体服务和建立起全国统一的生产者机构市场；哈耶克也认为，政府是有限型政府，没有为所有有能力接受高等教育的人提供资助的能力，多少人需要接受高等教育完全应由市场来决定，国家对教育的投资规模不应该受非经济的各种社会因素的影响，而应该完全由教育投资的回报来决定；英国经济学家皮科克和怀斯曼也提出了高等教育公共资源市场化的主张。

理论是行动的先导，20世纪80年代以后西方国家大力推行高等教育公共资源的市场化改革：在美国，以"择校"为突破口，开始进行高等教育公共资源的市场化改革，1986年的全国州长协会研究报告《决策之时》认为，家长择校的基础理念在于，学校无论公立、私立都应到教育市场上去自由地为学生而竞争，而家长则按市场来决定他们的孩子上哪所学校，从理论上说择校会给家长以更多的推动和责任，同时又会通过竞争使学校得到改进，择校计划受到里根总统及随后布什总统的支持，1988年4月明尼苏达成为立法实施择校计划的第一州；在英国，撒切尔政府的上台，标志着英国高等教育资源市场化的开始，首先撤消了对欧共体以外所有大学生的公共补贴，削减了政府高教经营拨款15％，1988年通过的《教育改革法》和1992年通过的《高等教育改革法》，明确要求英国教育要转向"完全面向市场的体制"；在澳大利亚，20世纪80年代初也采用市场机制来推动高等教育资源发展的政策。可见，西方诸国通过市场化模式来改革公立大学的办学体制和模式、削减高教经费、扩大公民的教育选择权利、鼓励经济实体参与学校教育等措施，调动了高等教育机构改革、进取、求发展的积极性，增强了高等教育公共资源的灵活性；通过市场化模式来改革政府垄断高等教育公共资源（亦即产品供给对象）的体制，鼓励政府之外其他主体举办高等学校，提供能满足社会需要的各类高等教育产品。

此外，西方诸国以"终身教育"为宗旨，国外一些著名的大学，如美国的麻省理工学院、斯坦福大学，日本的东京大学、丰桥科技大学，英国的剑桥大学、牛津大学，法国的法兰西学院、巴黎高等师范学院，都承担着为国家或企业培训在职人员的任务，把在职人员的继续教育和本科生、研究生教育一起列为高等教育的三大组成部分，其中高等教育功不可没，这将使在职人员的继续教育产生新的飞跃。

二、中国高等教育供给对象

高等教育对社会经济发展的服务手段和贡献，主要是提供高级专门人才、提供高水平科研成果、提供与时俱进的先进文化。中国要想成为社会经济强国，必须首先成为高等教育强国，从而实现从人口大国向人力资源强国的转变。在中国高等教育产品供给对象上，与西方高等教育产品供给对象一样，在教育公共产品性质中，也可分为基础教育和高等教育两种形式，以及公立型高校、私立型高校和混合型高校等三种形式，本部分准备选择以高等教育整体（亦即"二分法"）为研究对象，从中国高等教育公共产品供给对象的做法、特点和评价来梳理。

（一）做法

高等教育是相对于基础教育而言，与西方诸国在高等教育公共产品供给对象一样，以立法形式给予保障，政府非常重视，其他主体积极参与，形成以政府为主导、其他主体参与、产品供给对象多样性的局面。在其做法的具体介绍中，所谓高等教育产品供给对象，指称"高等教育机构"（提供大学的数量、质量、形式）或者"大学升学率"（普及程度所反映的供给规模)或者"兼而有之"。

1. 普及程度

高等教育，是基础教育的继续。如果说基础教育注重人生存所应具备素质的培训，那么高等教育则注重人发展所应具备素质的培训，两种教育各有不同的地位和重要作用。对此，世界各国都认识到，教育(高等教育)对一个国家的繁荣富强乃至一个民族的兴旺发达具有至关重要作用，纷纷以"教育为立国之本"为宗旨，采取了诸多行之有效的措施，中国也不例外。自新中国成立以来，尤其是改革开放以后，中国高等教育事业进入迅速发展阶段，不仅举办了大量普通高校(公立大学)以满足社会发展需求，而且在市场机制下举办了一些民办高校(私立大学)作为公立高校的补充以满足市场需求，独立学院(混合高校)继民办高校之后也出现不少(2007年达到309所)，在中国高等教育领域出现以政府为主导其他主体参与的举办主体多元化、举办客体(不同性质高校)多样性的局面，有力促进了中国高等教育的发展。无论哪种形式的举办者(亦即高等教育公共产品供给主体)或者哪种形式的被举办者(亦即高等教育公共产品供给对象)，政府均给予高度重视。要么在方式上采用直接投入性支持或间接投入性支持，要么在内容上采用资金投入、鼓励奖励、税收优惠、政策供给和立法支持等。正因为有政府的大力支持，"2011年，我国全国共有普通高等学校和成人高等学校2762所[普通高等学校2409(含独立学院309)所、成人高等学校353所]，其中普通高校中本科院校1129所和高职(专科)院校1280所；全国共有培养研究生单位755个，其中高等学校481个和科研机构274个。全国各类高等教育总规模超过3167万人，高等教育毛入学率26.9%。全国普通高等教育本专科共招生681.50万人，在校生2308.51万人；成人高等教育本专科共招生218.51万人，在校生547.50万人；全国招收研究生52.02万人(博士生6.56万人、硕士生49.46万人)，在学研究生164.58万人(在学博士生27.13万人、在学硕士生137.46万人)"[①]。可见，自改革开放以来，我国高等教育事业取得令人瞩目的成绩，在校生规模已位居世界第一位(2007年)，进入高等教育大众化阶段。具体如表3-1所示。

表3-1　1978～2007年高等教育规模数量变化情况

年份	高校数/所	本专科毕业生数/万人	本专科招生数/万人	本专科在校生数/万人	教职工数/万人	专任教师数/万人	研究生毕业生数/万人	研究生招生数/万人	研究生在学人数/万人	毛入学率/%
1978	598	16.5	40.1	85.6	51.8	21	0.009	1.0708	1.0934	1.55
1979	633	8.5	27.5	102	57.4	24	0.014	0.811	1.883	2.07
1980	675	14.7	28.1	114.4	63.2	25	0.476	0.3616	2.1604	2.22
1981	704	14	27.9	127.9	66.6	25	1.1669	0.9363	1.8848	2.16
1982	715	45.7	31.5	115.4	73	29	0.4058	1.108	2.5847	1.96
1983	805	33.5	39.1	120.7	76.3	30	0.4497	1.5642	3.7166	2.09

① 参见：2011年全国教育事业发展统计公报. 2011年全国高等教育毛入学率达26.9%[EB/OL]. www.chinanews.com/edu/2012/08-30/4147331.shtm/[2012-8-30]

续表

年份	高校数/所	本专科毕业生数/万人	本专科招生数/万人	本专科在校生数/万人	教职工数/万人	专任教师数/万人	研究生毕业生数/万人	研究生招生数/万人	研究生在学人数/万人	毛入学率/%
1984	902	28.7	47.5	139.6	80.4	32	0.2756	2.3181	5.7566	2.37
1985	1016	31.6	61.9	170.3	87.1	34	1.7004	4.6871	8.7331	2.91
1986	1054	39.3	57.2	188	93.1	37	1.695	4.131	11.0371	3.56
1987	1063	53.19	61.68	195.9	96.87	39	2.7603	3.9017	12.0191	3.6
1988	1075	55.35	66.97	206.6	99.36	39	4.0838	3.5645	11.2776	3.7
1989	1075	57.62	59.71	208.2	100.4	40	3.7232	2.8569	10.1339	3.67
1990	1075	61.36	60.89	206.1	100.47	39	3.544	2.9649	9.3018	3.45
1991	1075	61.43	69.99	204.4	100.89	39	3.2537	2.9679	8.8128	3.2
1992	1053	60.42	75.41	218.4	101.36	39	2.5692	3.3439	9.4164	3.47
1993	1065	57.07	92.4	253.6	102.13	39	2.8214	4.2145	10.6771	4.68
1994	1080	63.74	89.98	279.9	104.03	40	2.8047	5.0864	12.7935	5.7
1995	1054	80.54	92.59	290.6	104.06	40	3.1877	5.1053	14.5443	6.86
1996	1032	83.86	96.58	302.1	103.58	40	3.97	5.94	16.23	8.03
1997	1020	82.91	100	317.4	103.15	40	4.65	6.37	17.64	8.84
1998	1022	82.98	108.4	340.9	102.96	41	4.7077	7.2508	19.8885	9.76
1999	1071	84.76	159.7	413.4	106.51	43	5.47	9.22	23.35	10.5
2000	1041	94.98	220.6	556.1	111.28	46	5.88	12.85	30.12	11.2
2001	1225	103.63	268.3	719.1	121.44	53	6.78	16.52	39.33	12.9
2002	1396	133.73	320.5	903.4	130.36	62	8.08	20.26	50.1	15
2003	1552	187.75	382.2	1109	145.26	72	11.11	26.89	65.13	17
2004	1731	239.1	447.3	1334	161.07	86	15.08	32.63	81.99	19
2005	1792	306.8	504.5	1562	174.21	97	18.97	36.48	97.86	21
2006	1867	377.47	546.1	1739	187.26	108	25.59	39.79	110.47	22
2007	1908	447.79	565.9	1885	197.45	117	31.18	41.86	119.5	23

　　资料来源：郑春生. 改革开放 30 年高等教育规模扩张及其政策分析[EB/OL]. wenku. baidu. com/view/110ad76b58fafab[2012-2-24]

2. 办学形式

　　在高等教育领域，举办者的多元化，决定着办学形式的多样性。就中国高校举办者而言，《高等教育法》规定：国务院统一领导全国高等教育事业，省（自治区、直辖市）人民政府统筹协调本行政区域内的高等教育事业，其举办者为中央政府（部属院校）或省级地方政府（省属高校）；《民办教育促进法》和《民办教育促进法实施条例》确定私人举办高等教育的责任；《独立学院设置和管理》则确定混合主体举办高等教育的责任，呈现高等教育举办者多元化趋势。据此，在我国高等教育办学形式上，要么表现为普通高校、成人教育学院、职业技术学院、广播电视大学、自修大学和党校等，要么表现为公立高校、私立高校和独立学院等，呈现高等教育产品多样性情形。目前，我国高等教育公共供给对象包括普通高校、民办高校、技术学院和独立学院等四类主要办学形式。

就普通高校来说，我国高等教育实行谁主办谁负责，国务院负责主管全国的高等教育工作，地方政府对中央部委举办的学校拥有支持、协调和共同管理的权力，在我国高等教育公共产品供给对象的现有格局中，普通高校所占的数量最多、规模也最大：全国普通高校共有 1908 所（2007 年），其中地方所属所管院校共有 1797 所，占全国高校总数的 94.2%；全国 740 所本科院校，其中地方本科院校 634 所，占 85.7%；地方普通高校本、专科在校学生 1716.8 万人，占全国总数的 91.1%；地方普通高校本、专科招生 522.8 万人，占高校招生总数 565.9 万人的 92.4%。就独立学院来说，独立学院兴起于 21 世纪初，经过这几年的发展，独立学院已成为我国高等教育公共产品供给的重要力量，我国独立学院共有 309 所（2011 年），占我国本科院校总数 1129 所的 27%[①]，独立学院作为一种新兴的办学模式在十多年间经历了从依托母体高校优质教育资源起步到逐步摆脱母体高校"光环"、获得独立学位授予权、形成自身办学理念和人才培养特色的发展过程（于忠华，2011）。就民办高校来说，任何民办高校不仅要履行其社会职能，以获取其存在的合法性和社会认可，而且必须维护其"个性"以谋求生存和发展，实行一定限度的成本回收作为其有效经营的物质支撑，由政府参照普通高校的收费标准并作一定程度的调整而制定，政府对收费标准有严格的规定，不是由学校根据自身的教育教学质量、成本状况和教育市场的供求关系制定，学科类别和学校类别之间有一定程度的差异，但同一类别、同一学科之间的标准相对统一（金军和郭晶晶，2007）。截至 2011 年年底，全国民办高校达到 1400 多所，其中本科院校 390 所（独立学院 303 所、民办普通高等学校 87 所）[②]。就职业教育来说，职业教育机会的供给发生在职业教育过程的起点、体现为职业教育机构招生的数量和专业，职业教育产品的供给则发生在职业教育过程的终点、体现为职业教育机构毕业生的数量和质量，目前我国高职（专科）院校共有 1280 所、占我国普通高等学校总数 2409 所的 53%[①]，2011 年高职招生占普通高等教育招生数的 47.67%，该数据显示出职业教育在我国高等教育中的重要地位。

3. 办学质量

目前，大多数高校办学规模持续扩大，办学潜力得到充分发挥，学术质量和师资水平总体上也有了普遍提高，经多年实践，包括高等职业教育、高等民办教育、普通本科高等教育、研究生教育和成人高等教育在内的质量保障系统已初步形成：1981 年从实施《中华人民共和国学位条例》起，除了进行学位授权学科的评审和定期评估外，对设立研究生院的高校进行了研究生院评估，还开展了学位认证工作；1990 年国家教育委员会《普通高等学校教育评估暂行规定》提出，要通过对普通高校进行教育评估，来增强高校主动适应社会需要的能力，不断提高办学水平和教育质量；1994 年教育部开始采取"合

①　http://www.moe.edu.cn/publicfiles/business/htmlfiles/moe/s7382/201305/152566.html[2015-5-31]
②　www.233.com/gaokao/zixun/dynamic/all[2012-5-31]

格评估、优秀评估、随机性水平评估和水平评估"四种形式，对有关本科高校进行了教学工作评估，取得了良好效果；2002 年教育部发布《普通高等学校本科教学工作水平评估方案（试行）》，适用对象为所有普通本科高校；2003 年教育部又制订了高职高专院校人才培养工作水平评估方案，对 26 所高职高专院校进行了评估试点，2004 年在全国全面展开；2011 年民办高校在办学的层次上，17 所独立学院转制为独立建制本科高等学校，在国家特殊需要人才培养项目试点中，北京城市学院等 5 所民办本科院校获得硕士招生资格实现新的突破，在办学质量上民办本科院校从注重规模发展，转向内涵建设，提高质量，出现了一批有办学特色、办学水平高的学校。[①]

目前，教育部对高等学校教学评估工作提出了"以评促建，以评促改，以评促管，评建结合，重在建设"的基本思路，并在 2005 年年初颁布的《关于进一步加强高等学校本科教学工作的若干意见》中加以重申，主要有以下几个方面：第一，建立了五年一轮的普通高等学校教学工作评估制度，全面推进评估工作，2004 年已有 60 多所本科学校按计划进行教学工作评估，预计五年内对全部本科院校完成评估工作，今后高等职业技术学院每五年也要接受一次评估，以就业为导向进一步完善高职人才培养工作水平评估制度，这项工作已开始试点，高等学校也要探索和建立本校教学质量保证和监控机制；第二，建立普通高等学校教学状态数据采集和发布制度，国内近年来有民间的高等学校排行榜，已经引起高等学校、社会各界尤其是考生及家长的关注，也存在不少争议，教育部将实施高校教学基本状态数据年度公布制度，并逐步建立和开放数据库网上检索系统，增加高等学校办学的透明度；第三，建立评估中介机构，不断提高评估专业化和科学化水平，教育部专门成立了学位和研究生教育评估所、本科高职教育评估中心，逐步建立政府、高校和社会有机结合的高等教育质量保障体系，试图通过评估推动学校转变教育观念，明确办学思想、加强教学建设、深化教学改革、严格教学管理，保障和提高人才培养质量；第四，从严治教，强化教学管理，建立和完善高等学校内部教学质量保障和评估制度，提高教学质量的重要手段就是要从严治教，规范和强化教学管理，特别要严肃教学纪律和考风考纪，维护正常、稳定的教学秩序，实施在高等学校招生考试和录取程序方面的"阳光工程"，积极促进教育公平；第五，进一步完善评估方案，改革评估技术和方法，重视不同类型高等学校的办学定位和特点，按照分类指导的原则，进一步完善评估指标体系，不断改进评估方法和技术，使评估的方案和方法充分体现党和国家的教育方针和高等教育教学改革、发展的方针政策，反映教育教学规律和时代特色。

（二）特点

在中国高等教育领域，其做法是多方面的，并不仅仅局限在上面介绍的三个方面，但如果把它视作高等教育公共产品供给对象的话，那么对产品（供给对象）采用"数量"（规模）、"质量"和"形式"不失为有效的方法。在其特点提炼中，仍沿着此思路进行。

---

① http：//www. moe. edu. cn/publicfiles/business/htmlfiles/more/more-6211201001/81932. html[2015-5-31]

1. 产品规模逐渐扩大

中国非常重视高等教育，从普通高等教育的学校数量变化、招生数量变化、毕业生数量变化和在校学生人数变化等情况可以得到说明：从普通高校学校增长数量的特点来看，1978 年全国共有普通高等学校 598 所，2007 年则增加到 1908 所，普通高等学校数目持续增长，改革开放近 40 年普通高校数的数目增加了 1310 所、增加了 2.19 倍；普通高校数的增加主要是在 1978~1985 年"文化大革命"以后的恢复调整时期内进行的，1978~1985 年我国普通高校数获得了快速的增长，普通高校数的数目由 598 所增加到 1016 所，增加了 418 所，增加了 0.70 倍，1985~2000 年经过"文化大革命"以后的恢复、调整、发展后，我国普通高校数变化相对平稳，学校数长期保持在 1000 所左右，2000~2007 年伴随着高校扩招、高等教育管理权的下放，我国高等学校数量进入了新的快速增长期，普通高校数的数目由 1041 所增加到 1908 所，八年间增加了 867 所，增加了近 1 倍。从普通高校招生增长数量的特点来看，普通高等教育毛入学率 1993 年之前基本保持在 5％以内，1998 年以来高等教育毛入学率进入快速增长时期，2002 年我国高等教育毛入学率就达到了 15％，2003~2007 年则继续突破分别达到了 17％、19％、21％；普通高等教育招生人数从 1978 年的 40.1 万人增加到 2007 年的 565.92 万人，增长 14.11 倍；普通高校毕业生人数从 1978 年的 16.5 万人增加到 2007 年的 447.79 万人，增长 27.14 倍；普通高校在校学生数从 1978 年的 85.6 万人增加到 2007 年的 1884.9 万人，增长了 22.02 倍。此外，全国成人高校数，民办等其他高等教育机构，全国普通高校在校本专科学生数，研究生数、成人本专科和网络教育本专科学生总数均快速扩张，中国高等教育总体规模已超过美国 2005 年秋季的 1740 万人，跃居世界第一。[①]

2. 产品质量逐步提升

质量问题是高等教育事业发展的生命线。自 1999 年高等教育扩招、高等教育进入"大众化"阶段以来，质量问题就成为其特有问题，也比以往显得更加突出。经多年实践，包括高等职业教育、普通本科高等教育、研究生教育和成人高等教育在内的质量保障系统已初步形成。从 1981 年实施《中华人民共和国学位条例》起，除了进行学位授权学科的评审和定期评估外，对设立研究生院的高校进行了研究生院评估，还开展了学位认证工作。1990 年国家教委《普通高等学校教育评估暂行规定》提出，要通过对普通高校进行教育评估，来增强高校主动适应社会需要的能力，不断提高办学水平和教育质量。此外，从高等教育的层次和学科结构调整也能反映我国对高等教育质量的重视。从高等教育层次来看，我国高等教育在校生的学历层次分布，顺应经济发展的需求，正逐渐向高层次转移，2006 年在校生人数中，研究生、本科生所占的比例进一步提高，达到 4.67％、48.67％，比 1985 年上升了 2.19 个、10.81 个百分点，而专科生的比例减少到 46.68％，比 1985 年下降 12.98 个百分点；而我国高等教育的学科结构也有了调整。"八

---

① 郑春生. 改革开放 30 年高等教育规模扩张及其政策分析［EB/OL］. http：//wenku. baidu. com/view/c011cc67bc850ad02de8041ea. html. ［2012-2-24］

"五"到"十五"时期，经济学、法学、文学（主要是外语人才）、管理学在校生的比例继续增加，医学人才的比例在减少（杨晓青，2007）。具体如表 3-2 所示。

表 3-2　高等教育在校生中各学历层次所占的比例（单位：%）

年份	1985	1992	1998	2000	2005
研究生	2.48	2.50	3.10	3.20	4.67
本科生	37.46	39.71	40.06	43.81	48.19
专科生	59.66	57.79	56.84	52.99	47.14

资料来源：杨晓青（2007）. 高等教育规模发展的影响因素分析[J]. 教育发展研究，2007，（12）

3. 产品形式呈多样性

在政府明确实施高等教育大众化战略之前（亦即 1999 年之前），中国高等教育系统就具有作为公共产品供给对象一定的多样性特征，包括中央部委和地方政府所属两类高校（亦即部属院校和省属院校）；根据高校的办学条件和水平区分为重点和非重点高校；既有四年制的本科高校，也有三年制的专科高校。在政府明确实施高等教育大众化战略之后，出现了高校之间和高校内部的分化。从高校之间的分化看，又可以分别按照层次、功能和类型对高校进行划分。从层次方面看，首先我国有 30 余所高校进入了国家"985工程"，它们是高等教育系统中的"重中之重"；其次有近百所高校进入国家"211 工程"，它们是重点建设的对象；再次是众多的地方普通高校；最后是一批高等职业学校。从功能方面看，有些高校将建设研究型大学作为自己的发展目标，有些高校定位于从事教学工作，还有些高校则是介于两者之间的研究和教学型学校。从类型方面看，则可以把高校划分为学术型和职业型两类。除了普通公立高校外，我国还有几十所网络学院、几百所成人高校和上千所民办高校和独立学院（截至 2006 年 5 月，全国共有 313 所独立学院）。在中国高等教育大众化过程中，普通公立教育占据着主导地位，其他学校形式发挥着辅助和补充的作用。例如，2005 年，公立普通高校在校生占全部学生的 63.33%，公立成人高校在校生占全部学生的 18.96%，民办高校和民办独立学院在校生占全部学生的 13.50%。从高校内部分化看，在不同国家，高等教育系统的分化过程是按照不同方式完成的。在美国，高等教育系统的分化是自然演化的结果；而在一些欧洲国家，高等教育系统的分化具有政府主导的特点；中国高等教育管理体制逐渐从过去中央集权管理模式向中央政府宏观控制、扩大地方政府的协调作用及扩大高校办学自主权模式过渡，但在分权化过程中仍然存在着一些"自上而下"的成分，政府部门出于良好的愿望想要推动某些高等教育形式，其结果却事与愿违。结合中国高校内部分化，普通高校除了招收"计划内"全日制学生外，还招收其他多种形式的"计划外"学生。（阎凤桥，2008）可见，在中国高等教育的办学形式上，要么表现为普通高校、成人教育学院、职业技术学院、广播电视大学和自修大学等，要么表现为公立高校、私立高校和独立学院等，呈现高等教育产品多样性特征。

（三）评价

作为世界高等教育体系的一个组成部分，中国高等教育也经历了从精英向大众阶段的发展。在这个发展过程中，高等教育质量和结构问题引起决策部门和研究领域的高度关注（文雯等，2007）。中国政府在 1998 年明确地提出了实现高等教育大众化的具体政策目标，从 1999 年开始大幅度地扩大招生规模，并且在随后短短的四年时间里将高等教育的毛入学率从 10.5％迅速地提高到 15.3％，完成了从精英高等教育向大众高等教育的转变。由于中国高等教育规模在短期内的激剧扩张，出现了令人感到担忧的一些现象，如校园变得比以前更加拥挤、课堂规模变大、学生录取标准下降、生均办学经费不足、生师比迅速提高、合格和胜任的教师短缺等。如何看待规模扩大过程中中国高等教育系统的质量与结构问题呢？（阎凤桥，2008）

1. 产品规模

　　高等教育对社会经济发展的服务手段和贡献，主要是提供高级专门人才、提供高水平科研成果和提供与时俱进的先进文化。中国要想成为社会经济强国，必须首先成为高等教育强国，从而实现从人口大国向人力资源强国的转变。经过 1999 年的高等教育扩招，我国从精英教育向大众教育转轨，高等教育有显著的发展。截至 2011 年，全国共有普通高等学校和成人高等学校 2762 所［普通高等学校 2409 所（含独立学院 309 所）、成人高等学校 353 所］，其中普通高校中本科院校 1129 所，高职（专科）院校 1280 所。全国各类高等教育总规模超过 3167 万人，高等教育毛入学率 26.9％。全国普通高等教育本专科共招生 681.50 万人，在校生 2308.51 万人；成人高等教育本专科共招生 218.51 万人，在校生 547.50 万人。[①] 在 2007 年，中国高等教育在校生规模就已位居世界第一位，取得令人瞩目的成绩。但是，据相关资料统计：在 2003 年世界平均高等教育费用支出占全年 GDP 的 4.9％，而中国高校教育总费用支出仅占 GDP 的 3.14％，与世界平均水平还相差大约两个百分点。从高校教育人均教育经费来看，1998 年发达资本主义国家，如美国为 19 802 美元，日本为 9871 美元，而中国却只有 2100 美元。从这不难看出，尽管中国对高等教育的投入一直逐年增加，国家也很重视教育（余春梅，2009），但是从总量上所占比例仍然很小。中国高等教育经费占 GNP 的比例及预算内教育总经费占 GDP 的比例一直处于世界低水平，不利于高校持续稳定的发展，是制约高校发展的最主要的因素。目前各个大学普遍存在着经费不足的问题，大学的经费又主要是靠政府的财政支持，而我国对教育的投入却很少，显然不能满足大学的发展，大学应当扩大自己的经费来源，像美国的大学社会上有一系列范围非常广泛的资助者，从州政府到社会团体，从自费学生到慷慨的慈善家，2004 财政年度美国私人向大学捐助的资金高达 244 亿美元，美国还开创了将学术界与产业界联系起来的传统，大学每年获得的版税和特许使用费超过 10 亿美元，170 多所大学拥有某种形式的"企业孵化器"，数十所大学在经营自己的风险基金，如果经费问题能得到解决，大学的发展也就有了活力。

　　不仅如此，由于社会经济发展的不平衡，高等教育发展的不均衡现象普遍存在，已经对改革、发展与稳定产生了影响。高等教育要适应社会经济发展的需要，勇于冲破一

---

　　① 2011 年全国教育事业发展统计公报. 2011 年全国高等教育毛入学率达 26.9％［EB/OL］. www.chinanews.com/edu/2012/08-30/4147331.shtml［2012-8-30］

切妨碍发展的思想观念，改革一切束缚发展的做法和规定，革除一切影响发展的体制弊端，在维护社会经济和自身稳定、巩固发展成果的基础上，不断把改革引向深入。在改革、发展与稳定的关系上，要调动一切积极因素，大力发展各级各类高等教育事业，以适应社会经济发展及人民群众对于高等教育日益增长的需求；更要坚持以改革促发展，深化教育体制、教育观念和人才培养模式的改革，构建适应新时期社会经济发展需要的新高等教育体制。

2. 产品质量

在高等教育的发展过程中，数量的增长与质量的提高是一对永恒的矛盾，往往在同一时期很难兼顾。这是由于高等教育的发展主要受经济发展的影响与制约，同时还要受到社会（如人口、政治取向）和科技发展等因素的制约。从高等教育自身发展的规律来看，质量和数量交替成为矛盾的主要方面，在高等教育数量大发展时期，由于师资准备的不足，生源质量的较大差别，对学生不同要求的迁就，以及校舍和设备的不足等，高等教育的质量必然会受到相当大的影响。在数量大发展以后，就需要有一段调整和整顿时期，也就是注重质量的时期。质量的提高，又为数量的进一步增长打下了牢固的基础。

新时期，我国以多种形式举办高等教育，推进高等教育大众化进程，无疑加快了高等教育规模增长的速度，要在以往规模快速增长的基础上，把握好发展节奏，促进普通高等教育、成人高等教育、教育培训、现代远程教育、自学考试等各类高等教育持续协调发展，但由于生源基础、现有师资力量和设施设备条件、办学管理经验和水平等因素的影响，教育质量问题在一段时期内将会更加突出，提高教育质量是高等教育永恒的主题。要努力实现规模、质量、结构、效益的相互协调。特别是要推动各类高校合理分工定位，形成各具特色的人才培养、科技贡献和社会服务方式；要根据经济社会发展的需要及人力资源市场的供求状况，调整学科专业结构和办学模式，优化高校布局结构，缩小区域间发展水平差距。

但是，中国有一些高校的教学质量确实存在严重问题，高等教育规模实际发展速度快于目标速度，发展规模与政策目标存在偏离，我国高等教育发展规模往往趋向于超出目标规模，1999年之后表现尤其明显，高校数量增长率低于高校总体规模的增长率，高校数增长和学生招生、在校生数、毕业生数之间的问题，导致校均规模不断扩大，高校教师增长率也低于高校总体规模的增长率，导致生师比不断提高，直接带来的问题有高校办学规模不断扩大，教育资源的投入跟不上高等教育的发展速度，在高等学校平均规模不断扩大的同时，我国高等教育的办学资源并没有同步增加，财政投入的力度跟不上大学生数量的增长，部分高校办学条件不足，高等教育质量问题凸显。加之，政府在具体的高等教育管理中，集管理、举办和办学三种角色为一体，在一定程度上干预高校自主办学、大学的自主权不足，不像美国私立大学由主办大学的机构遴选的校董会掌管行政权，公立大学校董会对决定本校的方针和各项规定也有很大的自主权，政府是高等学校的管理人和举办人，而不是高等学校的办学人。因此，我们一定要从社会主义现代化建设全局的战略高度出发，把握好数量与质量的辩证关系，处理好扩大规模与提高质量这对矛盾，全面推进素质教育，努力提高教育质量。

3. 产品形式

我国的高等教育，从横向类别来讲，有普通高等教育和各种形式的成人高等教育，在办学机制上，则有公办高等教育和民办高等教育；以纵向层次来分，则有高职（大专）、本科和研究生教育。我国必须坚持各类高等教育协调发展，这是由我们的国情和高等教育资源状况决定的。从长远看，必须坚持普通高等教育、成人高等教育、民办高等教育、现代远程教育、高等教育自学考试等各类高等教育协调发展。坚定不移地走各类高等教育多形式、多元化、协调发展的道路。坚持学校教育与非学校教育并举，学历教育与非学历教育并举，要充分体现时代精神，不断增强教育的开放性、灵活性和多样性，更好地满足经济社会发展和人民群众不断增长的更加广泛和多样化的高等教育需求。而社会对人才的需求是讲层次的，高等学校对人才的培养也是分层次的。我国目前的综合实力和高等教育的现状，决定了满足人民群众对高等教育的需求，在很长的一个时期内，也只能是分层次逐步提高的。必须坚持以多种机制、多种模式发展高等教育。根据我国的总体经济实力、财力和其他方面的实际情况，今后在巩固、提高公办高等教育的同时，必须大胆进行办学模式的创新，特别是要大力支持、鼓励民办高等教育的发展，提高民办高等教育在高等教育中所占的比重，促进民办与公办高等教育共同发展。可见，只有正确处理好高等教育不同类别、层次之间的关系，才能在中国高等教育领域出现其产品多样性的局面。

在促成这一局面的过程中，存在着一些共性和个性问题。就"共性"而言，我国在"基于财政中立原则的政府资助"上存在问题。所谓财政中立也称财政中性，是指"财政应当在收入、支出两个环节对一切市场主体保持中立；对一切市场主体，都不以其行业、身份、所有制或者其它任何差异为转移，给予无差别待遇"（柯佑祥，2008）。自20世纪90年代末至今，我国高等教育财政实行"有保有压"的倾斜政策，其结果是重点院校形成了对于国家财政的过度依赖，市场竞争力达不到应有水平，而地方高校、民办高校越来越被边缘化。从全球范围来看，对私立学校进行资助是普遍现象，如果没有公共财政的支持、没有政府系统性投入的支持，那么绝大多数民办高校都要关门倒闭，高等教育办学格局又要走到公办一统却整体僵化的老路。当然，强调政府对于民办高校的支持与投入，不是包办而是通过支持与投入来引导和规范微观个体——民办高校的健康稳定发展。事实上，使民办高校获得一定公共财政的支持，让公办高校更多面对市场需求，不同的高校可以得到资助同时又拥有市场资源，公办高校、独立学院、民办高校公平竞争，高等教育的和谐生态圈才能真正形成。

基于此，今天不少地方政府对民营企业都有财政支持，即或对于以追求经济利益最大化的企业，政府都可以去支持、扶持，对于教育这项功在千秋的公益性事业更应该给予公共资源的支持，像走在改革开放前沿的广东省政府及越来越多市县都认识到了这一点，在财政拨款中专设"民办教育发展基金"，这正是"公有制"政府财政向"全民"政府财政转化的有益探索。当然，就政府财力而言，或许有人认为现在连公办学校经费都还紧张，哪里顾得上民办学校。这种说法貌似合理，实质上需进一步推敲。从民办高校办学形势比较好的地方看，这些地方高等教育需求十分旺盛，民办高等教育已经从补充教育走向了选择教育，民办高等教育服务的理性消费者正是基于自身的成本效益分析而进入民办高校学习。如果政府加大投入和资助，实现民办高校中国有资产的"参股""控股"，可以发挥"政府投入"加"市场化运营"的混合体制优势，扩大优质公共教育资源的惠及面积，产生公共教育资源的放大效应，同时民办高校得到办学的储备资金，有利于进一步提升质量、创立特色，进而有利于教育资源配置的效率与公平，有利于整个高等教育事业的和谐发展。

就"个性"而言，在中国高等教育公共产品供给对象市场上，尽管无论站在政府立场还是站在大众立场，都希望促成高等教育公共产品多样性的局面，但这众多产品市场中民办高校、职业高校和独立学院毕竟处于"补充教育"（弱势），要从"补充教育"走向"选择教育"还需要一个过程，究竟怎样看待这些产品，也是值得关注的。

就民办高校来说，政府对于民办高校的支持，按其方式划分有直接投入性支持与间接投入性支持，按其时机划分有民办高校举办时支持和办学过程中支持，按其内容划分有资金投入、鼓励奖励、税收优惠、政策供给、立法支持等，政府应该真正贯彻"积极鼓励、大力支持、正确引导、依法管理"的方针，将对民办高校的投入和支持纳入地方政府教育事业的宏观规划中，注重制度投入和地方立法支持，适当进行直接资金支持，大力给予间接资助，但现实中我国民办教育的法权保障，只有《民办教育促进法》及其实施条例，以及《独立学院设置管理办法》（中华人民共和国教育部第 26 号令）的相关规定，鉴于我国高等教育管理体制是中央宏观管理、省级统筹，地方政府对于民办高校的管理与引导就具有直接的职责，通过法律手段引导规范、扶持保护民办高校的举办和发展，逐步改善民办高校发展的制度环境，而"民办高等教育地方立法是民办高校法治制度安排的后续关键"（张铁明，2008），大众化不等于大众买单，政府应该承担相应责任，尤其是立法责任。正如有人所认为的，"保护"是民办高校发展的基本前提，"扶持"是地方立法的关键，"促进"是民办高等教育法治的宗旨；地方立法"保护"首先要保护民办高校的举办权，否则"扶持""促进"就无从谈起。（张铁明，2008）

就职业高校来说，高等职业教育是我国教育改革发展中产生的高等教育新类型，横跨了高等教育和职业教育两大领域，为广大适龄青年提供进入高等学校学习并掌握就业技能的机会，对中国高等教育从精英教育阶段进入大众化教育阶段发挥了决定性作用。中国特色的高等职业教育，是建立在高等学校教育框架基础之上的，目前处于普通高等教育（全日制高等学校教育）中的专科学历层次，近年来中国大力发展高等职业教育，2011 年具有普通高等学历教育招生资格的高等职业学校数量达到 1276 所，占普通高等学校总数的 60％；2011 年全国普通高等职业技术学院招生数为 325 万人，占普通高等学校招生总数的 47.7％。从法规层面上看，我国关于职业技术教育的地方性法规体系相对比较完整；从制度政策层面看，政策体系比较配套，党中央关于进一步加强技能人才队伍建设的实施意见和政策文件已经出台实施，紧缺职业工种的培训补贴、高技能人才的津贴、高技能人才的评选表彰及引进配套的政策已经基本确定，同时政府还建立了职业培训和技能鉴定机构的评估定级制度，这些都为高技能人才的培养提供了良好的制度和政策环境。通过不断探索和积极实践，我国政府逐步确立了政府在职业教育教育中的职责定位，可基本归纳为宏观规划、政策引导、搭建平台、搞活机制、价值导向，通过政府主导，让职业教育和培训获得了切实发展，让广大的技能人才，尤其是高技能人才，想办事、有机会、能干事、有平台、干成事有回报、干好事有发展。

就独立学院来说，正处于起步阶段，没有现成的模式和规律可遵循，政府本着"保护和鼓励"和"积极发展、规范管理、改革创新"的原则，较好地促进了独立学院的发展，但也逐渐暴露了诸如对独立学院的规范较少、监管较弱、相关法律法规配套不完备等政府角色缺位与错位问题：第一，除了《高等教育法》和《民办教育促进法》中的个别条款、教育部2003年下发的的《意见》及教育部领导在不同场合发表的谈话外，政府还没有其他的针对独立学院办学和发展的法律法规或政策性指导规范，其相关的法律、法规具有模糊性和不完备性；第二，独立学院的审批程序不透明，其设置及办学标准也比较模糊，政府在这方面的职能规范仅在《意见》中有一些规定，如"现阶段，独立学院因属本科层次，申请者申请试办的独立学院，由地方省级教育行政机关负责初审，最后教育部负责审批"等，但是这些标准和程序还很宽泛，可操作性不强；第三，政府对独立学院的评估监督机制十分不健全；第四，独立学院具有准公共产品的属性，目前政府在这方面的角色严重错位，只注重对独立学院教育提供的市场机制选择，而忽略了对独立学院发展间接投入模式及行为机制，现在普遍存在如"独立学院办学模式就是为了吸纳民间资本，学费就应该是独立学院收入的主要来源，可以大幅度提高学费标准，甚至高于教育成本收费，以获取利润，并给予投资者以巨额回报也就顺利成章的选择"等观点和做法；第五，政府与独立学院关系角色定位不当，标准也不统一，与不同类型独立学院相互间管理联系存在"过松"或"过紧"的情况，政府对独立学院中介组织的建立和发展重视不够，对中介组织的发展缺乏激励、引导机制和相关配套政策。可见，政府管理角色的缺位与错位和其自身的缺陷造成了独立学院发展的不规范和矛盾，各独立学院的发展也出现鱼龙混杂、良莠不齐的情况。我国是政府主导型的国家，一方面国家急需社会资源进入高等教育领域；另一方面因为高等教育市场失灵的不可避免，政府难以放弃也不能放弃对独立学院发展及其质量的监管。

第四章　独立学院的演进历程

独立学院是公立普通本科高校（申办者）与社会办学力量（投资者）利用各自的资源优势，在国家政策法规允许的前提下联合举办的高等教育机构。独立学院自 1999 年出现至今，已走过了 16 年的风风雨雨。在其发展过程中，可以说得到了方方面面的大力支持或扶持。其中，中央政府、投资方和母体高校是其中最主要的干系人。得力于它们的参与，各自通过不同的途径或方式影响着独立学院的存在和发展。就中央政府而言，它作为高等教育的管理者和监督者，主要通过出台政策法规方式从宏观层面决定着独立学院的存在及其发展；就普通本科母体高校而言，它作为举办独立学院的申办者，主要通过品牌的无形资产方式影响着独立学院的存在及其发展；就投资方而言，它作为举办独立学院的投资者，主要是通过注入资金、出让土地等有形资产影响着独立学院的存在及其发展。也就是说，在独立学院的存在及其发展过程中，正是得力于这三者的积极参与，才取得今天发展的良好局面，逐渐从高等教育办学的"补充"身份（亦即"不具有法人资格的二级学院"）发展为"正式"身份（亦即"具有法人资格的高等教育办学机构"），最终在我国高等教育领域形成以公立高校为主、民办高校和独立学院为辅的局面。独立学院出现以后，发展迅猛，极大地促进了我国高等教育事业的发展，在很大程度上满足了人民大众对高等教育资源的需求。鉴于此，在这一过程中，中央政府、普通本科母体高校和投资方究竟怎样参与（历程）、在其中应该扮演何种角色（外部干系人）、怎样才能成为一种新的办学模式或机制（"优""独""民"），正是本章着力所要梳理和探讨的目的。

第一节　独立学院在市场中的演进历程

随着我国高等教育办学体制改革的深化，独立学院逐步形成并蓬勃发展。独立学院的出现，它作为一种新的高等教育办学模式或机制，反映了我国高等教育体制改革在发展中不断完善，也诠释着我国高等教育改革的方向——高等教育资源配置市场化。众所周知，独立学院肇始于 1999 年的浙江大学城市学院。随即，如雨后春笋般地在全国各地蜂拥而起、鱼目混杂，一时局面失控。对此，教育部作为国家主管教育的机构不得不加以规范（亦即 2003 年出台的《意见》），《意见》规定：教育主管部门应对原来的"国有民办二级学院"进行重新认定、加强规范化管理，使独立学院逐渐步入正常发展轨道①。据教育部《2006 年全国教育事业发展统计公报》显示：当时具有独立学院性质的院校已经有 318 所，在校生数达到 146.70 万人；仅 2006 年全国独立学院共招生 54.3 万多人，占

---

① 教育部关于印发《关于规范并加强普通高校以新的机制和模式试办独立学院管理的若干意见》的通知，（教发〔2003〕8 号）〔2012−2−24〕

当年本科招生计划 260 万人的 20%，约占当年全国高校招生总量的 11%（彭移风和宋学锋，2008）。2008 年 2 月，教育部继出台《意见》之后又颁布了《办法》，独立学院管理正式步入正常发展轨道①。独立学院由最初的 18 所发展到 318 所，承担着全国本科高等教育人才培养的 1/3，十几年间累计为国家培养了十多万高素质应用型人才②。可见，独立学院从出现之伊始，到逐渐步入、完全步入正常轨道之历程可以说取得了可喜的成绩，在其中作为主要当事人的中央政府、投资方和母体高校扮演了怎样的角色、经历了怎样的心理路程，正是本节所要关注的。

一、中央政府

中央政府在独立学院演进中扮演着重要角色，以掌舵者身份自居，从某种意义上说，如果没有中央政府的默许或认可，哪来独立学院这种高等教育新的模式出现。中央政府在其中所扮演角色的心理路程究竟怎样呢？这必然涉及诸多法律、法规、政策和讲话等文本，从中不难寻觅到中央政府对此的态度，但在其具体介绍或梳理中，亦即"过程性"的描述中，时间节点选取是关键因素，否则无以达成此目的。尽管在学界对独立学院演进梳理中，有"二分说"、"三分说"或者"四分说"等分歧，但 2003 年的《意见》和 2008 年的《办法》作为时间节点选择无疑是其共识。本部分赞同此时间节点选取，持"三分说"看法：第一阶段意指 1999～2003 年，此时中央政府的态度是"先不表态，默许各地结合当地实际高等教育办学条件积极进行探索，跟踪调研总结经验教训"，为"默许存在"；第二阶段意指 2003～2008 年，此时中央政府的态度是出台《意见》，在宏观上给予指导，为"积极引导"；第三阶段意指 2008 年至今，此时中央政府的态度是颁布《办法》，在《意见》基础上做了完善，为"加强规范"。正是中央政府在对待独立学院态度上的这个变化，催生了独立学院这种新的高等教育办学模式和机制的出现和发展。

（一）默许存在

20 世纪 80 年代，我国各界社会力量开始投入教育办学。此时，社会各界对教育的捐资助学或投资办学主要体现在基础教育领域（亦即《义务教育法》1986 年文本所指的初等教育）。1986 年《义务教育法》文本第九条明确规定："地方各级人民政府应当合理设置小学、初级中等学校，使儿童、少年就近入学"，国家鼓励企业、事业单位和其他社会力量，在当地人民政府统一管理下，按照国家规定的基本要求，举办本法规定的各类学校③。此后，邓小平同志发表"南方谈话"探讨市场经济改革，加快了社会力量以各种形式投入教育事业。根据 1986 年《义务教育法》和邓小平"南方谈话"精神，1995 年颁布的《教育法》作为教育领域的基本法（亦即"教育母法"或"教育宪法"）进一步肯定

① 中华人民共和国教育部令第 26 号，独立学院设置与管理办法［EB/OL］. http：//www.gov.cn/flfg/2008－03/07/content_912242.htm［2014－3－20］
② 2006 年全国教育事业发展统计公报［EB/OL］. http：//www.edu.cn/jiao_yu_fa_zhan_498/20070608/t20070608_236759.shtml.［2014－3－31］
③ 中华人民共和国主席令第 52 号，中华人民共和国义务教育法［EB/OL］. http：//www.gov.cn/flfg/2006－06/30/content_323302.htm.［2014－4－20］

或认同社会力量参与办学。该法第四条规定"教育是社会主义现代化建设的基础，国家保障教育事业优先发展"①；第二十五条规定"国家鼓励企业事业组织、社会团体、其他社会组织及公民个人依法举办学校及其他教育机构"；第四十六条规定"国家鼓励企业事业组织、社会团体及其他社会组织同高等学校、中等职业学校在教学、科研、技术开发和推广等方面进行多种形式的合作"；第五十三条指出"全社会应当关心和支持教育事业的发展，企业事业组织、社会团体及其他社会组织和个人依法举办的学校及其他教育机构，办学经费由举办者负责筹措，各级人民政府可以给予适当支持"①。可见，国家鼓励社会力量投入支持全民教育事业的发展，这些教育类法律法规的陆续出台表明中央政府是鼓励社会力量办学，为社会力量自谋方式、积极探索投入教育发展创造了良好的社会氛围。

但是，鼓励和支持社会力量参与办学的法律文本与讲话精神主要涉及基础教育领域，也未曾有专门针对社会力量参与办学的法律文本。为了促进社会力量办学事业健康发展，鼓励社会力量积极参与高等教育办学，国家先后颁布《社会力量办学条例》（以下简称《条例》）、《高等教育法》和《中共中央国务院关于深化教育改革全面推进素质教育的决定》等一系列政策法规。1997 年颁布的《条例》第三条规定"社会力量办学事业是社会主义教育事业的组成部分，各级人民政府应当加强对社会力量办学工作的领导，将社会力量办学事业纳入国民经济和社会发展规划"；第四条规定"国家对社会力量办学实行积极鼓励、大力支持、正确引导、加强管理的方针"；第五条规定"社会力量应当以举办实施职业教育、成人教育、高级中等教育和学前教育的教育机构为重点"②。可见，为了鼓励社会力量办学，维护举办者、学校及其他教育机构，促进社会力量办学事业健康发展，国务院出台专门的法规文本。1998 年颁布的《高等教育法》第六条规定"国家根据经济建设和社会发展的需要，制定高等教育发展规划，举办高等学校，并采取多种形式积极发展高等教育事业"；第十二条规定"国家鼓励高等学校之间、高等学校与科学研究机构以及企业事业组织之间开展协作，实行优势互补，提高教育资源的使用效益"；第六十条规定"国家建立以财政拨款为主、其他多种渠道筹措高等教育经费为辅的体制，使高等教育事业的发展同经济、社会发展水平相适应；国家鼓励企业事业组织、社会团体及其他社会组织和个人向高等教育投入"③。可见，为了鼓励、支持和规范社会力量参与办学，专门针对高等教育做出规定，有利于我国高等教育市场化的发展。1999 年颁布的《中共中央国务院关于深化教育改革全面推进素质教育的决定》规定："进一步解放思想、转变观念，积极鼓励和支持社会力量以多种形式办学，满足人民群众日益增长的教育需求，形成以政府办学为主体、公办学校和民办学校共同发展的格局。"（周济，2003a）可见，尽管是针对素质教育，但无论是基础教育还是高等教育都同样涉及，再次强调在教育资

---

① 中华人民共和国主席令第 45 号，中华人民共和国教育法[EB/OL]．http：//www.gov.cn/banshi/2005-05/25/content_918.htm．[2014-4-22]

② 社会力量办学教学管理暂行规定[EB/OL]．http：//www.moe.edu.cn/publicfiles/business/htmlfiles/moe/moe_621/200410/4256.html．[2014-4-25]

③ 中华人民共和国主席令第 7 号，中华人民共和国高等教育法[EB/OL]．http：//www.moe.edu.cn/public-files/business/htmlfiles/moe/moe_619/200407/1311.html．[2014-4-25]

源配置上，坚持政府为主、市场为辅的办学体制。因此，无论是法律、法规，还是国家政策，从 1986～1999 年的基础教育到高等教育，从涉及社会力量办学到专门规定，最终形成政府为主、社会力量为辅的办学（包括高等教育）体制，为我国教育资源由单一政府配置体制向政府为主和市场为辅结合体制奠定了良好的基础。

但是，专门针对由社会办学力量单一举办、其地位由"为辅"上升为"为主"的法规政策文本，地位不够（亦即"只有国务院制定的《条例》"）、针对不强（亦即"没有专门针对民办高校的"）和规定笼统（亦即"民办高校举办需要依据《条例》和《高等教育法》"），从而制约了由社会力量举办的民办高校发展，尽管为以后 2002 年《民办教育促进法》和 2013 年《民办教育促进法》文本的出台奠定了基础，但也反映出《条例》的时代局限和本身立法的不足，需要新的法律法规规范。问题是法律法规的制定需要一个过程，花费不短的时间，要做到"依法办事"政策就发挥着重要作用。对此，中央政府的教育政策法规指出："在符合国家法律法规基础上，大胆尝试以各种形式进行高等教育办学，根据各地实际办学条件，制定优惠政策如免征配套费、学校可以优先优惠使用土地等资源以支持社会力量办学。"显然，这一政策的出台为社会力量举办高等教育机构（亦即"民办高校"）指明了方向。也正是在这一政策指导下，迎来了民办高等教育的发展。同时，反映出"国家在对待民办高校的态度上，已由'严格控制'变为'默许发展'，国务院更是在 1999 年明确发文提出要进一步扩大高等教育规模"（李泉鹰，2007），这既包括内涵式发展（亦即"挖掘普通高校自身潜力"），又包括外延式发展（亦即"社会力量办学"），为民办高校的兴起和发展提供了政策文本，打破了在我国高等教育领域普通高校（亦即"公立高校"）独尊的局面。

但是，高等教育规模内涵式和外延式的发展，仍然不能满足大众对高等教育优质资源的需求，继公立普通高校和民办高校之后出现一种新的高等教育办学模式（亦即"国有民办二级学院"）。该模式兼具公办普通高校和民办高校的优势，是二者结合的混合办学体制。如果说在民办高校的举办上法律或政策还有据可循，那么在独立学院的举办上更是缺乏法律、政策的依据。对此，20 世纪 90 年代，教育部面对"国有民办二级学院"的强劲发展态势，开会研究后决定："对国有民办二级学院的发展先不表态、不下结论，默许各地结合当地实际高等教育办学条件积极进行探索，跟踪调研总结经验教训。"可见，1999～2003 年，中央政府关于如何发展民办高等教育的态度已经很明确：默许国有民办二级学院自行寻找发展出路。在中央政府默许发展的大原则影响下，20 世纪 90 年代末，国有民办二级学院——独立学院的前身，首先在浙江、江苏等经济比较发达的省市出现并逐渐发展起来，这类学院充分发挥融合公办与民办高等教育办学两者的优点，扩大了大众的高等教育入学机会。

但是，在这一阶段，中央政府对"国有民办二级学院"尽管采取"默许其自由发展"的态度，但政府出台的教育类政策法规对于独立学院的地位（即属性定位）、设置标准、办学条件、管理职责及学历学位证书等都未曾有规定。即或 2002 年颁布的《民办教育促进法》提出"鼓励社会力量与普通高等学校按照民办机制合作办学"①，却并未有社会力量与普通高校在采用民办机制办学中二者各自的角色及怎样结合的明确规定。

因此，作为独立学院前身的"国有民办二级学院"的出现，在1999～2003年，涉及教育方面的法律、法规和政策，既没有明确的支持，也没有明确的反对，而是"先不表态""不下结论""积极探索""总结经验"，反映出在独立学院的发展过程中，中央政府对于独立学院的办学性质还不明确，对于投资方（社会力量）和母体高校参与办学的出资人资格还不清楚，尚处于"默许存在"阶段。

（二）积极引导

在独立学院的发展过程中，正因为中央政府对此持默许的态度，并未急着规范，自然以"国有民办二级学院"形式刚刚出现的独立学院，未经教育部正式审批取得办学的合法资格，在其发展过程中常常会产生一些问题：有的在招生时借用其母体高校（亦即"国家公办普通本科高校"）的名义对外宣传，打着公立普通本科高校的旗帜进行招生，实际却按民办高校的标准收取高额学费，出现"校中校"或"分校"的办学体制情形；有的在录取时标准不统一，三本录取线却降分录取一专学生，以此扩大生源；还有的在发放毕业证时其证书与公办普通本科高校一样，变相地实行"双轨制"。如此种种，不断积累、长此以往，不仅会阻碍以"国有民办二级学院"形式出现的独立学院发展，还会在很大程度上扰乱母体高校系统内部的办学秩序，尤其是对国家提倡的高等教育公平的亵渎。然而，这些弊端的出现并不是意味着合作办学的改革思路是错误的，而是反映在举办独立学院条件不成熟（亦即"中央政府持默许态度、不正面干预"）情况下，在其发展过程中难免步入一些误区，这种公办普通本科高校与社会力量合作办学这一新型的机制在实际运作中存在缺失或缺陷，需要中央政府有鲜明态度，出台政策法规进一步引导和规范。对此，为了规范管理以"国有民办二级学院"形式出现的独立学院，2003年4月23日教育部颁布《意见》，充分反映了以普通高校优质教育资源与社会资金资源相结合的方式举办的高等教育机构得到了国家教育主管部门的高度重视和认可，并第一次以法规形式统一了该类高等教育机构的名称，以"独立学院"命名。显然，从国有民办二级学院发展而来的独立学院，能够有今天的成绩，它与教育部发布的《意见》对这类新的高等教育办学模式的"规范并加强"和教育部领导的充分肯定是分不开的，正因为有中央政府的支持，才能取得今天这样的发展局面。

教育部2003年的《意见》，其中不仅解决了独立学院的命名问题，统一规范了这类高等教育新的办学模式或机制的称谓，更重要的作为第一个专门针对独立学院办学管理的标志性行政法规文件，打破了在高等教育办学体制上传统的要么公立、要么私立举办的习惯性思维，开创了公立与私立相结合举办高等教育机构的新路子，成为继普通高校（公立）和民办高校（私立）之后一种新的高等教育办学体制。不仅如此，如果说《意见》是第一个独立学院文本、具有"标志性"的重要意义是从宏观言之，那么《意见》对独

---

① 中华人民共和国主席令第80号，中华人民共和国民办教育促进法[EB/OL]. http://www.gov.cn/test/2005-07/28/content-17946.htm.［2014-4-25］

立学院自身办学的规定则是从微观言之。只有从宏观和微观角度，才能正真认清《意见》的重要性。其中，宏观上已做了简要介绍，而微观上情形究竟怎样呢？

《意见》共十条，由教育部制定。第一条界定了独立学院概念，要求将"国有民办二级学院"统一规范命名为独立学院，指出："独立学院是专指由普通本科高等院校与社会力量按照新机制、新模式合作举办的本科层次二级学院。"[①] 第二条提出了独立学院要贯彻"积极支持、规范管理"的原则。第三条规定独立学院的申请者和合作者及各自的责任，《意见》指出："独立学院的申请者应为普通本科高校，合作者可以是企业、事业单位，社会团体或个人，也可以是其他有合作能力的机构，申请者要对其日常管理和学生的教学工作负责，保证独立学院的办学质量，合作者参与独立学院的日常管理工作，并起到监督作用，向独立学院提供办学所需的资金以及各项设施。"[①] 第四条规定"试办独立学院要一律采用民办机制"。第五、六条对独立学院申报程序做出规定。第七条规定"必须确保办学条件和质量"。第八条规定独立学院专业设置要求。第九条规定了独立学院设立、变更、解散和撤消。第十条规定地方政府要加强对独立学院的管理。另外，作为《意见》的补充说明，2003 年 6 月 13 日，周济(时任教育部部长)在"普通高等学校以新的机制和模式试办独立学院工作会议"上发表了关于"促进高校独立学院持续健康快速发展"的讲话，指出："公办高校品牌与社会资金资源的有机结合，必将极大促进我国高等教育资源特别是优质资源迅速、有效地扩大，推动高等教育大众化、现代化的进程，对进一步解决好我国高等教育发展与国家、社会需要之间的供需矛盾具有深远意义。"(周济，2003b)可见，以上法规和讲话反映了中央政府对于独立学院办学形式的确定，强调要对现存在的"国有民办二级学院"进行规范化整顿，在独立学院的发展史上有着里程碑式的作用，对独立学院的发展起到了重要的规范引导及监督作用。

但是，《意见》也还有一些不足之处，需要完善。例如，关于独立学院培养出来的学生的学历学位证书等没有进行规定，这一阶段独立学院以培养应用型人才为主，而社会上对其培养人才的大学本科学历、学士学位认可度还不高；对采用民办机制试办独立学院，尽管提出可以成立校董会，但未曾明确法人治理模式——董事会领导下的院长负责制，在"独立法人"上规定不明确。正因为存在这些不足，需要更具法律效力、规定更明确的法规文本。而法规文本从《意见》发展为《办法》，在立法技术上后者超过前者的法律效力，且后者规定的内容和可具有的操作性是前者无法比拟的。

(三)加强规范

《意见》对规范和促进独立学院的健康发展，可以说起到了至关重要的作用，居功至伟。正是得力于《意见》的颁布和实施，又经过四年的不断摸索和逐步规范，独立学院基本走上了一条稳步发展的"快车道"。随着独立学院进入新的发展阶段，面临的形势也发生了巨大的变化，出现一些新的问题，加之作为一种新的办学体制自身的不成熟，一

---

① 教育部关于印发《关于规范并加强普通高校以新的机制和模式试办独立学院管理的若干意见》的通知，教发〔2003〕8 号［EB/OL］. http：//www.moe.edu.cn/publicfiles/business/htmlfiles/moe/s3014/201206/138410.html.［2014-5-11］

些亟待解决的问题迫在眉睫，2003 年颁布的《意见》已无法满足现实状况下独立学院发展的要求，需要在学院设立、指导原则、组织活动、属性定位、管理监督、变更终止和法律责任等诸多方面完善。对此，为了进一步规范独立学院发展，中央政府越来越重视对独立学院的设置管理与规范发展，教育部经过充分调研、反复征求社会各界意见，立足《教育法》《高等教育法》《民办教育促进法》及其实施条例，2008 年 3 月教育部以第 26 号令发布《办法》。《办法》作为继《意见》之后针对独立学院第二个法规文本，延续了《意见》的基本精神，在此基础上做了进一步完善。

在"学院设立"上，《意见》第一条规定"独立学院专指由普通本科高校按新机制、新模式举办的本科层次的二级学院，一些普通本科高校按公办机制和模式建立的二级学院、'分校'或其它类似的二级办学机构不属此范畴"。《办法》第二条规定"独立学院是指实施本科以上学历教育的普通高等学校与国家机构以外的社会组织或者个人合作，利用非国家财政性经费举办的实施本科学历教育的高等学校"[①]。可见，尽管这两个法规文本的条款谈及何谓独立学院，但实际上对独立学院设立的举办主体、办学性质和学院地位等做出原则规定或具体规定。相比较而言，《办法》比《意见》显然更准确：就"举办主体"而言，由不模糊规定(亦即"仅提及普通本科高校、未曾提及投资方")到明确规定(亦即"普通本科高校和社会组织或个人")；就"办学性质"而言，由排除法规定定性(亦即"按公办机制建立二级学院不属独立学院")到正面规定定性(亦即"利用国家非财政性经费举办的学院")；就"学院地位"而言，把独立学院由"二级学院"升格为"高等学校"。尤其，在"学院地位"方面是对《意见》规定的发展。至于，"举办主体"和"办学性质"两个方面，《意见》其他条款有补充规定。随之，在"指导原则"上，中央政府对独立学院的态度也从出台《意见》时的"积极支持、规范管理"，变成了"稳定规模、规范管理、提高质量"。其中，一以贯之的是"规范管理"，表明中央政府在对独立学院的管理方面一直不够规范，《办法》就是中央政府对规范独立学院管理的宣言书。

在"组织活动"上，在《意见》明确独立学院申请者、合作者及董事会领导下的院长各方职责基础上，《办法》做了补充规定，规范了教育部和省级教育行政部门关于独立学院的管理职责，明确规定，"教育部负责全国独立学院的统筹规划，综合协调和宏观管理工作"；"各省级教育行政部门主管本行政区域内的独立学院工作，应依法履行办学许可证管理、招生简章和广告备案发布、年度检查、表彰奖励、违法违规行为查处等职责"[①]。中央政府还要求独立学院进行本科教育，应努力提高其办学条件，保证办学条件应与普通本科高等学校的基本一致。对此，《办法》第九条规定"独立学院的设置标准参照普通本科高等学校的设置标准执行"；《办法》第三十七条规定"独立学院应当根据核定的办学规模充实办学条件，并符合普通本科高等学校基本办学条件指标的各项要求"[①]。可见，在"组织与活动"上，中央政府对独立学院在《办法》中提出明确要求，这点在《意见》中要么规定不明确、要么没有规定，反映出中央政府在对待独立学院的态度上，已经从"积极引导"向"加强规范"转型。

---

① 中华人民共和国教育部令第 26 号，独立学院设置和管理办法[EB/OL]. http://www.moe.gov.cn/public-files/business/htmlfiles/moe/moe_621/201406/170435.html. [2014-5-12]

在"属性定位"上，《办法》明确了独立学院的属性定位，较 2003 年《意见》更加规范、详细、具体，更体现出中央政府对独立学院的规范管理与发展扶持。《办法》中提到的独立学院，是指利用非国家财政性经费举办的高等学校，这类独立学院实施本科以上高等学历教育，是由普通高等学校与社会组织或者个人合作[①]；《办法》强调要根据独立学院发展的实际情况，进一步明确普通本科高校和社会组织或个人合作办学的模式。《办法》第三条规定指出"独立学院本质上属于公益性教育事业"。上述列举的一系列规定反映出中央政府通过政策法规明确举办各方对独立学院的责任，有利于从根本上消除独立学院办学中各方模糊的法律属性，有利于促进其健康发展。教育部通过颁布《办法》对独立学院的组成做出明确限制，在其第三条及第四条规定中明确了独立学院作为民办高等教育重要组成部分的地位，其本质上属于公益性事业的教育（张卫良和黄波，2009）。明确独立学院的组成后，《办法》还强调要对独立学院的设置进行规范化管理，要规范普通高等学校与社会组织或个人合作举办独立学院，保证高等教育事业健康发展；《办法》贯彻了《意见》的基本思想、延续了其基本精神，坚持以"积极支持、规范管理、改革创新"这一指导思想规范设置管理独立学院（张卫良和黄波，2009）。

对符合毕业条件的学生授予学位学历证书，《办法》有了明确规定。独立学院在读学生学士学位证书授予应遵循以下规则："2008 年以后入学的学生由独立学院颁发学士学位证书；2007 年以前入学的学生'按照老人老办法'的原则仍由母体高校颁发学士学位证书。"[①]这一新规定有助于社会重新定位认识独立学院培养的人才，不仅有利于独立学院发展成为真正独立的高等院校，还有助于保护学生公平享有受高等教育及合理获得学历、学位证书的权利。《办法》规范独立学院管理，要求其单独授予学位，有利于独立学院的长期发展。

由此可见，《办法》相对于 2003 年发布的《意见》，在条例制定上显得更完善化，更科学化。《办法》从独立学院十几年发展历程着手，对国家中央部门政策进行科学解读，积极探索独立学院规范发展之路。中央政府关于独立学院规范发展政策的不断制定与完善，为独立学院的发展指明了较科学合理的方向。在独立学院发展过程中，中央政府实事求是，不断地发现问题、分析问题原因、对症解决问题，独立学院的发展前景才会更加广阔。独立学院必须坚持"科学发展、规范管理、改革创新"的指导思想，坚定不移地贯彻落实教育部《办法》，促进独立学院持续健康稳步发展。自《办法》于 2008 年 4 月 1 日生效以来，教育部再未审批通过任何一所普通高等学校申办独立学院，而是要求现存各独立学院对产权等问题进行落实。政策之重点在于促使独立学院和合作母体公立大学剥离，《办法》对已设独立学院给予五年的过渡期，明确了相关政策，减弱独立学院的"母校光环"[①]。《办法》的实施从法规制度上初步解决了困扰独立学院发展的难题，要求政府教育部门对独立学院办学质量及社会力量参与办学水平进行全面而严格的检验，为独立学院制定了按照教育发展规律，引入竞争机制实现优胜劣汰的重要规则。

---

① 中华人民共和国教育部令第 26 号，独立学院设置和管理办法［EB/OL］. http：//www.moe.gov.cn/public-files/business/htmlfiles/moe/moe_ 621/201406/170435.html.［2014-5-13］

二、投资方

投资方继中央政府在独立学院演进中也扮演着重要角色，以合作者（投资者）身份自居，从某种意义上说，如果在举办中没有投资方的参与，就没有独立学院这种举办高等教育新的模式出现。投资方在其中所扮演角色的心理路程究竟怎样呢？对此，在《意见》中明确规定，"独立学院是由普通本科高校按照新机制、新模式与社会力量合作办学的二级学院"，根据此精神"申请者应是公办普通本科高校，合作者可以是企事业单位、社会团体或个人，也可以是其他有合作能力的机构"[①]。显然，在《意见》中，申请者是"一元"的，仅指普通本科高校；而合作者，则是"多元"的，既有"组织"或机构，也有个人，且"组织"有多种表现形式。本部分所谈及的投资方作为"合作者"的一部分，主要指企事业单位。而作为投资方的企事业单位，在其投资形式上，一般作为资金、实物和土地使用权投入。在关注投资方对独立学院的举办和发展时，也以《意见》和《办法》为其"过程"分阶段的时间节点，可以从投资方的前期积极参与，2003 年《意见》颁布后有序参与，以及 2008 年《办法》实施后开始规范参与三个阶段进行梳理：第一阶段，意指 1999~2003 年投资方根据各地实际办学条件积极进行探索，参与高等教育办学，为"积极参与"；第二阶段，意指 2003~2008 年中央政府出台了《意见》，在宏观上给予指导，投资方在中央政府政策支持下"有序参与"独立学院办学；第三阶段，意指 2008 年中央政府颁布 2008《办法》至今，在《意见》基础上做了完善，投资方也适时调整态度，"规范参与"独立学院办学。以下按照这三个阶段对投资方参与独立学院情形进行梳理。

（一）积极参与

作为独立学院前身的国有民办二级学院，早在 20 世纪 90 年代就已经在我国的部分地区出现。20 世纪 90 年代末，国有民办二级学院——独立学院的前身，首先在浙江、江苏等经济比较发达的省市出现并逐渐发展起来。这类学院充分发挥融合公办与民办高等教育办学两者的优点，扩大了大众的高等教育入学机会。江苏、浙江两省是我国市场化进程较快、经济发展迅速的地区，民办二级学院也最先出现在这两省。1999 年 7 月，教育部批准浙江大学城市学院成立，它是由浙江大学试办的第一所独立二级学院。自此，公办高校"教育资源外延性扩张"的一种特殊形式——国有民办二级学院（即独立学院前身）发展势头强劲，短短几年就从沿海地区覆盖全国的大部分省市。仅以浙江、江苏两省来看，据不完全统计：1999 年浙江省 20 所本科院校就有 18 所创办了国有民办二级学院；浙江省国有民办二级学院 1999 年招生才 4000 多人，2000 年招生人数上升到 11 000 多人，2001 年招生规模超过 20 000 人；国有民办二级学院的兴起使浙江省 2001 年的本科生入学人数增到 50 000 人，高考录取率由 1998 年的 35％上升到 2001 年的 68％，基本达到高等教育大众化水平。同时期，江苏省独立学院的发展也相当迅速，从 1999 年开始，全国范

---

①　中华人民共和国教育部令第 26 号，独立学院设置和管理办法[EB/OL]. http://www.moe.gov.cn/public-files/business/htmlfiles/moe/moe_621/201406/170435.html. ［2014-5-13］

围内 40 多所本科院校创办了 23 所国有民办二级学院,形成了一定的规模(许志娥,2008)。在这一阶段,在国家尚未出台明确的法律法规规定投资方以何种身份、何种形式参与独立学院时,社会力量以自己的主观愿望主动投资、积极参与举办国有民办二级学院,以期取得投资回报。

但是,如果只有投资方参与作为独立学院前身的国有民办二级学院热情,而没有国家的政策法规支持很难心想事成,甚至是违规操作。只有二者结合起来,才能有投资方对独立学院的参与。令人欣喜的是,法律法规揭示的中央政府鼓励社会力量参与高等教育办学这一政策与投资方积极参与的意图吻合,意味着中央政府对投资方参与国有民办二级学院持默许的态度,变相给予鼓励。正因为有中央政府的大原则、大方向可依据,投资方积极探索多渠道参与高等教学办学,才迎来独立学院的出现和发展。

投资方积极探索多渠道参与高等教育办学(独立学院),国家究竟在大政方针上给予怎样的平台呢? 1995 年《教育法》第六十条规定"国家鼓励境内、境外社会组织和个人捐资助学"[1];第六十二条补充规定"国家鼓励运用金融、信贷手段,支持教育事业的发展",这些规定为投资方积极参与提供了法律保障。继之,1997 年《条例》第八条明确规定"国家保障社会力量举办的教育机构的合法权益,社会力量举办的教育机构依法享有办学自主权"[2];第九条补充说明"社会力量举办的教育机构应当遵守法律、法规,坚持社会力量的办学方向,贯彻国家的教育方针,保证教育、教学质量";第十条规定"社会力量举办的教育机构及其教师和学生依法享有与国家举办的教育机构及其教师和学生平等的法律地位"。显然,此《条例》的颁布实施为社会力量举办的教育机构提供法律保障,国家将对在社会力量办学中做出突出贡献的组织和个人,给予奖励。不过,单有《教育法》和《条例》似乎在投资方参与独立学院投入的外部环境上还不够,并未有明确涉及高等教育领域,于是 1998 年出台《高等教育法》。该法在投资方参与办学方面,也强调"国家鼓励企业事业组织、社会团体及其他社会组织和公民等社会力量依法举办高等学校,参与和支持高等教育事业的改革和发展"[3];"国家鼓励高等学校与企业事业组织之间开展协作,实行优势互补,提高教育资源的使用效益;民办教育事业属于公益性事业,是社会主义事业的组成部分"。从这一规定可以看出,国家也默认民办高校存在的合法性,鼓励投资方参与高等教育办学,只是没有明确规定投资方的出资标准及投资形式等具体要求,但却给投资方自主探索提供了法律依据。这无疑从政策法规层面对投资方积极参与独立学院的投资及其他行动给予支持,但毕竟未有明确针对独立学院的细则规定,难免出现蜂拥而上、良莠不齐的现象。目前,投资方对独立学院的参与处于"积极参与"阶段,相关人士呼吁国家尽快出台针对独立学院的政策法规。

---

① 中华人民共和国主席令第 45 号,中华人民共和国教育法[EB/OL]. http://www.gov.cn/banshi/2005-05/25/content_918.htm. [2014-5-13]
② 社会力量办学教学管理暂行规定[EB/OL]. http://www.moe.edu.cn/publicfiles/business/htmlfiles/moe/moe_621/200410/4256.html. [2014-5-13]
③ 中华人民共和国主席令第 7 号,中华人民共和国高等教育法[EB/OL]. http://www.moe.edu.cn/publicfiles/business/htmlfiles/moe/moe_619/200407/1311.html. [2014-5-13]

（二）有序参与

俗话说：没有规矩，不成方圆。在规矩不明确的情况下，尤其作为一种新生事物，在其出现和发展中可能遇到的问题或许更多，独立学院就面临这种情形。《意见》作为独立学院第一个法规文本，其规定尽管只有 10 条带有原则性指导意见，但对于蜂拥而上的独立学院、投资方的积极投入，无疑使其发展步入"有序参与"阶段。独立学院作为高等教育的一种新的办学模式，相较于之前出现的民办高校，可以说给投资方提供了另一个施展才能、创造盈利的广阔空间，很多人都想在这蛋糕分上一块。但是，投资方究竟包括哪些，其在独立学院中责任何在？这些都需要政策法规来明确规定。对此，2003 年教育部发布的《意见》规定：独立学院的合作者，可以是企业、事业单位，社会团体或个人，也可以是其他有合作能力的机构；合作方负责提供办学所需的各项设施，参与学院的管理、监督和领导；合作方应承担试办独立学院建设、发展所需经费及其他相关支出，经费可以通过民办机制筹措解决。无疑《意见》这个规定，解决了独立学院的投资方和责任，但投资方究竟投入多少才能满足独立学院的存在和发展？对此，《意见》对独立学院的初办时要求一般应当具备："校园占地面积不少于 150 亩[①]，教学行政用房面积不少于 40 000 平方米，教学仪器设备总值不少于 1000 万元，图书不少于 40 000 册。"[②]这一系列硬件条件，尽管母体高校作为举办者有责任，但主要需要独立学院的投资方提供资金支援，可以看作是对投资方投资金额的原则要求。投资方又应该通过何种方式筹措资金？对此，《意见》规定主要以资金、实物和土地使用权等有形资产形式投入。

但是，在现实中《意见》归《意见》，在其对独立学院的投入上，却另行其事。独立学院建设与运行经费主要靠学费、银行贷款及建筑商和材料供应商的垫款。现实中不少独立学院投资方在缺乏资金，或者融资出现问题时，便开始不断转卖与公立大学签订的关于独立学院的合作协议，而且是在信息不对称、不断溢价的情况下转卖合同，导致不少独立学院和公立大学的无形资产受到侵犯并隐含着极大的社会稳定问题（邓凯，2007）。不管怎样，都与投资方不严格按照《意见》对投资者的规定不无关系。

实质上，在投资方构成、投入形式和投入总量上所存在的问题，涉及投资方在参与独立学院中对待"营利性"问题，究竟是作为目的还是手段？直接关系到投资方参与的积极性和合法权益的保护。社会资金的介入，意味着投资者将原本属于自己的资金交给了独立学院的管理者。对期望获得回报的投资者而言，他们要求知晓其投入资金的运营状况，进而要求参与学校发展重大问题的决策。对民办高校的"营利性"，即投资方在投资独立学院后获得的合理回报，2002 年《民办教育促进法》第五十一条规定："民办学校在扣除办学成本、预留发展基金以及按照国家有关规定提取其他必需的费用后，出资

---

① 　1 亩≈666.7 平方米

② 　教育部关于印发《关于规范并加强普通高校以新的机制和模式试办独立学院管理的若干意见》的通知，教发〔2003〕8 号［EB/OL］．http：//www.moe.edu.cn/publicfiles/business/htmlfiles/moe/s3014/201206/138410.htm.〔2014–5–10〕

人可以从办学结余中取得合理回报。"① 2004 年国务院出台的《民办教育促进法实施条
例》中，对"合理回报"的原则、规范和取得办法做了补充规定，"出资人根据民办学校
章程的规定要求取得合理回报的，可以在每个会计年度结束时，从民办学校的办学结余
中按一定比例取得回报。办学结余是指民办学校扣除办学成本等形成的年度净收益，扣
除社会捐助、国家资助的资产，并依照本条例的规定预留发展基金以及按照国家有关规
定提取其他必须的费用后的余额"②。这些法律法规的规定，尽管在《意见》中没有明确
指出以《民办教育促进法》和《民办教育促进法实施条例》为依据，但第四条规定"试
办独立学院一律采用民办机制"，显然其规定不仅适用民办高校，也适用独立学院。可
见，以上两个法律文本，更加明确了投资方作为独立学院的举办者之一具有高等教育办
学资格，国家政策支持他们有序参与独立学院办学管理收取合理回报。民办高校和独立
学院的出现本身就是高等教育市场化的结果，在市场中运行就得讲营利。同时，也必须
符合国家利益和社会公共利益要求强调公益性，民办高校和独立学院的存在有其合法性；
在民办高校和独立学院的合理回报上，法律法规强调"不得以营利为目的举办学校"，但
"不以营利为目的"不是说学校不能有营利行为、意味着"学校不得营利"（黄永林，
2008），学校从事经营管理、进行成本核算、争取营利运行反而应该是受到鼓励。民办教
育投资的合理回报有了制度保障更有利于调动办学者的积极性，吸引更多的社会资金来
投资办学，是一项利国、利民、明智之举。中央政府以法规形式确保独立学院的投资方
在办学过程中取得一定的"合理回报"，提高了投资方的参与积极性，有利于投资方在中
央政府政策方针指引下有序参与投资办学。

（三）规范参与

如果说《意见》出台对投资方"有序参与"独立学院发挥重要作用，那么《办法》
出台则对投资方"规范参与"独立学院发挥重要作用。2003 年出台的《意见》作为针对
独立学院的第一个法规文本，有利于投资方参与独立学院的投入取得合法资格，但实施
四年以后暴露出一些问题，其中包括投资方的，而 2008 年《办法》的出台，沿袭了《意
见》的规定，又在此基础上做了强调和补充。就针对投资方而言，《办法》明确规定：
"独立学院属于公益性性质的事业单位，它是民办高等教育的重要组成部分"，这就明确
了在民办高等教育中独立学院占有重要一席，比起《意见》第三条所规定的"试办独立
学院一律采用民办机制"来又进了一步，随之对投资方的地位更加明确。如果说这样定
位的推论理由不够充足，那么《办法》中对投资方主体资格的规定就非常明确。《办法》
规定只有具有法人资格的社会组织才能参与举办独立学院，对于投资方的投资主体资格
进行了更明确的界定："参与举办独立学院的社会组织，应当具有法人资格：③ 第一，其

---

① 中华人民共和国主席令第 80 号，中华人民共和国民办教育促进法［EB/OL］. http：//www. gov. cn/banshi/
2005－05/25/content _ 933. htm.［2014－5－16］

② 中华人民共和国主席令第 80 号，中华人民共和国民办教育促进法［EB/OL］. http：//gov. cn/test/2003－
07/28/content _ 17946. htm.［2014－6－10］

③ 中华人民共和国教育部令第 26 号，独立学院设置与管理办法［EB/OL］. http：//www. gov. cn/flfg/2008
－03/07/content _ 912242. htm.［2014－5－13］

注册资金要高于 5000 万元；第二，企业总资产不少于 3 亿元、净资产不少于 1.2 亿元；第三，企业的资产负债率要低于 60%。这些规定，都更加明确了作为独立学院的投资方企业的合法参与资格。"在法规的政策支持下，社会组织规范参与举办独立学院。《办法》第四十三条进一步明确和承认了独立学院可以取得合理回报，指出："独立学院的出资人可以从独立学院的办学结余中适当取得部分合理回报。"对于国内民办独立学院而言，重要意义就是其取得合理回报有了法理上的依据，其出资人要求取得"合理回报"是合情合理的（成爱枝，2009）。同时，《办法》的出台也为民办独立学院在由取得合理回报问题而引发的纠纷中提供了重要的法律武器。可见，投资人作为独立学院举办者之一，能否具备资格、能否取得"合理回报"，离不开相关政策法规的保障。投资主体的合法性，反映出我国民办学校教育发展有了法律保障，有利于教育行政部门合理引导举办者的办学行为。

《办法》出台后，独立学院的发展更加规范化。与此同时，"去母体化"改革的呼声也不断高涨。投资方在独立学院"去母体化"改革中也不断进行探索，思考新出路。独立学院在去母体化之后，其正常的教学、科研就没有了母体高校的指导及参与（卢文丰，2012），在市场经济中取得市场地位的出资人即投资方面对毫不知晓或不太熟悉的高校管理，可能会手足无措，亦可能会过度干预，这样势必会影响高校学术、科研的自由和独立性。有鉴于此，部分学者提出：股份制民办高校是独立学院的发展方向，实行股份制是解决目前独立学院存在的问题的一剂良药。当前，我国股份制独立学院的组建模式借鉴股份制企业的成立方式，将公立高校的品牌等其他无形资产通过第三方中介机构进行评估，以现金为标准进行折算入股；其组织形式则按照股份制企业的产权机制和管理结构进行；（彭斐，2009）最后，将独立学院拥有的全部固定资产和现金折算成统一的现值货币，并且划分为若干等额的股份，以股权证书的形式从法理上承认投资各方的股东资格。然而，"股份制企业是指两个或两个以上的利益主体，以集股经营的方式自愿结合的一种企业组织形式"。股份制企业是社会化大生产、经济全球化和市场经济发展的必然产物（彭媛和张静，2009），它的优势在于可以实现所有权与管理权的分离，以职业经理人的专业管理强化企业的竞争力，提高其市场生存力。如果严格按照上述定义来看待当今的独立学院，我们会发现鲜有真正意义上的股份制独立学院。从法理上来看，独立学院的法人性质就无法让人信服，股份制独立学院的提法找不到法理上的有力支撑。因为股份制的定义首先就要求其组织性质为企业法人，而在我国的现实国情下，独立学院将在未来很长一段时间内无法被归入企业法人一类。在综合分析我国独立学院的各种关系和性质的基础上，有的学者又认为应该将独立学院归入民办非企业单位的行列。而且，从股份制定义及股份制企业的组织形式中，可以看出在股份公司里，出资额在其组织设置和日常管理中占有重要地位，因为出资额决定着股东权利的大小。合作者一方主要负责后勤与财务，更加类似于合伙制，而不是股份制（卢文丰，2012），独立学院是在我国高教投资体制改革过程中出现的一种新型的办学模式，其本质在于国有资产和民间资本在高教领域的有机结合（彭斐，2009），独立学院的混合所有制成分决定了它是实现产权主体多元化的混合所有制教育经济模式。这种股份制办学形式的探索是适应现代社会环境的一个新的探索，相较于中央政府和母体高校来说，投资方更熟悉这种股份制经营模式，投资方可以利用自身优势更加规范地参与独立学院的办学管理。

三、母体高校

母体高校继投资方在独立学院演进中也扮演着重要角色，也以合作者（举办者）身份自居。从某种意义上说，如果在举办中没有母体高校的参与，就没有独立学院这种高等教育新的模式出现。母体高校在其中所扮演角色的心理路程究竟怎样呢？母体高校作为独立学院的举办方，尤其在举办初期，扮演着重要的角色。独立学院创办后的迅速发展，与母体高校对独立学院的大力支持更有着密不可分的关系。独立学院作为母体高校的孵化物，对母体高校存在一种天然的依附（卢文丰，2012）。在谈及独立学院的母体高校时，可以从母体高校前期积极参与，2003年《意见》颁布后有序参与，以及2008年《办法》实施后母体高校逐渐退出独立学院办学体制三个阶段进行梳理。第一阶段，意指1999~2003年母体高校根据中央的默许态度，"积极参与"高等教育办学；第二阶段，意指2003~2008年中央政府出台了《意见》，母体高校在中央政府政策支持下"有序参与"办学；第三阶段，意指2008年至今中央政府颁布了《办法》，母体高校依托《办法》"规范参与"独立学院办学管理。

（一）积极参与

独立学院与公办普通本科高校的关系十分密切。从参与资格上讲，独立学院的申办者往往是普通的公办本科高校。母体高校参与举办独立学院的积极态度，一方面是为了扩大高等教育机会，以担负起其应负有的社会责任；另一方面，亦是从其自身的利益出发。1986年颁布的《义务教育法》指出："国家鼓励企业、事业单位和其他社会力量，在当地人民政府统一管理下，按照国家规定的基本要求，举办各类学校。"[1]1995年《教育法》也多次强调全社会要关心和支持教育发展事业[2]。我国独立学院产生于1999年，一般由名牌大学和民营企业投资合办，在国家普及高等教育的浪潮中得以迅速发展。独立学院发展初期借助社会资金的力量，借助优质大学的教育资源，这样组合给了独立学院一个高的起点与平台。这一时期，国家教育政策法规没有明确提出公办本科高校可以举办二级学院，但是也没有命令禁止，本科高校的师资力量充足条件下，部分高校率先实践以品牌、师资等投入民办二级学院的教育办学[3]。部分高校热衷举办独立学院，也是希望借收取"管理费"缓解自身办学经费的不足。

母体高校对独立学院的投入大致可以分为两类：人力资源和资产（有形资产和无形资产）。无形资产包括学校品牌、教学及管理体系和专业及课程体系等（卢文丰，2012）；在投资的确认上，独立学院之所以能在短期内，办学上档次、招生成规模，主要靠的是母

---

① 中华人民共和国主席令第52号，中华人民共和国义务教育法[EB/OL]. http://www.gov.cn/flfg/2006-06/30/content_323302.htm. [2014-5-16]

② 中华人民共和国主席令第45号，中华人民共和国教育法[EB/OL]. http://www.gov.cn/banshi/2005-05/25/content_918.htm. [2014-6-12]

③ 程量，徐世兵. 独立学院脱离母体高校招生，失名校光环[EB/OL]. http://edu.sina.com.cn/gaokao/2011-06-16/0833301599.shtml. [2014-6-15]

体高校的品牌和社会信誉，形成了属于自身的办学资源。独立学院在举办和发展过程中，办学母体作为投资主体，以母体高校的校舍、教学设备、高校品牌声誉和资金等投入其中（朱志德等，2006），使得母体高校优质的高等教育资源与社会组织提供的各种有形与无形资产有机结合。独立学院吸取了母体公办普通高校各种有形、无形资产的投入。在独立学院的发展过程中，这些投入成了独立学院总资产的重要组成部分，这是独立学院与其他一般民办高校的一个重要区别。独立学院每年从学生的学费当中抽取 20％～40％ 的比例用以支付因利用母体高校的牌子（陈应侠和李永发，2011）、师资、教学计划等相关资源而带来的效益。这就要求严格母体大学国有无形资产评估，依法确定各举办方的投资额是独立学院混合所有制产权及体制关系的法律基石（苏华，2009），要结合教育政策法规及国有资产评估监管相关法规，进一步严格母体公办大学国有资产评估制度。

（二）有序参与

对申请举办独立学院资格的获得国家有明文的规定，教育部 2003 年《意见》规定："独立学院的申请者，应为普通本科高校"[①]，"此外的，一些民办高校、职业技术学院不得举办独立学院"。母体高校对独立学院的投入大体上可以分为两类：人力资源及各种有形无形的资产，在独立学院与母体高校之间，母体高校普遍投入了学校品牌、师资、教育教学的组织管理等教育资源（徐超，2011），在独立学院中占有一定比例的产权。独立学院的建立是以母体高校为依托的，不仅使用母体高校的图书馆、教室等有形资产，一定程度上还可以利用母体高校的品牌声誉、师资力量等无形资产。母体高校积极参与合办独立学院至少有两个益处：一是可以获得一定量的资金回报，目前大部分母体高校每年要收取其举办独立学院 20％～70％ 的学费，收入作为"管理费"（刘在洲和汪发元，2009）；二是可以分流一部分人力资源，母体高校优秀师资支援独立学院，不会对独立学院的师资造成太大的影响，而有益于母体高校。

公办普通高校大多通过"品牌投入"直接从独立学院受益，很多举办高校每年直接从独立学院拿走了学生学费收入的 20％左右[②]。以 1 所办学规模在 1 万人左右的独立学院为例，其背后的母体高校每年直接收益额在 3000 万元左右[③]，独立学院每年上交的"管理费"，成为母体高校教职工福利待遇的重要来源之一。母体高校所得收益绝大部分是"按一定比例，从学生学费总额中预先扣除的"，这种收益方式不同于"合作方获得办学剩余"（王作江和王绚皓，2006）。在独立学院收益分配中，母体高校有优先权，而实际出资人的投资方却只能等待年终的办学剩余（鹏向东，2006）。独立学院的学费收入作为一项预收款，母体高校获得的是从预收款中支付的固定收益，母体高校提前收取的不是其投入的回报，而是教学资源与管理技术的转让费及母体高校品牌等特许经营权的使

---

① 教育部关于印发《关于规范并加强普通高校以新的机制和模式试办独立学院管理的若干意见》的通知，教发〔2003〕8 号〔EB/OL〕. http：//www. moe. edu. cn/publicfiles/business/htmlfiles/moe/s3014/201206/138410. htm. 〔2014－6－15〕

② 独立学院脱离母体高校招生，四川成都自考介绍〔EB/OL〕. http：//www. learning. sohu. com/20110616/n310327544. shtml. 〔2014－11－17〕

③ 独立学院"独立"非易事 母体高校每年获利千万〔EB/OL〕. http：//news. 163. com/10/0326/10/62MPP2FD000146BD. html. 〔2014－6－13〕

用费(徐钧，2007)。

(三)规范参与

2008 年颁布的《办法》中提到，普通公立高等院校主要利用其学校名称、知识产权、教育教学资源、管理资源等参与独立学院合作办学，即母体高校在独立学院创办初期，从师资、经费、管理等资源各方面给予独立学院支持与援助。独立学院利用母体高校的品牌优势，发挥其公办大学的号召力，从而获得高办学起点以及较为广泛的社会认同，争取快速发展[①]。《办法》规定："普通高等学校一般只能参与举办一所独立学院。"高校限一所独立学院，不仅有利于高校对其管理，其教学质量也能在更大程度上得到保证。《办法》的各项规定有利于母体高校规范参与独立学院的办学管理。

实际上，独立学院在初生期借助母体高校公办及名牌的优势，迅速成长，但母体高校对其发展的约束越来越突出。独立学院与母体高校在独立学院的发展壮大过程中产生一系列矛盾：第一，产权归属矛盾；第二，人事权和财政权的矛盾；第三，分配制度矛盾。从而独立学院出现脱离母体高校、独立发展的需求。矛盾出现时，独立学院彻底脱离母体高校，斩断依附、摆脱约束，首先要明晰产权，合法转让母体高校投入(卢文丰，2012)；其次，要摘掉母体高校的帽子，自创品牌。当前，母体高校办独立学院可以分为两类：一是人力资源的投资，人力资源可以通过人才市场实现流转，独立学院的部分教师回流到母体高校并不会对其造成多大的影响，因为当前人力资源处于供大于求的局面(肖雪莹和朱倩，2012)。二是资产(含无形资产)，独立学院彻底脱离母体高校，就意味着独立学院试图在民办高等教育环境下树立起自己的特色品牌，在学校招生及后续发展过程中不再依赖于母体高校的品牌。要真正做到脱离母体高校，首先，要在名称上摘掉母体高校的帽子(肖雪莹和朱倩，2012)；其次，要在招生过程中放弃依托母体高校的招牌扩大其知名度；最后，在毕业证书发放及学位授予过程中不能再用母体高校的名称，证书授予单位应当就是独立学院本身。独立学院脱离母体高校之后，国家应当进一步增加对其的扶持力度，积极发展民办教育，给予独立学院等民办教育机构与公办高等院校同等的待遇，使独立学院能顺利脱离母体高校，健康成长，最终创造出属于自己的办学品牌与优势。

在《办法》的"附则"中，明确要求此前设立的独立学院以五年为限，将于 2013 年完成独立学院的改革，并指出了独立学院继续作为独立学院存在、转民办高校、撤销或合并的三条"出路"(肖雪莹和朱倩，2012)。在此期间，独立学院要按照《办法》的规定进行调整，充实办学条件，完成有关工作，积极做好现有独立学院的规范和办学许可证的发放工作。考虑到独立学院的复杂性和实际情况，国家对已设独立学院给予了五年的过渡期，并明确了相关政策(罗昆和阙海宝，2010)：①基本符合《办法》要求的，由省级教育行政部门向教育部提出考察验收申请，教育部组织考察验收，并对考察验收合格的独立学院核发办学许可证(方同庆，2010)；②符合普通本科高等学校设置标准的，

---

① 中华人民共和国教育部令第 26 号，独立学院设置与管理办法[EB/OL]. http：//www.gov.cn/flfg/2008
-03/07/content_912242.htm.［2014-6-12］

可申请转设民办高等学校，颁发民办教育办学许可证(肖雪莹和朱倩，2012)；③既不申请考察验收，也不申请转设民办高等学校的，可继续教育教学活动，但必须按照《办法》的要求，规范体制机制，充实办学条件，在保证教育质量的前提下，有序地做好报请验收或申请转设工作(张友福，2010)，过渡期结束后，严格按照《办法》的要求办理。

2011 年 2 月 25 日，中国教育部发展规划司公布了 2011 年中国独立学院转设为独立设置民办本科学校名单，共 12 所。这 12 所独立学院获教育部批准后与所属公立院校脱离，转制成为民办高校，从 2011 年秋季开始，它们以新的校名开始招生(张志成，2011)，独立学院的改革步伐不断加速。截止到 2014 年 12 月，已经有 19 所独立学院转设为民办本科高校(阙明坤，2012)。

第二节　独立学院的外部干系人

自 1999 年全国第三次教育工作会议召开以后，我国的高等教育发生了具有历史意义的变化，在国内出现了一大批独立学院，为我国高等教育的普及和穷国办大教育战略的实现做出了贡献(邹先云，2007)。然而，由于外部因素和自身原因，独立学院在发展过程中也遇到了很多的问题。这些问题可能是独立学院内部自身发展过程中的问题，也可能是中央政府、投资方和母体高校等外部干系人的责任问题，只有政府部门、投资方、母体高校和独立学院等四方都做好自己的份内工作并协调好各方的关系与责任，独立学院才能有更好的未来，面对各种问题时才能迎刃而解，为我国高等教育的战略性改革做出应有的贡献。

一、中央政府

在独立学院的发展历程中，国家的有关政策规定对独立学院的发展起到了指导和规范的作用，引导独立学院的正确发展方向。中央政府对独立学院的管理角色与职能的准确定位和行为方式的确立(张海峰，2008b)，将直接影响到独立学院的健康发展与独立学院内部管理的科学性和规范性。中央政策对独立学院的作用上，主要体现在法规的制定完善和政府的规范管理两个方面。目前，政府在对独立学院的调控方面也逐步向规范化、完善化发展。国家在制度方面提供有力的外部环境，如 2003 年教育部发布《意见》、2008 年颁布《办法》等政策文件。政策文件形成后，关键在于实施、监督。由此，教育部等各级教育机构都秉承从自身做起，规范管理独立学院发展。

(一)实然

纵观独立学院 15 年的发展历程，政府在对独立学院的调控与监管逐步向规范化、完善化发展。但是，目前在独立学院运营中还是存在一些问题：一是虽有一些针对独立学院办学发展的行政法规和行政规章，却没有一部权威的法律；二是在实施监管过程中，中央政府受外部社会环境或内部自身能力欠缺等影响出现管理越位、缺位。

1. 缺乏权威性专门法

20 世纪 90 年代以来，随着国有民办二级学院在各省份兴起，中央政府在教育领域制定了许多全国性法规，各地方政府也根据各地实际制定了一些地方性政策法规（李光红，2007），但至今还没有一部关于民办高等教育或者独立学院的权威性专门法。具体说来，在独立学院发展过程中，政策法规层面上除了《意见》《办法》《关于加强独立学院招生工作管理的通知》（周白华，2006）等相关文件之外，至今尚无一部可以指导独立学院运行的法律。这种法律上的缺失、法规上的缺陷使得合作各方及独立学院之间的关系没有权威的界定（马喜姝，2007），当遇到矛盾和问题时往往无章可循、无法可依。尤其，在 2008 年《办法》颁布以前。独立学院的发展实践亟待有一系列法规和政策对其性质、任务、地位，对其运行和管理机制，以及办学各方的责、权、利，对其资产的评估（周白华，2006）、产权的归属及办学收益的合理回报等加以明确规定。由于无法可依，独立学院实际运作过程中也反映出一系列问题：在独立学院的性质、地位、产权归属、筹资方式、投资回报、学位学历证书发放等方面（李光红，2007），独立学院的正当权利得不到保证，侵权行为时有发生，有的学校财产被侵占，有的被强制纳税。

现阶段，针对独立学院管理的政策法规仅存在于部分民办教育的规范性文件之中，没有制定专门的法律法规，导致在办学过程中，独立学院也存在着大量的问题。例如，部分独立学院财力、物力、人力不足（李宁，2006），教学管理混乱，办学条件差，教育质量无法保证；有的独立学院则出现乱收费以牟取暴利等恶劣行为。这些不正当作为都使得受教育者的正当权利受到损害。缺少专项法律法规反映出政府对独立学院这一块的重视程度还不够，独立学院的法律地位和法律效力还不高。在独立学院的发展过程中需要从法律上加以巩固和认同好的办学经验，但由于立法滞后，不利于成功经验的推广。所以政府应该在积极调研的基础上，从法律层面对独立学院在办学过程中的诸多事宜进行细化和规范，绝不能以《意见》《通知》等缺乏相应法律效应的文件进行模糊化处理，甚至是对诸多问题的放任不管。

2. 政府监管越位

长期以来，由于我国政府对于高等教育一直习惯于表现为管制型、全能型政府，政府对高等教育的直接参与管理的成分比较大，直接干预高等教育情况比较多（李光红，2007），政府与高校之间的关系也突出地反映了政府本位的实际情况。政府沿用管理公办高校的方式来管理独立学院，直接参与的成分比较大（郝慧，2009），对高等教育的直接干预比较多，政府与高校之间的关系突出地表现为政府本位，教育行政部门对待独立学院的管理方式

按照公办高校一样，统得过死、管得过严，严重干扰了独立学院办学面向市场的方向。政府采用管理公办学校的方式来管理独立学院，而忽视独立学院是立足民办民营机制而建立和发展起来的。在当前独立学院的招生专业、课程设置、规模发展各方面都是按照一般公立高校设置标准进行管理的（黎发高，2011），这些严重抑制了民办学院办学的积极性，妨碍了其发挥办学自主权，不利于独立学院的长期发展，这些都反映出政府职能越位；另外，我国独立学院是在摸索中前进的，是在政府尚未出台相关法律法规的情况下建立发展起来的。在现行的体制之下，政府对于独立学院的资助，无论是在学校硬件建设、师资建设，还是在学生助学金、奖学金的发放上面力度明显过小，同样也没

有法律进行相应的规范。

（二）应然

近 20 年来，我国在教育领域制定了许多全国性和地方性的法规，颁发了《意见》《关于加强独立学院招生工作管理的通知》《办法》等有关文件，政府应该在积极调研的基础上，从法律层面对独立学院在办学过程中的诸多事宜进行细化和规范。独立学院从学校设置、专业调整、招生到经费划拨等，都由政府与学校发生关系，地方政府根据中央的决定、指示进行工作，一切向上级机关负责，高校如同政府的一级行政机构。在对独立学院的规范管理中，政府多以行政管理为主（毛克平，2007），一般包括立法、拨款、规划、信息服务、政策指导和行政手段等。在政府部门对独立学院的作用上，主要体现在法规制度的完善和政府的规范化监管方面。

1. 完善法规制度建设

众所周知，法律是社会管理最有力的手段之一，它是以国家强制力为保证而实施的行为规范。通过法律手段对独立学院进行科学管理，既是政府对独立学院管理的有效途径之一，也是实现依法治教的重要手段之一。（陈克江，2006）就法规的完善方面，健全独立学院法律制度，是规范独立学院办学，完善独立学院监管，促进独立学院持续健康发展的根本。基于独立学院与公办大学、民办大学本质上的不同的认识（刘洋，2009），以及我国现行教育法律体系状况，本部分认为，宜单独制定《独立学院办学条例》，专门系统地规定独立学院的概念、性质、举办条件、设立程序、组织机构、资产及出资人的产权利益（高宝玲，2009），以及法律责任等，使独立学院的办学及其监督管理规范化、制度化、系统化。

2. 加强政府规范管理

就政府的规范管理方面，强调的是政府教育主管部门对独立学院办学行为的多方面引导、控制，它是基于市场经济本身的特点所采取的宏观管理方式（黎发高，2011）。由于独立学院的发展尚处于一个不完全的市场之中，政府既要保持高等教育适度集中的市场环境，又要着力培养一种能保持适度竞争使高等学校具有生机和活力，且要打造一个有利于使整个国家具有较高国际竞争力的高等教育办学结构（黎发高，2011），就必须着力培养和完善高等教育市场，通过对市场的引导独立学院的运行和发展。此外，由于市场机制本身也存在本位性、盲目性、自发性等弊端（朱正亮等，2005），这些弊端如得不到及时的规避与校正，必然会在独立学院办学过程中出现部分高校某些短期行为和局部行为。为了克服弊端，政府必须加强对独立学院的办学方向、发展速度、招生规模、办学水平等方面的宏观调控。

政府在对独立学院的监管过程中一定要明确自己的定位——"掌舵"。实际上，理想的政府作用应是"掌舵"而不是"划桨"，政府应起催化导航作用。在宏观调控方面，政府部门要在关键时刻制订合理的教育发展计划。各级政府教育主管机构不仅要严格控制独立学院的数量，也要严把教育质量大关，质量是独立学院的生命所在，要对政策法规及政府文件要求的各项办学条件进行严格审查，政府在规范独立学院的发展过程中，应该把政府角色定位或归位为独立学院高等教育产品的统筹者、监控者及服务质量的操控者(吴长青，2005)。既要下放应该由高等教育市场机制决定的领域和方面的权力，也要当好"掌舵者"(张海峰，2008b)，完善自己在其他方面的角色定位与职能规划。在职能定位和行为确立上应明确界定独立学院的法律地位，只有建立完善、科学的有针对性的监督与评估体制，理清政府与独立学院之间的关系，才能进行规范化管理以促进独立学院健康发展。

二、投资方

在谈及独立学院的外部干系人——投资方时，应先明确投资方参与独立学院投资的主体资格是否合法及投资方以何种形式参与投资。作为投资方的企业单位一般作为资金投入方。

(一)实然

投资方在独立学院中究竟扮演何种角色，简单说就是要出资和收回成本并谋利。随着《意见》《办法》的相继出台，关于独立学院投资方的合法参与资格的规定已经十分明确(文通，2010)，企事业单位作为投资方按照《意见》及《办法》中的明确规定主要利用资金、实物、土地使用权等参与办学。在独立学院发展过程中，投资方前期投入、后期索取"合理回报"这本来无可厚非，但在独立学院的运营过程中，往往混淆谈论，笼统划分投资方。

投资方存在着种种不规范行为，损害了独立学院的利益。其中最主要的就是投资方急功近利短期行为的存在。进入到独立学院的投资方最重要是为追求经济效益价值，这和学校办学的公益性在某种程度上是存在矛盾的，有些投资方为了追求较高的办学经济效益和快速的资金回笼，直接渗透到学院的正常运作，而不是有序参与管理、监督和指导。独立学院与投资方的利益诉求并不是完全一致的，极易出现矛盾(成长群，2010)，在独立学院与投资者之间，投资者投资的及时收益需求和独立学院继续发展的需求之间容易产生矛盾，主要体现在招生规模的大小与教育质量的关系、教学投入与成本控制的关系、短期的收益与长期发展继续投入的关系等方面。在实践中有些投资者无多少自己投入，完全依靠以独立学院的名义贷款，"空手套白狼"；有些投资者对独立学院办学干涉过多、提取"回报"比例过高等。

社会资本投入独立学院的主要动机就是谋取经济利益。目前要投资高等教育的资金并不少(包括国际资金)，但真正具有教育家意识的企业家并不多，很多人以赚钱为目的，这就必然导致投资者的短期行为。在独立学院建设过程中，有的企业根本就毫无投资教育的能力，前期建校资金通过银行贷款来解决(范艳，2007)，巨额的还款压力将导致他们多次违背当初签订的关于所收学费用于教学运行比例的协议，而举办方由于种种原因对此又不闻不问，直接导致独立学院管理方与董事会发生冲突，而最终受损害的是独立学院。如何取舍短期与长期受益(张卫良和黄波，2009)，即如何约束投资方并促使投资方在适当收益的情况下维持与独立学院主办方的合作。而经济相对落后的内陆省市，发展独立学院面临的首要难题则是找到愿意投资民办教育而又符合标准的合作方（成长群，2010）。现有背景下，社会资本介入办学希望得到利息和利润回报高达90％（张卫良和黄波，2009）。投资方参与合作办学的动机总是为了谋取一定经济利益，这种动机会造成独立学院运行过程中会采取急功近利的短期行为。例如，为了更快追求短期利润，独立学院倾向将教育产业化以更快地收回投资成本；有些独立学院管理者不考虑长远发展，不注重基础课程设置，忽视教学与实践的紧密联系，不重视招聘教师的质量，以及维持优质而未定的教师队伍等（张卫良和黄波，2009）。

这些急功近利的行为往往会产生严重恶果，如独立学院发展前景不明、中青年教师离职率高、学生缺乏实用技能从而出现就业难等，这些问题终将制约独立学院的长期健康有序发展。

（二）应然

2003年教育部发布的《意见》规定"独立学院的合作者，可以是企业、事业单位，社会团体或个人，也可以是其他有合作能力的社会机构"[①]；合作者负责提供其办学所需的各项设施和条件，参与独立学院的管理、监督和领导。作为投资方的企业单位一般作为资金投入方，出钱买地皮造校舍，负责独立学院的各项硬件建设（侯丽娜，2010）。《办法》对于独立学院的企业投资方是这样规定的：首先，对投资主体的资格做出了界定："参与举办独立学院的社会组织，应当具有法人资格"，"其注册资金应高于5000万元，净资产高于1.2亿元。参与举办独立学院的个人，应当具有政治权利和完全民事行为能力，个人货币资金高于1.2亿元，总资产高于3亿元"[②] 其次，对投资主体的产权做出了界定："社会组织或者个人主要利用土地使用权、资金、实物等参与办学。国家的资助、独立学院的借款、接受的捐赠财产以及向学生收取的学费等，不属于独立学院举办者的出资。"[②]这些界定对于规范投资方及理顺投资方与独立学院之间的关系，起到了一定的积极作用。

严格规范独院举办方的资格条件，从行业、注册资本、经营状况、后续资金投入能力及资信等多方面着手（孙世欣，2012），明确民间投资者参与举办独院的准入条件，使独院的民间投资方真正是有实力、不求短期利润的大财团（明廷华，2009）。要从来源上将投资区分为财政性资金和非财政性资金，只允许非财政性资金参与举办独院。企业的加盟，拓宽了投资渠道，办学资金实现了增量扩张，而不是政府出钱办教育（孙世欣，2012）。同时，便于把现代企业经营理念和管理方法引入独立学院的管理，提高办学效率，增强独立学院适应社会的能力（明廷华，2009），培养出更为行业所欢迎的毕业生。

---

① 教育部关于印发《关于规范并加强普通高校以新的机制和模式试办独立学院管理的若干意见》的通知，教发〔2003〕8号［EB/OL］. http://www.moe.edu.cn/publicfiles/business/htmlfiles/moe/s3014/201206/138410.html. ［2014-5-16］

② 中华人民共和国教育部令第26号，独立学院设置与管理办法［EB/OL］. http://www.gov.cn/flfg/2008-03/07/content_912242.htm. ［2014-6-11］

三、母体高校

独立学院区别于一般的民办院校最大的特征就是其依托母体高校的支持。目前，我国现有绝大部分独立学院相当比例的师资都来自母体高校。纵观独立学院发展历程，母体高等院校对独立学院投入的"无形资产"包括以下三个部分：第一，独立学院享有母体高校品牌的权利（张会敏，2008）；第二，母体高校向独立学院输入管理技术、教育教学技术以保障其教育质量；第三，母体高校支持独立学院以较低的升级成本进行本科教育（徐钧，2007）。母体高校向独立学院提供学校品牌、师资、教学及管理技术作为资产进行投资。独立学院依托母体高校的公办背景及高办学声誉，充分利用母体高校优质的教学资源（周金其，2007），使得独立学院在创办之初比较容易得到政府及社会的广泛认可。利用母体高校的优秀师资充实独立学院，使其在短时期就有较高的办学起点，可以在很大程度上保障独立学院的教学质量。凡事有利亦有弊，过分依赖母体高校会影响独立学院的办学自主性，母体高校在办学及管理过程中会过多干涉独立学院的运行。

（一）实然

在独立学院发展的过程中，利用母体高校的公办背景和社会上已经形成的办学声誉及优质的教学技术与管理资源，使得独立学院在创办初期拥有较高的起点，容易获得政府及社会的认同，但是母体高校不知道自己的职责，过多干涉独立学院办学逐渐影响其办学的自主性，这和独立学院面向市场办学的理念不相符合，违背民办民营机制，长此以往，独立学院将会日益失去活力。

1. 产权责任矛盾

教育部明文规定：独立学院的校园面积必须在 500 亩以上。一些学校虽然达到了这一要求，拥有独立的校园及一些必需的基础教学设施配备，但这些产权并不明晰。因受到办学时间及一些条件限制，在短时间内拥有达标的校园和必备的办学设施的条件并不成熟，这导致一些学校通过利用母体高校的校园资产及教学设施组织办学。要想使母体高校和独立学院双方利益诉求最大化，则必须解决资产过户、产权归属等方面的问题。但是，当前许多母体高校还牢牢地控制着独立学院的财政、人事等权利，独立学院不是作为一个独立法人而是作为母体高校的一个下属机构，学院没有独立的建立健全的管理体制（陈克江，2006），学院的人事任免由母体高校负责，日常管理及运行都是沿用母体的办法。在财政这块也没有独立的核算体系，所得收入悉数上缴母体高校，再由其划拨给自己。如何处理好母体高校与独立学院的认识、财政权属的划分，是发展过程中必须解决的问题。

2. 过多干涉独立学院办学

部分母体高校在支援独立学院过程中，出于投资回报心理可能会在教学资源方面过度倾向于独立学院（陈建军，2009），也会对母体高校的学生产生不利影响，对母体高校造成严重危害，主要体现在以下几个方面：一是导致母体高校的资源被过度使用。任何教学资源，特别是硬件资源，都有一定的使用限度。资源过度使用，将加大资源的损耗，加速设备的老化，从而缩短资源的使用期限。大学连年扩招，母体高校的各类资源本就捉襟见肘，在没有新的教学资源增量的情况下，独立学院还依托母体高校的资源进行教学管理必将对母体高校的发展带来不利。二是将会导致母体高校教学质量下降。独立学院依赖母体高校的直接后果之一，就是造成独立学院在学科、专业上趋同母体高校，独立学院参照母体高校的热门专业，开设与母体高校相同或相近的专业。这些热门专业的师资及教学资源本来就十分紧张（彭华安和张留芳，2007），独立学院的过分依赖，将使母体高校不堪重负，教学质量势必受到严重影响。三是以损害母体高校学生的教育收益为代价（珊丹和蒋楠，2010），从某种意义上说，独立学院的学生是以侵占母体高校学生的教学资源、抢夺母体高校学生的利益为代价的。为了使有限的图书资料供母体高校自身师生和独立学院的学生共同使用，一些母体高校采取"缩短借阅时间、减少学生一次性借书量"的办法；有的母体高校为了方便远在其他校区的独立学院学生使用实验室和实验设备，将母体高校学生的实验课全部安排在晚上开设。这些做法虽然方便了独立学院的教学，但是损害了母体高校学生的权益。

独立学院发展过程中，背靠母体高校这棵大树（苏武江和杨蜀康，2010），独立学院较为严重依附母体高校而存在，大部分独立学院"依葫芦画瓢"，办学没有自身特色：移植母体高校"重理论、轻应用、宽口径、厚基础"的精英教育模式进行人才培养（王金琼，2008）；在设置学科专业上，简单重复母体高校学科专业，力求"追随"母体高校，片面追求学科门类齐全，优先开设热门短线专业；在课程设置、人才培养计划、教材选用等方面，独立学院不加以严密论证，采取的措施与母体高校的做法几无二致；独立学院在教学方式上延续母体高校传授高深专业知识的教育传统，忽视甚至无视独立学院的自身条件，抹杀独立学院的个性，不考虑学生群体差异（王金琼，2008）。

（二）应然

独立学院的母体高校，作为其举办方，尤其在独立学院举办初期，扮演着重要的角色。这主要体现在其前期举办资格的获得与办学体制的确定及后期对独立学院的管理和监督等方面。

1. 明晰产权责任

在前期资格的获得上，独立学院是由普通本科高校与社会力量合作举办的，独立学院的申办者往往是普通本科公办高校，根据教育部《意见》中规定："独立学院的申请者应为普通本科高校"，申请者要对学院的教学及日常管理负责，在保证办学质量前提下充分发挥校本部的人才资源优势（关红霞，2006b），切实加强独立学院的管理队伍和教师队伍建设，要建立并不断完善独立学院的教学水平监测、评估体系"[①]。这项规定对于强化

[①]　教育部关于印发《关于规范并加强普通高校以新的机制和模式试办独立学院管理的若干意见》的通知，教发〔2003〕8 号［EB/OL］．http：//www.moe.edu.cn/publicfiles/business/htmlfiles/moe/s3014/201206/138410.html.［2014-5-10］

母体高校对于独立学院的支持和帮助具有重要作用，也为其提供了法律依据。在举办体制方面，《意见》规定："试办独立学院要一律采用民办机制。试办独立学院建设、发展所需经费及其他相关支出，均由合作方承担或以民办机制筹措解决。"① 为了进一步保障独立学院的办学质量，《办法》对母体高校资格进一步做出了规定："参与举办独立学院的普通高等学校必须具有较高的教学水平和管理水平，要保证提供较好的办学条件，应具有博士学位授予权"②；"普通高等学校对独立学院投入的学校名称、知识产权等无形资产，可以按照《民办教育促进法》及其实施条例的规定，从独立学院的办学结余中取得合理回报"（姜代武，2009）；"独立学院使用普通高等学校的管理资源和师资、课程等教育教学资源，其相关费用也要按照双方约定或者国家有关规定列入独立学院的办学成本"。

在面对当前的政策要求下，独立学院如果要独立办学，使双方利益诉求最大化，则必须解决资产过户、产权归属等方面的问题（苏华，2009）。《办法》提出独立学院转设政策，独立学院转设政策的实施将使母体高校收取"管理费"的问题得以解决，即不再向独立学院收取管理费，母体高校与独立学院之间脱离"母子关系"，使其走向真正的独立②。

2. 规划监督管理

在对独立学院的教学管理和质量监控方面，母体高校发挥本身的优势，对独立学院进行关怀和指导（吴永桥和彭鹏，2010）。《意见》规定："独立学院的申请者要对其教学和管理负责，并保证办学质量③；申请者要充分发挥校本部的智力、人才资源优势，切实加强独立学院的教师队伍和管理队伍建设，建立并不断完善独立学院教学水平的监测、评估体系。"独立学院的领导体制应实行董事会下领导下的院长负责制，这是教育部最新政策的规定要求，其目的是确保学院独立高效地运行。母体高校作为独立学院的申请者，必须对独立学院的办学定位、发展规划、学科建设、专业设置、师资队伍建设等负有建设与指导职责（朱慧新，2009）。发展优质本科教育，培养优秀本科人才，母体学校在指导独立学院确定办学定位时必须以此为立足点进行专业设置与建设。母体高校除选派骨干教师搭建独立学院师资队伍外，还应扶持独立学院积极从外引进师资，完善独立学院师资队伍建设，为专业建设提供必需的师资。作为参与举办独立学院的重要举办方，普通高等学校必须实实在在地对独立学院的教育教学状况履行举办者的义务③，负责进行教学和学生的日常管理，在师资队伍建设、教学管理制度和教育质量监控、评估等方面提出明确的要求。独立学院是公办普通高校申请举办的全日制本科高校（朱慧新，2009），

---

① 教育部关于印发《关于规范并加强普通高校以新的机制和模式试办独立学院管理的若干意见》的通知，教发〔2003〕8 号［EB/OL］. http://www.moe.cn/publicfiles/business/htmlfiles/moe/s3014/201206/138410.html. ［2014-5-10］

② 中华人民共和国教育部令第 26 号，独立学院设置与管理办法［EB/OL］. http://www.gov.cn/flfg/2008-03/07/content_912242.htm［2008-2-22］

③ 教育部关于印发《关于规范并加强普通高校以新的机制和模式试办独立学院管理的若干意见》的通知，教发〔2003〕8 号［EB/OL］. http://www.moe.cn/publicfiles/business/htmlfiles/moe/s3014/201206/138410.html. ［2014-6-15］

母体高校在独立学院的办学初期，应为其提供部门的仪器设备、图书资料等教学资源。这对独立学院面向市场竞争，严格按照新体制新模式运行，严格按照教育部"九个独立"的指示精神实施都有积极作用，并能够使独立学院少走很多弯路，有效地节约了办学资源和降低办学成本，将有更强大的生命力和创造力。母体高校对独立学院质量监控负有保证和落实责任的义务，母体高校除了为独立学院提供教学计划、兼课教师和教学管理制度等，还要对教学质量进行监督管理（邹先云，2007）；同时，独立学院还依托母体高校的社会声誉进行招生（珊丹和蒋楠，2010），依靠母体高校优秀的师资、教学资源进行教学，运用母体高校的优质经验进行管理。当独立学院的各种办学机制走上正轨之后，母体学院就要大胆放手，让独立学院自己撑起一片天空。但是这并不意味着母体学校撒手不管，还应该在科学研究和专业设置等独立学院的弱势领域给予更多的引导和扶持（朱慧新，2009）。

第三节　独立学院的办学特点

独立学院是 1999 年我国高校扩招的产物，在高校办学体制上成为继普通高校和民办高校之后一种新出现的举办模式或机制。作为一种新出现的高校举办模式或机制，同之前已存在的高校办学模式，究竟只是一种高校办学主体量的增加，还是质方面有何特色？可以说在学界存在分歧，仁者见仁。对此，原教育部部长周济的看法具有代表性。他在 2003 年 6 月举行的全国试办独立学院工作会议上提出"民、独、优"是独立学院办学必须坚持的基本原则（周济，2003b）。尽管是针对独立学院应坚持的原则而提出，但实际上也何尝不是对独立学院办学特点的归纳。本节赞同"优""民""独"对独立学院显著特点的提炼，但究竟怎样解读却与周济的看法不尽相同，认为独立学院之所以存在这三个显著特点，在于同普通高校、民办高校和职业技术学院相比较而言。鉴于此，本节拟分别将公办普通高校、民办高校和职业技术学院与独立学院作比较，祈求突出独立学院在其生存和发展中的"优""民""独"的办学特征。

一、积极发展突出一个"优"字

"优"作为独立学院办学的第一个特点，是针对我国高校办学体制中普通高校在课程设置和学生培养模式上多半"重理论轻实践"，而高等职业技术学院在课程设置和学生培养模式上则多半"重实践轻理论"，使其所培养的毕业生当走入社会，要么有一定理论素养而动手能力不足，要么有一定动手能力而理论素养欠缺，显然都不能满足社会用人单位对人才的需要。为了克服我国在高等办学体制上的不足，加之广大民众对高等教育资源的迫切需求，而已有的普通高校和民办高校又远远不能满足之实际情况，独立学院可以说应运而生。所以，独立学院的出现，就是为了规避普通高校和高等职业技术学院两者的不足而取其优势所进行的课程设置和学生培养模式确定，既要让学生具有理论素养，又要具有动手能力，以达到学生全面发展的目的，从而适应社会和企业对用工的需求。

（一）独立学院突出"优"的设计

无论是独立学院，还是普通高校和民办高校，都是我国高等教育的主要办学体制。

它们分别对应社会或国家在研究型、应用型和研究应用型人才上的需求而设置。独立学院在培养学生的模式上，要想做到研究应用型（亦即"理论与运用兼顾型"）就要求在其设计（应然）上，做到兼具另外两种办学模式所不具有的特色而呈现优势。

1. 重视"操作应用"

独立学院在我国高校办学体制中，从办学的性质来看，作为继普通高校和民办高校之后出现的第三种办学模式，得力于教育法、高等教育法和民办教育促进法等教育法律，也得力于 2003 年的《意见》和 2008 年的《办法》等行政规章。其中，《意见》和《办法》作为专门涉及独立学院的法规文本，对独立学院的定性、设置和管理做出规定。就独立学院的定性而言，在《意见》中第一条明确规定，"独立学院是专指由普通本科高校按新机制、新模式举办的本科层次的二级学院，一些普通高校按公办机制和模式建立的二级学院、分院或其他类似的二级办学机构不属于此范畴"；在《办法》中第二条进一步规定，"独立学院是指实施本科以上学历教育的普通高等学校与国家机构以外的社会组织或者个人合作，利用非国家财政性经费举办的实施本科学历教育的高等学校"。也就是说，所谓独立学院特指普通本科高校（申办者）与社会力量（投资者）利用各自的资源优势，在国家政策法规允许的前提下联合举办的高等教育机构。从而使得独立学院与之前的普通高校和民办高校的办学体制区分开来。

但是，它为什么又能够在我国高等教育办学体制中与普通高校和民办高校并驾齐驱呢？对此，原教育部部长周济有过精辟论述。他认为独立学院的"优"在于能够找到与母体高校的高度结合点：一个是可以依靠的公办高校的硬件资源，它有优良的教学传统和培养资源、优质的管理模式和高质量的教师队伍；另一个是有保障的公办高校资金帮助及资源的供给，最重要的是公办院校有着高昂的办学热情，给独立学院带来不少灵活的管理机制和来自社会上的支持的力量（周济，2003b）。显然，独立学院的存在和发展得到了母体普通本科高校的大力扶持。但是，这是否意味着独立学院也要办成像母体高校那样的课程设计和学生培养模式？对此，2003 年的《意见》作为规范独立学院第一个法规文本，在第八条明确要求："独立学院的专业设置，应主要面向地方和区域社会、经济发展需要，特别是要努力创造条件加快发展社会和人力资源市场急需的短线专业。"2008 年的《办法》未对此再作专门规定，也就意味着《意见》对独立学院课程设计的要求，就成为指导独立学院的课程设置和学生培养模式应该坚持的原则。从而使得独立学院在课程设置方面与母体高校截然区分开来，不能完全按照母体高校在课程设置偏重理论的办学思路，应该在"社会和人力资源市场急需的短线专业"上着手为宜。

独立学院与母体普通高校在课程设置的这个差异怎样解读？就我国高等教育办学性质而言，在计划经济时期普通高校一枝独秀，而在市场经济时期继普通高校之后出现民办高校和独立学院。民办高校和独立学院作为继普通高校所出现的高等教育机构，独立学院的发展趋势远远强于民办高校，其主要原因就在于，不仅是民营机制而且背靠母体普通高校。有母体高校的大力扶持，甚至在独立学院的初期有些独立学院就是母体高校的"复制"，时至今日那些没有"去独"（亦即"去母体高校"）的众多独立学院仍深受母体普通高校影响，尤其体现在普通高校的课程设置和学生培养模式上。据有关资料介绍，我国普通高校的课程设置理论课与实践课失衡，理论课比实践课占的比例大得多，尤其是文科的学生；现在普通高校设置的专业也显得太过于笼统而缺乏细化，学得多、学得杂，实际操作能力差，即便有安排少许的实验、实践课，也难以跟上时代和社会的需要。也就是说，在现阶段我国普通高校的课程设置存在严重的重理论轻实践的问题。而在国外，学校为发展学生的实践动手能力，设立了高效教学的"三鼎足"——实验教学、课堂教学、毕业论文（设计）。在我国高校课程结构中，则轻视应用性课程，整个课程结构中，实践课程最为薄弱。独立学院既然以母体普通高校为依托，那么也要难免受到重理论轻实践的严重影响。对于普通高校在课程设置上的弊端，普通高校尚且自身要着力克服、提高教育质量，那么作为继普通高校之后出现的独立学院更应该克服这一弊端，更何况二者尽管都属于本科院校其生源来源却不同，前者招收一、二本学生，后者招收三本学生，如仍然走普通高校课程设置"强理论"的路子，那么显然是没有出路的。对此，《意见》在课程设置上要求应该在"社会和人力资源市场急需的短线专业"着手，就显得非常符合独立学院课程设计的实际。怎样领会这个精神呢？

　　独立学院的课程设计，需要避开轻应用这个问题。独立学院的课程设置，既要与当地企业的现实需求相适应，又要与当地经济结构相吻合，这样才能够培养出适合本地经济发展所需要的复合人才。众所周知，一个学校带动一个区域的经济，一个学校在区域经济中的地位是不容小觑，而独立学院的使命便是能够推进该区域经济的继续向前发展。反之，独立学院立足于该区域，也可以求得更好、更大的发展空间。这就要求在其课程设置上，重视开设与地方企业实际工作需求相吻合的实践理论课和实验课，重视学生的实践操作能力，而不是一味灌输抽象且复杂的理论知识，让学生在课堂上成为纯粹的接收器，却没有发挥检验的余地。专业的设置也应该具备自身的特色，根据自身的生源，不同类型和层次的学生适合于不同类型的课程结构，所谓"对症下药"就是这个道理。其实也就是独立学院课程的设置要根据实际情况而定，明明是实践型的人才不可以扭曲地改造成研究型人才。专业的设置应当具有特殊性，而不是一味的统一。鉴于此，陆续出现的独立学院正是秉承这个精神，得到迅速发展、形成规模。

　　以江苏省独立学院发展为例。近年来，江苏省的独立学院如雨后春笋，其数量一跃成为全国第二多的省份，根据 2010 年所搜集的数据显示，江苏省 26 个独立学院共有 148 种专业，651 个专业布点（费坚，2012）。统计数据显示，计算机科学与技术、英语、国际经济与贸易等专业的布点数量超过 20 个，可以说，绝大多数独立学院都举办了这三种专业。专业布点超过 10 个（含 10 个）的有 17 种专业（表 4-1）。这种专业课程的布局形式，说明学院能根据经济社会发展和人才培养的需求来开设和加强专业建设，《意见》规定，其专业设置"应主要面向地方和区域社会、经济发展的需要，特别是要努力创造条件加快发展社会和人力资源市场急需的短线专业"（教育部，2003）。对于完全靠学费维持学校运作的独立学院，好招生和好就业成为决定其发展的关键因素。在其专业的设置上必须同时顺应市场和家长的需求，能够让学生毕业后顺利走上就业之路是独立学院专业设置的重中之重。如表 4-1 所示，在江苏省独立学院的专业设置中，计算机科学与技术、英语、国际经济与贸易、市场营销等专业在市场经济环境中都极富未来经济价值，具有可操作性和可应用性，受到家长和市场的"热捧"。面向市场，独立学院的专业设置与课程设置应当以市场需求为风向标，注重市场化需求，从而提高学生的可塑性。

表 4-1 2010 年江苏省布点数超过 10 个的独立学院专业一览表

序号	专业名称	布点数	序号	专业名称	布点数
1	计算机科学与技术	23	10	土木工程	13
2	英语	21	11	通信工程	13
3	国际经济与贸易	21	12	电气工程及其自动化	13
4	市场营销	20	13	日语	12
5	艺术设计	17	14	工商管理	12
6	电子信息工程	17	15	人力资源管理	11
7	会计学	16	16	汉语言文学	10
8	自动化	13	17	广告学	10
9	信息管理与信息系统	13	合计		255

资料来源：通过对江苏省独立学院调研资料整理所得

2. 重视"理论素养"

独立学院在办学特色的课程设置中要重视"操作应用"，这是基于独立学院与普通高校比较而言，二者同属高等教育序列，都应遵循高等教育法规定，注重提高教育质量，但在培养学生类型方面应各有侧重，既不能把普通高校办成独立学院模式，也不能把独立学院办成普通高校模式。否则，对我国高等教育办学主体的布局，对独立学院和普通高校自身发展都是极为不利的。尤其，独立学院深受母体高校影响稍不注意或忽视就会办成普通高校模式，强调独立学院在与普通高校办学竞争中重视"操作应用"，正是要发挥独立学院自身的特长。但是，独立学院在课程设置上重视"操作应用"固然无可非议，问题是在我国高等教育办学体制中，早在独立学院出现之前就有众多高等职业技术学院承担"应用型"（亦即"操作应用型"）人才的培养任务，是否意味着要把独立学院办成高等职业技术学院模式？果真这样独立学院作为我国高等教育办学主体新的布局其价值就是有限的。显然，这与国家主导举办独立学院的初衷背道而驰。这就要求根据《意见》和《办法》要求，在独立学院的办学特色上，在与普通高校相比，要重视"操作应用"；在与高等职业技术学院相比，则要重视"理论素养"。怎样让独立学院在课程设置上重视"操作应用"的同时，也重视"理论素养"？这得从重视"操作应用"办学模式先行的职业技术学院谈起。

在我国高等教育办学中，职业技术学院虽然兴起已久，但其课程设置仍旧处于探索之中，学生接受课程安排还处于被动的状态。大部分职业技术学院的管理者在把握实践课程和人文教育课程的时候失衡，将人文教育这一理论性学科划分为一个技术性命题。认为只要学生学会实践劳动技能和知识，有较强的动手能力就足够了，而在人文教育这一块却只是走走过场，过分轻视。加上人文课程并没有实用性的检测方式，这就更加导致了管理者对人文教育的忽视。高等职业技术学院的人文教育本身也面临着"危机"，人文课程的教师少，安排的课时少，给人文教育的研究人员的经费也有限，这让人文课程的教育陷入了瓶颈，同时也给了高等职业技术学院一个忽略人文教育的很好的噱头。在高等职业技术学院中，专业课程大有形成占据学生全部学时的强大趋势。人文基础课的学习是必要的，某些学科的学习能够形成学生的分析能力、观察能力及实际反映能力，但其作用却不是立竿见影的，这些作用在短时间内并不能立马转换为学生的操作能力，有的学校虽然在表面上开设了人文基础课程，但是课时少，老师也是照本宣科，导致学生并不重视这些课程。（代东东，2007）鉴于职业技术学院在课程设置等方面存在的问题，即或以重视"操作应用"为课程设置特色，也要适当重视"理论素养"，以克服重应用轻理论之弊端，更何况以母体高校为依托，在课程设置上深受偏重理论之影响的独立学院，在重视"操作应用"的同时，还要重视"理论素养"。只有这样，在课程设置上也偏重"操作应用"的高等职业技术学院相比，才能突出独立学院自身在课程设置上的办学特色。对此，也是《意见》的规定。

《意见》中指出，"在试办独立学院的具体工作中，一要坚持充分利用现有的优质高等教育资源；二要有利于高等教育资源的不断扩大"（教育部，2003）。这个精神对独立学院办学特色提出原则性要求，既然凭借母体普通高校而生，那么母体高校重视"理论素养"的优势，势必在举办独立学院过程中要很好体现，这突出地就表现在课程设置上。否则，《意见》要求的"要坚持充分利用现有的优质高等教育资源"就无从谈起，这是《意见》精神的第一个要点；为了不把独立学院办成普通高校那样的模式，在强调重视"理论素养"时其程度不能与普通高校同日而语。否则，《意见》要求的"要有利于高等教育资源的不断扩大"也无从谈起，这是《意见》精神的第二个要点。也就是说，独立学院在课程设置上重视"理论素养"，要弱于普通高校而强于高等职业技术学院。

依据对《意见》的解读，普通高校的课程主要是以学术研究型为主导，其教育资源、教学师资对学术要求比独立学院更高。独立学院在办学过程中，能够适当合理地采用母体高校的教学资源，从而补充其理论课程的空缺。同时，独立学院的课程设计要避开高等职业技术学院轻理论这一问题。独立学院在课程设置上，不仅根据本地企业和市场的需求设置实践课程，理论课程作为基础也不落下。在具体理论课设置上，不仅设置公共理论课程，还专门根据市场需求设置专业理论课程，且在专业理论课程之后设置专业实践课，以达到课程设置最优化。（杨琳，2012）课程设置最优并非是毫无根据的，而是从学校的具体实际出发，根据学生的特色，包括生源、年龄和民族等特征，以及该区域的政治、经济、文化和社会特征设置对适合他们的课程组合，从实际情况确定课程的科目、结构、课少多少及学周和学年的编排，从而使这套"量身定做"的课程能够发挥最大的效用，以保证课程设置与社会接轨，并根据社会对人才的知识储备和实践能力要求，传授给学生最实用、最具有价值的文化知识，让学生掌握最重要的技能，与其同时具备优良的思想道德素质和身体素质。

为了方便研究与说明，本部分搜集到有关学者对某三所独立学院的课程设置开办数量的比较数据，经过整理，将其做成表格（表4-2），以方便查看和比较。不难发现，这三所独立学院在其课程设置的过程中，既注意到了迎合市场化的需求、设置应用性较强、好就业的专业，同时，也设置了一些纯理论基础性的课程。在纯理论的基础上，设置相关理论应用性的课程，这对纯理论的升华并学以致用起到了一个推动作用。据统计，三所独立学院共设置了71个专业，平均每所独立学院开设约24个专业。其中，人文社科专业共 58 个，占 71.7％。可见，独立学院对人文学科课程的设置已经引起了足够的重视，而以研究为导向的基础理论学科的数量达到总课程量的 32.1％。（彭华安，2012）虽然，独立学院设置基础理论学科是有悖于创办人"经济人"的本性的，但是为了学生的全面发展，独立学院应当综合性考虑，输送出全面发展的综合型人才。

表 4-2   2010 年三所独立学院（A、B、C）专业设置与开办数量

专业名称	开办数量	专业名称	开办数量
计算机科学与技术	3	基础数学	1
英语	3	基础哲学	1
国际经济与贸易	3	基础物理	1
财务管理	3	人力资源管理	1
法学	3	应用化学	1
公共事业管理	2	旅游管理	1
汉语言文学	2	日语	1
学前教育	2	音乐学	1
会计	2	学前教育	1

资料来源：通过对三所独立学院的招生简章整理所得

（二）独立学院突出"优"的状况

做任何事情都得有思路，谋定而后动。上面谈及独立学院突出"优"的设计，在实践层面我国陆续涌现的这几百所独立学院，是否都按照"重视操作应用"和"重视理论素养"设计要求而为之？据有关资料介绍，独立学院在课程设置上，尽管经过严格考究且有着高远目标，但在其实施过程当中，在某些方面却是差强人意，主要体现在以下两个方面。

1. "操作应用"现状

独立学院课程设置陷入市场化危机。独立学院热衷于设置家长和市场欢迎的专业，就是这样容易使独立学院的专业设置走向另一个极端。从表 4-1 中，根据统计专业布点超过 10 个（含 10 个）的有 17 种专业，这种专业布点"扎堆"的现象，一方面说明独立学院能根据经济社会发展和人才培养的需求来开设和加强专业建设，另一方面从长远和可持续发展的角度看，必将会影响学校办出特色和给学生的就业前景造成压力。此外，专业布点数在 5～12 个的专业有 30 种。专业布点数在 5 个以下的则有 104 种专业，这些大多是学院开设的特色专业。被独立学院和家长认为最有就业前景或最能"挣钱"的专业成为各学校普遍开设的专业。在市场经济环境中，英语、国际经济与贸易、计算机科学与技术、财务管理等专业在未来具有非常大的"经济价值"，容易受到家长与独立学院的"热捧"。这种"热门专业"或"短线专业"的大量设置是日益实利化、短期化、市场化经济社会的必然反映。面向市场，以用人单位的需求作为独立学专业设置与课程设置的风向标，虽然增强了独立学院办学的适应性与发展性，但"过度市场化"在一定程度上削弱了大学本应具有独立与自由的精神。"当大学的'客户'要求高校必须让他们更受就

业市场的欢迎时，或要求大学的课程更为实践取向时，满足学生的需要可能就是件坏事。"（Frank，2004）处于经济转型语境中的中国大学，"经济话语"在独立学院发展过程中处于"霸权"地位，作为"为研究而研究"的大学已变成各类"职业养成所"的地方，而非"研究高深学问之所"，独立学院在"不知不觉"中被社会化、市场化了。

独立学院办学的目标就是办出具有自身特色的学校，不可与普通高校如出一辙，这显然是与其本身的培养目标相违背的，只会让其培养出来的学生没有自己的特色和优势，一味地盲从，只会让学校的办学宗旨越来越模糊；企业工作实践与课程设置的内容缺乏有效的联系。《办法》第一章总则第三条明确规定：独立学院与母体高校不同，就在于它属于民办高等教育院校，是公益性事业的重要组成部分（教育部，2003）。其设置与发展都必须与国家和地方高等教育发展规划相符合。独立学院培养出来的学生主要是为当地的相关企业供应的，而目前实践课程的缺陷却很明显，学生在学校学到的知识和技能与企业所需要的知识和技能是脱节的，学生毕业上岗之前，还需要参加培养才能基本胜任工作，所学和所用严重脱节；其他课程中，人文社会类课程、自然科学类课程、人文理论课程虽然都有设置，但却过于笼统，缺乏专业化，有些教育必备的细节更是被忽略，正题课程设置单一、乏味。学生都是独立发展的个体，他们都有着自己个性和特长，在课程设置中学生意志参与不足，课程设置与学生实际需求是失衡的。

实践教学环节问题多。学校安排了理论实践课，是为提高学生的动手能力，但技术是熟能生巧的，现实中，安排学生实践是很少的，并没有将实践课程形成一个系统，逐步地由简到繁，而且安排实践时间很短暂，实践的内容也过于简单，不具备应有的挑战性；其教材选用缺乏科学性，自编教材为主，缺乏权威性，实践性不强，教材质量有待考证。

2. "理论素养"现状

1）理论课程设置形同虚设，理论实践时间少

根据表 4-2，在对三所独立学院的数据统计中，人文社科类专业占所有专业达一半之上。而以研究为导向的人文学科、社会科学与自然科学的基础性专业则在独立学院形同虚设。表 4-2 中纯"理论"的、纯基础性的学科有，但由于这方面的教师缺乏，这些课程是被闲置的。尽管在有的独立学院开设了"哲学""数学""物理"，但它们都更强调的是应用性，而很少强调基础性研究。从原因上讲，对纯理论的基础学科的忽视是由办学收益-成本决定的。一是独立学院现阶段仍处于原始积累阶段，处于"无力"境地，根本没有很多的钱投入到实验室建设之中；二是设置这些基础性学科，独立学院处于"无利"的处境，这些学科研究所带来的回报时间长而且回报较小，不符合举办者"理性人"的本性。由于生源质量较差，同一专业培养出来的毕业生根本竞争不过母体大学的毕业生，非常难以就业，很难得到家长与学生的认同，不能使独立学院获得更多的利益。由于独立学院发展深陷于市场经济环境中，为追求效率，逐渐形成了一种"学术资本主义"。从这个程度上讲，独立学院已变成唯利是图的企业，超越和对抗功利的博雅艺术与人文学科已无处容身。这种"商业化动作方式最大的影响或许是其对大学内部变革的影响，某些学科领域备受重视，而矮化其他学科领域。此种情形是如此严重，甚至形成了学院资

本主义(academiccapitalism)"(Slaughter and Leslie，1997)。作为非营利组织的独立学院，应有一定"保守"的品性，独立学院、政府与市场的关系应有一定的张力，独立学院应成为"独立之精神、自由之思想"的乐园。"大学不能遗世独立，但却应该有它的独立与自主；大学不能自外于人群，但却不能随外界政治风向或社会风尚而盲转、乱转。大学应该是'时代之表征'，它应该反映一个时代之精神，但大学应该是风向的定针，有所守，有所执著，以烛照社会之方向。"(金耀基，2008)

2)培养目标与母体普通高校看齐

《意见》第三条规定，"申请者要对独立学院的教学和管理负责，并保证办学质量。申请者要充分发挥校本部的智力、人才资源优势，切实加强独立学院的教师队伍和管理队伍建设，建立并不断完善独立学院教学水平的监测、评估体系"。这一规定对独立学院的专业设置、课程体系与教学内容产生了重要影响。加上独立学院作为本科院校，专业和课程的设置与调整必须严格遵循《高等学校本科专业设置规定》《国家教委关于普通高等学校修订本科专业教学计划的原则意见》《关于做好独立学院本科专业清理备案工作的通知》等相关制度性约束，导致独立学院的专业设置和课程内容与母体大学"同质化"，基本上是母体大学专业设置的"袖珍版"或"压缩版"，具体参照表4-3，以A学院课程体系分布为例。

表4-3　2009年母体高校与A独立学院汉语言文学专业课程体系对比

构成模块	学分		比例/%	
	母体高校	独立学院	母体高校	独立学院
公共必修课	47	46	29	29.9
雅博教育课程(选修)	10	—	6.2	—
职业技能培训课程	—	10	—	6.5
学科基础课程	22	20	13.6	13
专业教育课程	71	68	43.8	44.2
实践教学课程	12	10	7.4	6.4
合计	162	154	100	100

资料来源：公办本科大学与A独立学院的人才培养方案的节选

从A校的案例来看，独立学院学生毕业的必修学分为154个学分。课程体系结构包括"公共必修课""职业技能培训课""学科基础课""专业基础课""实践教学环节"五大模块，将它与所依附的母体大学的课程体系(表4-3)进行比较发现，独立学院的课程体系完全延续了公办母体大学的传统，并没有体现多少面向市场的"创新之举"。独立学院的生源处于三本招生批次，老师的教学方法与传授的教学内容应不同于母体大学，应"对症下药"，采用启发式的教学方法。然而囿于独立学院师资绝大部分来自母体大学的兼职教师，这只能是一种"一厢情愿"的幻想。独立学院将其培养目标设立偏高，没有拉开和母体高校的距离，也没有凸显出自己的特征，母体高校的目标为"高级技术人才"，独立学院有追风的嫌疑：一方面，降低了其质量培养要求，因为它没有和高等职业技术学院形成梯度；另一方面，它又无形中拔高了其质量培养要求，因为它的目标与其

母体高校几乎一致，无论是降低还是拔高都是不符合独立学院实际情况的。(杨琳和陈菲，2012)

(三)独立学院突出"优"的对策

通过对独立学院突出"优"的设计和现状介绍，不难看到二者之间存在的差异，独立学院的现实状况还不能完全达到设计要求，而这又关系到"优"的突出。如果失去这一优势，那么独立学院与已有的普通高校和职业技术学院又有多大差异呢？其作为一种新的办学模式和运行机制又从何谈起？显然，要突出独立学院的"优"，还必须拿出相应的对策才行。

1. 以"市场"为导向设置课程，切忌走极端

对高等教育办学实体而言，处理好两个"口"是最重要的：一是"入口"，就是好的生源质量；二是"出口"，就是就业。从某种意义上讲，毕业生的就业率已经成为判断一所学校办学质量、信誉，甚至是判断一所学校是"真办学"还是"假办学"的重要标尺。对于发轫于高等教育市场化的独立学院来说，"出口"对其发展有至关重要的意义，必须培养适应市场需要的人才才能在激烈的市场竞争中得到"一席之地"。课程设置应该是动态发展的，其设置与变化都应以外界的变化为依据，积极与社会需求的变化相适应。独立学院应当把当前最能反映人类最有价值的成果选入课程中，让学生去了解和思考，随时关注最新动态成果。与此同时，我们培养教育的目的不是独立存在的，而是与外界动态联系的，经济建设、政治环境、社会发展都会影响人才培养的目标。以人才市场的实际需求为目标，为独立学院的人才培养目标定位才能让其走向良性发展。课程设置必须与社会需求相适应。课程设置是否满足了市场的需求，可以从毕业生的就业是否顺利、毕业生从事行业的人员工作是否优异，以及用人单位对独立学院专业人才的需求是否旺盛等表现出来。独立学院应该随时关注社会人才需求动态，通过走访和社会调查，了解独立学院学生应该具备的职业能力和思考能力，积极向相关领域的专业人士咨询，了解信息，掌握企业和社会最现实的需求，了解企业对毕业生的要求。但是，切忌在课程设置中盲目地以"市场"为导向，一味地追随市场，却忽略了学生作为人需要全面发展的本性也是不可取代。所以，在课程设置中应以其他有关学生个人品行、修养等方面的课程为辅。

2. 理论课程设置不可少，学以致用

《中华人民共和国高等教育法》规定，"高等学校是面向社会自主办学的法人实体，依法行使办学自主权是高等学校所具有的特征之一。高等学校具有招生自主权、学科专业设置和教学自主权、科研开发和社会服务自主权、机构设置与人事分配权、财产管理权、自主开展国际交流和合作的权利等"。这就是说，独立学院自身具有根据其特色设置专业的权利，设置纯理论课程也许在短期内看不到有效的成果，因为理论知识本身就是长效性的。凡是应用性的知识都可以归结到理论，而理论又可以从实践和应用当中得到检验，从而提升了理论的实用性，理论与实践本身就是相辅相成的关系，缺一不可。独立学院虽然主要是以市场为导向设置课程，以实践性的课程为主，但是，全面发展是人

类不断追求的，艺术、人文、博雅课程必不可少，而且应当作为课程开展的重心。而理论实践课程也应该保证学生实际操作训练实践，让学生清楚、熟悉并掌握每一个实践流程，同时，指导老师能够在课堂上示范并作实时的指导，使学生正确掌握技能。在教材选择上，选择具有权威性和评价高的教材，许多自编教材质量都不高，容易误导学生。

3. 创造出符合独立学院特色的培养目标

　　培养目标是什么？培养目标就是教育者按照国家要求的培养规格和质量要求，把受教育者培养成为符合社会需求的人。根据高等教育的性质和特点，我国高等教育培养目标可以分为两个层次：第一个层次是国家高等教育培养目标；第二个层次是高校培养目标和专业培养目标。首先，高等教育应培养什么样的"人"，是第一层次的培养目标，对某一专业课程设置起到提纲挈领的作用，也是课程设置的根本依据，体现着高等教育办学的特色；其次，明确培养出来的人才应当具有什么样的专业技能，这则是第二层次的培养目标，它的特点是具有专业个性，具有针对性，也是课程设置的直接依据。课程的设置是依据培养目标的变化而变化的。独立学院的培养目标与母体高校的培养目标是有差别的，它们的定位不一样。正确的做法是，应当将自身拥有的教育资源和实践生源同培养目标有机结合，杜绝任何形式的"压缩版"和"翻版型"。国家和社会会给予独立学院一个第一层次的目标，这其中也表现了独立学院对这个目标的分解和分化，如何将目标分化为第二层次或者更低层次的目标，从而实现国家、社会对独立学院所培养人才的总期望和总要求，这是对独立学院的挑战和考验。因为，独立学院的人才培养目标从一定程度来说标志着其地位和声誉，也决定着其毕业生的发展前途。同时，学校的全部工作都将围绕实现培养目标而展开，它贯穿着教育工作的始终，起到纲领性作用。首先，课程内容要有自己的特色，课程内容的设置要与母体高校和一般普通高校区别开来，独立学院与普通高校接收生源不同，层次上存在较大的差距，因此人才培养目标应该是不同的，各项课程设置内容也应当所有差别，独立学院要培养出有自己特色的，具备社会竞争力的复合型人才；其次，独立学院的成立，应当以当地企业、市场为导向，实践课程设置中，要与企业时间、内容相联系，以适应以后的工作形式，提高独立学院毕业生参加工作后的工作效率；独立学院培养复合型人才注重人才的应用型能力与其理论课程的设置是不冲突的，在课程设置中要注重实践课程与理论课程的平衡发展，不可忽视理论课程，人文类、社会类等都应该协调设置，使培养出来的学生既有高超的技能，又有优质的文化素质；最后，在课程设置过程中要让学生积极参与其中，了解学生的需求，设置与学生需求相适应的课程，使学生在趣味中学习和巩固知识。

二、改革创新突出一个"民"字

　　"民"作为独立学院办学的第二个特点，是针对普通高校在办学体制中机构臃肿、尾大不掉和灵活不足，而民办高校在办学体制中存在社会融资风险大和普通高校优质资源借助欠缺的问题，应运而生的一种我国高校新的办学体制，亦即通常讲的"官办民营"，兼具普通高校的资源优势和民办高校的办学灵活，成为继普通高校和民办高校之后的一种新的高校举办模式。它的出现，既满足了社会大众对高等教育资源日益需求，又在学生培养模式上填补了普通高校和民办高校在"应用"与"理论"上顾此失彼、不能同时兼顾的空白，从而适应了社会和企业对用工的需求。

（一）独立学院突出"民"的设计

在我国高等教育办学体制中，独立学院出现之前就存在着普通高校、民办高校和职业技术学院等模式。其中，普通高校的存在早于民办高校，是国家或社会对各类人才需求培养的主力军，时至今日这一局面也未曾改变。之后，由于高等教育办学主体数量的不足，加之"穷国办大教育"的窘境，催生了民办高校，使之成为高等教育办学主体的补充。不可否认，高等教育这两大办学主体的存在，满足了大众对高等教育资源的需求，功不可没，但仍然不能满足大众对高等教育日益增长的需求，故又催生了独立学院。它的出现，在其办学体制上，是沿着普通高校或民办高校的路径走下去，还是另辟蹊径？按照国家对独立学院设置的相关规定，需要另辟蹊径，使得独立学院继普通高校和民办高校之后，成为一种高等教育新的办学体制和新的运行机制。也就是既要借重母体普通高校的优质资源、无形资产和办学经验的"官办"特色，又要注重民办高校的经营方式所具有的"民营"特色，兼具二者于一身，融为一体，办成一种新的高等教育模式。

1. 借重母体高校设计

所谓"借重母体高校设计"，意指独立学院要借助母体高校的优势而设计。对此，在我国教育法规中专门针对独立学院的《意见》和《办法》先后做出明确规定。其中，在2003年《意见》的八项规定中，第一条要求"本文所称独立学院是专指由普通本科高校按新机制、新模式举办的本科层次的二级学院"，明确指出"普通本科高校"为独立学院的举办者或申请者（亦即母体高校），独立学院作为被举办者将得到母体高校的提携；第二条要求"在试办独立学院的具体工作中，一要坚持充分利用现有的优质高等教育资源，二要有利于高等教育资源的不断扩大"，这条涉及第一点所提到的"现有的优质高等教育资源"，意指要坚持充分利用母体高校的优质教育资源，第二点所提到的"高等教育资源的不断扩大"，则蕴涵着不能把独立学院办成与母体高校模式那样的庞大，独立学院是一种新的高等教育办学主体的增加，是对母体高校的"借重"而不是"复制"；第三条要求"申请者要充分发挥校本部的智力、人力资源优势，切实加强独立学院的教师队伍和管理队伍建设，建立并不断完善独立学院教学水平的监测、评估体系"，这条所提及的尽管是对母体高校申请或举办独立学院的要求，同时也意味着作为被举办者的独立学院在教学、管理和师资等方面要借助母体高校的各种资源。在2008年《办法》五十九条规定中，第二条要求"本办法所称独立学院是指实施本科以上学历教育的普通高等学校与国家机构以外的社会组织或者个人，利用非国家财政性经费举办的实施本科学历教育的高等学校"，这与《意见》的第一条要求一致，只是在表述上更准确、规范，进一步明确了母体高校为举办者，独立学院将受到提携；第九条要求"独立学院的设置标准参照普通本科高等学校的设置标准执行"，这条《意见》中未有规定，在《办法》中明确下来；第四十条要求"独立学院使用普通高等学校的管理资源和师资、课程等教育教学资源，其相关费用应当按照双方约定或者国家有关规定，列入独立学院的办学成本"，这条与《意见》

第三条类似，只不过前者是从独立学院自身角度谈对母体高校借重，后者则是从母体高校对独立学院的大力支持谈其借重；第四十四条要求"参与举办独立学院的普通高等学校，应当按照合作办学协议和国家有关规定，对独立学院的教学和管理工作予以指导、完善独立学院教学水平的监测和评估体系"，这条与《意见》第三条要求相同。通过以上对《意见》和《办法》的梳理，不难看出，没有母体高校的举办和提携就没有独立学院的今天，前者对后者的影响无论在筹设阶段还是正式设立阶段都发挥着巨大的作用，但母体高校在举办的性质上毕竟属于公办，而独立学院在举办的性质上则属于民办（《办法》第二条规定"利用非国家财政性经费举办"和第三条规定"独立学院是民办高等教育的重要组成部分"），虽然应该借重母体高校、按照母体高校来设计，但又不能把独立学院办成普通本科高校的模式，而只是要借重母体高校的优势。在独立学院举办过程中，对母体高校借重方面有一个度的把握。

在"借重母体高校设计"上，一些学者的看法与《意见》和《规定》不谋而合。研究独立学院造诣较深的潘懋元教授就认为："独立学院由公立院校负责教学和管理，以公立高校的无形资产投入，并通过公办高校品牌资源吸引社会投资来办学，使得无形变成有形，无疑是一个既利用市场资源又不失计划管理的两全齐美的办法。"（吴凡，2004）这个看法尽管其本意在谈及独立学院举办中母体高校和社会办学力量都发挥着重要作用，是一种兼具"市场"与"计划"双重优势的办学模式，但母体高校对其的重要作用彰显无疑。独立学院依靠母体高校的优势，可以扩张、盘活、优化高等教育资源，包括专业建设的资源、教师资源、实验室和图书馆资源、科研学术氛围的资源、丰富的办学经验资源等，这些无形资产更容易得到社会对办学形式的信赖。也正是由于对母体大学的"依托性"，其在师资、品牌、教育教学等"软件"方面能与母体大学共享，具有办学起点高、上规模、上层次等优势。

无独有偶，在国外也有类似情形值得借鉴。印度的附属学院就是一个依靠着公办母体高校发展好的例子，虽然这些学院组织和管理与我国有一些差别，但其本质是独立学院。印度大学附属制是指一所大学接纳本地区的规模较小的高等教育机构作为自己的附属学院，由大学制订附属学院的教学计划与教学大纲、指定教科书，并组织考试、颁发学位的制度。这类依附于大学的学院被称为附属学院（affiliated colleges），具有附属学院的大学则被称为"附属型大学"或"纳附大学"（affiliating universities）。印度以英国伦敦大学为模式，创办了印度最早的加尔各答大学、孟买大学和马德拉斯大学。这些大学都有属于自己的学院，这就是"大学附属学院模式"。印度加尔各答大学为适应20世纪80年代印度高等教育的迅速发展，采用了大学附属学院的模式。（刘翠秀，2005）至20世纪90年代末，加尔各答大学举办的211所学院覆盖了印度整个北部地区，各附属学院办学模式多种多样，既有全日制学校，也有夜校和部分时间制学院，开设的专业涵盖文、理、工、农等，成为带动印度北部地区高等教育发展的龙头。附属学院充分利用了优质大学的办学优势、教学传统、师资队伍与管理模式，以及社会资金、资源和办学热情，同时也采取民营的机制，体现出优质高等教育资源与强大社会资源的"双重叠加"优势。这种附属学院能够实现高起点快速发展，大大缩短了民办高等教育的发展进程，为社会提供高质量本科层次的大众化高等教育服务，缓解当前和今后一段时间中长期存在的高等教育供需矛盾。

2. 注重民办性质设计

所谓"注重民办性质设计"，意指独立学院要借助民办机制的优势而设计。对此，我国教育法规专门针对独立学院的《意见》和《办法》先后做出明确规定。其中，在2003年的《意见》中，第三条要求"独立学院的合作者，可以是企业、事业单位、社会团体或个人，也可以是其他合作能力的机构，合作者负责提供独立学院办学所需的各项条件和设施，参与学院的管理、监督和领导，为明确申请者和合作者的责、权、利关系，双方应在试办独立学院时签署具有法律效力的合作办学协议，可以成立校董会，其组成及人员由双方商定，院长由申请者推荐、校董会选任"，这条在公办高校举办主体中未有这样的规定，是按照民办高校举办者的要求提出的；第四条要求"试办独立学院建设、发展所需经费及其他相关支出，均由合作方承担或以民办机制等筹措解决"（亦即试办独立学院一律采用民办机制）。在2008年的《办法》中，第一条规定"根据高等教育法、民办教育促进法、民办教育促进实施条例，制定本办法"，这条规定在《意见》中没有，明确制定《办法》的依据，专门提及要依据民办教育法和民办教育法规；第三条规定"独立学院是民办高等教育的重要组成部分，属于公益性事业"，这条在《意见》中有规定，再次明确独立学院举办的性质；第五条规定"独立学院依法享有民办教育促进法、民办教育促进法实施条例规定的各项奖励与扶持政策"，这条在《意见》中没有，明确独立学院举办享受有关民办教育法和法规支助政策；第十条规定"参与举办独立学院的普通高校与社会组织或者个人，应当签订合作办学协议，其协议应当包括办学宗旨、培养目标、出资数额和方式、各方权利义务、合作期限、争议解决办法等内容"，这条规定前半部分《意见》中有，而后半部分《意见》中未有进一步明确；第十四条规定"独立学院举办者应当依法按时、足额履行出资义务，独立学院存续期间举办者不得抽逃办学资金，不得挪用办学经费"，这条在《意见》中没有，明确无论申请者还是合作者作为独立学院的举办者，应当履行出资义务，不得抽逃、挪用资金；第二十五条至第四十三条规定独立学院组织与活动，这是对《意见》第三条的补充、完善，明确独立学院在举办中如何按照民办机制运行。可见，通过以上对《意见》和《办法》的梳理，不难看出独立学院尽管由母体高校举办，在其运行中也以此为依托，深受母体高校影响，但就高等教育办学体制而言却属于民办高校的重要组成部分，具有民办的性质，应当按照民办教育促进法和民办教育促进法实施条例为依据，充分发挥民办高校所具有的灵活性，这点普通高校是不具备的。同时，也不能把独立学院完全办成民办高校类型，在对独立学院的举办过程中，毕竟深受母体高校影响，应对民办机制的运用方面也有一个度的把握，否则，就不能称其为独立学院。

(二)独立学院突出"民"的状况

独立学院作为兼具普通高校和民办高校办学特色的一种新的举办模式和新的运行机制，其定性和发展目标的设定是国家的要求。按照国家相关政策法规规定，既不能像举办普通高校那样的办学模式，也不能像举办民办高校那样的办学模式。否则，独立学院作为一种高等教育办学体制的制度设计，就不符合国家的相关要求，也不能满足社会对高等教育资源扩大化的需求。那么独立学院在举办中对"民"所做的制度设计，或者说国家对独立学院集"依托性"和"灵活性"于一身的高等教育办学模式设计，在陆续举办的众多独立学院中其情形究竟怎样呢？并且，制度实施的重要性比起制度设计的重要性或许更为重要，正如美国政策学家艾利森断言："在达到政策目标的过程中，（政策）方案确定的功能只占 10％，而其余的 90％取决于有效的执行。"（张乐天，2009）

1. 借重母体高校现状

独立学院在"借重母体高校"现状上，主要是对母体高校依附性太强。独立学院作为集"依托性"和"灵活性"于一身的高等教育办学模式或机制，就其"依托性"而言，它可以依托母体高校成熟的办学经验和品牌效应壮大自己的名声，取得公信力，但在其借重母体高校的现状中，究竟是"依托"还是依赖？在此，可以从独立学院的办学场地、师资队伍、专门实验室和投资主体等方面解读。根据有些学者研究的调查数据显示，在江苏省的 26 所独立学院中，虽然每个独立学院都有独立的校区，但根据办学校区与母体校区的紧密程度，又可分为三类：第一类是紧密型，即办学校区与母体校区紧密相连，这样的独立学院有 14 所；第二类是相对分散型，即办学校区与母体校区不靠在一起，但在同城（或同一地区），这样的独立学院有 8 所；第三类是远离型，即独立学院与母体学校不在同城办学，这样的独立学院有 4 所。其中，除去远离型的 4 所独立学院外，其余 22 所独立学院更多地依托母体学校资源进行办学，特别是紧密型的 14 所独立学院，更是依靠母体学校进行办学，包括师资、图书、专业实验室、校内实习基地、教材、人才培养方案和管理制度等，有更多的联系和借重。2010 年，抽检到的 22 所独立学院报送的状态数据显示，作为办学最重要的师资总人数为 11 951 的师资队伍中，自有教师 7578人，占总数的 63.4％；外聘教师 4373 人，占总数的 36.6％。（杨章诚，2001）然而，如果把本来就属于母体学校却长期（两年以上）在独立学院兼职任教的，原来算作独立学院的自有教师排除在外，那么实际上真正属于独立学院自有的教师人数是比较少的。再如，在专业实验室中，抽检到的 22 所独立学院中，就有 14 所与母体学校共享专业实验室。抽检的 22 所独立学院中，在专业实验室应用中，有 14 所学院与母体高校共享实验室。江苏省被调查的 12 所独立学院中，只有 6 所独立学院有独立投资主体，而且这 6 所当中可能还存在假投资的情况。也就是说，投资主体单一的情况仍然是普遍存在的，独立学院对母体高校的依附依旧没有改变。根据调查情况来看，要么独立学院没有出资方，要么投资主体仍是母体大学；要么出资方是母体高校的二级公司；要么合作方投资不落实，甚至玩"空手道"。后二者的实质仍是以母体高校为主。这些主要利用现有公立大学资源举办的独立学院，没有充分吸纳和利用社会资金与资源，没有引入民办机制。可以说，独立学院"民""独""特"三个基本特征中，连最基本的"民"都没有做到，投资主体依然是国家，即使是一个和政府合资或合作办学的独立学院，其投资的主体依然是国家。下面以江苏省某重点大学为例进行个案分析，由于共知的原因，在此将名称用 XX 代替（表 4-4）。

表 4-4　XX 学院 2008～2012 年投资及经费来源情况　　　　　　　单位：万元

投资来源	2008 年	2009 年	2010 年	2011 年	2012 年	合计
校本部投入	0	2 847.00	1 653.79	1 118.27	2 502.28	8 121.34
合作方	0	0	0	0	0	0
学费等	361.55	952.20	2 212.65	4 438.75	6 176.60	14 141.75
其他收入	0	0	0	0	0	0
合计	361.55	3 799.20	3 866.44	5 557.02	8 678.88	22 263.09

资料来源：对 XX 学院调研资料整理所得

从表 4-4 可以看出，该独立学院的投资来源除了自身收取的学费外，其他完全来源于母体高校的投资。这是完全不符合独立学院民办性质的，对母体的依附性太强，已远远超过了"依托性"的状态，其实该学院并不是如此依附于母体高校的特例，全国各地还有许多独立学院还没有真正地脱离母体高校，也没有真正地显示出民办高校的优势。

2. 注重民办机制现状

独立学院在"注重民办机制"的现状上，主要是民办性质过于凸显，企业、学校划分不清。在独立学院投资方资金注入方面，《办法》对此做出明确规定："参与独立学院的举办组织应具有法人资格，注册资金应当不少于 5000 万元，总资产应当至少具有 3 亿元，净资产不得少于 1.2 亿元，资产负债率应当低于 60%；就参办的个人而言，个人应当是具有政治权利和完全民事行为能力的个人，个人总资产不低于 3 亿元，其中流动资金不少于 1.2 亿元。"然而现实中，独立学院举办的这些硬性要求多半成为一纸空文，举办起来的独立学院严重缺乏社会资金，仅仅"坐拥"着母体高校的资本和学生缴纳的相关费用，"空壳"学校从此产生。所谓的独立学院举办者"冒充"社会合作者，学校的教育品牌与民间的资本并未有效结合。

在独立学院学费收取方面，根据教育部及国家发展和改革委员会规定："独立学院学费要按办学成本收费，各省物价部门结合当地的经济发展和居民收入水平，由所在地省级人民政府根据国家有关标准上下浮动制定。"而办学成本是按照公办高校学生的培养成本进行计算的，2000 年国家财政部对普通高校学生按每学年 7000～8000 元给予财政拨款，加上学生交纳的学费 4000～5000 元，共计 11 000～13 000 元。因此，独立学院的学费标准一般在 11 000～13 000 元徘徊，各省份可以按照各地的实际情况上下浮动。具体情形如表 4-5 所示。

表 4-5　2011 年江苏某三所独立学院、母体高校和民办高校学费、住宿费情况　　　单位：元

学校学费	独立学院			母体高校			普通民办高校
	A	B	C	A	B	C	
普通类	13 000	13 000	13 000	4 600	4 600	4 600	13 000
艺术类	15 000	15 000	—	6 800	6 800	6 800	14 000
住宿费	1 500	1 200	1 500	1 500	1 500	800～1 200	1 100～1 600

资料来源：各学院与各大学的网站整理所得

从表 4-5 可以看出,独立学院的学费是所有高校中学费最高的。例如,三所独立学院①的学费是公办高校的 2.5~3 倍,与民办高校学费相当,住宿费与公办高校、民办高校相差不大。可见,从某种意义上讲,积极举办独立学院的举办者看中的就是这一大块"蛋糕",如 A 独立学院到 2009 年共有 6340 人,每人每年大约 13 000 元,学费总收入约0.8242 亿元,母体大学所得的"回报"约为 0.4945 亿元。这相当于公办高校内多了一个财政来源,并使政府"节省"了一部分财政教育经费。因此,各独立学院的规模迅速扩大,走"规模经济"的发展道路,几乎在"一夜之间"成为"万人大学",用几年的时间走过了公办大学用 20 年、30 年才能达到的学生规模,演绎了中国高等教育发展史上的"奇迹"。之所以如此,就在于这种"高收费"对母体大学、投资者与独立学院是"多赢"的结果,但对学生及其家庭(弱势群体阶层)来说,无疑是一笔沉重的负担。学生若想上独立学院,就不得不把自己和家庭置于"严重财务困难"的境地。从一定意义上讲,"高额的学费"会隐性排斥弱势家庭子女接受高等教育的权利。

(三)独立学院突出"民"的对策

通过对独立学院突出"民"的设计和现状介绍,不难看到二者之间存在差异,独立学院的现实状况还不能完全达到《意见》和《办法》规定的设计要求,而这又关系到"民"的突出。如果失去这一优势,那么独立学院与已有的普通高校和民办高校又有多大差异呢?其作为一种新的办学模式和运行机制从何谈起?显然,要突出独立学院的"民",还必须拿出相应的对策才行。

1. 民办机制创新管理制度,挣脱对母体高校的依附性

独立学院是一种新兴的高等教育办学模式,集母体高校优质教育资源和投资方闲散社会资源于一身,既不同于母体普通高校办学体制,也不同于民办高校办学体制。在对待母体高校的"借重"上,要变"依赖性"为"依托性";在对待投资方的"注重"上,市场观念和市场机制要不断地引入其发展和管理工作中,以实现良好的创建,尤其深化体制改革、建立起新的灵活高效的机制是当务之急。特别要采用董事会领导下的院长负责制,利用并发挥合作单位的优势、改革创新组织结构、创建人本为主的服务体系。同时,独立学院要向地方企业学习,用民办的机制来改造传统高等教育,重塑出高素质优质的高等教育(李功林,2012)。鉴于办学成本的上涨,相关部门能够在学费收取上给独立学院更多的灵活性,以便更好地提高学校的办学质量,形成灵活的收费机制。同时,招生机制应该做一定范围内的调整,拓宽招生渠道,放宽招生范围,保量和保质一样重要。有了量才能形成规模,才能更好地促进其发展。各种评估和专家检查的标准不能太僵化,不能用针对一本、二本院校的标准来指导独立学院,这对独立学院没有太大的指

---

① 浙江省的独立学院学费标准一般为最低 16 000 元/年,广东省的独立学院学费标准最低为 13 000 元/年左右,高出当地普通公认高校学费标准的 15%~20%。地处中部地区的独立学院次之,如湖北省规定独立学院的学费标准为 10 000 元/年,部分专业可在 30% 之内上下浮动。而地处西部地区的独立学院收费最低,如四川省的独立学院,学费标准最低为 5000~6000 元/年,高的也只达到 12 000 元/年,但也超出公认高校学费标准的 50%~150%,部分独立学院的艺术类专业学费标准还要远远超过这个标准。

导意义，这样做有可能造成千人一面、千校一面的局面。

2. 启动经费的民间注入

独立学院还处于建设和发展初期，启动建设的资金必不可少。不同类型的合作，其启动建设资金的注入方式也不同。目前，独立学院最典型的启动建设资金源是独立学院合作方通过乙方出资或者由乙方资产作担保申请银行贷款的形式来注入，这属于民间资本投资；独立学院并不是一直都靠着投资方的资金运行的，当独立学院运行到一定阶段，能够独立稳定地进行运行和资金周转时，其后期发展资金主要来源于独立学院自身，主要是学生缴纳的学费，学生的学费开始用于维护学校的正常运转及筹建期带来的债务的偿还。自食其力是最好的运行结果，但如果独立学院初期筹建的资金主要来源于合作方的注资，那么它的运行会受到合作方资金链状况的影响。如果独立学院能够及时洞察到人才市场的变化，并且在短期内根据其变化开设新的专业，完成所必需的基础投入和引入师资等开支，迅速地配置教育资源，以这种方式来借助民间资本，也可以通过民办机制筹措大量资金，这样就能够避免"空壳"现象的出现。

3. 控制学费限度，实现教育公平

从经济学视野看，作为"非国家财政投入"的独立学院，维持学院运转需要钱，离不开对办学规模的追求，没有规模就没有效益。因此，独立学院希望通过扩大学校规模来降低生均成本，从而提高教育效益，这从一定程度上来说是无可厚非的。规模经济理论表明，社会组织的规模扩大和收益之间变化关系，不是无限递增的，现实生活中表现为先增、随后短期不变、最后递减的走向。(万明钢和自亮，2010)政府应该出具相应的政策，遏制学费的额度，给那些家庭贫困的学生留一条出路。我国《教育法》规定：每个人都享有受教育的权利。如果学生是因为家庭贫寒，无法去独立学院接受更好的教育而辍学或者选择了一所教学质量差但学费低的学校就读，那么这对学生的伤害是无法预估的。

4. 有关教育部门扶持独立学院，消除社会歧视

有关部门能够制定政策扶持，减少独立学院向母体高校交纳的管理费，特别是在其资金筹措困难的时候，地方部门能够给予一定的扶持。另外，独立学院也要努力发展和提高自己的公信力，在教育部门的宣传帮助下，脱下母体高校的帽子也能独立行走，并坦坦荡荡，要发展自己的特色，而不是照抄照搬，要以实际市场和学生个性为导向，培养出与市场企业需求相吻合的优质学生。有关企业也要建立起对独立学院这种三本院校的信任，它们不搞科研但有扎实的实践基本功，独立学院培养的人才应该向哪个方向发展？既然其课程既不应该是以学术研究为主，也不应该只是指导技术实践，那么独立学院的毕业生既不应该只搞研发、培养中层管理者，也不应该只是培养蓝领、做最基层的技术工作。他们的标签应该是"一线工程师""一线经济师""一线管理师"，以这样的标签出现在人才市场，既可以做一线技术工人，也可以指导一线工人，这样给面向的企业更多更优的选择，何愁毕业生不能被用工单位所接纳，这自然也就逐渐消除了社会对独

立学院学生的不公正看法。

三、规范管理突出一个"独"字

"独"作为独立学院办学的第三个特点，主要是针对独立学院出现之前的"国有民办二级学院"。无论是以"国有公办"还是以"国有民办"的形式出现，都不是国家政策法规所规定的与普通高校和民办高校具有同等办学资格的学校。这些独立学院出现的前身，不管是学界讲的"三独"还是"四独"，都不是国家 2008 年颁布的《办法》中所规定的独立法人、独立财务、独立校园、独立招生、独立教学和独立文凭等"六独"的全部，而只是其中的一部分。它们的出现，尽管一时满足了大众对高等教育资源的迫切需求，但毕竟不是国家认可的高校办学主体，扰乱了高等教育举办的正常秩序，带来了一系列严重问题。要做到使独立学院成为像普通高校和民办高校那样国家所认可的高等教育办学主体，就需要告别以前的"国有民办二级学院"高校办学主体，规范管理突出独立学院的"独"字。

(一)独立学院突出"独"的设计

2003 年 4 月 23 日教育部颁发《意见》，标志着一种新型的高校办学模式正式诞生。《意见》的核心内容是要求独立学院办学严格执行"六个独立"："独立学院应具有独立的校园和基本办学设施，实施相对独立的教学组织和管理，独立进行招生，独立颁发学历证书，独立进行财务核算，应具有独立法人资格，且能独立承担民事责任。"《意见》也对独立学院进行了准确界定：独立学院是由普通本科高校(申请者)与社会力量(合作者，包括企业、事业单位、社会团体或个人和其他有合作能力的机构)合作举办的进行本科层次教育的高等教育机构。同时规定，申请者要对独立学院的教学和管理负责，并保证办学质量；合作者要负责提供独立学院办学所需的各项条件和设施，参与学院的管理、监督和领导。

2005 年 3 月，为进一步贯彻落实《意见》的精神，促进独立学院健康发展，教育部下发了《关于加强独立学院招生工作管理的通知》，这是第一部完全针对独立学院招生的政策法规。该政策要求独立学院必须脱离母体高校，成为具有"独立法人资格、相对独立办学条件、独立招生、独立颁发文凭、拥有独立校园、财务独立核算"的独立学院，走出自己的发展之路。并对独立学院的职责、招生计划、招生宣传、录取工作及所需承担的责任给出了更为规范的指导意见。

在 2005 年 7 月 23 日教育部高等教育教学评估中心召开的制订高校独立学院教育工作水平评估方案研讨会上，时任教育部副部长吴启迪对独立学院"独立"的现状评价比较高，她认为：绝大多数独立学院在招生、收费、财务、毕业证书等方面，能够自觉地按照国家相关法律法规和方针政策办事，基本上实现了独立校园、独立法人、独立财务及独立文凭的要求，较好地落实了《意见》的要求。学者费坚对独立学院"独立"的具体现状及问题专门进行了一次信函及电话调查，调查对象为其所在的江苏及浙江两省有代表性的独立学院。共发出调查问卷 14 份，回收有效问卷 12 份，反馈率达 85.7%，问卷涉及校园、法人、财务核算、招生、颁发学历证书、教学组织和管理是否独立等 16 个方面，在回复问卷中答复较详尽的有六项（表4-6）。通过调查不难发现或者说证实了《办法》（亦即8号文件）出台后独立学院在"六个独立"方面取得的成绩。就被调查的12所独立学院来看，独立的总体情况与吴启迪所评价的基本一致，绝大部分独立学院办学比较规范，能够较好地落实教育部《意见》的要求，其具体情形见表4-6。

表4-6　2012年江苏、浙江两省独立学院问卷反馈

	校园	法人	财务	招生	颁发文凭	教学管理
独立	10	7	7	7	12	1
相对独立	1	0	2	3	0	11
不独立	1	5	3	2	0	0
所占比例/%	83.3	53.3	53.3	53.3	100	基本做到相对独立

资料来源：对江苏、浙江两省独立学院的调研资料整理所得

1. 独立校园

作为大学必须有一定的校园面积、图书，教学仪器等，这已成为一个制度的"共识"。因此，为了保证办学条件和教学质量，教育部对独立学院设定了一系列的标准。《意见》第四、七条规定："校园占地面积不少于150亩（艺术类院校和国家另有规定的除外），为了保证今后发展需要，应预留发展用地，校园规划占地面积不少于300亩。教学行政用房建筑面积不少于4万平方米，教学仪器设备总值不少于1000万元，图书不少于4万册。"《办法》第九、十条规定："独立学院的设置标准参照普通本科高等学校的设置标准①执行""申请筹设独立学院的材料中须包括不少于500亩的国有土地使用证或国有土地建设用地规划许可证"。这些规定对不同办学模式的独立学院造成了不同的影响。

2. 独立法人

独立法人表现在：首先，独立的名称是独立学院的外在形式；其次，既要享有一定的权利，又承担相应的义务，独立法人也就是独立学院自己享有独立的民事权利能力和民事行为能力，亦即独立学院有权利以独立学院自己的名义参与对外招生，按照自己的情况拟定招生计划，设置招生专业，参与对外招生，并独立颁发学历和学位证书；再次，有能力以自己独立的财产对学校的债务承担全部的责任；最后，以自己的名义在法院起诉或应诉，具有相应的权利和行为能力。要求独立学院提高人格化程度。2003年《意见》出台后，独立学院虽然仍冠以"某某大学某某学院"这样的名称，但均是统一按普通本科高校独立对外招生和颁发学历文凭的一种新型学校，在法律意义上有了独立的法

---

① 2006年颁布的《普通本科学校设置暂行规定》第五条规定，"普通本科学校生均占地面积应达到60平方米以上，学院建校初期的校园占地面积应达到500亩以上"；"普通本科学生的生均校舍建筑面积应达到30平方米以上。称为学院的学校，建校初期其总建筑面积应不小于15万平方米；普通本科学校的生均教学科研行政用房面积，理、工、农、医类应不小20平方，人文、社科、管理类应不小于15平方米，体育、艺术类应不低于30平方米"；"普通本科学校生均教学科研仪器设备值，理、工、农、医类和师范院校应不低于5000元，人文、社会科学类院校应不低于3000元，体育、艺术类院校应不低于4000元"；"普通本科学校适用图书，理、工、农、医类应不低于80册，人文、社会科学类和师范院校应不低于100册，体育、艺术类应不低于80册"。

人人格(李功林，2012)。

3. 独立财务

财务独立包含两个方面：一方面指独立的财务运转；另一方面指独立法人所需的产权上的独立。两者同样重要。财务的独立运转是在产权独立的基础上实现的，与母体高校划清产权关系，独立地掌握财务出纳，保障学校有序健康地发展，不断完善财务运转机制，包括通过在市场上集资招投有实力的企业和个人联合集资办学、有效配置资源、充分利用可用资源、加强成本核算、降低办学成本、保持收支平衡或略有盈余。财务独立是一个组织独立的关键，一个组织独立最核心的表现便是财务独立。要想实现财务独立，必须在财务管理制度、资产监督体制和成本核算体系方面树立独立于母体学校的财务运转理念，让观念指导行为，使独立学院能够早日独立起来，早日作为一种新模式的代表独立于高等教育之中。这点便和母体学校有很大的不同，独立学院既然是民办性质，那么它的筹资方式就是民间筹资，产权就是社会组织或者私人所有，没有模糊不清的情况。

4. 独立招生

《意见》第八条规定，"独立学院招生计划由所在地省级人民政府在国家下达的普通本科招生计划总数内统筹安排。独立学院招生标准不得低于当地本科最低录取控制线，具体招生批次、办法及对户籍管理与毕业生就业的有关政策，由所在地省级人民政府按照国家有关法律和规定制定"。独立学院实施的是本三层次的学历教育，独立学院实施本科层次学历教育，主要开设国家经济和社会发展急需的专业。其专业是面向社会和企业急需的、有利于经济和社会的发展的专业。招生时独立学院通常要列入高校年度招生计划，并适当降低录取分数线，在本科三批中进行录取。独立学院的招生计划是由所在地省级人民政府在国家下达的普通本科招生计划总数内统筹安排的。独立学院的招生标准，一般不得低于当地本科最低录取控制线，具体招生录取批次、办法及对户籍管理与毕业生就业等相关政策，是由所在地省级人民政府按照国家有关法律和规定制定的。独立学院学生收费标准，是由所在地省级人民政府根据国家有关民办高校招生收费政策制定的，独立学院不能自主地拟定收费标准和要求。根据教育部 2008 颁布的《办法》，要求独立学院独立招生。对于创办之初的独立学院而言，招生计划和招生宣传两方面的独立，是其独立的最初象征，独立计划和独立招生是新办独立学院走向独立的最初象征。招生的独立能够为独立学院的健康发展扫清障碍，以避免日后产生纠纷的隐患。独立招生能力让独立学院掌握招生计划的主动权，与母体高校分开行动，不受母体高校的控制，办出自己的特色，从而为日后减少不必要的纠纷奠定了基础。

5. 独立教学管理

独立学院的教学要有自己的特色，不可照搬母体学校的教学组织和质量监控体系，否则，培养出来的学生是没有竞争力的。因此，独立的教学、独立的管理是独立学院实施独立的前提，能起到保证和稳定独立学院教学质量的重要作用。独立的教学就是要根据学生不同的特质来制订教学计划和教学目标，独立学院的生源与母体高校是有差别的，这点绝对不能照抄照搬，一方面会造成对在校生源带来拔苗助长的烦恼，另一方面也会造成资源的浪费，这是一种极度不负责任的态度。独立学院必须探索出一套独特的有优势的、符合自身办学条件的人才培养方式。

6. 独立文凭

2008 年 2 月，教育部颁布 26 号令，要求独立学院颁发独立的学位证书。26 号令因此被看成独立学院非自发性的独立宣言。独立文凭是独立学院真正独立的象征。独立学院在从依赖母体学校颁发文凭再过渡到独立地颁发文凭的过程，是一个前进的挑战，对于独立学院而言也是一场严格的考试。本三毕业生拿着母体高校的文凭显然是不合理的，那么这就意味着这场"考试"需要得到社会各界的承认，"考试"的内容体现的是独立学院人才培养的社会认可度，"考试"的结果犹如一张测试纸，检测着独立学院摆脱母体学校光环后能够独立地发展。目前，独立学院只能颁发独立学院毕业文凭，不能颁发校本部毕业证书。其发放的本、专科毕业证书上均须署名独立学院学校全称，如×××大学××学院（分校）毕业证书上的署名即为"×××大学××学院（分校）"。独立学院的学位证书按照国家有关规定颁发。独立学院的专科学生可在毕业学年按有关政策和规定的比例参加省统一组织的专升本考试，择优升入本科专业继续学习。走独立的方向是对的。从长远看，独立学院只是在创办阶段才需依靠母体办学，这不是它的永久属性，其最终还是要独立的。独立学院独立颁布文凭不但不会贬值，反而有利于其创办自己的品牌。

（二）独立学院突出"独"的状况

独立学院作为一种新的举办模式，其定性和发展目标的设定是国家的要求。按照国家相关政策法规规定，不能像 2003 年《意见》出台前一些普通本科高校按公办机制和模式建立的二级学院、分校或其他类似的二级办学机构那样的办学模式，也不能以各种变相形式把高职（大专）学校改办为独立学院那样的办学模式。否则，独立学院作为一种高等教育办学体制的制度设计，既不符合国家的相关要求，也不能满足社会对高等教育资源扩大化的需求。那么独立学院在举办中对"独"所做的制度设计，在陆续举办的众多独立学院中其情形究竟怎样呢？实际上，独立学院的"独"之路还处于"独"和"立"的困境之中。独立学院作为一种新型大学不可避免地存在一系列"成长的烦恼"，尽管教育部《意见》规定了独立学院成立必须具备"六个独立"，但在实践和理论层面还存在很多的困惑和问题。独立学院在走向"独立"的改革过程中，若干"不独立"的现象依然普遍存在。

1. 校园不独立

如表 4-6 所示，在被调查的独立学院中，大多数做到了有其独立的校园，占 80% 以上的比例，也就是说还有接近 20% 的学院没有独立的校园。另外，在已具有独立校园的独立学院中，"独立校园"还分为两种形式，一种是该母体高校原有校区中的一块独立成片的土地；另一种是普通高校兼并其他中专或者其他类型的学校而成立的校区。但是无论是以怎样的形式取得独立校园，校园的那块土地如果还是由国家拨款购买的，那么其仍旧不能属于"民办"，它还是姓"公"。也就是说，如果仅是从母体高校原有资产中划出的一块，即使地理上不在一起，也不能视为符合独立学院设置条件中的"独立校园"。独立校园并不仅仅指地理上的校园独立，更指产权上是独立学院的私有财产，因为独立学院的硬件必须是姓"民"而不是"公"，只有软件资源可以共享，硬件资源如果共享那么说明公立高校还有潜力进行扩招，那就更不能借"民办"之名办学从而高收费了。

从更高层次上讲，独立的校园并不一定仅指地理位置及资产上的独立，还应该包括独立的校园文化。独立校园是指一个综合体，不仅包含实质的土地，还应包括校园环境、学风、办学理念、特色等精神领域的东西，它是一个涵盖了物质文化、精神文化、行为文化、制度和学术文化的综合体。校园文化是以校园为载体，以教师和学生为主体，通过传承和创造积累的物质成果和精神成果的总和。独立学院绝大部分是新建的校园，新建校园的校园文化建设向母体高校学习和借鉴无疑是非常必要的，但一些独立学院盲目采取，这种借鉴和学习并非等同于"拿来主义"，对精神内核理解不深，而且忽视了独立学院学生的特点和潜质，过分注重与母体高校趋同性，使校园文化建设空泛化、趋同化，使得独立学院的校园文化成为母体高校的简单克隆和复制，造成大学文化的魅力与个性物质文化的缺失。

2. 法人不独立

从表4-4可看出，江苏的独立学院从2008年到2012年，其投资主体均是母体高校，而从未改变过，投资主体单一，依附于母体高校的投资，那就谈不上财务的独立，独立法人更是无从谈起。该独立学院实际只是一个"空壳"，根本就没有投资主体，资金来源完全依靠母体高校和学费收入，"民"做不到，那么办学自主权也就谈不上独立法人，即使做到表面的"独"也是毫无意义的，其实质只不过是另一个掩人耳目、收取高额学费的国家办学机构而已，也就是一个母体高校的创收单位。在巨额利润的诱惑下，母体高校自然不愿意将这块到嘴"肥肉"拱手让于他人。尽管这个举例似乎只是个案，但深入调研之后发现，这种现象在独立学院中依然很普遍。如果没有独立法人，那么所谓的"独立学院"只是母体高校的依附品，是母体高校创收的工具。

3. 财务不独立

根据费坚(2012)等专家学者的调研，只有58.3％的独立学院做到财务独立，还有将近一半独立学院的财务仍然是不独立的。财务是母体高校实施对独立学院控制的关键，姑且不谈这58.3％的独立学院是否有出于种种考虑提供数据的真实性，但可以看出这部分独立学院都有一个共同点，就是都有一个或者几个母体高校以外的投资主体。更有甚者，有的独立学院的财务收入和支出还是统一在母体高校财务管理之中，并未实现"一级核算，一级管理"的财务管理体制。独立学院的财务负责人直接由母体高校任命，人事、工资关系也在母体高校，对于这样的"钦差大臣"，独立学院的领导们"想说爱他也不容易"。另外，独立学院在资产的管理等方面也存在着大量非"公"非"民"的盲区，其与母体有着千丝万缕的联系。基本上所有的独立学院每年向母体高校交纳20％～40％

的学费收入，这种纳税行为实际上就是在为公立大学打工而已。

4. 招生不独立

在独立学院中，某些招生计划是单列的，具体招生计划由母体高校按照教育办学规律、独立学院办学条件和母体高校的师资情况统筹考虑后再向教育厅申报。从表面看，独立学院招生是独立的，但实质上并没有做到真正的独立，仍受母体高校的控制。某些独立学院的招生从操作上讲是独立的，母体高校是第一批次，独立学院是第三批次，但招生的决定权不在这里，招多少人必须通过理事会，而学院的理事会都是由母体大学的相关领导组成的，他们在根据母体高校的师资、图书与经费等情况来决定最终的招生计划。招生计划是单列的，由独立学院自身先提出一个招生数，再向母体大学申请等待批准。毕竟母体高校作为一个老牌的学校，对教育规律与办学规模比较清楚，母体高校在其招多少人方面有很大的发言权。

5. 教学不独立

根据学者对江浙一带的独立学院调研数据总结显示：大部分独立学院在师资力量上过度依赖母体高校，浙江省的独立学院自有师资比例远远高于江苏省，而江苏省几乎所有被调研的独立学院绝大部分师资来源于母体高校，因而具有不能因材施教的弊端，课堂授课内容与人才培养目标脱节，存在较大的风险。虽然这也是独立学院办学的优势，可以和母体高校共享师资，有高质量的师资作保障，但是这同时也是其缺陷之一，教师对母体高校和独立学院都采取同样的教法，同样的专业设置，那么人才培养目标岂不是就没有任何意义了？独立学院的特色何在？所谓的因材施教只是空谈。例如，××大学××学院2005年按教育部要求改办为独立学院，学院现有34个本科专业，全日制本科生6177人，专职教职工68人，其中在编42人，人事代理26人。表4-7是该独立学院2011年师资情况，从表4-7中可以看出其师资力量上过度依赖母体高校。

表4-7 2011年××学院与母体高校教师基本情况统计

项目 \ 类别	母体高校	独立学院	总数	独立学院所占比例/%
专业数(门)	32	2	34	5.88
授课学生数(个)	5 998	171	6 169	2.77
上课数(次)	1 815	37	1 852	1.99
上课课时数(节)	101 014	1 780	102 794	1.73
教师人数(个)	1 799	37	1 836	2.01
课时费/万元	1 068.38	7.56	1 075.94	0.70

资料来源：根据对××学院与母体高校的调研资料整理所得

从表4-7不难看出，该独立学院自有的师资只占了总教师的2.01%，该独立学院在师资方面对母体高校的依附程度可见一斑，教师与教学的管理自然就权不再握，同样得听从于母体高校的安排，如此一来"独立学院"谈何独立学院，其教学安排完全没有按照独立学院的特色来布置，培养目标又该如何去实现？

另外，有很多独立学院通过克隆母体高校优势专业，复制母体人才培养模式来实现隐含的"血缘"关系，吸引生源。但是这就引起了教师组合结构的问题，在搜狐网 2005 年 5 月关于独立学院的一次调查中，2939 名调查者中有 32.48％认为独立学院最大的问题就是本校教师队伍薄弱，师资得不到保证。在调查中，各独立学院大体呈现出"两头大、中间小"的菊声型的教师队伍，即"青年教师、老教师多，中年骨干教师少"。青年教师缺乏教学经验，老年教师缺乏精力，青年教师教学经验不丰富，老年教师教学力不从心，不合理的师资队伍结构迫使一些独立学院在专业设置、课程体系及教学计划的制定与实施中捉襟见肘，已经严重影响到独立学院办学自主权的发挥。

6. 文凭不独立

独立学院所依附的母体高校，其文凭的含金量比较高，无疑是吸引考生的一大法宝。教育部在 2003 年《意见》(亦即 8 号文件)中规定，独立学院必须落实"独立颁发学历证书"，明确 2003 年独立学院招收新生一律以独立学院名义颁发学历证书，以往与母体"不分彼此"的二级院校将不被允许继续开办，2003 年以后招收学生的毕业文凭上要加注"民办"二字，以示与本校文凭区别。江苏省已经有江南大学太湖学院、南京大学金陵学院等 26 所独立学院(费坚，2006)，按照江苏省教育厅的要求，发放的毕业文凭将由原来母体高校发放的文凭改为标有独立学院名称的单独文凭。据学者费坚调研，独立学院基本都是从 2005 级学生开始发放独立学院文凭的，但实践操作中，有的本三独立学院依然在发放本一或者本二院校的毕业文凭。这既让其他独立学院学生感到不公平，也让本一或者本二的学生感到不公平。

(三)独立学院突出"独"的对策

通过对独立学院突出"独"的设计和现状介绍，不难看到二者之间存在差异，独立学院的现实状况还不能完全达到《意见》和《办法》规定的设计要求，而这又关系到"独"的突出。如果失去这一优势，那么独立学院与 2003 年《意见》出台前以公办机制和模式举办的二级学院或分校或其他类似的二级办学机构又有多大差异呢？其作为一种新的办学模式和运行机制从何谈起？显然，要突出独立学院的"独"，从"假独立"到"真独立"还必须拿出相应的对策才行。

1. 独立校园

独立学院要成为一个独立发展的民办院校，至少其在形态上应当具备一个大学的基本条件。达到《意见》所规定的校舍面积，而且是独立的校舍面积。独立学院的学费高，收益自然高，政府政策规定又偏向于民办院校，其所缴纳的税收少、结余多，何不建立起独立学院自己的校园，脱离对母体的依附。这个校园是实际上的土地，与母体高校单独列开，不与母体高校公用，只供独立学院师生自己使用，这才是真正意义上的独立校园。

2. 独立法人

学校产权制度确立了学校的法人地位及其相应的权利与义务，具备独立法人资格是实行现代法人治理的必要前提，是现代市场经济发达国家的普遍做法，我国企业采用法人治理也已非常普遍。独立学院具备独立法人资格，并不意味着脱离其母体高校的借重（至少在去母体高校前）。独立法人并不意味着让独立学院与母体高校完全隔离开，形成互相牵扯的状态。法人治理结构要求独立学院实行董事会领导下的法定代表人负责制，母体高校的相关人员自然是其董事会主要成员之一，母体高校作为"母公司"，独立学院作为母体高校的"子公司"，其办学目标、办学方向、规章制度等大政方针当然得由董事会决定，其法定代表人当然得由董事会任免。董事会的决议必须得按照独立学院的实际情况而定，而不是以母体高校为参照。怎样才能让母体高校不过多地干预独立学院的发展呢？在这种体制下，独立学院怎么能够脱离母体高校过度干预呢？首先，母体高校应转变单纯注重"局部利益"的观念，明确母体高校和独立学院均为独立法人，母体高校与独立学院应当是平起平坐的法人关系，各管各的事儿，明确母体高校和投资主体都是独立学院的利益主体。母体高校只要积极支持独立学院做大做强，其所期望的合理回报就会逐年按比例增加；母体高校也不用担心其合理的回报，只要母体高校对独立学院是足够支持的，独立学院做大做强就会实现。独立学院全权处理办学过程中的各项具体事务，母体高校不得干涉，以促使独立学院的管理走向科学化。对于办学过程中的若干具体事务，独立学院有权自主处理，母体高校不能再像以前那样越俎代庖、过度干预。这只会使管理更加科学化，怎么能看成是脱离母体高校的借重呢？最好的管理母体高校与独立学院的方式之一便是将双方的权利与义务以契约的方式固定下来，当然包括收益的合理回报，谁都不能违反，从而也就不会出现母体高校越俎代庖的情况了。另外，法人治理结构的重要内容之一，就是以契约的形式把双方的权利义务关系固定下来，其中当然包括投资者应得的合理回报。如果目光短浅，搞涸泽而渔、杀鸡取卵，则只能使独立学院惨淡经营，难以为继，最终被淘汰出局。

3. 独立财务

财务独立与母体高校本身没关系，收费应当由独立学院来收，独立账户，独立核算。学院的财务处工作人员应当是由学院聘请的社会人员担任，是由董事长聘任的，院长在预算内有支配权，大的数额必须由董事长讨论决定，独立学院的财务管理活动是在特定制度环境下进行的，即受到特定的产权关系和法人治理结构的影响。当前，独立学院产权结构处于不明晰的境地。既有投资形成的产权归属尚未理清的问题，也有与举办高校、投资者产权关系不明晰的问题。这种现状可能使得它们三者的利益得不到保证。因此，为获得最大的收益，举办高校与投资者都"想方设法"控制与占有独立学院财务，导致独立学院的独立财务核算"不独立"。投资者出于对产权不清的担心，大部分投入独立学院的资产未过户，仍在投资者公司的账上，作为独立法人资格的独立学院处于法人财产权虚置。有些投资者出于对独立学院产权的担心，将对独立学院的投资资产没有过户到独立学院户头上，这就是所谓的"空账"，没有独立财务，就谈不上独立法人资格了。

4. 独立招生

按照《教育法》《高等教育法》《高等学校设置条例》的有关规定，独立学院法人对外可独立从事各种民事活动，发布招生广告，并可在国家的统一规划下自主招生等。独立学院有权制订自己的招生计划，宣布招生广告，自主招生。独立学院的人才培养目标与母体高校是有区别的，生源与母体高校也千差万别。所以，独立学院应该独立地行使自己的招生计划，脱离母体高校的控制，设置多少个专业、招多少个人、主要面向哪些地方与片区，都应当由独立学院的领导自己商议决定，而不是制订好了计划，向母体高校报备，再经过批准后实施，这都不是独立招生的表现。

5. 独立教学

高素质的、稳定的师资队伍是保证独立学院质量的关键环节。高素质的师资力量是独立学院健康发展的有力保障。独立学院的教师应该由三部分组成：第一部分是专职教师，这部分教师素质较高，应该是独立学院的教学主干力量；第二部分是母体学校的教师，他们在完成本职工作的基础上，承担独立学院部分课程的教学任务，以人尽其才，并提高独立学院的教学质量，在独立学院上部分课程，与母体高校采取不一样的教法，因材施教；第三部分是兼职教师，可以是其他公立高校的教师，也可以是科研院所的研究人员。（常丽丽，2005）同时，学院应该有计划地送专职教师去进修，以使其教学质量不断提高。总之，独立学院应建立专职兼职相结合的师资队伍，合理充分地利用各种教育资源，并在教学过程中逐渐壮大和优化。

6. 独立文凭

独立学院要颁发国家承认的本科文凭，其专业规范程度必须随着时间的推移逐渐提高，独立文凭的颁发有利有弊，但这也是独立学院走向独立的必经之路。独立文凭的颁布是独立学院走向独立的一大步，对独立学院来说有利也有弊，虽然一时的光环不在，但这是创立自身品牌的一个大好时机。曾经独立学院文凭的颁发是挂牌于母体高校之下，使本三的学生拿到母体高校的文凭，这在一定程度上带来了不公平，往严重了说就是"作弊"。要想把独立学院办大办强，走向独立，独立地颁发学院自有的文凭才是正道。

第五章　独立学院产品供给中的博弈

博弈论作为一门重要的理论和分析工具，目前在生物学、经济学、国际关系、计算机科学、政治学、军事战略和其他很多学科都有广泛的应用。博弈论主要研究公式化了的激励结构间的相互作用，是研究具有斗争或竞争性质现象的数学理论和方法。在独立学院的办学过程中，存在诸多利益相关者，他们之间存在着一种既合作又竞争的关系，亦即存在着利益博弈。独立学院的博弈关系可以分为内部博弈和外部博弈。独立学院的外部博弈主要包括独立学院与政府部门、本科高校和职业技术学院的博弈关系；独立学院的内部博弈则主要包括独立学院与母体高校、独立学院与投资方、母体高校与投资方的博弈关系。

第一节　博弈概念及基本内容

探讨独立学院产品供给中的博弈，需要涉及对博弈的承前介绍，它是关注独立学院产品诸方利益博弈的前提。究竟应怎样梳理为好？不同的学者，基于不同的基础、不同的目的和不同的风格而各有差异，但"概念"、"内容"、"形式/类型"是多半不能回避的。鉴于此，本节拟从"基本概念"、"基本内容"、"主要分类"等三个方面来进行。其中，"基本概念"通过梳理学术界不同的看法，得出本书所认为的博弈论概念；"基本内容"通过"博弈参与人假设"、"博弈条件设定"、"博弈均衡点求解"等作介绍，这是本了的重难点；最后介绍博弈论的不同分类和主要类型。

一、基本概念

博弈论在 20 世纪 80 年代开始逐渐进入主流经济学。迄今，在微观经济学、产业组织理论和宏观经济学中都取得了重要成就。实际上，博弈论思想古已有之。我国古代的《孙子兵法》不仅是一部军事著作，而且算是最早的一部博弈论专著。博弈论最初主要研究象棋、桥牌和赌博中的胜负问题，但那时人们对博弈局势的把握只停留在经验上，没有向理论化发展，博弈论正式发展成一门学科则是在 20 世纪初。1928 年，冯·诺依曼证明了博弈论的基本原理，从而宣告了博弈论的正式诞生；1944 年，冯·诺依曼和摩根斯坦合著的划时代巨著——《博弈论与经济行为》，将二人博弈推广到 N 人博弈并将博弈论系统的应用于经济领域，在博弈参与人数和应用上做出贡献，从而奠定了这一学科的基础和理论体系；纳什的开创性论文《N 人博弈的均衡点》（1950 年）和《非合作博弈》（1951 年），给出了纳什均衡的概念和均衡存在定理，在博弈分析模式深化上作出贡献；塞尔顿、哈桑尼的研究也对博弈论发展起到推动作用（尚余红，2003）。继之，西方的一些经济史学家对博弈论进行了细致的研究，并产生了不少博弈论史料的研究文献：

Dimand和Dinmand编著的《博弈论基础》（*The Foundations of Game Theory*），目前已出版了四卷，是一系列重要的博弈论原始文献集，并把不是英文版的文献翻译成了英文；美国普林斯顿大学出版的《数学研究年报》（*Annals of Mathematics Studies*）的第24、25、39、40期为博弈论的专集；Paul Whlke编写的《博弈论编年史》（*A Chronology of Game Theory*）；Weintraub（1992）编写的《走进博弈论史》（*Toward a History of Game*），原为Duke大学出版的《政治经济学》第24卷的年度增刊。可见，博弈论已发展成一门较完善的的学科。

究竟何谓博弈？在上面博弈论史料简要梳理中，谈及一些代表人物和主要贡献，但在其内容（概念）上并未给出定义，需要对他们的看法展开或者做必要的补续。其中，以冯·诺依曼、纳什和泽尔腾等为代表。1928年，冯·诺依曼和摩根斯坦（1963），在社会博弈理论的论文中证明了最小最大定理，其基本思想就是分析多个主体之间的利害关系时，重视诸如下棋、玩扑克牌等室内游戏中，竞赛者之间的讨价还价、交涉、结伙、利益分配等行为方式的类似性。纳什在其《N人博弈中的均衡点》（1950年）和《非合作博弈》（1951年）两篇论文中，介绍了合作博弈与非合作博弈的区别，对非合作博弈的最重要贡献就是阐明了包含任意人数局中人和任意偏好的一种通用解概念，也就是不限于二人零和博弈。该解概念后来被称为纳什均衡，亦即给定对手的策略，每个参与人选择自己的最优策略，纳什均衡是一种僵局，指其他参与人的策略一定、没有任何人有积极性偏离这样一种均衡的局面（吴文俊，1994）。泽尔腾认为，在博弈中博弈者存在着一种数值极小但又不为零的出错概率，那么另一位博弈者的均衡策略就是在考虑对手可能出错的同时选择自己的最佳策略，这样一来他所选择的策略就可能不是占优策略（帕累托最优），而可能是次优策略（纳什均衡态）。反之，另一位博弈者同样要考虑到上述情况，结果，他们很可能都选择了次优策略（张建英，2005）。可见，学者们对何谓博弈从不同角度作出解读，有益于对博弈论的理解。究竟怎样理解？综合学者们的上述研究，本部分认为需要注意两点。

第一，博弈论价值。博弈论是深刻理解经济行为和社会问题的基础，是研究决策者在决策主体各方面相互作用情况下如何进行决策及有关这种决策的均衡问题理论，与其他理论不同的是，博弈论强调决策主体各方策略的相互依存性，即博弈论的精髓在于一个理性决策主体必须在考虑其他局中人可能的策略选择基础上来确定自己的最优行动策略。

第二，博弈论含义。所谓博弈论，就是研究诸多个体或团队之间在特定条件下的对局中针对对方的策略所实施对应谋略的一门学科，是适用于具有斗争性或竞争性一类现象的基本理论和重要方法。

二、基本内容

一般而言，基本内容是基本概念的展开。如果只是知道概念，那么无益于对其的掌握。在博弈论上，也是如此。从上面关于博弈论概念的解读，不难看到"博弈"是关系范畴，而不是单个范畴，它必定发生在两个或两个以上人之间，在一定条件下，局中人一方针对另一方可能的策略选择来确定自己的最优应对的行动谋略。这种谋略，最早出现在弈棋中，由于强调谋略的重要性，逐渐从游戏领域延伸到社会和经济领域涉及斗争性或竞争性的场合，从而成为一种具有广泛意义的基本理论或重要方法。按照学术界对博弈论的有关论述，要掌握其精髓必定要解决"博弈参与人假设"、"博弈条件设定"、"博弈均衡点求解"三个问题。如果不能解决"博弈参与人假设"，那么博弈就缺乏主体，博弈总是人的博弈，但并不是所有人都能成为博弈参与者；如果忽略"博弈条件设定"，那么博弈就缺少其发生所不能或缺的场景；如果不明白"博弈均衡点求解"，那么博弈就失去其意义。基于此，从这三点来解读何谓博弈论。

（一）博弈参与人假设

博弈总是人的博弈。在学界谈及此时，有的认为博弈总是发生在两人或两人以上、甚至 N 人之间；有的则认为参与博弈的人是理性人，总会追求自身利益的最大化（经济人）。尽管表述不同，但从不同方面规定了博弈参与人的资格。前者，可视为是对博弈参与人量的设定（假设）；后者，则可视为是对博弈参与人质的设定（假设）。二者共同构成博弈参与人假设的内容。其中，对博弈参与人量的假设，其研究是充足的，无继续讨论的必要；而对博弈参与人质的假设，其研究则是不充足的，有继续讨论的必要。

怎样解读博弈参与人质的设定（假设）？在学界研究中，认为博弈参与人是理性人，会追求自身利益的最大化，亦即经济人。何谓经济人？非经济人能否也成为博弈参与人？此问题就涉及对人的定性（人性假设）。古往今来，中西方在人的定性/假设上，不外乎"性善"（利他）、"性恶"（利己）、"亦善亦恶"（利己利他）和"无善无恶"（食色性也）等四种情形。真的与人的定性（假设）直接相关的是前三种，这也是在此要讨论的。

人的定性（假设），既是一个高深的理论问题，魂牵梦萦了古今中外众多有识之士，一直在"性善"与"性恶"或者"亦善亦恶"上纠缠不休，打了几千年的笔墨官司也没有统一的定论；又是一个通俗的现实问题，世人总是不自觉地把人区分为"好人"、"坏人"及"不好不坏的人"。在现实中，实际上"好人"与"坏人"总是相对的，"好人"与"坏人"的转化是很容易发生的（亦即通常讲的"罪与非罪在一念之间"）；实质上，作为一个人，既有"好人"的因子，也有"坏人"的因子，常态中应该是"不好不坏的人"。以学理言之，在公共管理领域，那种追求公共利益最大化的，被称为"公共人"；那种追求自身利益最大化的，被称为"经济人"。作为行政人，如果在理论上可能是公共人，在现实中则可能是经济人，那么聚二人于一身就只能是社会人。结合在此讨论的博弈参与人假设，究竟应该是其中的何种人呢？博弈论的持有者认为，应该是经济人。如果博弈参与人不是从自身利益最大化着眼而是放弃或者无所谓，那么这样选择应对谋略的人是不需什么博弈的，博弈也就无从谈起。因此，博弈参与人只能是或多半是经济人，而不是非经济人（公共人），这就是博弈参与人的设定（假设）。

人或者博弈参与人为何是经济人呢？关于博弈参与人假设或者说经济人假设，在学界早就有人研究。博弈论预设人都是理性的，即人人都会在给定的约束条件下最大化追求自身的利益。在博弈中，各方都会围绕个人利益最大化来采取行动，这是因为在现实社会中"经济人"假设具有普遍性（张建英，2005）。"经济人"假设，是由以亚当·斯密为代表的古典经济学派提出的。其假设是：一个人，无论他处于什么地位，其本性是一样的，都以追求个人利益，使个人的满足程度最大化为基本动机。人都有一个共同的特性，那就是设法使自己的利益最大化，这就是"经济人"特性。但是，他又认为"经济人"假设只适用于经济领域，"经济人"假设的使用范围是有限的。以布坎南为代表的公共选择学派不同意亚当·斯密对"经济人"使用范围所做的限定，并认为经济领域的主体转化为其他领域的主体，人的本性不变，都追求个人利益的最大化。显然，从布坎南对"经济人"的定性来看，"经济人"假设的使用范围不仅仅局限在经济领域。那么，"经济人"假设在使用范围上到底是"有限制"还是"无限制"呢？这便是"经济人"的"普遍性"与"有限性"问题。本节认同"普遍性"观点，因为不管在哪个领域"主体失灵"的原因，多半能从经济人化趋势得到充分的说明，"经济人"假设可以用来分析除经济领域以外的其他领域（张震和邓朴，2008）。

（二）博弈条件设定

博弈总是有条件的。博弈论持有者在研究博弈时，总会举证囚徒困境来论证。囚徒困境的故事讲的是，两个嫌疑犯作案后被警察抓住，分别关在不同的屋子里接受审讯。警察知道两人有罪，但缺乏足够的证据。警察告诉每个人：如果两人都抵赖，各判刑一年；如果两人都坦白，各判五年；如果两人中一个坦白而另一个抵赖，坦白的放出去，抵赖的判十年。于是，警方想出了一个办法，将他们隔离审讯，使他们不能互通消息，然后告知他们所有可能的选择及结果。结果甲、乙囚徒在各自的最大利益心态的驱使下做出相同的判断（坦白）——各判五年，却未得到各自最需要的结果——都不坦白，各判一年。可见，囚徒困境所揭示出的集体理性与个人理性的内在困境，在于人作为理性人的自身利益最大化追求心态使然，也在于博弈参与者之间不能互通消息使然。如果囚徒在经济人心态的驱使下、能够互通消息，那么是完全可以得到各自最需要的结果的。因此，在讨论博弈时，仅仅对博弈参与人做出人性假设是不充足的，还涉及博弈条件的设定。

在现实社会所要涉及的博弈中，经常也会遭遇囚徒困境中的"不能互通消息"的情景，通常我们把它称为信息不对称。这种信息不对称，既可以发生在"看得见的手"（政府）调节时，也可以发生在"看不见的手"（市场）调节时，尤其后者。在"看得见的手"调节时，按照相关法律规定，政府有告知的义务、公民有知情的权利，但现实中政府该告知的是否告知、告知的又是否到位，都涉及公民知情权的掌握程度，存在一个信息是否对称的问题；在"看不见的手"调节时，由于市场的瞬息万变，博弈者要掌控对方信息很难，更是存在信息的不对称问题。可见，信息不对称是客观存在的。加之，人的经济人心态驱使，在社会、经济众多利益关系相处中，是很可能出现博弈的。

（三）博弈均衡点求解

博弈总是有目的的。如果没有目的，那么何必参与博弈。博弈参与者都有自身目的，总要追求自身利益的最大化；反之，博弈另一方也是有自身的目的，总要追求自身利益的最大化。而博弈参与者双方在一定条件限制下追求自身利益最大化的结果，想要达到双方预期的最佳（亦即理想版的博弈均衡点），却反而得到双方出乎意料的次佳甚至可能更坏的结局(亦即现实版的博弈均衡点)。这种博弈参与者通过博弈而获取二种结果,通常就叫博弈均衡点。以学理释之,所谓"想要达到双方预期的最佳",意指如果既定的资源配置状态的改变使至少有一个人的状况变好,而没有使任何人的状况变坏,则认定这种资源配置状态的变化是"好"的(蒋正峰和贺寿南,2009)(亦即帕累托佳态或帕累托最优);所谓"得到双方出乎意料的次佳",意指既定资源配置状态的改变不能使至少有一个人的状况变好,而会使任何人的状况变坏,则认定这种资源配置状态的变化是"坏"的(亦即纳什均衡态)。也就是说,博弈参与人在"经济人"心态驱使下受一定条件限制既可能达到理想版的博弈均衡点(亦即帕累托佳态),又可能达到现实版的博弈均衡点(亦即纳什均衡态)。但是,帕累托佳态是办不到的,因为它不能满足人类的理性要求,作为人总是要追求自身利益的最大化;纳什均衡态却是经常出现的,因为它能满足人类的理性要求。诘问:为什么博弈参与人追求的博弈均衡点,往往不是帕累托佳态而是纳什均衡态?这就涉及"博弈均衡点的求解"。如何求解,则需要注意以下几点。

1. 博弈均衡点求解的囚徒困境举证

囚徒困境就是博弈均衡点求解的典型案例,也叫纳什均衡态的典型案例。在囚徒困境中,两个嫌疑犯分别关在不同的屋子接受审讯,但缺乏足够的证据,警察告诉两个人:如果都抵赖,那么各判刑一年;如果都坦白,那么各判五年;如果两人中一个坦白而另一个抵赖,那么坦白的放出去,抵赖的判十年。于是,每个囚徒都面临两种选择:坦白或抵赖。然而,不管同伙选择什么,每个囚徒的最优选择是坦白:如果同伙抵赖,自己坦白的话放出去,不坦白的话判一年,坦白比不坦白好;如果同伙坦白,自己坦白的话判五年,不坦白的话判十年,坦白还是比不坦白好。结果,两个嫌疑犯都选择坦白,各判刑五年。如果两人都抵赖,各判一年,显然这个结果最好,但这个帕累托佳态或帕累托最优却办不到,因为它不能满足人类追求自身利益最大化的理性要求,却使双方陷于尴尬的境地。这表明以自我利益的最大化为追求目标,并不是绝对有效的,至少在这种囚徒困境中,并不是最有效的。囚徒困境,实际上展示的是一种典型的博弈情境,表达了"经济人"基础上功利追求的集体理性与个人理性的内在困境。正如有学者认为的,囚徒困境所反映出的深刻问题是,人类的个人理性有时能导致集体的非理性——聪明的人类会因自己的聪明而作茧自缚,即个人理性最大化不等于集体理性最大化。(王家辉,2005)

2. 博弈均衡点求解的数学公式推导

博弈参与人的博弈均衡点求解,不仅可发生在两人之间,而且可以发生在 N 人之间,其求解的数学推导如下(亦即博弈的混合策略组合)。

在 n 个参与人博弈的战略式表述 $G = \{S_1, \cdots, S_n; u_1, \cdots, u_n\}$ 中,假定参与人 i 有 K 个纯战略:$S_1 = \{s_{i1}, \cdots, s_{ik}\}$,那么概率分布 $\sigma_i = (\sigma_{i1}, \cdots, \sigma_{ik})$ 称为 i 的一个混合策略,这里 $\sigma_{ik} = \sigma(s_{ik})$ 是 i 选择 s_{ik} 的概率,对于所有的 $k = 1, \cdots, K$,$0 \leqslant \sigma_{ik} \leqslant 1$,

$$\sigma_{1k} \in \sum_i s_{i1}' \in S_i \sigma_{2j} \sum_{j=1}^{J} \sigma_{2j} u_1(s_{1k}', s_{2j}), s_{1k}' \in S_1$$

$$\sum_{1} \sigma_{ik} = 1$$

使用上述定义，纯战略可以理解为混合策略的特例，如纯战略 s_i 等价于混合策略 $\sigma_i = (1, 0, \cdots, 0)$，即选择纯战略 s_i 的概率为 1，选择任何其他纯战略的概率为 0。

我们用 $\sum_i$ 代表 i 的混合策略空间（$\sigma_i \in \sum_i$），$\sigma = (\sigma_1, \cdots, \sigma_i, \cdots, \sigma_n)$ 代表混合策略组合（mixed strategy profile），其中 σ_i 为 i 的一个混合策略，$\sum = X_i \sum_i$ 代表混合策略组合空间（$\sigma \in \sum$）。

在纯战略情况下，参与人 i 的支付 u_i 是纯战略组合 $s = (s_1, \cdots, s_i, \cdots, s_n)$ 的函数，即 $u_i = u_i(s_1, \cdots, s_i, \cdots, s_n)$；对于任何给定的战略组合 $s = (s_1, \cdots, s_i, \cdots, s_n)$，$u_i$ 取一个确定的值。与混合策略相伴的是支付的不确定性，因为一个参与人并不知道其他参与人的实际战略选择。此时，参与人关心的是期望效用。我们用 $v_i(\sigma) = v_i(\sigma_i, \sigma_{-i})$ 表示参与人 i 的期望效用函数〔其中，$\sigma_{-i} = (\sigma_1, \cdots, \sigma_{i-1}, \sigma_{i+1}, \cdots, \sigma_n)$ 是除 i 之外所有其他参与人的混合策略组合〕，它可以定义为

$$v_i(\sigma_i, \sigma_{-i}) = \sum_{s \in S} (\prod_{j=1}^{n} \sigma_j(s_j)) u_i(s)$$

假定 $S_1 = (s_{11}, \cdots, s_{1k})$，$S_2 = (s_{21}, \cdots, s_{2j})$，参与人 1 有 K 个纯战略，参与人 2 有 J 个纯战略。如果参与人 1 相信参与人 2 的混合策略为 $\sigma_2 = (\sigma_{21}, \cdots, \sigma_{2j})$，那么，参与人 1 选择纯战略 s_{1k} 的期望效用为

$$\sum_{j=1}^{J} \sigma_{2j} u_i(s_{1k}, s_{2j})$$

参与人 1 选择混合策略 $\sigma_1 = (\sigma_{11}, \cdots, \sigma_{1k})$ 的期望效用为

$$v_i(\sigma_1, \sigma_2) = \sum_{k=1}^{K} \sigma_{1k} \sum_{j=1}^{J} \sigma_{2j} u_1(s_{1k}, s_{2j}) = \sum_{k=1}^{K} \sum_{j=1}^{J} \sigma_{1k} \sigma_{2j} u_1(s_{1k}, s_{2j})$$

其中，$\sigma_{1k}\sigma_{2j}$ 为参与人 1 选择 s_{1k} 且参与人 2 选择 s_{2j} 的概率，即纯战略组合 (s_{1k}, s_{2j}) 发生的概率。

类似地，如果参与人 1 选择 $\sigma_1 = (\sigma_{11}, \cdots, \sigma_{1k})$，参与人 2 选择 $\sigma_2 = (\sigma_{21}, \cdots, \sigma_{2j})$，参与人 2 的期望效用为

$$v_i(\sigma_1, \sigma_2) = \sum_{j=1}^{J} \sigma_{2j} \sum_{k=1}^{K} \sigma_{1k} u_2(s_{1k}, s_{2j})$$
$$= \sum_{k=1}^{K} \sum_{j=1}^{J} \sigma_{1k} \sigma_{2j} u_2(s_{1k}, s_{2j})$$

有了上述期望效用函数的概念，我们现在可以重新定义纳什均衡。在二人博弈里，混合策略纳什均衡是两个参与人的最优混合策略的组合，这里，最优混合策略是指使期望效用函数最大化的混合策略（给定对方的混合策略）。换言之，如果 $\sigma^* = (\sigma_1^*, \sigma_2^*)$ 是一个纳什均衡，它必须满足：

$$v_i(\sigma_1^*, \sigma_2^*) \geqslant v_i(\sigma_1, \sigma_2^*), \forall \sigma_1 \in \sum_1$$

$$v_2(\sigma_1^*, \sigma_2^*) \geqslant v_2(\sigma_1^*, \sigma_2), \forall \sigma_1 \in \sum_2$$

一般地，在 n 个参与人博弈的战略式表述 $G = \{S_1, \cdots, S_n; u_1, \cdots, u_n\}$ 中，混

合策略组合 $\sigma^* = (\sigma_1^*, \cdots, \sigma_i^*, \cdots, \sigma_n^*)$ 是一个纳什均衡, 如果对于所有的 $i = 1$, $2, \cdots, n$, 下式成立:

$$v_i(\sigma_i^*, \sigma_{-i}^*) \geqslant v_i(\sigma_i, \sigma_{-i}^*), \forall \sigma_i \in \sum_i$$

注意: 每个参与人的期望效用是自己的混合概率的线性函数。这一点意味着, 如果 $\sigma_i = (\sigma_{i1}, \cdots, \sigma_{ik})$ 是相对于给定 σ_{-i} 的一个最优混合策略, 那么, 对于所有的 $\sigma_{ik} > 0$, 下式成立:

$$v_i(s_{ik}, \sigma_{-i}) \geqslant v_i(s_{ik}', \sigma_{-i}), \quad \forall s_{ik}' \in S_i$$

就是说, 如果 $\sigma_i = (\sigma_{i1}, \cdots, \sigma_{ik})$ 是相对于给定的 σ_{-k} 的一个最优混合策略, 如果这个混合策略规定 i 以严格正的概率选择纯战略 s_{ik}, 那么, s_{ik} 本身一定是相对于 σ_{-i} 的一个最优战略。在二人博弈情况中, 如果 σ_1 是相对于 $\sigma_2 = (\sigma_{21}, \cdots, \sigma_{2j})$ 的最优战略, $\sigma_{1k} > 0$, 则意味着

$$\sum_{j=1}^{J} \sigma_{2j} u_1(s_{1k}, s_{2j}) \geqslant \sum_{j=1}^{J} \sigma_{2j} u_1(s_{1k}', s_{2j}), \forall s_{1k}' \in S_1$$

进一步, 因为所有以正的概率进入最优混合策略的纯战略都是最优战略, 参与人在所有这些纯战略之间一定是无差异的。就是说, 如果 $\sigma_{i1} > 0, \cdots, \sigma_{ik} > 0$, 那么

$$v_i(s_{i1}, \sigma_{-i}) = v_i(s_{i2}, \sigma_{-i}) = \cdots = v_i(s_{ik}, \sigma_{-i})$$

反过来, 若参与人有几个纯战略是最优的, 那么, 任何以正的概率选择其中一些或所有这些纯战略的混合策略也是最优的。

根据上述道理, 纳什均衡也可以表述如下。

$\sigma^* = (\sigma_1^*, \cdots, \sigma_i^*, \cdots, \sigma_n^*)$ 是一个纳什均衡, 如果对于所有的参与人 i,

$$v_i(\sigma_i^*, \sigma_{-i}^*) \geqslant v_i(s_i, \sigma_{-i}^*), \quad \forall s_i \in S_i$$

假定独立学院的混合策略为 $\sigma_A = \theta(1-\theta)$(即以 θ 的概率选择提高教学水平, $1-\theta$ 的概率选择提高投资收益), 政府的混合策略为 $\sigma_B = (\gamma, 1-\gamma)$(即以 γ 的概率提供资金支持, $1-\gamma$ 的概率选择不提供资金支持)。假定双方博弈的支付矩阵如下:

		政　　府	
		提供资金支持	不提供资金支持
独立学院	提高教学水平	2, 3	−1, 2
	提高投资收益	−1, 1	0, 0

那么, 政府的期望效用函数为

$$U_A = \theta[2\gamma + (-1)(1-\gamma)] + (1-\theta)[-\gamma + 0(1-\gamma)]$$
$$= \theta(3\gamma - 1) - (1-\theta)\gamma$$
$$= \theta(4\gamma - 1) - \gamma$$

对 θ 求偏导,

$$\frac{\partial U_A}{\partial \theta} = 4\gamma - 1 = 0$$

得到 $\gamma^* = 0.25$。因此, 在混合策略均衡时, 政府以 0.25 的概率选择提高教学水平, 0.75 的概率选择提高投资收益。如果最优混合策略存在, 给定政府选择混合策略($\gamma, 1$

$-\gamma$），独立学院选择纯策略提高教学水平($\theta=1$)的期望效用为

$$U_A(1，\gamma)=2\gamma+(-1)(1-\gamma)=3\gamma-1$$

选择不提高教学水平($\theta=0$)的期望效用为

$$U_A(0，\gamma)=-\gamma+0(1-\gamma)=-\gamma$$

如果混合策略($\theta\neq0$，1)是政府的最优选择，则提供资金支持和不提供资金支持之间无差异，即

$$U_A(1，\gamma)=U_A(0，\gamma)$$
$$3\gamma-1=-\gamma$$

也就是说，如果 $\gamma<0.25$，独立学院选择不提高教学水平，如果 $\gamma>0.25$，独立学院将选择提高教学水平。只有当 $\gamma=0.25$ 时，独立学院才会选择混合策略($\theta\neq0$，1)或任一纯策略。

同理，独立学院的效用函数为

$$U_B=\gamma[3\theta-1(1-\theta)]+(1-\gamma)[2\theta+0(1-\theta)]$$
$$=\gamma(4\theta-1)+2\theta(1-\gamma)$$
$$=\gamma(2\theta-1)+2\theta$$
$$\frac{\partial U_B}{\partial\gamma}=2\theta-1=0$$

得到 $\theta^*=0.5$。此结论可以得到与 $\gamma^*=0.25$ 类似的解释。

纳什均衡要求每个参与人的混合策略是给定对方的混合策略下的最优选择。因此，唯一的均衡策略是 $\gamma^*=0.25$ 和 $\theta^*=0.5$，此时才能实现政府投入与独立学院教学和收益双目标的实现。以上政府与独立学院两方利益博弈而达成的博弈均衡点情形，在其他博弈参与人中也是存在的，可以通过数学推导方式求解。

3. 博弈均衡点求解的贝叶斯法则

在博弈参与人博弈均衡点求解中，帕累托佳态可望而不可即、受制于人的理性诉求，常态下往往是纳什均衡态。例如，经济学中的完全竞争均衡就是纳什均衡态，因为买卖双方都是按照既定的价格进行交易量的选择，结果导致了零利润。并且，纳什均衡态有着复杂的情形，在现实生活中某些博弈只有一个均衡解，而大多数博弈却有多个纳什均衡解(亦即博弈的混合策略组合)，选择哪一个纳什均衡为好，有人认为需要根据贝叶斯法则来判断、选择，也就是要依据博弈行为出现的概率来决定纳什均衡点。这个概率的出现，在泽尔腾那里是用"颤抖手精炼均衡"来释之，说明出现偏差的可能性。所谓"颤抖手精炼均衡"，意指在任何一个博弈中，局中人都有一定的犯错误的可能性，类似于一个人用手抓东西时，手一颤抖就抓不住他想抓的东西，这是对纳什均衡的一个改进(张建英，2005)。也就是说，泽尔腾认为，在博弈中博弈者存在着一种数值极小但又不为零的出错概率，另一位博弈者的均衡策略就是在考虑对手可能出错的情况的同时选择自己的最佳策略，但可能是次佳策略；反之，另一位博弈者同样要考虑上述情况，结果很可能都选择了次佳策略(张建英，2005)。进而言之，博弈参与人根据对方可能出牌(谋略)概率的纳什均衡多个解来选择应对的谋略。这个概率既可以是负概率(亦即泽尔腾所

讲的可能出错的概率），也可以是正概率(亦即可能最佳的概率)。可见，博弈参与人在博弈均衡点求解(亦即纳什均衡求解)中，博弈一方可能出错的概率为另一方选择最佳策略提供契机。概率就成为博弈均衡点求解破局的一枚棋子，这就是贝叶斯法则的博弈均衡点求解。

4. 博弈均衡点求解的人理性相对性

如果说博弈均衡点求解的帕累托佳态不能达成在于博弈条件的局限(信息不对称)，那么博弈均衡点求解的纳什均衡态的达成则在于人理性的相对性。博弈条件设定和人理性的相对性，决定着博弈均衡点求解的两种结局。也就说，博弈条件的设定和人理性的相对性，成为结局变化的关键因素。如果说前一种制约是一种被动(客观)而为之的，那么后一种制约则是一种主动(主观)而为之的。无论是被动还是主动，都表明博弈是受到限制的。在此，就后一种情形展开讨论。

博弈的发生，其前提在于博弈参与者作为追求自身利益最大化的理性人而存在，但这种分析方法却遭到人们的质疑，其质疑的根本点在于博弈论关于博弈者受完全理性的严格约束。这就涉及博弈论强调的人的理性究竟是绝对的还是相对的。众所周知，人类的一切社会行为，都具有一种"合作行为"的意义。以市场为例，其本身就是一种合作体系，这种合作往往是通过"看不见的手"来实现。囿于"看不见的手"本身有缺陷——"市场失灵"，就需要人的理性来进行合作，要重视人理性的绝对性；而合作行动在一定意义上就意味着要抑制或放弃自身利益最大化的理性追求，也要看到人理性的相对性。因为市场经济中，契约本身就是一种成本和风险分摊的协议。也就是说，在进行合作的过程中，如果任何一方在他方已经付出了成本或代价的情况下，自己却按兵不动而坐享其成，或者利用他人为了合作付出的代价来实现自己的最大利益目标，却使采取合作行动的他方陷入比不参与合作处境更差的处境之中，最终自己追求最大化的利益也必将受到损害。显然，为了自己实际的、可能得到的最大利益，个人出于"经济人"本能驱使下的"个人追求自我利益最大化"的人之理性必将受到限制。可见，博弈参与者的理性，既是绝对的，也是相对的。因此，在现实的博弈中，博弈各方都需要作出让步(妥协)以提高合作性，才能使博弈各方都受益，最终达成双方或多方利益；如果各方在博弈中都不让步，就无法获取双方或者多方期望的共同利益最大化。

至于如何提高合作性，发挥人理性的相对性，艾克斯罗德在《合作的进化》一书中做了研究。认为：第一，要建立持久的关系，维持双方的合作；第二，要增强识别对方行动的能力，如果不清楚对方是合作还是不合作，就没法回报他了；第三，要维持声誉，说到就一定要做到，人家才会与你合作；第四，能够分步完成的对局不要一次完成，以维持长久关系，如贸易、谈判都要分步进行，以促使对方采取合作态度；第五，不要嫉妒人家的成功；第六，不要首先背叛，以免担上罪魁祸首的道德压力；第七，不仅对背叛要回报，对合作也要回报；第八，不要耍小聪明，占人家便宜。在《合作的进化》一书结尾，艾克斯罗德提出几个结论：第一，友谊不是合作的必要条件，即使是敌人，只要满足了关系持续、互相回报的条件，也有可能合作；第二，预见性也不是合作的前提，艾克斯罗举出生物界低等动物、植物之间合作的例子来说明这一点，当有预见性的人类了解了合作的规律之后，合作进化的过程就会加快。这时，预见性是有用的，学习也是有用的（侯光明，2001）。可见，和谐博弈的基础是博弈各方的共赢，博弈各方达成的协议虽然未必是利益均等，但应该是各方面都能接受的，如果不能保证各方共赢，必然得不到其他方面的支持，那它必然是不稳定、不和谐的，甚至会导致更多、更严重的问题。

三、主要分类

根据不同的标准，博弈的分类也有不同的归类，但通常认为，博弈的分类主要从以下三个角度进行。

第一，按照参与人的先后顺序。从这个角度，博弈论可以划分为静态博弈和动态博弈。静态博弈是指在博弈中，参与人同时选择或虽非同时选择，但后行动者并不知道先行动者采取了什么具体行动；动态博弈是指在博弈中，参与人的行动有先后顺序，且后行动者能够参观到先行动者所选择的行动。

第二，按照参与人对其他参与人的了解程度进行分类。从这个角度，博弈可以划分为完全信息博弈和不完全信息博弈。完全信息博弈是指每一参与者都拥有所有其他参与者的特征、策略及得益函数等方面的准确信息的博弈。关于完全信息博弈的最早结果出现在20世纪50年代，但确切出自何人之手却无从得知，这就是所谓的"佚名定理"（the folk theorem）。该定理认为，重复博弈的策略均衡结局与一次性博弈中的可行的个体理性结局恰好相一致，这个结局可被视为把多阶段非合作行为与一次性博弈的合作行为联系在一起，或者只要行为人有足够的耐心，任何满足个体理性的可行支付都可以通过一个特定的子博弈精炼均衡达到。然而，虽然所有可行的个体理性结局确实代表了合作博弈的观点，但是它不能够提供相关信息，并且是相当模糊的。奥曼认为，该理论本身没有多少新东西，完全信息的重复博弈论与人们之间相互作用的基本形式的演化是相关的。如果参与人对其他参与人的特性、策略空间及收益函数信息了解得不够准确，或者不是对所有参与人的特征、策略空间及收益函数都有准确的信息，那么，在这种情况进行的博弈就是不完全信息博弈。在不完全信息博弈里，参与人并不完全清楚有关博弈的一些信息。大多数纸牌游戏是不完全信息博弈。在桥牌里，你并不知道你伙伴手中的牌，也并不知道坐在左右两位对手手里的牌。你在作决策时，必须对其他三位手中的牌做一个估计，而没有确切的信息。

第三，按照参与人之间是否合作进行分类。从这个角度博弈论可以划分为合作博弈和非合作博弈。合作博弈亦称为正和博弈，是指博弈双方的利益都有所增加，或者至少是一方的利益增加，而另一方的利益不受损害，因而整个社会的利益有所增加。合作博弈研究人们达成合作时如何分配合作得到的收益，即收益分配问题。合作博弈采取的是一种合作的方式，或者说是一种妥协。妥协之所以能够增进妥协双方的利益及整个社会的利益，是因为合作博弈能够产生一种合作剩余。这种剩余就是从这种关系和方式中产生的，且以此为限。至于合作剩余在博弈各方之间如何分配，取决于博弈各方的力量对比和技巧运用。因此，妥协必须经过博弈各方的讨价还价，达成共识，进行合作。在这里，合作剩余的分配既是妥协的结果，又是达成妥协的条件。合作博弈强调的团体理性（collective rationality），是效率、公平、公正。非合作博弈是指在策略环境下，非合作的框架把所有的人的行动都当成是个别行动。它主要强调一个人进行自主的决策，而与这个策略环境中其他人无关，通常也就是我们字面上博弈的意思。博弈并非只包含了冲突的元素，在很多情况下，往往既包含了冲突元素，也包含了合作元素，即冲突和合作是重叠的。

其他分类：博弈论是非对称信息博弈论与管理博弈论的理论基础，非对称信息博弈论与管理博弈论都是博弈论的应用分支。非对称信息博弈论，又称信息经济学，是非对称信息背景下非合作博弈论在经济学上的应用与发展，非对称信息博弈论研究的是非对称信息条件下的最优契约设计问题，故又可称为契约理论或机制设计理论。非对称信息博弈论是非合作博弈论在经济学上的应用与发展，主要研究的是非对称信息条件下的最优契约安排问题。管理博弈论是博弈论和非对称信息博弈论在管理学中的应用，主要研究多目标、多因素、多阶段下的管理激励与约束机制设计问题。（李睿，1999）

第二节　独立学院的外部博弈

独立学院是伴随着我国市场化改革而逐渐发展起来的新型教育模式，它的产生在扩大教育消费和投资的同时，有效地拉动了内需，降低了就业压力，对经济的增长起到了积极的作用。同时，独立学院的产生有效地补充了我国高等教育资源的不足，扩大了我国高等教育的规模，为提高我国的高等教育的普及率奠定了更加厚实的基础。独立学院与其他的高等教育一样，是我国教育准公共产品的组成部分，在其发展过程中同样面临着几个方面的问题需要解决，如政府与独立学院之间、母体高校与独立学院之间、独立学院与资本投资者之间、母体高校与资本投资者之间。而这些关系又可以归结为以下两类关系——"独立学院与外部的关系"和"独立学院内部的关系"，在两者的共同作用下，形成了影响独立学院供给的主要关系因素。独立学院只有首先明确自身所处的"生态环境"，才能在同诸多因素的博弈中达到自身的目的，从而逐渐发展壮大。独立学院与外部关系之间的博弈，是独立学院博弈中极为重要的一个方面，亦即通常讲的外部性，下面拟从三对关系对独立学院外部的博弈进行分析。

一、独立学院与政府部门的博弈

独立学院在其生存和发展中，在纵向上与政府相关，如果离开了中央政府和所在辖区地方政府的支持或扶持就无从谈起。在二者的关系上，理想的状态（应然）应该是政府的支持和独立学院的配合，但现实中（实然）却总会存在这样或那样不尽如人意。就其主要原因，一方面，双方都应秉持公共利益的最大化（亦即"公共人"）的原则；另一方面，各自难免会从自身着想（亦即"经济人"或"经济人化"）。究竟"公共人"多一些，还是"经济人"或"经济人化"多一些，或者兼而有之？在具体境遇中双方存在着博弈。或许通过这样的探讨，能够明确二者配合的最佳态，尽量避免出现二者配合的最差态。鉴于此，本节以"应然"、"实然"、"差距"布局，尤其以博弈论对其差距求解。

(一)应然要求

独立学院是 21 世纪初期我国高等教育的新生产物,是深化高等教育改革、实现高等教育大众化的有利举措。2007 年全国独立学院共有 318 所,在校生 186.6 万人,占全国民办高等教育在校生总数的 53.4%。其中,独立学院本科在校生 165.7 万人,占全国民办本科高等教育在校生总数的 88.7%(汤建民 等,2009)。实践证明,独立学院试办以来,其建设和发展之所以成绩斐然,是与一直受到政府的重视、社会的关注和独立学院积极的配合分不开的。在二者的应然状态中,政府是主线,只要政府想到了,独立学院的配合就是题中应有之意。基于此,下面主要从政府的立法与管理两个方面来了解政府是如何重视和关注的。

1."立法"的完善性

改革开放以来,独立学院经过近十多年的有序发展,已取得了显著的成就,在这个过程中,与独立学院相关的法律、法规不断颁布、修改,同时,计划经济时期政府主导型的教育模式下所颁布的教育法规具有的笼统性与粗糙性等弊端也得到了有效缓解。此后,政府部门又颁布了一系列与独立学院有关的法规,为独立学院的发展创造一个良好的外部环境。依据资料统计:在 2002 年颁布的《中华人民共和国民办教育促进法》(以下简称《促进法》)和 2004 年颁布的《中华人民共和国民办教育促进法实施条例》(以下简称《促进法条例》)中,明确规定了创制民办学校的基本条件,其中,独立学院作为"公办民营"的办学机制,就是出自这两部法规条例;2006 年国务院办公厅《关于加强民办高校规范管理引导民办高等教育健康发展的通知》(以下简称《通知》),进一步明确了民办高等教育规范管理的有关政策,这同时也适合独立学院;2007 年教育部《民办高等学校办学管理若干规定》(以下简称《规定》),虽然主要针对的是民办高校,但实际上也规定了独立学院管理中对于违反规定学生的处分问题;2008 年颁布的《独立学院设置与管理办法》(以下简称《办法》),是指导独立学院办学的第二部行政规章,以《促进法》和《促进法条例》为依据,在《意见》试运行基础上,对独立学院的地位做了充分肯定,进一步明确规定了举办独立学院相关法律主体的权利义务和权益关系。以上从《促进法》、《促进法条例》、《意见》、《通知》、《规定》、《办法》等法律、法规和规章中,反映出政府在立法上对待独立学院举办高等教育新的机制和模式的态度,以及为构建独立学院的立法体系所作出的积极探索、努力。无独有偶,在国外也有私立学校方面的立法体系构建。日本通过《私立学校振兴助成法》,使得国家财政对私学的援助有了法律的保障,也加强了国家对私学的宏观管理,维持并提高了私学的办学条件,减轻了在校学生的经济负担,使私学沿着健康的轨道发展(孙爱东和袁韶莹,2006)。从以上国内外对待民办学校立法的态度中,我们不难看出,教育部门对独立学院的办学都持积极态度并以立法形式给予保障。但是,在其立法支持的力度上,显然国外走在我国的前面,其在立法上明确规定政府要给予私立办学模式资金支持,这点我国不仅在民营的基础教育上做不到,民营的高等教育更无从谈起。因此,无论是国内还是国外,要使民营高校存在、发展,在外部环境上的立法制度设计是必不可少的,只有构建好指导民营高校(独立学院)的立法体系，尽量做到立法的完善性，解决好独立学院存在、发展的"外部性"问题，才能促进独立学院的进一步发展。我国普通高校要想试办独立学院，并且举办后想要得到发展，就必须积极、主动地配合实施各项法规制度，不然很难达到独立学院的办学要求，其他方面的发展就更无从谈起。

2. "管理"的时代性

高等教育要与时俱进，锐意改革。独立学院是在我国大众对高等教育的迫切需求与高等教育资源稀缺的夹缝中慢慢成长起来的，随着独立学院办学的不断成熟，相继也出现了很多问题。为了解决这些问题，促进我国高等教育的有序持续发展，教育部出台了一系列政策法规以规范其办学。在独立学院的办学中要革除官僚作风，发扬民主，使独立学院真正地实现自治。对此，2003 年教育部发布的《意见》中指出，近年来，由普通高等院校按照新机制创办的独立学院，在扩大高等教育规模和数量等方面表现出一定优势，但仍不能放松对一些问题的重视，高等院校在努力发展独立学院的同时，必须进一步加强对教育、教学管理的规范。可以看出，国家在对待独立学院这个新生事物上，不仅持肯定态度，而且加强了管理，以适应举办新型的高等教育的需要。此外，在指导民营学校具有纲领性文件的《促进法条例》中，也明确提出今后各行政主体，尤其是教育部门，要有步骤、有计划地推进独立学院的试办工作，要在加强管理的同时规范办学模式，以确保独立学院稳妥、健康地发展。继之，被称为教育部令第 26 号的《办法》，在以前《意见》的基础上，分为五章共计 59 条在国家的管理上作出明确规定，强调要加强对高校办学质量和办学行为的督查与评估。并且教育部将组织专门的机构对普通高校的办学条件和实际办学状况进行年审，定期向社会公布结果(徐小洲，2003)。在专业设置方面，独立学院应遵循与地方经济发展协调一致的原则，尤其突出对于地方经济发展具有绝对优势的短线专业的建设。不难看出，上述政策与法规都体现了我国独立学院管理的时代性，规定了教育部负责全国独立学院的统筹规划、综合管理的主要职能。省级教育行政部门主管本行政区域内的独立学院办学工作，要将办学许可证的管理、招生简章和广告备案的审查、年度检查等职责落在实处。相应地，作为被管理者的独立学院，必须按照国家相关法律、法规规定，在教育部的宏观管理、省级教育行政部门直接管理下，主动、积极配合，才可能促进独立学院的存在和发展，那些能够继续存在的独立学院就正是做到了这一点。可见，独立学院的管理必须建立在以人为本的基础上，确立大学之道在明德的信念之上，对蔡元培先生"大学之大，非大楼之大，乃大师之大"理念的透彻理解之上，这样，高等院校才能成为真正培养人才和研究学问的地方。

(二)实然状况

独立学院是我国高等教育发展史上的一次革新，为我国进行更大规模的高等教育创造了条件。如今，独立学院已成为我国高等教育的重要组成部分，但是，由于独立学院的发展中存在着各种问题和各方面的利益博弈，其发展状况并不乐观，表现出各种弊端，长此以往，如果这些问题得不到有效解决，势必会影响到独立学院的发展，进而影响到我国高等教育整体质量的提高。

1. "立法"的或缺性

2003 年教育部《意见》中明确指出,独立学院专指由普通本科高校按新机制、新模式与社会力量合作举办的本科层次的二级学院。为此,独立学院的申请者(以下简称申请者),应以普通本科高校为主;独立学院的合作者(以下简称合作者),应以企事业单位、社会团体为主,也可以是其他有能力支持办学的合作机构。申请者负责管理独立学院的教学和日常教务工作,并保证其实施质量。综上所述,独立学院从创建的审批到具体的管理都无不深深打上"母体高校"的烙印,相关法律更是如此,可以说对于我国纯粹的独立学院,法律法规还处于空白阶段,只颁布了《意见》和《办法》两个行政规章,大多数都是借用相关的法律、法规。2002 年颁布的《中华人民共和国民办教育促进法》、2004 年颁布的《中华人民共和国民办教育促进法实施条例》、2007 年年初教育部颁布的《民办高等学校办学管理若干规定》,单从这些法律、法规的名称就不难看出,专门针对独立学院的立法是不够的,不能仅仅因为有《高等教育法》、有民办高等教育的法规和行政规章(独立学院属于民办机制),就意味着独立学院立法体系完善、不存在立法的或缺性,在"借用"与"专属"上还是存在差异,尤其独立学院具有"公办民营"的性质,是公办高校与民办高校二者结合的混合物,其立法的"专属"性显得尤为重要。其中,在独立学院立法的不完善表现中,最为突出的是缺乏正规的纠纷解决机制,尤其缺乏对受处分学生不服从学校处置的法律过渡程序。例如,《普通高等学校学生管理规定》第六十四条规定了"对学生的处分要适当,处理结论要同本人见面,允许本人申辩、申诉和保留不同意见。对本人的申诉,学校有责任进行复查"。但是,时至今日,仍然没有一部法规对不服从处置的学生进行申诉的各种细节做出详细规定,学生的申诉依然无法得到落实,由而产生的一系列问题的解决更是无从谈起(孔祥沛,2011)。又如,在《意见》实施后,一方面,独立学院实现了大规模、高速度发展,无论是独立学院的数量还是独立学院的办学规模都表现出上升的趋势;另一方面,由于独立学院相对较高的学费,那些达到"三本"分数线却没有能力支付学费的考生则表现出越来越多的趋势。这样就导致了独立学院间生源的竞争,加之独立学院相关法规的不完善,有些独立学院甚至出现了"降分录取""虚假宣传"的违规行为。对此,教育部于 2005 年发布通知,对独立学院招生工作提出了"五个不得"的规定。这"五个不得"规定独立学院不得擅自超计划招生;不得委托任何中介机构组织生源或进行录取工作;不得向学生收取国家规定的收费项目和标准以外的任何费用等,可是具体的落实情况让人很是担忧。可见,以上问题存在的原因固然是多方面的,立法的或缺性是其主要因素。正因为在立法上存在或缺性,被一些独立学院钻了空子,使得在二者的关系上政府的支持与独立学院的配合出现异化。同时,独立学院的创办过程中还表现出政策导向不明朗的特点,这种特点主要表现在社会力量对创办独立学院所产生较高的回报率的热切期望,从而导致多数具备创办资格的主体一哄而上,我们不可否定政府创办更大规模高等教育的正确导向,但也不可避免一部分办学主体的投机钻营,加上这些创办者可以利用《促进法》有关合理回报的模糊性规定和政府监管体制缺位的漏洞,大肆敛财和转移资产,最终造成严重的后果。同时,政策导向的不明朗还会导致独立学院教育资源在区域间的分布不平衡,表现出东部发展较快而西部发展趋于缓慢的现实状况。

2. "管理"的落后性

我国的独立学院是在继承母校的优势学科和特色专业之上而兴办起来的，这就导致其在培养目标和专业设置上与母校具有雷同的现象，同时在管理方式上也存在过分的"复制"效应。据统计，仅湖北省17所省属高校举办的20所独立学院中，专业与母体高校的雷同率超过96%；有13所独立学院的专业与母体高校完全相同（马陆亭，2004）。这种现象的存在，导致在独立学院的办学初期，由于其所颁发的文凭与母体高校并无差别，吸引了大量对母体高校趋之如鹜的考生报考。但随着教育法规的不断完善，国家规定独立学院应独自颁发文凭，这样一来，原来的整体复制模式便表现出很多弊端。目前，我国独立学院的管理中主要存在着"冒牌"与"贴牌"现象。"冒牌"的独立学院就是那种假借名牌大学的旗号而设立的民办大学，有名无实，搞虚假主义。"贴牌"的独立学院是指有些民办院校打出与普通高校合作之名而兴办的学校，以此方式提高其知名度，实际是与所标明的普通高校并无太多联系的办学模式。在笔者看来，"冒牌"独立学院侵占了公办学校的教育资源，对公办学校的声誉造成不良的影响；"贴牌"独立学院则是"圈钱圈地"的商业行为，高学费并没有与优质教育挂钩。对此，《办法》中对独立学院办学的独立性提出了更高要求，这具有很现实的意义。其中有一条就明确规定了申办方与合作方的办学资格，要求合作方需具备较强的经济实力。加之，由于受到当前浮躁社会风气的影响，独立学院的办学宗旨表现出偏离最初轨迹的趋势，不少独立学院为了增加生源、提升排名而作出某些不理智的行为，这一切都对独立学院的健康发展造成隐患。为了解决这些问题，教育主管部门出台了若干以学术及教学管理为主的规定。但问题是，如果教育部所出台的各项规定是缺乏理性和不具考量价值的，那这些规定的存在就形同虚设，更不要提会对规范独立学院的办学产生怎样积极的影响。可见，一些独立学院所存在的上述问题，就国家管理而言，尽管在出台的一系列法律、法规和行政规章中有明确的规定，但"变化跟不上形势"，其管理落后于独立学院发展的形势。相应地，作为被管理者的独立学院出现一些违规的行为就在所难免，独立学院与政府的配合便出现异化。

（三）二者博弈

独立学院与政府部门有着紧密的关系，独立学院是在政府的大力支持下应时而生的，政府应为独立学院的发展创造条件，反之独立学院也应响应政府号召，为国家培养合格的应用型人才，最终促进国民经济的发展。政府推动独立学院的创建与发展，是顺应国家宏观政策的正确选择，也是独立学院壮大自身力量的有效方式。独立学院与政府部门究竟是什么样的关系呢，二者是相互促进还是相互制约，还是促进中又有着制约呢？

1. "立法"中的博弈

无论是公办学校还是民办学校，都离不开政府的扶持。公办学校和民办学校都会在不同程度上收到政府部门的拨款，只是资金多少不同而已。当然，政府对公办学校还是民办学校的扶持不仅限于资金的扶持，还包括学校建校所用的土地、校园基础设施的扶持等。独立学院作为我国高等教育办学机构的一种形式，同样离不开政府的支持或扶持。然而，政府到底以什么样的形式、什么样的比例去扶持独立学院的发展都是以法律为依据的。政府作为社会的管理机构，既有"公共性"的一面，要秉持持公共利益的最大化（亦即"公共人"）；又有"自利性"的一面，难免会从自身着想（亦即"经济人"或"经济人化"）。独立学院也一样，既有"公共性"的一面，要扩大公共利益的最大化（亦即"公共人"）；又有为自身着想的一面（亦即"经济人"或"经济人化"），通过办学来实现自身利益的最大化。政府与独立学院究竟"公共人"多一些，还是"经济人"或"经济人化"多一些，或者兼而有之？可以透过法律的博弈进一步分析：我国的《教育法》和《高等教育法》，分别于1995年与1999年施行，两部法规与时代脱节之处并不多，但由于这两部法律规中的条例都比较原则、笼统，在高校管理及司法实践中实用性较差。而与高校管理及高校学生有着密切关系的《学位条例》《高等学校学生行为准则》中对独立学院的规定则几乎没有，在当时独立学院已经兴办，为什么没有一部像样的法律来为其服务呢？其原因就是政府对于这样的一个新生事物抱有一种隔岸观火的心态。2013年将有可能成为中央政府要求独立学院真正"独立"的"元年"。在此之前，从2002年通过的《促进法》、2003年的《意见》、2004年施行的《促进法条例》、2006年国务院办公厅印发的《通知》及2007年年初教育部颁布的《规定》中，呈现出"政府规定政府的，独立学院办自己的"现象。需要强调的是，我国宪法规定了公民具有接受教育的权利，同时也规定了政府为公民提供教育的义务，我国政府作为公共利益的代表，有能力也有义务兴办各类学校，以保证公民的受教育权利依法得到落实。近年来，随着我国教育事业的不断发展，人民的受教育需求表现得更为强烈，针对此问题，政府应予以重视。（罗红霞和杨彩，2008）于是，在独立学院的发展过程中给予其一定程度的扶持便显得尤为紧迫。独立学院作为独立的法人团体，应努力发挥自身优势，引入市场机制，发挥灵活的办学机制。政府作为教育的主体，应积极配合，出台相关法律法规，引导独立学院实现健康有效的发展，为独立学院的发展提供一个良好的外部环境，以便达到广纳贤才，发展各类教育事业的目的。

2. "管理"中的博弈

独立学院经过近些年的发展已经取得了有效的成果，政府在推动独立学院的发展过程中具有十分重要的作用，一方面，政府作为实施教育事业的主体，有效引导了独立学院的建学机制；但是另一方面，由于固有的旧教育体制的影响，独立学院在其发展过程中也表现出一定的弊端，如对于独立学院的管理缺乏科学有效的体系建设，没能对独立学院的发展做出长期有效的规划，加之管理目标不确定，这些都在一定程度上影响和制约了独立学院的健康发展。前面分析了政府与独立学院一样，既要秉持公共利益的最大化（亦即"公共人"）；又难免会从自身着想（亦即"经济人"或"经济人化"）。然而，究竟"公共人"多一些，还是"经济人"或"经济人化"多一些，或者兼而有之？在政府对独立学院的管理中这一点是我们必须考虑的。作为政府而言，办学的出发点应该是既要保障独立学院的正常办学，又要兼顾到投资方的权益。因为在独立学院的创办过程中，对于政府和独立学院而言都是双赢的事情，但独立学院也面对着自身办学的压力，害怕不好给政府交差，如若管理不好，政府自然要拿举办高校试问。更重要的是，政府与独立学院出于不同利益立场，公开进行博弈，在管理方面：政府认为管得越多越好，只有管得多，独立学院才能按照政府所期望的路径来发展；而独立学院却希望政府管得越少越好，独立学院希望发展出自己的特色，这样很容易使得权力中心的意愿政策供给与独立学院对政策创新的需求不一，致使政策执行缺乏约束性，导致"独立令"与"转设令"等政策受到独立学院的消极执行。

在独立学院兴建的初期，它是顺应我国社会发展和日益增多的高等教育需求而产生的，在一定程度上得到了政府的支持，但是由于对新生事物缺乏充分有效的认识和管理，独立学院在招生政策上存在着一定程度的不合理现象。有些独立学院为了增加生源，不惜降分录取，致使其生源质量偏低，或者实行低投入、高学费的教育不对等现象，这种种行为都对独立学院的健康发展产生了不良影响与后果。政府第一次下达针对独立学院办学模式的指导性文件，是 2003 年教育部出台的《关于规范并加强普通高校以新的机制和模式试办独立学院管理的若干意见》，这部法规的颁布距离独立学院的出现已经是四年之后了。可见，政府在对独立学院政策调控管理方面存在着比较严重的滞后性。直到 2008 年 3 月教育部才再次出台了《独立学院设置与管理办法》，进一步对独立学院的管理与建设做了规定，可以看出政府对独立学院的管理是落后性中又不断创新，但在创新的过程中伴随着滞后性。

本书认为，政府对独立学院的管理与调控应该是同步进行的，在发展独立学院的过程中，政府应该出台相关政策在制度层面完成对于独立学院的宏观调控。独立学院的产生和发展具有其历史必然性，是扩大我国高等教育资源的有效方式之一，也正因为如此，政府出台的各项政策就更应具有时代前沿性和教学的指导性，要为独立学院的发展指明方向，确保独立学院走上良性的发展道路，在整个过程中政府要起到正确的引导作用。

二、独立学院与普通本科高校的博弈

独立学院的产生、发展经历了从低级阶段到初级阶段，再到中级阶段的艰难过程，最终必将走向其发展的高级阶段，即纯独立学院阶段。纵观整个独立学院的发展史，就是对我国高等教育层层深入真实写照的一个详细回顾过程，是我国教育机构充分利用社会力量办学、推动高等教育大众化的生动写照。独立学院的发展势必与我国发展已久的普通本科高校发生竞争，下面我们主要从二者的应然、实然，以及二者间的博弈来分析独立学院与普通高校间的博弈。

(一)应然要求

普通本科高校与独立学院的发展过程中，根据我国相关政策的规定，普通高校进行的是一种"宽口径、厚基础"的本科阶段研究型教育；独立学院进行的是一种"强能力、广应用"的教育模式，突出对学生的实际应用能力的培养。可以说二者从最初的教学地位就是不同的，自然对学生管理的方式也就不同，下文对具体内容做进一步介绍。

1. "教学定位"的要求

普通本科高校的"宽口径、厚基础"诉求，即"厚基础、宽口径"的"A"型人才培养模式是我国当前高等教育的主要模式和教学目标。对于这类型人才的培养，需要具备以下两方面的条件。①改革教学体制，培养出更多具有高素质的人才。首先应确认硬件条件是否到位，要解放思想改变观念，以市场为导向，发展相关技术性强、应用性强的专业。在此基础上，应努力做到拓宽专业口径，加深不同学科之间的混合培养模式，并且改进教学手段，注重提高学生的实践能力，优化课程体系，为多栖人才的培养打造一个坚实的基础。②尊重人才，因材施教。人才的成长具有其特定的规律，高校在人才培养的过程中应该有效地发掘每个学生所具有的特质，全方位培养，使其长处得到发挥，短板也得到有效地补充。较之于传统的教育体制，普通本科高校的问题在于没能够注意到人才的成长规律，这在当前的社会环境下是需要得到改进的。不尊重人才，不因材施教，就是对教育资源的极大浪费，也是对学生的不负责任，长此以往，必将影响到我国高等教育整体质量的提高，造成教育的短视，偏离教育的本质（郭慧卿和张明嘉，2010）。因此，我们应该在以上两方面引起注意并加以改进，以便培养出更多更好适应社会需求的人才。

独立学院"强能力、广应用"的教学模式诉求。教育部在2007年3月出台的《普通高等学校独立学院教育工作合格评估指标体系》中明确指出，独立学院应确立"培养具有创新精神和实践能力的应用型人才的目标定位"。首先，独立学院作为一种有效的办学机制，应该明确其人才培养目标，以便构建与之相适应的培养模式，这是独立学院办学过程中首先要解决好的问题。在利用好母体高校的优质资源的同时，考虑到自身的实际情况，办出特色，办出水平。其次，考虑到独立学院的生源与普通本科高校存在一定的差距，因此，在培养学生的目标计划中，应以培养适应市场需求的应用型人才为主，强调学生培养与市场需求的对应，以就业为导向，注重实际动手能力的提高，增强学生的就业竞争力。随着我国经济的快速发展，社会在需求学术型人才的同时，对于应用型人才的需求也在不断的扩大，因此，独立学院在人才培养的模式中应充分发挥自身的优势，以培养社会所需的人才，并积极增强人才与社会需求的匹配度，紧密结合地方经济特点和社会发展需求，结合自身办学条件与办学功能，找到人才培养模式与社会发展匹配度最高的突破点，以社会发展为导向，对社会所需人才做到准确定位和把握，在设立自身优势学科和专业的基础上，真正做到扬长避短，独具特色，使独立学院成为我国高等教育培养应用型人才的主要机构（周开杨，2010）。最后，在独立学院的办学过程中要秉持"素质为本、能力为重"的教育理念，以提高学生的知识、能力、精神面貌为切入点，以"技能型""应用型"为目标，努力做到因材施教，在保证其专业技能合格的前提下，鼓励学生个性的发展，提高教学的质量与学生的市场竞争力（刘力和贾海英，2003）。

2. "学生管理"的要求

普通本科高校对学生的管理主要以学分制为主，目前我国多数高校都已试行学分制。实践证明，学分制对于提高学生的学习积极性和主动性都具有十分显著的作用。当前，我国教育体制进一步完善，教学设施得到有效改善，招生制度也更加合理，这种种迹象都为培养新型的"A"型人才创造了条件，同时也为进一步实施学分制提供了便利环境。通过实行学分制，可以在因材施教中使优秀人才脱颖而出，同时也有利于学校以此设立各种有效课程，在增加知识理论的基础上提高学生的应用能力，不仅追求知识体系的系统性、完整性，而且增强教学的实用性，使得教学更有针对性，教学体系更加完整。

独立学院的管理侧重于学生培养模式的控制，要在搭建有效课程教学评价体系的同时，做到教学和考核的有效对应，以确保教学质量。具体地说，应该努力做好以下几方面的工作。①完善制度建设，确保教学管理工作有效进行。要做到用制度来完善管理，持续改进，并且不断规范教学活动。②注重对教学过程的动态化管理。尽快建立评价教师的教学效能指标体系，让每位教师的教学整合到一个系统的体系中，以便检查和评估，使教师的竞争意识逐步得到提高。③实现对教学过程的质量评估和检查。目前，在对教学过程的检查和评估工作中，由于缺乏科学、具体的评价标准，很容易使评估检查流于形式，这一方面的工作要努力推进，使评估工作有据可循。④实施教学与考试分离，激发教师和学生的积极性，实现提高教学质量的目的。教学质量监控与保障，通过学生评教制度的实施，加之以教学督导制度和教学检查的有效结合，使得教学的各个环节都有相应的衡量标准，最终达到使教师的主要精力投入到课堂教学中来的目的。

（二）实然状况

独立学院与其他普通本科高校同属国民高等教育系列，从公共产品供给理论看，前者属于准公共产品，后者则属于纯公共产品。它们之间有共性也有差异，而差异才能主要体现出二者的优势，独立学院与普通高校在市场这一经济发展产物的刺激下，在很多问题上都出现了"理不清"的问题。

1. "教学定位"的摇摆

随着高等教育改革的不断深入，各高校都针对知识经济时代对人才的需求特点而相应地整改其教学系统，独立学院与普通本科高校也不甘落后，但二者在竞争中却出现了迷失"自我"的现象。在教学定位上摇摆不定，主要表现在对人才培养的目标上，独立学院的举办方、独立学院、投资方持有不同的观点。有些独立学院直接照搬母体高校的培养目标和专业设置，而忽略了自身生源的限制，最终使其所培养的学生质量受到了严重的影响。而投资方则出于自身利益考虑，希望通过提高学生学费的方式来谋取自身的利益，更加注重所培养学生的应用型素质，而忽略了相应理论知识的储备学习，这样布局独立学院的教育管理所导致的后果就是独立学院自身的发展步履维艰，教育质量偏低。因此，要努力协调好举办方、独立学院、投资方三方的互动关系，努力在人才的培养模式方面达成一致意见。普通本科高校管理的侧重点在于推进课程体系改革的重要性。针对实施一年与三年，或是两年与两年的实践教学任务，各学校有不同的选择方案。有些学校主张打破学科划分界限，不分文理统一学习基础课程，加之以不同形式的讲座，使得学生的综合素质得到提高，在学习基础课程的基础上再进行专业划分，使得学有所得，学有所爱。除此之外，独立学院与普通本科教育相比还存在着师资定位不足的问题。当下我国绝大多数独立学院都存在着教师数量不足和教学质量偏低的问题，而且兼职教师比例较大。尤其突出的表现在独立学院的师资中，很多独立学院的任课老师都来源于母体高校或是其他普通高校，呈现出校外兼职的状况。由于社会对独立学院的承认度不高，教师待遇等问题的存在，独立学院的师资便显得更为单薄，很多学校存在找不到老师的现象。同时，考虑到独立学院的科研环境和发展前景，很多优秀的博硕士毕业生放弃了去独立学院任职的机会，由此以来，独立学院为了稳固其教学工作，不得不降低门槛招聘资质较低的老师来校任职，这在一定程度上影响了独立学院自身的发展（苗玉宁，2011）。

2. "学生管理"的误区

我国普通本科高校的管理误区，主要表现在对犯错学生的处分方面。目前，我国有两部法律涉及高校学生的管理，它们是分别于 1989 年与 1990 年颁布的《高等学校学生行为准则》与《普通高等学校学生管理规定》。我国高等学校的管理条例一般都以这两部法规为基础而设定，但笔者查阅相关高等院校学生管理条例细则后发现，大多数高校的学生管理规定都呈现出抽象、笼统、粗糙的特征。有些高校对犯错学生的处罚缺乏法律依据，本身就很难让人信服。例如，有些学校规定，对于考试作弊的学生处以勒令退学或是开除学籍的处分，其实仔细看来，这些处罚是不尽合理的。按照《普通高等学校学生管理规定》第十二条的规定：对于"考试作弊的，应予以纪律处分"，第二十九条规定应予退学的十种情形之中，并没有不遵守考场纪律或作弊应予退学的规定。有些学校的处罚管理规定更是让人目瞪口呆，如某独立学院就规定考试排在末尾的学生实行淘汰制。暂且不说这样做可行与否，在我国现存的教育体制下，一个学生被培养到本科层次要消耗的各种资源不计其数，这样的处罚对于学生来讲可以说其前途毁于一旦。以上规定，其实是与培养合格的本科人才背道而驰的，其所造成的严重后果不但是毁掉了一个学生的前途，更加否定了我国高等教育事业的公平性，而且容易在实际的操作中发生侵犯学生权益的情况。这种管理上的另一个误区表现在，独立学院创办初期都有依托母体高校的趋势，在创办初期，以母体高校为蓝本设立自己的教学模式与行政机构是可以理解的，但是，随着近些年来独立学的快速发展和我国高等教育体制改革的不断推进，国家已出台相关政策明确规定独立学院的办学办法和应遵循的规章制度，因此，独立学院应该大胆创新，出台具有独立特质的教育目标与管理体制，在不违反国家相关教育法规的基础上，完善管理体制，使其以特色求发展的办学理念得到推广。（钟定铭等，2008）

（三）二者博弈

独立学院与普通本科高校存在着诸多差异，而这种差异又由其自身的定性、定位所决定，如果不从各自的立场出发，盲目、片面地"复制"，就是以己之短而取他人之长，到头来只能是"东施效颦"。在教育这块市场上，普通本科高校在"宽口径、厚基础"上具有自己雄厚的实力、品牌优势等优质资源，而独立学院在"强能力、广应用"上尽管目前还不能与一些职业高校和民办高校相提并论，但却有普通本科高校所不具有的优势，如果非要去动普通本科高校的这块"奶酪"，其发展前景可想而知。

1. "教学定位"的博弈

普通高校在实际发展的过程中过于注重对于学生理论素质的培养而忽略了对学生实

际动手能力的关注，而独立学院又过于强调应用型人才的培养而忽视了对学生理论素质的提高。由以上分析可得出，高等院校的培养层次是较高的，提出要发展高层次、高素质的人才，注重培养学生的创新精神，坚持"宽口径，厚基础"的人才培养理念，以提高学生的质量。而独立学院更加强调培养应用型人才，对独立学院而言，无论他们的组织者是重点大学还是普通大学，在一般情况下，都存在着生源质量偏低的问题。目前，我国的招生机制和社会对独立学院的接受程度都普遍较低，甚至不能与各大高校相比，独立学院在全国范围内基本上安排在第三个批次招生，学生质量与排在第一、二批次的学生质量有明显差距。独立学院的学生大部分来自城市和城镇，除了少数学生在高考中失误，普遍都是学习不够优秀的学生。这些学生虽然普遍存在学习习惯较差，学习基础不够扎实的问题，但是这些学生思想较活跃，兴趣广泛，思维发散性更高，并且具有很强地接受新事物的能力，这就为独立学院人才培养应注重"因材施教"，更注重学生的个性发展提供了条件。基于此，独立学院要努力探索建立不同于传统本科院校人才培养目标和质量评价体系，突出学生的个性发展，注重培养学生的人际沟通能力，组织能力，实际操作技能，以便更好地激发每个学生的潜能，并把这种培养模式变成独立学院定位人才培养的目标，体现在具体的人员培训计划中。通过建立适当的教育体制，明确专业核心课程，调整和优化学科和教学内容，开设特色课程等方式，创造条件培养各种学生。

由于独立学院与普通高校博弈主体双方的立场不同，在我国教育事业中的地位不同，招生生源存在差距等现实条件的限制，双方应该根据学生的质量差异制订恰当的人才培养方案。若要在更大的程度上实现人才的优质培养，各类院校就要因地制宜地出台与自己学校情况相符的培养模式，加强理论学习，落实培养计划。同时，这也是普通高校与独立学院达到双方办学成果共赢的基础。独立学院人才培养的目标，不仅要适应市场经济发展的需要，还要从实际出发，结合本校实际情况处理好通识教育基础、学科基础、专业主干与专业方向课程的关系。努力协调好理论与实践、主干学科与相关学科的关系，要注重学生学以致用的能力培养，增强所学知识的系统性和整体性，提高课程的综合化程度。

2. "学生管理"的博弈

独立学院与普通高校作为我国推进高等教育大众化历程中的重要组成部分应互相配合，发挥各自所长与办学优势，因材施教，避免办学过程中的盲目性和跟风现象。独立学院作为高等教育的重要组成部分应充分利用其优势。因为很多独立学院是由民办高校发展而来的，可充分发挥其应用技术培养方面的优势，强强联合，优势互补，突出自身的办学特色，以市场为导向，促进学生跟学校教育的共同发展。在学生管理上独立学院应加强以下几个方面的工作。第一，在专业方向上要面向市场，主动适应区域产业结构的调整，强调并突出专业设置的针对性和应用性。第二，要以培养学生实践能力为出发点设置课程体系。具体可采取"学科基础模块"与"专业方向模块"相结合的模式。在"学科基础模块"上设置"公共课程"和"学科课程"两个平台，主要对学生进行基础知识教育、基本技能的训练、基本应用能力和素质的培养；在"专业方向模块"上设置"专业理论课程"与"实践课程"两个平台，强调对学生二次创新和实践能力的培养。而普通高校更要秉持国家早已制定的办学政策，稳中求胜，在研究型大学中适应经济体制的需要，更加注重学生实际操作能力的培养，避免纸上谈兵，为社会提供合格的学生产品，以促进我国教育事业的发展和经济的腾飞。在学生管理上，各大普通本科高校也在积极探索，比较成功的经验有湖南科技学院的"1＋2"模式、南京大学的"三位一体模式"等。随着经济的高速发展和社会对人才渴求程度的不断提高，高等教育的教育模式一定要适应社会发展的整体趋势，让学生的所学能够有效与社会需求吻合，以便灵活应对工作中遇见的问题，从而促进高等教育的长期稳定和可持续发展。

三、独立学院与高等职业技术学院的博弈

独立学院与高等职业技术学院，都是为发展我国高等教育，引入市场竞争机制，投资主体多元化的结果，他们与作为主力军的公办高等教育学校所担负的培养"科研型"和"应用型"人才的重任相比，存在着自己独特的优势。经过多年来实践的不断检验和社会对于人才的接纳程度，独立学院与高等职业技术学院的发展也不断壮大，二者都已形成较为完善的人才培养模式，教育理念、教育思路都呈现出日益清晰的趋势。以下我们主要从二者的应然要求、实然状况及实然与应然的对比分析二者的博弈。

（一）应然要求

应然状态下，独立学院应在巩固学生基础知识的基础上拓展期动手能力，增强其在实际工作中的应用性。而职业技术学院本身就是以培养具有专业技术能力，能在专业部门担当一定职位的专业技术人员的教育机构，下面就其具体内容做一详细介绍。

1. 全面认识其"发展"

独立学院应用型本科教育的培养目标是，对口现代高新技术产业，在一些一线产业，如制造工程、建设、服务业，培养直接解决实际问题的高等技术型专业人才。应用型大学的培养模式有别于学术型与研究型，它更多的是一种定位在以理论教学为主导，又注重培养学生的实际应用能力的办学模式。因此，为了有效应对经济发展过程中对人才的需求状况，独立学院在人才的培养过程中更加倾向于应用型人才的培养模式，这与独立学院担负着为当地的经济发展培养应用型人才的责任相对应。独立学院可以在此模式的指导下，建立实验室、校内实训基地、企业实训基地三者组成并相互渗透的实习应用体系，加深学生的实践与操作能力。由此看来，校企结合，产学研结合才是独立学院培养人才的独特优势。相对于独立学院，教育部对高等职业教育则明确提出，要推进其思想的转变；坚持"以服务为宗旨、以就业为导向"的高职教育办学方针，积极推动高职教育从计划培养向市场驱动转变，从政府直接管理向宏观引导转变，从传统的升学导向向就业导向转变。（唐林伟，2010）在办学原则上，我国高职教育采取多种形式、多种机制、多种模式。这一举措有利于充分利用我国现有的高等教育资源，促进我国高等职业教育的良性发展。现阶段，我国举办高等职业教育的形式有：短期职业大学、职业技术学院、普通高等专科学校、独立设置的成人高校、本科院校内设立的高等职业教育机构、具有高等学历教育资格的民办高校等。

　　独立学院应用型、复合型人才培养目标较之于高等职业教育应用型人才培养目标来看，二者有相似之处，但是不同的学者持有不同的态度。有的学者认为，独立学院是在其母体高校的基础上发展而来，它带有一种很明显的高等职业教育本科化的特点。另一些学者认为，独立学院具有高等职业教育的性质，是为国家一线产业培养合格的高技术人才。大多数学者则认为，独立学院与高等职业技术学院是有区别的，这个区别就表现在，高等职业技术学院的学生毕业后大部分从事灰领产业，而独立学院的毕业生则是处在介于白领与灰领间的就业地带。因此，从这个角度出发，独立学院在人才的培养上应进行更高规格的教育，以培养具有素质高，创新力强的人才为目标。这个目标具有很强的导向性和规范性，划清了独立学院与高等技术学校的界限，赋予了独立技术学院更高的历史使命，确立了其培养更高层次人才的目标，为独立学院的发展指明了方向。

2. 适度突出其"技能"

　　独立学院人才培养体系的核心是突出应用型。较之于高等职业技术学院，独立学院应拓宽其专科口径，在培养人才的初期，注重学生理论知识的学习，在普及通识教育的基础上渗透专业课程的学习，因材施教，通过学生自己的兴趣和学校的培养方向，最后确定其大专业下的小专业选择。这样做不但可以使学生获得扎实的理论基础，还可以提高其操作能力，同时，有效地对口支援当地市场经济建设，填补人才空缺，实现学校与社会办学团体双方的共赢。另外，在独立学院人才的培养过程中，一定要注意培养其实际操作能力，学校应开设相关课程，实现课内与课外教学的有效融合，拓展学生将知识应用于具体实践的能力，强调学生在基础教育环节、专业教育环节、专业方向选定环节、实践教学环节等各个教学步骤中逐个突破，稳扎稳打，促进学生应用型能力的培养，最终拓宽其就业渠道，适应市场对人才的需求。（徐妍和王春云，2010）

　　高等职业教育一定要在保证其输出学生质量的基础上，探索与之相对应的培养模式。所培养学生的质量，是指学生学成后适应社会的能力和被社会所接纳的程度，具体的指标就表现在学生的就业率、就业方向、就业去向等方面。高等职业教育应该摒弃传统的教学质量观，不能一味地只注重学生的理论知识水平而忽略了其技术技能的培养。在职业教育教学过程中应该以理论知识适应职业发展为起点，突出对人才的实用型和技能型的培养，逐步形成全面的人才培养体系，以提高办学质量并得到社会的认可。具体做法是，在教育模式方面，要以技术学科课程和综合学科课程为主，辅之以一定数量的一般学科课程，突出高等职业教育的特色，明确培养学生实践技能的硬性要求，使得职业教育的目标与社会需求相吻合，以便提高学生的就业水平，达到一毕业就能上岗的局面。高等职业教育作为职业教育的高等阶段，应具备更加完整的培养体系，其毕业生应具备更高的理论分析能力和实践操作能力。这就要求教师在教的过程中把握好授课的程度，坚持"必须，够用"的原则，在理论上确保学生所学具有系统性和完整性，在教学主体方面保证其专业度和敬业性，运用灵活有效的方式进行授课，注意教学方法和手段，综合各种教学方式的混合运用，如将现场教学和案例教学相结合，适当的加入讨论式教学，增加教学的深度和广度，提高教学的质量。（刘兰明，2004）总之，高等职业教育作为我国高等教育的重要组成部分，应担当起培养与社会生产力相匹配的技能型人才的重任，努力提高办学质量，突出技能教育的教育理念，为我国的经济建设储备合格的技能型人才。

(二)实然状况

在独立学院与职业技术学院的实然教育状态中，呈现出各种与应然状态不相符的情况。由于独立学院固有矛盾的存在，导致了其在学科建设和课程设置上的缺陷，这在一定程度上影响了独立学院办学质量与学生产品的产出。同时，高等职业技术学院在市场的错误导向下，表现出一定的功利性，忽略了其培养专业技术人才的使命，这些都与其应然状态想背离。

1."发展认识"中的不足

独立学院发展过程中，认识的不足主要表现在对课程体系的设置方面，没能够很好地按照应用型人才的培养模式进行有效设定，具体地说，主要表现在以下几个方面。①重视理论学习，忽视实践应用。由于独立学院经费不足且缺乏必要的实践场所，在实际的教学中往往忽视了对学生实际动手能力的培养。独立学院的教学目标是培养应用型人才，如果放松了其实践环节的教学，势必会影响到学生的质量。②必修课程比例较大，选修课程较少。独立学院的课程设置与母体高校存在很大的一致性，没能突出自己的培养特色，忽视了自身培养应用型人才的教学目标。母体高校的培养层次高于独立学院，注重学生学术型能力的培养；而独立学院的培养目标应是在理论培养的基础上更加注重实践能力的提高，这样依托于母体高校而进行的相似课程设置不利于独立学院教学目标的实现。由于师资资源的限制，独立学院选修课程的设置还呈现出少于母体高校的现象。这些不仅不利于独立学院培养社会所需应用型人才目标的实现，而且会抹杀学生学习的积极性和创新能力的开拓。③课程内容过时。独立学院课程知识结构单一，且设置与母体高校没有差别。加之一些教师在教学过程中习惯从概念、理论出发去传授一些已失去新意的知识、理论，忽略了对于交叉学科知识的传播，而且课程体系与结构过于理论化，缺乏与实际的联系，从而造成相关课程内容缺乏实用性与操作性。

对我国高等职业教育发展过程中认识的不足主要表现在三个方面的"不到位"。一是政策落实不到位。国务院的《国务院关于大力推进职业教育改革与发展的决定》和七部委的文件都提出："省级政府要制定本地区职业院校学生人均经费标准并督促职业院校举办者按标准投入经费。"但目前，这一政策的落实情况不容乐观。由于政府、社会、学生及其家长对高等职业教育认识的不到位，在一定程度上忽视了对政策落实情况的监督。同时，有关部门对政策落实情况未出台有效的考核办法，使得一部分高等职业教育的组织者钻了空子，放松了对相关政策的实施贯彻。二是经费投入不到位。经费投入不到位主要表现在国家教育经费在高等教育和高等职业教育间的划分存在差距，高等教育经费的投入量要远远高于高等职业教育的投入量。同时，由于地区经济发展的不平衡，这种差距还表现在各省份在高等职业教育经费的投入上。另外，对比各省份生均教育经费的投入，高等职业教育的投入量与高等教育相比也存在较大的差距，并且这种差距还呈现出进一步拉大的趋势。三是服务不到位。高等职业教育无法满足社会对高技术人才的需

求，同时高等职业技术学院的学生在奖学金补助和招生就业等学校相关工作中也表现出不完善。（付林，2009）

2. "人才培养"中的盲目

独立学院对其学生的培养，很大程度上依托于母体高校。独立学院的相当一部分教师都来源于母体高校，因此，教师在授课程度上与母体高校是没有区别的。但是较于普通高校的学生生源，独立学院的学生质量偏低，这在一定程度上就影响了授课的效果，以同样的方式教学，学生的接受程度便存在些许的差异。再者，承担独立学院教学任务的老师由于工作繁重，很难为独立学院的学生专门设定一套适合他们的教学方法，这种种都在一定程度上影响了独立学院培养应用型人才的目标的实现。就拿独立学院的专业设置来说，大部分独立学院的专业设置都与母体高校相同，产生对母体高校的过分依赖，这一方面降低了其办学的成本，另一方面又成为阻碍独立学院发展的诱因，使得教育成本无法得到合理的体现，办学结余过剩，独立学院的合作方从中获得了过量的回报，这种种都影响到了独立学院自身发展的后劲。

高等职业技术学院以社会需求为导向进行办学，有其长远的意义。但是，这并不等同于为社会培养高级劳动工具，这样的认识有悖于高等职业教育的办学初衷。现实社会中，人们往往认为高等职业技术学院的学生就是去工厂从事较低级的机械工作，他们不需要懂得太多的理论知识，只是工厂流水线上一个固定的操作人员，干不需要太高技术含量的工作。不可否认，在很大程度上，高等职业技术学院的学生都是奔着学一门手艺以求能够养家糊口而去，而且高等职业技术学院的学生多半来自家庭状况较差的家庭，他们对于一份能够维持生计的工作有着更迫切的需求，教育与个人的生计成为人们接受职业教育的重点。如果将高等职业教育看做一种谋生教育，是有一定的道理的，这也是由我国正处于社会主义初级阶段的国情所决定的。但是，教育不仅仅是要教会学生谋生的手段，更是要教会他们为人处世的道理，应该在学习文化知识的同时，给与他们精神上的正确引导。由此看来，职业教育作为一种谋生教育的同时，也不能忽视对学生的人文关怀，做到对学生全方位的引导。（王明伦，2008）鉴于此，高等职业教育在培养人才的同时，应帮助他们树立正确的价值观，给予学生正确的职业引导，在学生入学初期就加入就业指导的相关课程，主动帮助其分析就业形势，激发学生的学习热情，使其对整个就业形势有一个全面的了解。这样做的结果，一方面，完善了高等职业技术学院自身的培养体系；另一方面，也有助于学生对所学专业的进一步认识和了解，充分挖掘双方的优势和长处，使高等职业教育的发展达到一个新的高度。

（三）二者博弈

从以上分析我们看出，在独立学院的发展过程中，其重理论而轻应用，过份强调专业的设置而忽略了其应用型大学建设的内在要求。而高等职业技术学院又太重视对于学生实际动手操作能力的培训而忽视了对其基本知识理论素养的培育，在一定程度上造成了所培养学生产品的缺陷。独立学院与高等职业技术学院的区别属于本科教育与专科教育的区别，在都重视学生的实际动手能力培养的基础上，独立学院的教育更具综合性，教育层面更高。一方面，与高等职业技术学院相比，独立学院作为一种新生的教育形式在一定程度上具有它的优势，是本科层次的技术教育；而另一方面，独立学院又处于普通高校与高等职业技术学院的夹缝中，所以怎么样寻求出最适合自身的发展道路便是很客观很现实的问题。

1. "理性发展"的博弈

独立学院与高等职业技术学院同属民办教育的范畴，双方既有竞争又有合作。一方面，二者都不同程度地承担了我国高等教育的任务，是我国高等教育走向平民化的产物；另一方面，在独立学院改制的今天，双方在生源、教学措施、教学模式上的竞争也相继展开。双方博弈的焦点在于所培养的学生具有何种等级的教育水平，是偏向于应用还是偏向于理论，还是二者兼而有之。就高等职业技术这院的专业技能培养方面，独立院校具有一定的优势，而如何发挥好这种优势就成为其博弈的着眼点。独立学院利用原本的优势建设本科层次的高等职业教育是其想要达到博弈最佳点的最优选择。在独立学院与高等职业技术学院的博弈中，要想达到双方的共赢，就必须发挥各自的优势，让强项更强，成为自己的独特优势，如此就具备了竞争的优势。

独立学院在本科层次的平台上发展高等职业教育具有得天独厚的条件。首先，从独立学院自身来讲，其具备了良好的行业背景，独立学院的投资方中不乏大公司大企业的支持，这就为独立学院人才的培养方向奠定了一定的基础。独立学院可以基于市场对人才的需求进行有针对性的教育，有效做到市场与人才供应的对接，以促进经济的发展和人才的就业。其次，在本科层面上发展职业教育，可以大大提高学生的个人素质，使他们接受更好的教育，拓宽其视野，促进产学研的结合，大大提高学生的动手能力和创新能力，为地方经济的发展卯足后劲，从而以更好的姿态服务地方经济的发展，达到学校与市场的双赢。同时，地方经济的发展还可以为独立学院培养的学生提供现成的练兵场，使学生在学习文化知识的同时能够很好的将其应用于实践中，进而巩固所学，增加实践经验，在提高了学生素质的同时，为市场培养出合格的应用型、技能型人才。（彭芳和杨晓明，2009）

对于高等职业技术学院的发展定位，可追溯到 2004 年教育部等七部委联合发布的《意见》，《意见》中明确提出职业教育发展的目标，就是要"建立具有中国特色、充满活力的职业教育体系"。因此，在高等职业教育的过程中，应努力做到以下几点。一是将高等职业教育作为一种更加独立的教育方式来发展。纵观发达国家的高等职业教育，多数国家都将高等职业教育作为一种单独的教育形式来实施，并取得了一定的成果。因此，我国也可以大胆借鉴其经验，将高等职业教育作为一种单独的人才培养模式来发展，并且在发展的过程中更加注重联系我国的具体实际。二是建构与我国国情相符的高等职业教育测评体系。我国高等职业技术学院数量众多，不同的地方由于经济发展的差异，高等职业技术学院的办学实力办学条件也表现出参差不齐，虽然很难做到统一标准，但国家应该缩小地区间的差异，加大对经济欠发达地区的教育经费的投入，为高等职业教育提供必要的资金支持。同时，我国的高等职业教育评估体制与普通高校的相近，但是由于其办学理念，办学目标等方面的差异，客观上要求高等职业教育的教育评估体系应有别于普通高等院校，这样高等职业教育才更具有自己的特色。三是尽快出台对高等职业教育的社会评价体系。高等职业教育的等级较之于普通高等教育，处在一个较低的档次，学生的质量较低，培养的方式也以技能型教育为主，这类学生的就业去向大多是工业企业，且以从事技术工作为主，学生的报酬也较低。因此，国家应建立一套完善的高等职业教育评估体系，以保证高等职业教育的质量，并对高等职业教育评价形成一个有效的平台，这个体系应当包括毕业生接受教育成才的情况，改善生活状况的情况，为地方经济建设做出贡献的情况等方面，这样，对于整个高等职业教育的教育质量便有一个清晰的考核标准，也更容易发现问题，为高等职业教育的健康发展指明方向。

2. "技能教育"的博弈

独立学院创办初期，因为缺乏经验，人才的培养模式与师资力量都依靠母体高校仿效而成，这样一方面造成了母体高校资源的紧张；另一方面，由于生源上的差异，独立学院学生的竞争力较弱，就业形势也不容乐观。这种种后果都表明，独立学院应形成与母体高校有差别的教育模式，创新发展模式，以培养出符合市场需求的人才。较之于高等职业技术学院，独立学院的教育应更加突出其应用型、技术型人才的培养目标，拓宽学生的知识深度，在培养学生具备扎实的专业知识理论的基础上，加强学生的实际动手操作能力，在这一点上，独立学院具有得天独厚的条件，鉴于独立学院的举办者中有很多都是实业企业，这不但可以为独立学院提供更加明确的与市场对应的人才需求信息，同时也为学生的校外实践提供场所。

高等职业教育以培养专科层面的人才为主，这极大地限制了高等职业技术学院的深层次发展。目前，中国的本科教育以理论型教育为主，职业教育发展层次也较低，且存在大量高等职业教育不被社会认可的现象。高等职业教育的体系也有待进一步完善，并已成为制约高等职业教育发展的关键。随着科学技术的进步，经济社会的发展，市场对高技能型人才的需求大大提高，专科层次的高等职业教育已经远远不能满足社会实际的需要。因此，我国目前急需发展本科及以上学历层次的高等职业教育，应根据社会对人才的需求比例来配置所应分配在大专、本科等不同层次的教育资源。有研究表明，我国现阶段最缺乏了两类人才：一类是拔尖创新人才，另一类是先进的应用和技术型人才。专科层次的人才已经无法满足社会需要，发展本科层次的高等技术人才，才是解决此问题的备选方案之一，高等职业教育应进行教育层次的上移，进一步延伸到本科层次，这是社会经济发展的必然选择。由此看来，独立学院发展本科层次的职业教育有其可行性，同时，这也是独立学院与高职院校博弈状态中的最佳选择。

因此，在与高等职业技术学院的博弈中，独立学院应在注重理论的基础上突出实践，增强学生的实际动手能力，以培养高级应用型本科层次人才为导向，转变办学思路，以市场为导向，培养出更多与当前社会发展需求所匹配的具有扎实动手能力的应用型、技能型本科层次人才。

第三节 独立学院的内部博弈

独立学院是我国高等教育领域中出现的办学新模式、新机制，与其母体普通高校相比，在"教育类型""教育地位""培养目标""人才模式"等诸多方面均有较大的差异；与民办高校相比，在引进市场竞争机制的基础上依附于母体高校带有较浓厚的"克隆"色彩。不管它与哪种高等教育办学模式相比较，作为一种新的办学模式要生存、求发展，总会与现存的诸多高等教育模式发生这样或那样关系，既有来自内部方面的（它与母体高校），也有来自外部方面的（它与民办高校），只有妥善处理好彼此之间的关系才能解决其生存、发展的问题。而诸多内外关系的处理，是基于各自利益博弈基础上的针锋相对谋略。在本章第二节中，介绍了基于博弈基础上独立学院与政府、普通高校和高等职业技术学院的外部博弈关系；在本节将介绍博弈基础上独立学院与母体高校和投资方，以及母体高校与投资方的内部博弈关系。其中，在内部博弈关系梳理中，尽管方法不少，但在此选择"应然"和"实然"的分析模式布局。期望借助这种哲学分析模式方法、通过这类关系的理论分析，寻觅在独立学院的举办、发展中内部问题的结症所在，并以博弈论分析之。

一、独立学院与母体高校

独立学院与母体高校，是本部分探讨独立学院内部博弈中的第一对关系。提起作为普通本科高校的母体高校多半众所皆知，但提及独立学院却相对比较陌生。独立学院是20世纪90年代末，我国为满足高等教育大众化发展的需求，由原来的"公办二级学院"或高校"分校"发展为具有独立法人资格的普通本科高等学校。不管是原来的"公办二级学院"还是后来的独立学院，均与母体高校有着千丝万缕的联系。在其联系的"应然"和"实然"梳理中，依据独立学院与母体高校在举办、管理和承办中，所涉及的管理模式、运行机制和人才培养等共性要素，发掘其存在的问题，以博弈论分析结症所在。

（一）实然状况

独立学院按照我国有关教育法规规定，一般是指具有优质教学资源和社会影响较好的普通本科高校作为申办者（亦即母体高校）结合社会力量的闲散资金而创办的一种高等教育办学机构，并不是人们通常所认为的母体普通本科高校的内涵式拓展。然而，现有的独立学院在管理模式、运行机制和人才培养等主要方面或多或少的存在着一些问题：有的所谓"独立学院"完全复制其母体高校，属于"校中校"，仍然是公立高校的办学模式；有的披着母体高校的外衣，其实与母体高校截然不同，属于"挂靠母体高校"，带有浓厚民办高校办学色彩。针对这些问题，下面拟从管理模式、运行机制和人才培养三个方面逐一梳理。

1. 管理模式中的依附性

所谓"管理模式中的依附性"，指独立学院对母体普通本科高校的依附性或依赖性很强。众所周知，根据我国教育法规中有关独立学院规定，独立学院的申办者一般都是公立的普通本科院校，这就使得独立学院与普通本科高校的关系非常密切，是其他高校间合作紧密性无法比拟的。这些普通本科高校，亦即本节提到的母体高校。普通本科高校要想申办独立学院，也是有条件要求的。对此，教育部在 2003 年《意见》中做了规定："独立学院的申请者，应为普通本科高校，申请者要对独立学院的教学和管理负责，并保证办学质量。申请者要充分发挥校本部的智力、人才资源优势，切实加强独立学院的教师队伍和管理队伍建设，建立并不断完善独立学院教学水平的监测、评估体系。"（教育部，2003）可见，《意见》对我国高等学校申办独立学院的资格及其责任做了明确规定。它作为一种新的高等教育办学机制（民营），与一般的民办高校最大的不同就在于拥有母体高校的大力支持，这势必导致独立学院无论是对学生的管理，还是对教师的聘用，都会出现过多复制其母体高校的管理模式情形。从目前独立学院的情况来看，大多数独立学院的师资多半都是来自母体高校，母体高校的很多老师都在其相应的独立学院兼职做老师，独立学院的招生很大程度上也是打着母体高校的旗帜，很多宣传资源都是直接采用母体高校的。其结果：一方面独立学院能充分利用母体高校的优质资源，会提高政府和社会对独立学院的认可度和认知度；另一方面也会使得独立学院过分依赖母体高校，而缺乏其办学的特色。因此，独立学院要想长久持续的发展，在管理模式上既要依托母体高校支持，又要有较大区别、突出一定的独立性。只有理顺与母体高校的关系，才能为具体的运行机制和人才培养创造一个良好的环境。

2.　运行机制中的雷同性

所谓"运行机制中的雷同性"，指在我国高等教育运行机制上独立学院与母体普通本科高校几乎差不多，甚至就是母体高校的"复制"。一般而言，高等教育机构的运行，总会涉及诸如师资队伍、专业课程和相关教材等教学资源。而独立学院在具体运作中所包括的师资队伍、专业课程和相关教材等，一般都是在详细了解母体高校的运作并大肆借用之后才决定的。加之，独立学院从举办开始就是完全依托母体高校而创办的，如果完全脱离母体高校，那么将很难在社会上独立生存下去。显然，这种模仿或追随母体高校的发展有利也有弊。不可否认，独立学院正因为依托母体高校会有形或无形中增加自己的品牌效应优势，非常有利于自身的举办、生存和发展，但过度地依赖母体高校或者说"无节制"榨取母体高校资源，势必在其发展中会慢慢丢失自我。一旦母体高校在"运行机制"上有何不良变化，独立学院也将很难适应。仅就独立学院开设的专业来看，很多相关资料都谈到，独立学院开设的专业多半都是其母体高校已经开设或非常类似的专业，至少在独立学院举办初期是这样。无独有偶，在师资队伍和教材选用方面也存在类似问题。这样一来，无论是专业课程还是教材选用和教师聘用，都有现成的"模版"可以套用或借用，从而降低了办学成本，这或许正是在"运行机制"上独立学院与母体高校雷同的主要原因所在。独立学院"运行机制的雷同性"究竟有何表现？这主要体现在两个方面：一是专业设置雷同，从 2013 年调研的情况来看，全国独立学院与母体高校在开设专业上的雷同率达 95％，同时独立学院的管理体制与母体高校的设置雷同率达 50％以上（徐辉和季诚钧，2006）；二是独立学院在专业开设缺乏相应的市场需求调研，盲目跟风母体高校。可见，独立学院与母体普通本科高校在日常的运行机制中存在较大的雷同性，致使独立学院陷于困惑之中。因此，在管理模式具有一定独立性的基础上，在具体的运作机制上就必须突出特殊性，成为名实相符的真正的独立学院。

3. 人才培养中的通用性

所谓"人才培养中的通用性"，指在我国高等教育人才培养上独立学院与母体普通本科高校也几乎差不多，甚至就是母体高校的"复制"。一般而言，根据我国教育法规中独立学院有关规定，独立学院办学培养人才的目标定位应该是培养"应用型高级复合型"人才，经过独立学院培养出的人才可以直接满足市场的需求，既懂理论又善于实际操作，这就是独立学院办学的初衷。但是，在实际中独立学院却很难坚持自己的初衷，似乎培养不出既懂理论又善于实际操作的人才。究其主要原因在于，独立学院的管理人员大多是直接从其母体高校过来的，管理人员的管理思维定式无形中就复制了母体高校。例如，在管理中仍然沿用普通本科高校的教学理念、培养目标、教师队伍和教学方式。尽管借用了母体高校的优质资源，但由于自身的定位是"独立"学院，尤其生源不是按照"精英化教育"而是按照"大众化教育"招收的，亦即母体本科高校是按照一本招生（最低也是二本），而独立学院则是按照三本招生，这就在客观上决定了它不可能与母体普通本科高校招收生源质量看齐，但却像普通本科高校那样注重培养"研究型"人才，"复制"母体高校的人才培养模式而呈现"通用性"。如果仍要坚持之，不出问题才是怪事。这也正是有学者所指出的独立学院办学机制的主要结症所在，也与教育部举办这类高等教育模式的初衷相违背。独立学院要想生存、发展，就必须要将自己适应性人才培养的理念铭记于心。

（二）应然要求

独立学院与母体高校的关系纠缠有一种说不清、道不明的味道，但从面临的问题而言有共同之处。无论是独立学院还是母体高校，其管理模式、运行机制和人才培养，既要受到社会环境的制约，又受制于自身条件的限制。理顺二者的关系，对研究独立学院的发展有着极其重要的意义，这里沿用上文"实然"分析模式方式仍然从管理模式、运行机制和人才培养等三个方面来分析。独立学院与母体高校在"实然"基础上应该是什么样的理想关系，才是既符合我国教育法有关独立学院规定，又符合大众对高等教育资源新的要求。

1. 管理模式中的独立性

所谓"管理模式中的独立性"，意指独立学院在与母体高校管理模式博弈中应突出独立性。众所周知，"依托母体、民办机制、独立运行"三句话十二个字，是我国教育法规有关独立学院部分对独立学院管理模式要求的精髓。这里重点分析与管理模式中"独立"相关的依托母体，独立运行。所谓"依托母体"，是指独立学院在充分了解母体高校的运行模式及培养理念后，在独立学院的办学过程中能够秉承母体高校优势的前提下发挥自己的特色，这也是独立学院与民办高校在管理模式上本质的区别。所谓"独立运行"，则是指"独立学院应具有独立的校园和基本办学设施,实施相对独立的教学组织和管理、独立进行招生、独立颁发学历证书、独立进行财务核算、应具有独立法人资格和能独立承担民事责任"(亦即"六独"),这是独立学院与"公办二级学院"或高校"分校"的本质区别。以上关于独立学院管理模式要求,在我国《高等教育法》,尤其有关独立学院的政策、法规(《意见》《法规》)中做了明文规定,既不能把独立学院办成原来的"公立二级学院"或"分校",要突出"六独",也不能办成母体高校的复制品。在解决了作为独立法人资格、能独立承担民事责任之后,在其管理模式上应突出独立性,在国外诸多民办高校中不乏成功的经验借鉴。尽管不否认在独立学院创办初期对母体高校的依赖性相对于民办高校有较强的发展优势,但这种优势随着独立学院发展的成熟就会阻碍其进一步地发展,"校中校"的弊端也就会逐渐显露出来。

2. 运行机制中的特殊性

所谓"运行机制中的特殊性",意指独立学院在其具体运行过程中应该有自己的特色,尽管独立学院是由普通公立本科高校与投资方(企业)联合举办、并依托母体高校办学,但在具体的人事、财务和教学管理等方面有时不得不依赖于母体高校,不可避免地受到办学母体高校传统思想观念、教育理念和管理体制的影响,在改革和创新方面也难以摆脱办学母体高校的牵制。由此,目前独立学院学科专业的设置和教学方式的模式都在大幅度地模仿母体高校,而忽视甚至无视独立学院自身条件和学生群体需求的差异,这在一定程度上制约了独立学院的个性发展。这都制约着独立学院探索和建立一种全新的、独立的、有效的运行机制。而这一切,显然不符合 2003 年教育部《意见》要求。在《意见》中,尽管赋予母体高校要对"独立学院的教学和管理负责,并保证办学质量",但同时明确定位独立学院是一种新的普通本科高等教育办学模式、新的机制,在作为其运行机制的师资队伍、专业设置和教材选用等方面就不能与作为普通本科高校的母体高校完全雷同,否则就失去其举办的意义。因此,独立学院要想不断发展,必须突出其特殊性,在学习母体高校提高办学水平、质量的基础上,凸显自己是时代产物的特色,增强其危机感、竞争意识和市场意识,力争做出自己的特色。在教师的聘用上,多聘请有实践经验的老师,如在一些需要大量经验积累的专业上聘请一些相关企业、科研机构的人员作为教师;在专业的设置上,必须在做好相关的市场调研的基础上开设专业。无论何种事物要想长久的生存、发展都必须具有自己独有的特色,独立学院也不例外。

3. 人才培养中的适应性

所谓"人才培养中的适应性",意指独立学院在与母体高校人才培养博弈中应突出适应性。现实中独立学院的人才培养模式过于"复制"母体高校。目前,独立学院办学的初衷都在提倡发挥自己的特色,可是在后期的办学过程中往往由于很多原因,导致独立学院似乎忘记自己的初衷,缺少了其应有的特色,不知不觉地模仿其母体高校。按照2003 年教育部《意见》精神,独立学院与母体普通本科高校之间的关系,其办学的性质决定了在诸如"教育理念""人才培养模式""专业设置""教师队伍建设""教学设备和资源"等方面,与母体高校均存在较大的差别。既不同于普通本科高校,也不同于职业技术学院。但是，母体高校不能因为作为独立学院的投资方之一，在参与独立学院创办中其出资多半是以无形资产的方式投入，而能够凭其优势所能提供的这些"人、才、物"，就对独立学院"指手画脚"。独立学院在人才培养中必须突出适应性，适应时代发展对人才的需求。正如 2008 年教育部《独立学院设置与管理办法》所指出的，独立学院是一种发展普通本科高等教育新的运行机制、新的办学模式。其举办目的，是解决大众不断增长的对高等教育的需求与高等教育供给特别是优质高等教育供给不足的矛盾；其培养人才的模式，应该是"技术应用型"而不是"科学研究型"。（教育部，2008）也就是说，在人才培养模式上，独立学院秉持"技术运用型"而不是"科学研究型"，就能与母体普通高校人才培养模式区分开来。同时，秉持"实际操作"与"理论素养"的人才培养模式结合，还能与职业技术学院注重"实际操作"的人才培养模式区分开来。如果能坚持这两个"秉持"，那么独立学院就能正真在人才培养中注重"适应性"而不是"通用性"。

（三）博弈发展

以上分析了独立学院与母体高校发展的"应然"与"实然"的状况，很明显可以看出"实然"与"应然"的差距。这种差距，反映出独立学院与母体本科高校的这种博弈的确存在，它处理的好坏，直接关系到各自今后的发展。从教育部《意见》的规定中也可以看出，独立学院的办学主体仍是普通高校，即公办本科高校，而独立学院名称前面总是冠有某某大学，并不是像其他纯民办高校那样拥有自己完全独立的名称。这表明公办大学与独立学院仍是"母子"关系，独立学院并没有完全独立，而今后这对"母子"的发展自然离不开博弈，确切的说独立学院与母体高校是在博弈中发展的。

1. 依托性与独立性相结合

所谓"依托型与独立性相结合"，简而言之就是独立学院既要依托于母体高校又要独立于母体高校而发展。众所周知，"依托"与"独立"原本就是两个相互矛盾的概念。就独立学院的发展而言，可以说就是在对母体高校的"依托"与"独立"的博弈中发展。在母体高校与独立学院关系中，前者多半期望后者的依附性；后者则多半愿意被依附。"期望依附"与"愿意依附"，就成为这对关系的交汇点。凡是独立学院举办初期都曾经历过，随着发展独立学院的独立意识逐渐萌发、觉醒，就从二者间的"期望依附"与"愿意依附"之关系，发展为"期望依附"与"不愿依附"之关系。如图 5-1 所示。（暂不考虑国家对举办独立学院的相关规定）。

举办期："期望依附"与"愿意依附"	
（母体高校）	（独立学院）
发展期："期望依附"与"不愿依附"	
（母体高校）	（独立学院）

图 5-1　独立学院的依托性与独立性博弈关系图

依据图 5-1，从人性假设角度视之，母体高校既有"公共人"的一面，为了适应我国高等教育的大众化要求，也有"经济人"的一面，把独立学院视为自己办学规模的内涵式扩张、为自身利益着想。独立学院既有"公共人"的一面，为了迎合我国高等教育的大众化、满足大众对高等教育优质资源的需求；也有"经济人"的一面，不愿始终成为母体高校的附属物，得为自身利益着想。二者在各自"经济人"心态驱使下，其双方利益博弈的结果不外乎"依附中的独立性"或者"独立中的依附性"。究竟是"依附性"多一些，还是"独立性"多一些，完全取决于双方博弈的结果。也就是说，在独立学院举办初期，与母体高校关系中"依附性与非依附性"或者"独立性与非独立性"始终存在着。尽管国家相关政策法规对举办独立学院做了明确规定，但在其具体实施中并不能抹杀这种利益博弈关系的客观存在。只有等到独立学院真正发展成脱离母体高校时，才能真正解决独立学院与母体高校"依附性与非依附性"纷争。在这之前，双方利益博弈的均衡点，应该是"依托性与独立性相结合"。而要达此目的，双方均要有意识的抑制或者放弃一些自身利益，亦即减少一些"经济人"、多一些"公共人"，才能使独立学院成为国家或社会期望的一种高等教育新的模式或新的机制。

当然，为了实现独立学院与母体高校博弈的"双赢"，以及二者在博弈中皆能发展的目的，母体高校不能将独立学院视为自己的附属品，更不能将其视为赚钱的工具；而独立学院也不能将母体高校作为靠山，独立学院与母体高校应该相互扶持、相互促进，使其发展的更科学化。

2. 学习型与创新型相结合

所谓"学习型与创新型相结合"，就是指独立学院在学习母体高校的管理模式、人才培养，尤其是具体的运行机制中要重视创新性。学习中不断创新，创新中不断学习，即"学习"与"创新"在不断博弈。但是，现实中不要说师资队伍的力量，专业设置的门类，就是与独立学院发展息息相关的人事权和财产支配权，独立学院都是在紧跟母体高校的步伐，甚至可以说人事权和财产全并没有完全掌握在自己手里，而是仍由母体高校控制。母体高校也不愿意独立学院完全独立，从而失去自己对其的行政控制权和利益分配权。这种过分学习的模式在独立学院发展初期有一定的成效，但久而久之问题就会凸显，所以我们提倡"适度"的学习，但什么样的度就是"适度"呢？这一点本节认为要结合每一所独立学院发展的特点，学习母体高校的优势，针对独立学院自己的问题具体问题具体分析，做到将自己的命运控制在自己手中。同时，在适度学习的基础上创新。独立学院作为我国高等教育办学主体中的一员，是应时而生，应该在充分利用公办普本科通高校在社会中良好的资信度及民间资本的寻利性的同时，创出自己独有的特色来实现"两厢情愿"，强强联手，形成具有国有与民办的双重优势。

正如上文中提到不管是母体高校还是独立学院在举办独立学院上，既有"公共人"的一面，又有"经济人"的一面一样，在"学习型与创新型相结合"上也是如此。独立学院作为母体高校外延式发展的结晶，也是母体高校证明自己实力的产物，自然母体高校在习惯性思维中希望相应的独立学院学习自己的一切；而独立学院虽然是由母体高校孵化出来的，与母体高校有着"血缘"关系，但独立学院不能就此依靠这种"血缘"关系发展，而应该在市场竞争利益的趋势下形成自己的特色，走出自己的发展之路，这一点就要求独立学院不断创新。可见，独立学院要想真正发展，就要处理好对母体高校"学习型"与对自身"创新型"的结合关系。这个结合关系，实质上就是独立学院对母体高校的独立性与依赖性的关系。一般而言，母体高校是不会轻易放弃自己的既得利益，可以预见双方针对于此的法律纠纷将会越来越多。在此双方利益博弈的结果："学习中的创新型"或者"创新中的学习型"。究竟是"学习型"多一些，还是"创新型"多一些，完全取决于双方博弈的结果。也就是说，在独立学院举办初期，它与母体高校关系中"学习型与非学习型"或者"创新型与非创新型"始终存在着。只有等到独立学院真正发展成脱离母体高校时，才能真正解决独立学院与母体高校"学习型与创新型"纷争。在这之前，双方利益博弈的均衡点，应该是"学习型与创新型相结合"。而要达此目的，双方均要有意识地抑制或者放弃一些自身利益，亦即减少一些"经济人"、多一些"公共人"。从以上不难看出，独立学院与母体本科高校存在的诸多问题，尽管原因很多，但基于各自的立场出发是其问题的结症所在。博弈不是目的，合作并保持各自特色才是举办学校的目的所在。

3. 理论型与应用型相结合

所谓"理论型与应用型相结合"，就是独立学院在人才培养的过程中，既要重视普通本科高校强调的理论型，又要重视高等职业技术学院强调的应用型。之所以提出二者的结合，就在于在独立学院人才培养的实然上所存在的"通用性"，其问题的结症不能完全去复制母体本科高校，而是应该借鉴其对"理论素养"的重视，这是"重视普通高校强调理论型"的缘故；也在于在独立学院人才培养的应然上所谈及的"适应性"，祈求不能完全复制母体本科高校，而是应该克服其对"操作应用"的忽视，多借鉴高等职业技术学院的经验，这是"重视高等职业技术学院强调应用型"的缘故。也就是说，在高校人才培养方面，独立学院既要克服普通本科高校中普遍存在的学生对理论知识倒背如流而解决实际问题能力偏弱的弊端，又要克服高等职业技术学院的学生普遍存在的学生对问题能较好解决而对其用到的相关原理却一无所知的弊端。无论上述哪种情况，在当前提倡全面发展、复合型人才需求的市场环境下，独立学院培养的人才要想占有一席之地就必须克服二者的不足，亦即实现"理论型"与"应用型"相结合。

但是，独立学院作为母体高校扩张规模的另一种形式，自然在人才培养的模式上会"追随"母体高校的理念（对理论知识的异常重视），可是独立学院面对市场竞争理念，客观要求其培养大量应用型人才。这样一来，就形成一种"理论型"与"应用型"的冲突。当然，二者就要不断博弈，可以说二者是在博弈中不断发展自己。双方利益博弈的结果："理论中的应用性"或者"应用中的理论性"。究竟是"理论性"多一些，还是"应用性"多一些，完全取决于双方博弈的结果。也就是说，在独立学院举办初期，它与母体高校关系中"理论性与非理论性"或者"应用性与非应用性"始终存在着。尽管国家相关政策法规对举办独立学院做了明确规定，如教育部2003年在《意见》中规定，所有独立学院都把未来的发展目标定位在实施本科教育、培养实用人才的教学型学院，这符合生源质量水平，也充分体现了面向市场的原则，但在其具体实施中并不能抹杀这种利益博弈关系的客观存在。只有当独立学院发展相当成熟时，才能真正解决独立学院与母体高校

"理论性与非理论性"的纷争。在这之前，双方利益博弈的均衡点，应该是"理论性与应用性相结合"。而要达此目的，双方均要有意识地抑制或者放弃一些自身利益，一切以市场需求为准则。

当然，要做到"理论型"与"应用型"相结合，独立学院与母体高校，在教育理念、办学模式和管理体制上等多方面都要重视此理念的实施，坚决做到不让这一理念仅仅成为口号。同时，独立学院应在管理体制和运行机制上有所建树，在办学理念和学生培养模式上有所创新。另外，独立学院要有持续发展的必要动力和坚实的科研支撑。独立学院与母体高校在人才培养的博弈中，就是独立学院面临如何把应用型与母体高校的理论型相结合，如果独立学院培养出的人才不能很好地将理论型与适用型相结合，并且这个问题如不高度重视，独立学院可能"穿新鞋，走老路"，不能发挥其应有的作用。

二、独立学院与投资方

独立学院作为继公办高校和民办高校之后一种新的高等教育办学体制，在国家政策允许的条件下，由普通本科高校（申请方）和社会办学力量（合作方）作为办学主体，各自以优质无形资产和优质有形资产"出资"，采用民办机制而举办的"公有民办"本科高校。上文分析了独立学院与母体高校（申请方）博弈的基本情况，本部分拟分析独立学院与投资方博弈的一些情况。无论是有形资产和无形资产，自然都离不开相应的投资方（政府、企业、社会等）。同样，采用"实然"和"应然"，以及二者之间的博弈分析模式来进行逐一分析，力争为今后独立学院的发展找到一条出路。

（一）实然状况

从前面的分析看出，"公有"和"民办"是独立学院的主要特色，较之于普通本科学校（公有）和民办大学（私有）在投资方面的情况，取二者之所长，使其在短短的时间里得到迅猛的发展。独立学院发展之势民办高校已难望其项背，这或许是独立学院举办的优势所在，也或许是独立学院诸多问题的结症所在。这里先来了解一下独立学院与投资方的实然状况，在此主要选取其价值取向的"营利性"和营利中的"非合法性"作为着眼点来进行分析。

1．价值取向的"营利性"

独立学院与投资方二者究竟是何关系？从市场经济角度视之，它们是"被投资者"与"投资者"关系。作为被投资者而言，期望投资者的投资（权利）、延缓还本付息（义务）；作为投资者而言，期望被投资者的还本付息（权利）、是否继续投入（义务）。对此，国家相关政策法规有明确规定（《意见》和《办法》），但在其现实中却存在着"享受权利而未能履行义务"的情形，这不仅体现在被投资者身上，也体现在投资者身上。其结果：被投资者不能保证得到投入或继续投入；投资者也不能保证及时、足额收回成本或获得回报。究其主要原因，从市场经济主体获益的角度看，无论是独立学院（被投资者）还是投资方（投资者）都自然期望自身的利益最大化，亦即获得做大的收益——营利，但二者各自利益最大化追求的结果都不能达其目的。

从教育事业的角度来说,独立学院本应该具有相当程度的"公益性",这也是我国高等教育法对举办高等教育机构的要求,但现实中大多数独立学院却难免忘记或忽略这一宗旨,却将"营利性"作为首要的办学目标,几乎是为了营利性而忽略教育的公益性。不可否认,独立学院是在社会主义市场经济下顺应而生的,比起普通高校缺少政府的财力、人力和物力的扶持,为了实现持续发展,独立学院必须在坚持公益性的基础上争取最大的营利。不可否认,有经济效益才能维持办学,但就此一味地强调盈利对独立学院发展的重要性,也会使很多独立学院忽视教育原本就是一项公益事业的宗旨。正因为没有处理好这两个"不可否认","如何营利"就成为很多独立学院首要的价值取向。它们有的采用收取过多学杂费的方式(据相关数字显示我国大多数独立学院的学杂费是普通本科的三倍到五倍),也有的采用对其投资者拒付本息的方式。无论哪种方式,都彰显着作为被投资者的独立学院办学价值取向的营利性。

作为投资者的投资方(无论什么样的投资者)举办独立学院都是以"营利性"作为目标,这点比起作为被投资者的独立学院更加明显。众所周知,独立学院是高校与社会力量联合举办的我国高等教育机构,它与民办高校的性质类似,资金除了来自收取学生的学杂费外,还来自民间的集资(投资)、捐资助学,尤其在社会力量的投资方面,否则就不称其为独立学院。当然,民间的投资人士也不是无缘无故投资的,任何一个理性的投资人都是追求资金回报的,投资人追求回报的性质影响着独立学院办学价值取向的"营利性"。现实中,很多投资方多半急功近利,期望投资能获得短期效益,这就与"十年树木,百年树人"的长期性发生矛盾,就会出现很多独立学院的投资方出现中途撤资的情况。对于办学的投资者来说,如果没有营利,大量的办学投资得不到回报,"投资者"将变成"捐资者",这是有悖于投资者的初衷。从以上不难看出,在现实中独立学院和投资方都少不了价值取向的营利性。

2. 营利中的"非合法性"

据《中国青年报》报道,全国292所独立学院中201所举办者有房地产及各类投资企业背景,约占独立学院总数的68.8%,企业往往用投资的理念去办学,有些独立学院投资方不问青红皂白,每年9月底学生报到以后先把钱抽掉百分之多少……作为中国高等教育办学体制改革的产物,独立学院是由师资条件比较好的普通本科高校与社会组织或个人合作而举办的。独立学院自创办以来,已经有近20年的历程,独立学院的蓬勃发展,缓解了国家的财政压力,满足了群众对教育资源多样化的需求,同时也为社会培养了大量的应用型人才,促进了高等教育的发展。

但是,独立学院在快速发展的同时,也出现了诸多问题。从独立学院最初办学的形式,企业作为独立学院的投资方,就多半是奔着营利的目的去的,其目的就是通过各种手段从办学中盈利,但独立学院也是高等教育的一部分,教育原本就是公益性的事业,独立学院举办到底是公益性的还是营利性的,更准确的说应该是二者兼具,但其中的尺度应该如何把握呢?其中的公益性是与营利性相冲突的。如果说是公益性的其营利就是"非合法的",但现实中一些独立学院教学质量不高、专业设置缺乏特色、内部管理失衡和招生管理混乱等问题不断在凸显,有时甚至会与投资方企业因为分红在"大打出手",

对此社会各界对独立学院的营利性中的"非合法性"关注越来越高。很多独立学院通过多种途径做到了高收入低支出，但大学结余是令人费解的。独立学院为节约成本，都开设短线专业、文科专业，而实验实训条件要求高、需要较大投入的理工类学科专业则不多；大量聘请母体高校教师、退休教师及低水平兼职教师，节省了大量人员性开支。诸如此类为盈利而所做的降低成本、增加汇报的措施，显然与《民办教育促进法》《意见》《办法》等法律法规相违背的。其中，《民办教育促进法》规定："民办学校在扣除办学成本、预留发展基金，以及按照国家有关规定提取其他的必需的费用后，出资人可以从办学结余中取得合理回报，取得合理回报的具体办法由国务院规定。"从这个规定可以看出，独立学院投资方取得合理回报是合法的，但这里的"合法"要求作为独立学院的投资方真是严格按照此精神执行的？这就涉及合理回报到底应该如何来操作，其标准是什么。而相关的实施细则、税收和会计规定等配套政策却一直迟迟未能出台。鉴于此，很多投资方担心贴上营利性标签，拿不到该有的营利回报。（陈学飞等，2011）可以看出，无论是相关法规还是实际操作中独立学院营利性和投资方的合理回报都说的很模糊，不具有法律的强制性。

（二）应然要求

同公办普通高校相比，独立学院同样承担着具有社会公益性质的大众化高等教育重任。这几年，办得较为成功的独立学院，除了有强大的母体高校作为支撑，众多投资方也是强大的后盾。上文分析了独立学院与投资方的实然状况，即实际中存在的一些不足，在分析了实然状况的基础上，在此选取价值取向的"公益性"和营利中的"合法性"来分析独立学院与投资方的应然状况，为后面的实然与应然对比奠定基础。

1. 价值取向的"公益性"

独立学院是在我国特殊国情背景下，以及高等教育大众化趋势的强力拉动下，通过公办本科高等教育资源外延式扩张的方式，在短时期内实现高等教育迅速扩张的一种办学体制与机制的创新。就独立学院而言，作为我国高等教育领域办学主体的一份子，按照有关教育法律法规规定，应该具有公益性。对此，在我国《教育法》中规定："任何组织和个人不得以营利为目的举办学校。"从字面理解这一规定，所指的举办学校，应当包括高等教育在内，而不分属于什么性质的学校，且教育法作为教育领域的母法具有至高的地位，对教育领域的其他法律法规具有指导、约束的重要作用。之后，国家为了规范民办教育，出台了《民办教育促进法》《民办教育促进法实施条例》。该法在第三条第一款规定："民办教育事业是社会主义教育事业的一部分，同时也是公益事业。"从字面理解，民办教育也应该坚持公益性原则，但在一定条件下可以盈利，在这里的"一定条件下才可以盈利"而不是"营利"，正是立足于"公益性"为基础之上的。究其原因，民办教育国家之所以允许存在、给予扶持，在于国家要采用多主体办教育的体制以弥补经费的不足，尤其在我国高等教育领域鼓励社会力量介入（投资）。而社会力量举办高等教育，是投资助学而不是捐资助学，必然涉及投入回报，投资者的营利性本性不容回避，否则就不可能有社会力量的投资办学。同样，举办教育的公益性也应该坚守，否则就不能坚持社会主义教育事业方向。似乎在办教育的方向上，"公益性"与"营利性"水火难容、难以兼顾。实际上，的确存在这种情形，难就难在"营利性"的定位上。如果视之为"目的"，那么必定与公益性目的相冲突；如果视之为"手段"，那么就能与公益性目的相融合。基于此，在坚持公益性原则下所谓投资汇报指"盈利"而不是"营利"。

　　根据上文对"公益性"与"营利性"和"公益性"与"盈利性"解读，独立学院的投资方，从本质上来说是投资于教育事业。而教育的本质属性是公益性，公益性的核心是育人。作为独立学院的合作方高度重视学院的内涵建设，教育教学质量，这也是一些投资方选择投资对象的关注点。虽然《教育法》规定教育机构一般是不能营利的，但必须区分教育的初衷和教育的结果这两个概念。教育的初衷应该是非营利的（公益性）；教育的结果可能就会产生结余（盈利性），但这并不意味着就是营利性。任何一个单位，如果开源节流就会减低成本、扩大受益，就是放弃了"公益性"原则而坚持以"营利性"为目的，那么就是这里谈及的把教育的初衷和结果混为一谈，把营利作为目的而不是手段。可见，不论是独立学院还是投资方其价值取向的"公益性"，在我国相关教育法律法规做了规定，要正确解读。

2. 营利中的"合法性"

　　独立学院是公办本科高校联合社会力量举办的我国高等教育机构，实现了公办高校优质教育资源与充裕社会资金的结合，是我国高等教育办学机制与模式的一项有益的探索和创新，是更好更快扩大高等教育资源的一种有效途径。要实现高等教育的迅速发展，就必须充分利用民间资本，支持非国家财政性经费的办学实体发展。独立学院作为民办公益性机构，民办主要是鼓励社会力量介入投资来弥补经费的不足，这一点尤其体现在我国高等教育领域中。而社会力量介入举办高等教育，是投资助学并不是捐资助学，是投资必然涉及回报，即独立学院投资者的营利性是一个不容回避的问题。同时，民间的投资人士也不是无缘无故投入，任何一个理性的投资人都是追求资金回报为目的，如果没有回报就不可能有社会力量的投资办学。但是，投资收取回报也不可为所欲为，要严格按照法律要求进行，否则不仅得不到法律的保护，还会受到法律的惩处。对此，2008年教育部颁发的 26 号令《独立学院设置与管理办法》中关于合理回报的规定就属于此列。《办法》第四十三条规定："独立学院在扣除办学成本、预留发展基金，以及按照国家有关规定提取其他必需的费用后，出资人可以从办学结余中取得合理回报。出资人取得合理回报的标准和程序，按照民办教育促进法实施条例和国家有关规定执行。"出台的这一文件，表明独立学院作为我国高等教育的重要组成部分，作为不依靠国家财政性经费举办的高等教育机构，而是依靠母体高校无形资产和社会力量有形资产的投入，其投资者对利润的追求，只要是按照法规规定收取的回报，该回报（亦即"营利"）就是合法的，也是应该的。在独立学院的发展过程中，那些做得比较好的独立学院，正是在营利中遵守法律规定、坚守合法性的；而那些做得比较差的被"亮黄牌"甚至"亮红牌"的独立学院，也正是在营利中未能遵守法律规定、越过了底线的。因此，营利中的合法性应该成为出资人的母体高校和投资方应该坚持的原则，这也是国家对独立学院作为一种新的办学模式或机制的要求。

（三）博弈发展

从以上独立学院与投资方的实然和应然状况对比，不难发现实然与应然还有一定的差距，如何缩小这一差距呢？独立学院是普通本科高校与合作方共同筹资举办的，无论作为投资者（投资方）还是被投资者（独立学院），都是以最大化自己的利益为目标的，注定二者要不停地博弈，可以说独立学院的发展就是在与投资方的博弈中才不断发展的。下面主要从独立学院与投资方都重点关注的几个要素，分析两者如何在博弈中发展。

1. 价值取向"公益性"与"营利性"共赢

无论是独立学院还是投资方，作为投资者和被投资者，在独立学院的举办过程中总会涉及价值取向的"公益性"和"营利性"。就"公益性"而言，独立学院的出现，适应了我国高等教育的大众化要求，以及社会对应用型人才的需求，因而在《办法》第三条中明确规定"独立学院属于公益性事业"；就"营利性"而言，独立学院毕竟是在没有国家财政性教育经费支持的条件下，采用市场配置教育资源筹措办学经费，无论是作为其投资者还是被投资者，要使得独立学院的存在和发展，"营利性"趋势难以避免。显然，在独立学院举办过程中，无论自身还是其投资者都既具有"公益性"的价值取向，又具有"营利性"的价值取向，可以说两种价值集聚一身，只不过或许"公益性"在独立学院身上突出一些，而"营利性"在投资者身上突出一些。为何会出现这种情形？这就需要从独立学院自身及其投资者举办动机说起。

众所周知，投资方在独立学院中的角色更多的是"经济人"的一面，作为举办方的普通本科高校和社会办学力量，为什么愿意为之？除了国家的要求、民众的期望这种公共利益的实现以外，各自利益的需求、求利的打算这种动因，也是不应当排除的。这种情形，在独立学院中也存在。几方面动因的聚合（亦即"公益性"动因和"营利性"动因的聚合）促使了独立学院的举办、发展。如果缺少任何一种因素，那么独立学院的举办都是难以实现的。尤其在这众多的动因之中，如果从内外因角度切入审视，那么作为内在驱动的"趋利性"抑或"营利性"是不可避免的，作为外在要求的"公益性"也是不可避免的。于是，举办独立学院的"公益性"与"营利性"之关系，就成为不可回避的尖锐问题。尽管之前所举办的普通本科高校，在公益性的大旗下难免完全回避营利性（教育产业化争论），也尽管之前所举办的民办高校，在营利性的氛围中难以拒斥公益性（民办教育属于公益性事业），但都没有独立学院在此问题上所遭遇的尴尬局面多（混合所有制）。正因为如此，独立学院经历十多年的快速发展，为我国高等教育做出巨大贡献的同时也出现了一系列问题，与此不无关系。

如何保障独立学院健康地发展，引起了各界专家学者的热议。华中科技大学文化学院办公室主任齐铁峰副教授认为："独立学院目前面临一个深层次矛盾——资本的营利性逻辑与教育的公益性本质属性的矛盾。"著名教育学家潘懋元教授在一次高级论坛上也指出：公益性和营利性，是未来教育发展的趋势，营利性促进公益性，公益性刺激营利性。公益是目的，营利是手段。学者们的这种解读，是有道理的。的确"不得以营利为目的"，并不意味着不能营利。独立学院应确保与投资方实现"公私"的共赢，亦即独立学院"公益性"与投资者"营利性"的共赢,可是如何才能实现共赢呢? 换言之,独立学院的发展中到底是"公益性"多一些,还是"营利性"多一些,来实现二者的共赢,始终是独立学院和投资方关心的。其双方利益博弈的结果:既不能只讲"公益性",也不能只讲"营利性",二者博弈的均衡点不外乎"公益性中的营利性"或者"营利性中的公益性"。正因为寻求到这个博弈均衡点,独立学院作为一种典型的混合公共物品市场化运作,一些人愿意出钱办学,另一些人愿意出钱上学,通过市场的运作方式,其结果使投资方获得了某些利益,使学习者实现了上学的愿望,社会也得到了所需的人才,从而实现了社会的公益,亦即实现了"公益性"与"营利性"的共赢。

2. 营利中的"合理性"与"合法性"兼顾

2008 年教育部颁发的 26 号令《办法》中,针对举办独立学院的经营机制、办学原则和合理回报,第三条规定:"独立学院是民办高等教育的重要组成部分,属于公益性事业。"第四十三条规定:"独立学院在扣除办学成本、预留发展基金,以及按照国家有关规定提取其他必需的费用后,出资人可以从办学结余中取得合理回报。出资人取得合理回报的标准和程序,按照民办教育促进法实施条例和国家有关规定执行。"出台的这一文件,表明独立学院作为民办高校的重要组成部分,其投资者只要按照法规规定收取回报,该回报亦即营利就是合法的,也是应该的。同理,独立学院作为不依靠国家财政经费举办的高等教育机构,而是依靠母体高校无形资产和社会力量有形资产投入,要维持其存在和发展也要讲效益,只要按照法规规定获取效益,该效益亦即"营利"就是合法的,也是应该的。这就不难看出,独立学院与其投资方"营利"似乎都是合法、合理的,但是如果二者都要追求营利、各不想让,那么势必就会让独立学院与投资方为此展开博弈。也就是说,二者如果都基于各自利益最大化出发(亦即在各自"经济人"心态驱使下),那么独立学院多半认为"回报"越少越合理,投资方则多半认为"回报"越多越合理,双方在"多"与"少"问题上将博弈不断。这就要求独立学院及其投资方,在营利中做到"合理性"与"合法性"的兼顾。

但是,要做到营利中的"合理性"与"合法性"兼顾难度不小,其关键在于解读"合理回报"。根据《民办教育促进法实施条例》的规定,"合理回报"通常是根据学校运作的绩效来确定的,可以说对合理回报没有一个硬性的规定,每个独立学院根据自己营利的情况来确定支付给投资方的"合理回报"。针对这种涉及独立学院与合作方的营利问题,合作方想尽快见成效收回投资,原也无可非议,但这就不单是"营利"(合理的)而是"以营利为目的"(不合理的)。独立学院要发展,如具有话语权,应当维护自身权益。而实际的情况,却很难说清多少的"回报"才是合理的。独立学院认为的"合理"是否就是"投资方"认为的合理,二者就此难免展开激烈的博弈。其实,"合理回报"的背后牵涉"独立学院属于公益性事业"办学原则,亦即"营利中的公益性"。公益性与营利性不是相互对立、互不相容的。应该承认并允许独立学院适当营利,并且将营利行为透明化、规范化、制度化,但要反对将营利作为终极目标,避免过度营利。对于投资方而言,几年之后开始受益、依据什么标准收益等问题缺少法律依据,导致期望收益目标模糊、投资动机不足,处于办学之初的独立学院常常因此而陷入财政危机,甚至难以维持正常运行。

三、母体高校与投资方

母体高校与投资方，是探讨独立学院内部博弈的第三对关系。随着经济的发展、人民生活水平的提高，大众就读优质大学的要求越来越强烈，截至2013年国家承认的独立学院就达到431所，承担了约1/3本科学历教育的培养任务。为了规范独立学院的举办，2008年教育部《办法》做出明确规定，所谓独立学院，是指"实施本科以上学历教育的普通高等学校与国家机构以外的社会组织或者个人合作，利用非国家财政性经费举办的实施本科学历教育的高等学校"（教育部，2008）。这一规定，使得独立学院的举办处于有序发展之中。不难看出，独立学院的举办者应该是普通高校办学机构（亦即母体高校）和国家机构以外的组织或个人（亦即投资者），此外的其他组织或个人的举办就是非法的。母体高校和投资方在独立学院的举办过程中各自究竟发挥怎样的作用，下面拟从二者的实然、应然的状况，以及存在的博弈进行分析，以求寻找到圆满的答案。

（一）实然状况

独立学院作为我国高等教育办学体制的探索，它的产生和发展有其自身的独特逻辑，既与母体高校的参与密切相关，又与投资方的投入密切相关。如果离开了二者的积极参与，那么就没有独立学院的存在和发展。但是，二者的参与形式却存在明显差异。按照《办法》规定，母体高校主要利用学校名称、知识产权、管理资源和教学资源等方式参与独立学院的举办和办学（亦即无形资产投入），投资者则主要利用资金、实物和土地等方式参与独立学院的举办和办学（亦即有形资产投入）。显然，无论母体高校的无形资产投入，还是投资方的有形资产投入，二者都是以投资者身份出现的。既然作为投资者，就要难免涉及营利或盈利，否则，就与二者身份不符。鉴于此，二者在独立学院举办和办学中的实际状况（亦即实然状况）究竟怎样呢？在此，主要选取价值取向的"营利性"和营利中的"非合法性"作为着眼点进行分析。

1. 价值取向的"营利性"

"母体高校"是独立学院的母体高校，"投资方"的投资也是针对独立学院的。基于此，二者共同指向的对象就是独立学院，但母体高校与投资方二者究竟是何关系？从市场经济角度视之，它们都是"投资者"，只是投资的形式不同而已。母体高校是无形资产（主要利用学校名称、知识产权、管理资源、教育教学资源等）参与投资办学；投资方多以有形资产（主要利用资金、实物、土地使用权等）参与投资办学。无论是有形资产的投资还是无形资产的投资，作为投资者必然追求投资的回报，期望自身的利益最大化，亦即获得最大的收益——营利。这一情形，据有关资料介绍，无论在母体高校还是投资方都不同程度的存在着。

就母体高校而言，现实中大多数资助举办独立学院的母体高校往往将"营利性"作为首要的办学目标，尤其在举办初期，几乎是为了营利性而忽略教育的公益性。大多数母体高校一致认为，创办其所属的独立学院就是"营利"，其营利的结余就是用来扶持母体高校运作的经费。母体高校以投入办学的无形资产作价，委托具有资产评估资质的评估机构进行评估，然后以无形资产占办学总投入的比例来作为其投资的资本。很多母体高校每年直接从独立学院拿走学生学费收入的 20% 左右。以一所办学规模在 1 万人左右的独立学院为例，其背后的母体高校每年直接收益额在 3000 万元左右。而这些所谓的独立学院应该向母体高校上缴的"管理费"，却成为母体高校教职工福利待遇的重要来源之一。

就投资方而言，作为投资者的投资方(主要利用资金、实物、土地使用权等投资办学)都是以"营利性"作为目标。众所周知，独立学院是高校与社会力量联合举办的我国高等教育机构，它与民办高校的经营性质类似，资金除了来自收取学生的学杂费外，还来自民间的集资(投资)、捐资助学。尤其在社会力量的投资方面，否则就不称其为独立学院。民间的投资人士也不是无缘无故投资的，任何一个理性的投资人都是追求资金回报的，投资人追求回报的性质影响着独立学院办学价值取向的"营利性"。对于办学的投资者来说，如果没有营利，大量的办学投资得不到回报，"投资者"将变成"捐资者"，这是有悖于投资者初衷的。从以上不难看出，在现实中独立学院和投资方都少不了价值取向的营利性。

2. 营利中的"非合法性"

独立学院在我国高等教育办学体制中，是继普通高校和民办高校之后的新办学体制或模式。所谓新的高等教育办学体制或模式，就在于它既不同于由国家财政性经费出资举办的普通高校(亦即公办高校)，又不同于由非国家财政经费出资举办的民办高校，其兼具二者优势的混合体，通常被称之为"公办民营"高校。其举办和办学中，究竟采用公办高校模式还是民办高校模式，在教育部的《意见》和《办法》出台前曾争议很大。按照这两个行政规章文本规定，独立学院应该采用民办高校的经营方式或模式。显然，独立学院在举办和办学中的营利就是得到法律保护的，同时对营利做了限制或者准确说合理营利也做了原则性规定，违反这一规定就是非法的，亦即营利中的非合法性。但是，据有关资料介绍，这种情形无论在母体高校还是投资方中都不同程度地存在着。

就母体高校而言，在独立学院的举办和办学过程中，它作为投资者以学校名称、知识产权、管理资源和教学资源等无形资产方式参与，其投资是否及时、足额，是否合理收取回报，这些与投资营利是直接相关的问题，在一些母体高校中不一定都是严格按照《意见》和《办法》要求进行的，投资者对经济利益追求的本性难以避免，在现实中不乏这方面的实例。例如，有的母体高校在独立学院的举办和办学中，将"营利性"作为首要的办学目标，几乎是为了营利性而忽略教育的公益性，往往把举办独立学院所获取的结余看做是扶持母体高校自身运作、改善教职工福利的经费，对投资是否及时、足额，是否违规收回成本、获取利润，是否影响独立学院的正常运行不太关注，其营利中的非合法性时常显现。

就投资方而言，在独立学院的举办和办学过程中，它作为投资者以资金、实物和土地使用权等有形资产方式参与，可以说从一开始就是奔着营利去的，其目的就是通过各种手段从办学中盈利，这一点比起同样作为独立学院投资者的母体高校更加突出，其商人的逐利本性彰显无遗。显然，这与我国的《民办教育促进法》《意见》《办法》等法律法规是相违背的。这些法律法规，既肯定母体高校在独立学院办学中可收取合理的回报（亦即营利中的合法性），又禁止母体高校在独立学院办学中获取不当得利（亦即营利中的非合法性），但现实中这类独立学院的投资方奉行"营利中的非合法性"不是个别现象。例如，有的投资者在独立学院的举办和办学中，将"营利性"作为唯一的办学目标，忘记或忽略所投资的高等教育领域所具有的公益性要求，往往把举办独立学院看做是稳定、长期和低风险的投资，时常想到的是怎样"少投入高产出""多投入快回收"，甚至虚报举办本金、不及时足额投入和违规收回成本等现象屡见不鲜，至于是否会严重影响独立学院正常运行，却不十分关注，其营利中的非合法性经常存在。加之，合理回报到底应该如何来操作，其标准是什么？而相关的实施细则、税收和会计规定等配套政策却一直迟迟未能出台，这无形中加深了投资者营利中的非合法性趋势。

（二）应然要求

独立学院是我国高等教育领域的一种新生事物，独立学院办学特色问题的探讨凸显重要性和紧迫性。详细分析母体高校与投资方的应然要求，以便结合高等教育的发展规律和区域经济特点，根据学校自身实际情况，尽快使独立学院走上理性发展的轨道，整合资源，办出特色。在分析了实然状况的基础上，在此选取价值取向的"公益性"和营利中的"合法性"来分析母体高校与投资方的应然要求，目的为后面的实然与应然对比奠定基础。

1. 价值取向的"公益性"

教育是一项社会公益事业，高等教育作为教育的一个重要组成部分，其公益性主要体现在高等教育应该符合国家和社会公共利益。党的十七大报告指出："教育是民族振兴的基石，教育公平是社会公平的重要基础。"同时，提出要"坚持教育公益性质，加大财政对教育投入"。这充分表明，促进教育公平和保证教育公益性，在我党领导人民全面建设小康社会、构建社会主义和谐社会进程中，是一项具有全局性、战略性的任务。就独立学院的母体高校而言，作为其举办者，尽管以无形资产投资者的形式参与独立学院，其追求投入回报在情理之中，也是受相关法律法规保护的，但相关法律法规还明确规定必须坚持"公益性"原则；就独立学院的投资方而言，作为投资者，尽管以有形资产形式参与独立学院，同样追求投入回报在清理之中受法律法规保护，仍然要坚持"公益性"原则。之所以如此，在我国《高等教育法》第二十四条明确规定："设立高等学校，应当符合国家高等教育发展规划，符合国家利益和社会公共利益，不得以营利为目的。"（教育部1999）从字面解读这一规定，这里所指称的"高等学校"，不仅包括普通高校和民办高校，而且包括独立学院。无论哪一种性质的高等学校，都必须坚持"公益性"原则，没有例外。对此，作为专门针对独立学院设置和管理的《办法》，第三条规定："独立学院是民办高等教育的重要组成部分，属于公益性事业。"可见，无论作为高等教育领域基本法的《高等教育法》，还是作为高等教育领域特殊法规的《办法》，都非常强调独立学院在举办和办学中必须坚持"公益性"原则。不能因为是非国家财政性经费举办而需要借助投资，在收取投资回报中就可以无视或忽略举办高等教育的"公益性"原则。

2. 营利中的"合法性"

在独立学院的举办和办学中，如果说在价值取向的"公益性"与"营利性"孰轻孰重争执中落脚点在于能否营利，那么在营利中的"合法性"与"非合法性"辨析选择中落脚点在于怎样营利。"怎样营利"才是合法的，正是本部分所要关注的营利中的合法性问题。对此，在作为独立学院专门法律文本的《意见》和《办法》中借助隐形和显形的方式做了规定，主要表现在对独立学院的界定（隐形）和合理回报（显形）两个方面。

就独立学院界定而言，在《意见》第一条规定："本文所称独立学院是专指由普通本科高校按新机制、新模式举办的本科层次的二级学院。"在《办法》第二条规定："本办法所称独立学院，是指实施本科以上学历教育的普通高等学校与国家机构以外的社会组织或者个人合作，利用非国家财政性经费举办的实施本科学历教育的高等学校。"显然，2008年的《办法》比2003年的《意见》对独立学院的界定更准确，增加了投资者（亦即"国家机构以外的社会组织或个人"）和办学经费来源（亦即"非国家财政性经费举办"）等内容，并把独立学院的定位由"二级学院"升格为"高等学校"。其中，在增加的内容中就蕴含着独立学院的举办和办学具有营利性，并且可以盈利的意思。既然是教育部出台的文本，作为行政规章就肯定了独立学院在举办和办学中，作为独立学院出资人的母体高校和投资方所带有的"营利性"、可以盈利。

就独立学院合理回报而言，在《意见》第四条规定："试办独立学院一律采用民办机制。"在《办法》第四十三条规定："独立学院在扣除办学成本、预留发展基金，以及按照国家有关规定提取其他必需的费用后，出资人可以从办学结余中取得合理回报。出资人取得合理回报的标准和程序，按照民办教育促进法实施条例和国家有关规定执行。"显然，关于"合理回报"在2008年的《办法》中有明确规定，而在2003年的《意见》中却未有规定，它作为独立学院的第一个法律文本是可以理解的。既然在《办法》中针对合理回报有明确规定，那么在独立学院的举办和办学中，无论作为无形资产出资人的母体高校，还是作为有形资产出资人的投资方，所带有的营利性、可以盈利就是受法律保护的，但其盈利是受法律限制的，要严格按照法律要求进行，也就是这里所谈及的"营利中的合法性"。

（三）博弈发展

从以上母体高校与投资方的实然和应然状况介绍，不难发现，实然与应然还有一定的差距。如何缩小这一差距呢？独立学院是普通本科高校与合作方共同筹资举办的，无论是作为无形资产的投资者（母体高校）还是作为有形资产的投资者（投资方），难免都从自己的角度出发，追求自己利益目标的最大化。母体高校和投资方之间不可避免地存在博弈，要处理好二者的关系就必须寻求博弈的均衡点。而这个"均衡点"，就主要要落脚在处理好价值取向的"公益性"与"营利性"和营利中的"合法性"与"非合法性"两对关系上，坚持价值取向的"公益性"与"营利性"共赢，坚持营利中的"合理性"与"合法性"兼顾。

1. 价值取向的"公益性"与"营利性"共赢

在独立学院的举办和办学中，价值取向的"公益性"与"营利性"是作为出资人的母体高校和投资方所要面临和解决的第一对矛盾。之所以把它作为第一对矛盾（关系），就在于它历来关系着我国高等教育办学宗旨的重大问题。如果办学的宗旨尚且不能解决，那么其他问题的解决就无从谈起。在计划经济时期，高等教育领域普通高校一枝独秀，作为由国家财政性经费出资举办的高校，在办学的宗旨中秉持"公益性"无可厚非。在市场经济时期，继普通高校之后出现的民办高校，作为由非国家财政性经费出资举办的高校，在办学宗旨中继续坚持"公益性"原则下允许带有"营利性"色彩，毕竟这是高等教育资源由原来的政府配置转型为市场配置的一场变革，符合市场经济发展的规律，这也在情理之中。但对于继民办高校之后出现的独立学院这类"公有民营"高校，既具有公立普通高校办学特点，又具有民办高校办学特点，在办学的宗旨上究竟是沿着普通高校模式还是沿着民办高校模式，亦即价值取向的"公益性"还是"营利性"成为社会关注的焦点。母体高校和投资方作为独立学院举办的出资人，在独立学院举办和办学中价值取向的"公益性"与"营利性"不可避免。就"公益性"而言，《高等教育法》第二十四条和《办法》第三条和第四条做了明确规定，在独立学院的举办和办学中"公益性"原则是必须坚持的。尽管这是对独立学院提出的要求，但作为出资人的母体高校和投资方自然也必须坚持这一原则。就"营利性"而言，《民办教育促进法》第五十一条和《办法》第四十三条做了明确规定，在独立学院的举办和办学中合理回报受法律保护，亦即允许带有营利性色彩、可以盈利。尽管这是对独立学院提出的要求，但作为出资人的母体高校和投资方自然也适合这一规定。显然，无论是母体高校还是投资者，都既具有"公益性"的价值取向，又具有"营利性"的价值取向，可以说两种价值集聚一身，但二种价值取向也存在价位高低之分，不可能都作为目的或手段的形式出现，存在着一个主辅关系，也就是通常讲的目的与手段关系，"公益性"是其目的，而"营利性"则是手段。为了不与作为目的的"公益性"相冲突，作为手段的"营利性"在措辞上通常使用"盈利性"，从而避免"公益性"和"营利性"在争夺"目的"（亦即"办学宗旨"）上的纷争，达到在独立学院的举办和办学中价值取向的"公益性"与"营利性"共赢的理想局面。这也正如著名教育学家潘懋元教授在一次高级论坛上所指出：公益性和营利性，是未来教育发展的趋势，营利性促进公益性，公益性刺激营利性。公益是目的，营利是手段。

但是，价值取向中的"公益性"与"营利性"共赢的理论设计，在实践层面往往遭遇尴尬的情形，仍然纠缠在"目的"与"手段"的纷争上。尽管作为举办独立学院出资人的母体高校和投资方，都存在价值取向上作为"公益性"或"营利性"目的的选择，但母体高校作为普通高等教育的重要组成部分，或许"公益性"更突出一些，而投资方作为市场经济主体的重要组成部分，或许"营利性"更突出一些。之所以如此，母体高校作为高等教育的重要组成部分，其"公益性"可以说与生俱来，无论是义务教育还是高等教育都不是维护少数人利益的工具，只是不同层次、不同类型的学校，其教育公益性的体现程度不同而已。教育的最终目的是实现教育的公益性，维护最广大人民的根本利益，这类由国家财政性经费出资举办的学校，在价值取向上秉持的"公益性"不言而喻。同时，坚持教育的公益性并不等于国家把教育事业全部包揽下来，而是要调动社会各方面的力量来兴办和扶持教育事业，对国家机构以外的社会组织或个人利用各种社会资源，面向社会兴办学校或其他教育机构的活动，应该积极鼓励、大力支持和提供优惠条件，但投资方作为商人的一部分其逐利性不可避免。举办独立学院的母体高校的"公益性"与投资方的"营利性"之关系，就成为不可回避的尖锐问题。母体高校和投资方共同参与办学，在其价值取向上到底是"公益性"多一些，还是"营利性"多一些，是否能实现二者的共赢？对于这个问题，本书认为二者共同关注的对象——独立学院，既不能只讲"公益性"，也不能只讲"营利性"，二者博弈的均衡点不外乎"公益性中的营利性"或者"营利性中的公益性"。

　　母体高校与投资方在价值取向的"公益性"与"营利性"博弈的"战场"，主要在独立学院的决策机构——董事会或理事会的话语权方面，二者都想在董事会中拥有更多的话语权，做出或影响对自己有利的决策。2008年，经教育部部务会议审议通过的《独立学院设置与管理办法》第二十五条规定："独立学院设立理事会或者董事会，作为独立学院的决策机构。理事会或者董事会由参与举办独立学院的普通高等学校代表、社会组织或者个人代表、独立学院院长、教职工代表等人员组成。理事会或者董事会中，普通高等学校的代表不得少于2/5。理事会或者董事会由5人以上组成，设理事长或者董事长1人。理事长、理事或者董事长、董事名单报审批机关备案。"从这一规定不难看出，独立学院的母体高校在独立学院董事会中是占有较大优势，其实这也是合理的，毕竟教育事业要保证其办学的公益性，才谈得上合理的盈利性，但投资方的利益又如何来保证，如何在董事会的决策中来体现呢？独立学院是借助董事会按照双方事前协议履行各自的权利和义务，但母体高校与投资方在独立学院权力机构董事会中的地位却存在很大的矛盾。独立学院的性质要求建立与之相适应的学校法人治理结构——董事会。董事会的一个责任就是，对其母体高校与投资方就其投资做出评估折价，这也是分配"合理盈利"的依据。但母体高校、投资方作为独立学院的出资人，前者多半以无形资产投入，后者则以有形资产投入。现实中两者都是投资者，两者就投资的份额、利益的获取和责任的承担势必会出现很多矛盾。例如，在举办时，虽然通过协议确定了双方的权利义务，但因为母体高校对独立学院提供的多半是无形的支持，而现实中对这种无形资产的评估就出现了很多问题。相反的是，投资方提供的多是有形资产，这种有形资产价值的评估相对无形资产可以很清楚地界定，但终究由于母体高校无形资产的难以精确评估而使其与独立学院的投资方产生冲突。正如前面所介绍的在独立学院的决策机构——董事会中，独立学院母体高校占有较大优势，但在资产评估时却是投资方占有优势，二者都想在决策机构有绝对的话语权来维护自身的利益。按照国家有关法律规定，作为申请人的母体高校与作为合作者的资本投资者，是构成董事会的成员，并推举董事长，聘任院长，二者合作的好坏，直接关系到独立学院的举办、发展。但在实际运作中二者却可能因"投资的验资""投资的比例""收益的比例""董事会人员的构成"等产生分歧，这不仅影响二者的继续合作，还直接影响到独立学院的发展，最终影响高等教育事业的健康协调持续发展。因此，在今后的合作中应通过市场的运作方式，其结果使投资方获得了某些利益，使学习者实现了上学的愿望，社会也得到了所需的人才，实现了社会的公益，亦即实现了"公益性"与"营利性"的共赢。

2. 营利中的"合法性"与"合理性"兼顾

在独立学院的举办和办学中，营利中的的"合法性"与"非合法性"是作为出资人的母体高校和投资方所要面临和解决的第二对矛盾。如果说第一对矛盾的解决主要基于"目的"与"手段"的纷争（亦即"办学宗旨"的确立），那么第二对矛盾的解决就是基于"手段"的"正当"与"非正当"。所谓"正当"意指"营利的合法性"，是根据法律法规要求获取利益，亦即"合理回报"；所谓"非正当"，意指"营利的非合法性"，不是根据法律法规要求获取利益，亦即"不当得利"，但站在出资人角度却认为是合理的。鉴于此，在独立学院的举办和办学中，怎样处理好营利中的"合法性"与"非合法性"关系，实际上就是要做到营利中的"合法性"与"合理性"兼顾。

营利中的"合法性"与"合理性"兼顾的理论设计，在实践层面往往遭遇尴尬的情形。无论作为出资人的母体高校还是投资方，在市场配置高等教育资源而不是政府配置高等教育资源（亦即"借助国家财政性经费举办高校"）的条件下，追求各自利益的最大化是可以理解的，也是符合市场经济发展规律的。如果无视这种主观诉求、并从客观上不能给予保障（亦即"政府立法给予保护"），那么也就没有独立学院这类高等教育办学机构。同理，作为出资人的母体高校和投资方，在立法上肯定获利的合理性、合法性的同时，在其具体获利中要做到"随心所欲不逾矩"，严格按照《民办教育促进法》《独立学院设置与管理办法》的要求实施。其中，在《办法》第四十三条中，针对举办独立学院的合理回报规定："独立学院在扣除办学成本、预留发展基金以及按照国家有关规定提取其他必需的费用后，出资人可以从办学结余中取得合理回报。出资人取得合理回报的标准和程序，按照民办教育促进法实施条例和国家有关规定执行。"出台的这一文件表明，独立学院作为民办高校的重要组成部分，其投资者（母体高校与投资方）只要按照法规规定收取回报，该回报（亦即营利）就是合法的，也是应该的。这就不难看出，作为独立学院的投资者（母体高校和投资方）其"营利"似乎都是合法、合理的，但是如果二者都要追求营利、各不想让，并且都从自身的合理性出发，那么势必就会让投资方之间为此展开博弈。双方在利益获取的"多"与"少"问题上将博弈不断，为了维护独立学院的正常发展，势必就要寻求其博弈均衡点，这就要求作为出资人的母体高校与投资方，在营利中做到"合理性"与"合法性"兼顾。

怎样在营利中才能做到"合理性"与"合法性"兼顾？事实上，针对独立学院的办学资金，独立学院在法规允许条件下确定一个适当的学费标准额度，有的全额收取，有的部分收取，在此基础上积极争取社会有实力的企事业单位投资。尽管其母体高校与投资方有差异，但也有其共性，就是在经济人心态驱使下关注利益甚于关注义务。表现在母体高校身上，多半关注较多的是无形资产的投入、无形资产的折算、所占份额和合理回报；表现在投资方身上，多半关注较多的则是有形资产的投入、所占份额和怎样尽快还本付息、获取利润。当然，在法律法规对独立学院合理回报要求下，二者也不能只注重权利而不注重义务（轻视或忽略），否则独立学院就办不下去。只要注重义务，就表明二者不仅有经济人的一面，还有公共人的一面。而要达到博弈均衡点，双方除受到客观限制不能追求自身利益最大化外，还要主动放弃各自一些利益（妥协）。也就是说，如果多一些公共人、少一些经济人，那么就能达到二者博弈的均衡点，其结果独立学院的举办，就既能满足大众对高等教育从精英化向大众化转型的需求，也能满足母体高校和投资方举办独立学院的需求。在独立学院的发展过程中，不乏这方面做得好的典型。

第六章　国外私立高校对中国独立学院的经验借鉴

在我国全面推进科教兴国发展战略的大背景下，独立学院于 1999 年开始，并逐步在全国范围内壮大起来，形成了一种具有中国特色，能够较好地适应我国教育事业新发展的要求。在建立初期，独立学院存在着各种各样不完善的状况，难免产生这样那校的问题，理性看待、有效解决问题，分析产生的内外因，总结得失经验教训，对今后我国独立学院的发展有至关重要的意义。尽管我国与美国、英国、印度的体制不同、国情不同，推进高等教育事业所采取的措施也不尽相同，但可以从推进高等教育大众化，切实达到民众需要方面找到二者的相似之处。因此，我们完全可以借鉴国外成功的高度教育发展模式，从中得到相关的启迪，促进我国独立学院可持续发展。

第一节　美国社区学院

在美国推进高等教育大众化的过程中，美国社区学院孕育而生，并逐渐走出了一条特色鲜明的发展道路。它在完善美国高等教育系统、增加高等教育机会、丰富社会多样化教育等方面发挥了重要作用。(李娟，2012)在美国高等教育体制中，社区学院是非常重要的部分，它既减轻了美国各大高校招生的压力，也创造出收费低廉、学制较短的大众化新型高等教育发展模式，使高等教育开始逐步走向普通百姓。梳理、借鉴美国社区学院诞生的历史背景、独特的办学理念和教学特点，有助于我国独立学院的健康发展。

一、美国社区学院的诞生背景

19 世纪后期，大量美国学者赴欧洲留学研究欧洲的高等教育，他们不仅带回了欧洲先进的教育思想，对欧洲教育的办学模式也展开了激烈的讨论，以此来改革美国的高等教育。欧洲教育思想和教育制度对初办社区学院产生了直接的影响。美国内战结束后，中等教育呈现迅猛的发展势头。所带来的显著变化就是，大批青年开始走入中等学校求学。20 世纪初，无数的青年逐步接受中等教育，还有更多的青年要求接受高等教育。这种需求的呼声日趋高涨，自下而上式的冲击给高等教育带来的无限压力，也促使高等教育深化改革，为青年创造更多的受教机会。随着美国社会经济体制大发展的深入推进，美国在政治、经济、社会、文化各个方面开始了巨大的变革。同时，由于科学技术的发展，职业结构的调整，人们需要不间断地进行更新知识，各种年龄的人都需要学习。高等教育对象人数的增长及各种人群类型的出现，促使美国改革现行高等教育，创办更全面更符合各种类型需求的高等学校。加之，美国社会倡导教育公平及机会平等。社会发展以来，美国一直坚信教育能够改变人类自身和推动社会进步，并希望通过教育脱离愚昧和无知，用科学知识来指导人们前行。高等教育学校接受学生不应视其贫穷与富贵而定，而要为所有愿意进校的人提供公平竞争、公平接受教育的机会。美国社区学院的诞生，不仅满足了没有能够进入高等院校但又十分期望获得教育的青年群体，还保障了教育的公平。

二、美国社区学院的发展阶段

（一）初期发展的阶段（从 19 世纪兴起到第二次世界大战之前）

美国社区学院的发展可溯源到 19 世纪末 20 世纪初兴起的初级学院运动。（张仕华和姚水林，2007）初级学院运动是美国高等教育在移植、创造的历程中，由重视学术性到学术性与职业性并重的过程中展开的。美国最早的一所公立初级学院是 1901 年创建的，它就是从伊利诺伊州的乔利埃特高中演变而来的乔利埃特社区学院，至今乔利埃特初级学院仍是美国最成功的一个初级学院。（曾娇，2011）在林肯总统执政期间的 1862 年，美国颁布了《莫里尔法案》。随后出现了一批以"赠地学院"为代表的公立高校。1860 年起，各州相继组建了工程学院及农学院。（游建军，2008）1892 年，芝加哥大学校长哈珀，根据社会的实际需求，首先将芝加哥大学的传统四年制大学课程分为两个阶段：第一阶段称为学院，对一、二年级学生进行中学后教育，目的在于弥补基础知识的不足；第二阶段称为大学，针对三、四年级学生的进行选修和研究工作，更加近似于专业教育或研究生教育。（续润华，2000）1896 年，又分别改称为初级学院和高级学院，这是美国教育史上第一次使用"初级学院"这一名称。

（二）快速发展的阶段（第二次世界大战后至 20 世纪 80 年代前期）

这一时期，社区学院的发展主要得益于高等教育的大众化。（郭建如和马林霞，2005）影响其发展的因素主要有三方面：一是第二次世界大战后退伍军人的安置；二是美国战后人口激增出现的高等教育问题；三是中学普及后，要求接受高等教育的人越来越多，高等教育变得更为重要。（郭建如和马林霞，2005）1947～1948 年，公立的社区学院在学校数量上超过了私立社区学院；20 世纪 50～60 年代，第二次世界大战后"婴儿潮"出生的孩子到了接受高等教育的年龄，美国更加重视能够直接面向就业的职业教育。在这种背景下，社区学院迅速发展起来。社区学院也逐渐从转学教育（transferring school education）为主转变为以职业教育（vocational education）为主，涵盖了所有职业及学士以下水平的职业准备。

（三）面临挑战的阶段（从 20 世纪 80 年代后期至今）

20 世纪 80 年代后期，随着全球化带来的激烈竞争，对美国社会造成了巨大压力。（曾娇，2011）美国社会开始反思面临的问题，他们要保持世界经济中的主导地位，就必须加大教育投入，提高全民素质，培养民众适应经济发展不同阶段所需要的能力，并开始更大力度地重视普及教育、推行职业教育和终身教育、重视人力资源的开发和利用，并加大投入。1977 年，众议院专门通过了一个"职业前途教育五年计划"，随后，各州纷纷通过和采纳该计划，并在各级普通教育中相继实施；1983 年，美国高校新生中已有 54％进入两年制学院；1990 年，美国国会通过《伯金斯职业应用技术教育法》，进一步促进了其发展。(何逢春和李忠良，2006)另据美国社区学院协会 2005 年 2 月的统计，美国目前有社区学院 1157 所，在校学生数为 1160 多万，其中学分生和非学分生比例相当，占美国高校在校生总数的 6％。

三、美国社区学院的办学特点

(一)社区性

1. 社区学院与当地社区密切合作

社区学院大多由社区居民出资兴建，具有很强的地域性。(房生凯，2002)社区学院普遍树立了为当地社区服务的思想，往往根据当地社区政治、经济、文化传统、地理环境等因素，确定和调整专业设置，及时更新课程与教学内容，为社区全体纳税人的学习、进修等提供各种优惠和方便；还根据当地居民的意愿，从当地热心支持社区教育工作的知名人士中推选学院的董事会或校务委员会。(续润华，2000)由董事会根据各界对社区学院的要求或意见，决定社区学院的主要领导人的任免、教育经费的筹措与使用、教师的聘任、专业设置和教学安排等重大问题，及时改进教学与服务。

2. 社区学院服务社区

第二次世界大战后，为发展高等教育，美国政府加大投入，在全国各地建立起社区学院，并逐步形成了服务社区的特色。(续润华，2000)各地社区民众居住地 25 英里范围内就有一所社区学院可以就读，强调优先招收本社区的适龄青年和任何愿意到社区学院学习的人；社区学院充分利用各种资源和设施来为当地社区民众提供各种服务，为当地社区居民提供更多接受高等教育的机会；社区学院为当地社区的经济建设和社会发展培养了急需的各类中等职业技术人才，为当地的经济腾飞和社会进步提供了强有力的人才支持；社区学院充分利用自身的实用职业技术、人才密集、资料齐全等方面的优势，为当地社区的经济建设和社会发展提供多种服务咨询，尽可能帮助当地社区及时解决所面临的实际问题。(沈雁霞，2007)由于美国各州的社区学院普遍具有很强的社区性，注重利用自身的智力资源、文化教育设施优势为当地社区民众提供各种优质服务，对提高当地民众的文化素养，改善当地民众的生活质量做出了极其重大的贡献，深受当地社区民众的热烈欢迎。

(二)多样性

1. 课程设置具有多样性

社区学院的课程多样灵活，涵盖面广，为当地居民提供了各种教育机会。(王凤玉和刘英俊，2012)例如，莫瑞恩硅谷社区学院在 2008 年学年度内开设的课程达 600 多种，分别属于会计、金融、自动化、艺术、汽车、生物、商务、化学、计算机、制图、经济、电子、急救、英语、消防、外语、保健、地理、空调、历史、人类学、法律、保险、音乐、护士、办公自动化、哲学、物理、塑料、体育、未来学、社会科学等 45 个科类。（王凤玉和刘英俊，2012）大体来说，每所社区学院都提供两种不同类型的课程。一类是学历教育的课程，它分为两种情形：第一种提供大学一、二年级的课程，学生修完必要的学分，毕业时可获得副学士学位，这是转入四年制大学必要的条件，修完的学分可以转入大学继续接受教育直到取得学士学位。第二种是普通课程、专业课程和应用科学课程。其中，普通课程（如数学、写作、人文学科、社会科学等课程）占总课程量的 25% 以上；专业课程一般可以占到 50% 或者更多；应用科学课程偏重实践，学生毕业后可以直接就业。另一类是非学历教育的课程，其中包括颁发证书的课程和不颁发证书的课程。对于颁发证书的课程实际上属于职业教育性质，修完两年的课程，经过考核，获得相应的证书，掌握一门技术，能够满足学生就业的需要；对于不颁发证书的课程，招生的对象也是多元的，选修这类课程的学生可以是为了提高自己的业务水平和工作技能，既可以是为了进一步提高个人修养的退休人员，也可以是学习手工操作技能的家庭主妇。美国社区学院最大的特色在于各种非全日制的学习内容，能够根据社区不同群体的差异化需求设置教学内容，满足各种类型群体差异化的学习要求。

2. 培养目标具有多样性

美国社区学院的培养目标一直处在不断变化和不断调整中。（万秀兰，2004）社区学院建立之初，以转学教育为其主旨，主要的任务是为大学的高级阶段输送合格的学生，以便继续深造；第二次世界大战后，随着科学技术的不断发展，社会对专业技术人员的需求不断增加，职业教育成为社区学院的主要功能；当前，美国社区学院不再满足于转学教育和职业教育，已经发展成为集转学教育、职业教育、成人教育、补偿教育、社区教育和终身教育等多种教育职能为一体的高等教育机构，其培养目标以立足社区、服务社会为宗旨，呈现多样性的特色。（王凤玉和刘英俊，2012）美国社区学院依据不同的教育职能确定了不同的培养目标。例如，转学教育的培养目标是：完成大学前两年的课程学习，获得副学士学位，为成功转学做好准备，同时，也要接受一定的职业教育。职业教育是社区学院教育的重点，其培养目标是：促使学生掌握更多的专门知识和技能，为毕业后顺利就业打好基础。成人教育的目标是：为在职人员提供周末或晚间的专业技能培训，提高个人的职业技能，提高企业的社会适应力，为失业人员提供教育，为再就业创造条件。补偿教育的目标是：继续接受职业技能训练，使个人教育生涯得到有效的补偿。社区教育的目标是：培养良好公民，赋予生活中的知识，提供全民的人文素质。

（三）灵活性

1. 管理体制具有灵活性

美国社区学院管理体制灵活。设有学院董事会，定期举行例会，其主要成员包括政府官员、企业界代表、社区居民代表等，人数大约为 10 人。社区学院实行董事会领导下的院校负责制，董事会主要任务是筹集资金、聘任院长、监督办学、加强学院与社区的联系等；院长负责学校办学并定期向董事会报告。（王波，2008）有些社区学院还设有顾问委员会或专业指导委员会，成员由企业界人士和本行业专家等担任，向学院提供社会需求信息，课程开发建议，参与专业设置和教学计划制订、提供教学设备和实习条件等。（良乃真，2000）美国还设有全国性的社区学院协会，主要负责政策研究与争取办学经费，进行各种调查和信息发布，为社区学院提供教育服务，加强协会成员与支持团体之间的联系与协作，在社区学院的发展中发挥重要作用，但与社区学院没有行政关系。

2. 学习方式具有灵活性

美国社区学院依据学生及学习方式的差异性，采用了灵活多样的学位、学历及证书的授予形式。（王凤玉和刘英俊，2012）对于为了获取学位和文凭的学生，采取全日制授课方式；对于那些不想获取学位和文凭，只是想获取证书或只是单纯地想提高自己某方面技能的学生，授课方式灵活机动，依照学生自身的情况自主选择。例如，采取个别教学方式，小班上课；依据学生上课时间的不同设为日校班、夜校班，周末班、非周末班，体现了学习方式的灵活性；学生学习课程可以在 2 年内完成，也可以在 5 年内完成；教学场所可以在校园，也可以在校外工作场所进行授课，学生可自由选择上课时间。各学院利用网络教学平台，以网络讲课的方式安排师生教学。

（四）优质性

1. 师资具有优质性

优质的师资是美国社区学院优质教学质量的重要保证。美国社区学院是从入口、管理和培训三个方面来保证师资质量的。第一，严把入口关。美国社区学院对于师资的选择较为严格，以此保证教育教学的质量。聘任教师时，考察应聘人员涉及的领域、专业学位、专业知识，重点关注教师是否具有教学经验和实际经历。第二，严把管理关。社区学院根据教师性质分类管理，兼职教师主要工作为教学，专职教师则为教学加学术研究。（王凤玉和刘英俊，2012）第三，严把培训关。学院为了获得进一步发展，更好地实现其办学宗旨和目标，在师资管理方式上不断推陈出新，提高学院自身师资队伍的适应性，要求师资队伍的培养目标与社区发展的步伐相适应。当社区经济发生变化时，有些教师不能适应这种变化，那么学院对教师的培训就显得尤为重要，并且为了使新聘任的教师的专业得到发展需要对其进行培训，培训提高教师队伍的整体素质，使学院获得长足发展必备的师资力量。

2. 质量上具有优质性

全国平均来说，公立社区学院每年的学费和杂费约为 1300 美元，约占四年制州立大学的 1/3，比私立大学便宜 80% 左右。（刘江义，2007）社区学院毕业生很受欢迎，主要是因为他们掌握了生产劳动技术，动手能力强，有好的劳动习惯，且能直接上岗，这些优势得益于有针对性的教学工作。其中，职业教育注重对学生运用现代化仪器设备、电子计算机在各种生产部门和岗位上劳动技能的培养，专业和课程都是在充分的社会调查基础上确定的，多数职业教育系科都开设计算机服务技术课程，有计算机的结构与原理、电子线路、程序设计、维修技术等。

（六）开放性

1. 招生上具有开放性

美国社区学院实行"开放性招生政策"（open admission policy）。（王凤玉和刘英俊，2012）开放性的招生政策，导致社区学院的学生结构比较复杂，学生年龄差距较大，大多数情况下，社区学院不会拒绝本社区申请加入的学生，只要是高中毕业或是具有相当于高中文化程度的本社区居民都可以申请到社区学院学习。对于其他社区想到本社区学习的居民，一般情况下会有所限制，并且学生可以通过三种方式注册入学：本人亲自到学院注册、电话注册和网络注册。注册完毕的学生在入学后将参加社区学院专门设置的等级考试，学院根据考试成绩和学生文化程度分班。

2. 管理上具有开放性

美国社区学院由董事会管理，授权院长全权负责学院各项工作。（于守海和李漫红，2007）董事会对院长的聘任非常慎重。院长的工作必须对管理委员会负责，其职责范围包括，一是负责全院的主要行政事务；二是负责与当地相关机构取得联系；三是协调与邻近社区学院的相关事务；四是为本社区学院筹集资金；五是负责招聘和考核教师；六是负责出席全国或州一级的会议，与州有关机构取得联系；七是向管理委员会报告并商讨工作。（刘兰明，2004）学院董事会的管理充分体现了开放性原则，一则董事会的成员来自社区，对本社区的发展情况相当熟悉；二则他们能够根据社区的发展改革方向，对学院管理、教学内容、教学形式和专业课程设置等方面提出建设性意见，并将意见提交到董事会上讨论通过；三则董事会及时把学院的调整意见反馈给学校和社区居民，广泛听取居民建议，为社区学院的发展制定出最合理最完善的目标。这种做法保证了社区学院日常工作的稳定性、连续性，对社区学院的持续发展起到了至关重要的作用。

四、美国社区学院的经验借鉴

美国社区学院是在特定历史条件下的产物，它加快了美国高等教育大众化的步伐，丰富了美国高等教育的体系。我国独立学院在未来的发展之路上，如何定位，如何开展人才培养、培育师资、吸引生源等工作，从美国社区学院的成长历程中应该能够获得启发。

（一）完善法规体系

在市场经济体制下，完善法规体系，可以使"政府依法治教，学校依法办学"。西方发达国家在较为健全的法制体系下，保障了教育的可持续健康发展。美国作为教育法制化突出的国家，其教育的立法严明、内容完善、程序规范、执法严格、监督有序，为教育事业的发展提供了坚实的基础。其中，《权利法案》成为了高等教育和私立大学建立与发展的法律依据，能够切实保障美国社区学院的成立与壮大。我国要借鉴国外对高等教育法制化的定位理念，促使独立学院的发展中能够有法可依、执法必严。教育立法还要切实做到三个坚持。一是坚持系统立法。我国教育部于 2003 年颁布的《关于规范并加强普通高校以新的机制和模式试办独立学院管理的若干意见》和 2008 年颁布的《独立学院设置与管理办法》文件中，对我国独立学院办学、设置、运行机制等有一定的引导，但缺乏完善的立法体系，以致"全国一阵风式"遍地产出独立学院。没有相应的评估办法和退出机制，就会不同程度的出现教育教学质量无法保证、办学定位不明确、同质化现象严重等问题。二是坚持超前立法。美国社区学院的建立是基于有法在前，而我国的独立学院是先办学，摸索前行，再立法。这种盲目性显然不利于教育事业的发展，更容易走弯路、走错路。在独立学院的立法问题上，要充分体现超前性，要对现有的办学定位、办学模式、办学现状做充分的评估，并给予存在的问题以明确的法律规定，指明未来发展的方向。三是坚持规范立法。美国的教育法条款明确，操作性强。对比起来，我国的教育立法条文，就过于笼统，模棱两可，难以界定，具有较多的不确定性，无法直接指导高校科学运行。因此，我国在独立学院的立法条款上，应规范化、清晰化。

(二)拓宽筹资渠道

美国社区学院通过政府补贴、理事会集资、社会捐赠等各种渠道筹措办学资金，充分保障了日常运营所需。目前，我国大部分独立学院都仅仅依靠学生学费收入，经费来源渠道单一，与大众化教育开展所需经费有较大差距。教育大众化发展的实践证明，单一主体的资金无法承担发展需要的庞大费用。因此，办学资金来源的多渠道化才是教育事业发展健康的特点之一。对此，政府部门应当给予一定资金的投入或政策的倾斜，实现资金保障、税费减免、土地支持、专业建设、科研专项等多方面扶持。但在当前高等教育经费缺口的状况下，独立学院应努力扩宽筹资渠道，通过吸收社会资本、校企合作共建、校友捐赠等方式筹措教育发展资金。

(三)健全办学体系

美国社区学院为了满足不同阶层的民众对高等教育的需求，采取了灵活多样的办学形式，如加强职业技术培训，注重整体素质提高，提高解决实际问题和动手实践能力，以此增强社区学院的竞争力和适应性。目前我国独立学院办学体系过于单一，仅仅倚重全日制常规性教育，缺乏非学历、社会培训、继续教育等多种形式的补充。美国社区学院则是依照社会需要，与同行高校形成优势互补，差异化发展，及时调整自身的教育教学定位，形成了办学理念鲜明、培养目标明确、办学特色突出的新型发展模式。(林似非，2007)这些经验告诉我们，独立学院可以根据实际的办学条件，以"培养职业或实际生活所需要的能力"为主要目的，重视实践锻炼，并根据社会经济发展变化及时调整培养目标和规模；以国家承认的职业资格和技能鉴定为出发点，开设种类繁多的科目并采取灵活多变的学制来满足生活多元需求；以适应国际化、信息化、个性化的社会要求，增设与信息、通读等有关的专业；以文科化的类型和结构彰显灵活性，通过重点建设特色学科，打造独立学院的自有品牌和比较优势。并在办学经验和实力积累的基础上稳步向理工科渗透，大力发展多种形式的高等教育，特别是与地方经济联系密切的行业所需人才的中短期培训、继续教育，也应当成为今后独立学院新的增长点之一。

（四）适应地方经济发展，突出应用性教学改革

分析美国社区学院的发展形式，其服务地方经济发展的定位较为精准，其服务社区的办学理念较为突出。（连进军，2008）目前，独立学院的人才培养方向，教学和科研活动的出发点及归宿都应该以社会的需要为依据，特别是要以地方经济发展的需要为依据。在专业设置上，应从学科本位向行业性与学科性相结合转变，构建与市场需求紧密接轨和以就业为导向的专业结构体系。在课程体系和教学内容上，应实施学科和应用并重型课程模式、学科基础平台、应用能力平台、基本素质平台，从专业知识的学科本位向行业岗位和就业需求转变，建立培养应用型专门人才的课程和教学内容体系。在理论与实践的关系上，应从理论知识的学历本位向着重创新能力、专业实践能力、创业能力的培养训练转变，增强毕业生的就业竞争力。

（五）实行特色鲜明的教学模式

社区学院的教育具有灵活性的特点，教学计划、课程设置和教学方式有较大的弹性。考虑到学生的文化基础参差不齐、所学专业五花八门，各学院开设了内容丰富的选修课和必修课，实行学分制。同时，社区学院课程的模块化、综合化的程度较高。（郭盈，2009）对此，可以借鉴社区学院的发展经验，发展独具特色的办学模式。首先，独立学院在人才培养目标的定位上应该培养高层次应用型人才，但鉴于生源大多是第三批次录取的本科生，其学习基础不扎实、需要改善生源质量、补充一定的理论知识和加强通识教育是必不可少的。其次，它所培养的高层次应用型人才不同于国立大学培养的学术型人才，也不同于高等职业技术学院培养的技术型人才。最后，我国独立学院仍属于民办高校的范畴，且这种以公立高校申报，以民间投入为主的办学模式创办的独立学院将成为民办高校的主力军，独立学校应该为私立高校如何成长为一流大学，打破公立高校一统天下的局面投石问路。可见，独立学院应在教学模式上进行改革，设立适应社会需求，由适合学生个性发展的课程体系、培养模式，促使学生在接轨社会的同时，也能发展自身兴趣。

（六）降低入学门槛

终身教育是西方近代以来的教育理念，特别是在信息化时代，终身教育的作用尤为重要。信息瞬息万变，个体只有不断接受教育与自我教育，才能不断适应社会。只有降低入学门槛，才能使社会不同人群都享有公平的受教育机会，才能贯彻终身教育这一条原则和要求。在美国，政府及教育部门一直提倡民众有享受教育的公平机会，为了让民众能进入学校接受教育，社区学院所收的学杂费用非常低廉，学生也能得到政府的各项资助。（郭盈，2009）在我国，独立学院是面向社会的，促进区域经济发展的大众化高等教育机构，因此，应自觉地树立起以区域经济建设为中心的指导思想，充分发挥为地方经济和社会发展服务的功能，重点针对区域内有意愿接受高等教育的人。但西部欠发达

地区学生的家庭承受能力有限，如此高额的学费势必会让许多出身寒门的学生望而却步，多数人更愿意多花一年的时间复读进入收费相对较低的公立高校学习，一旦如此西部独立高校的生源岌岌可危，其发展势必有限。因而，独立学院可以借鉴美国社区学院开放式招生、灵活性学习的模式，以此降低门槛，避免因高学费带来的生源流失，让各行各业在职人员都有接受培训的机会。

（七）强化教师队伍建设

强化教师队伍建设，具体可以从教师聘用和培训两个方面下工夫。首先，在教师聘用上，要多渠道地聘请有实际工作经验的兼职教师。这也是美国社区学院成功的一项主要举措。目前，我国独立学院在师资引进上，聘请了大量外聘兼职教师作为师资力量的重要补充，这一做法与美国社区学院有类似之处，但在兼职教师的选聘方面应注重其自身的实践技能和工作经验，而不应将学历、职称作为硬性指标。这些兼职教师来自企事业生产一线，对社会的现实需求比较了解，可以将教学理论与社会实际相结合，能够提高学生学习的积极性，为学生走向社会打好基础。例如，可聘请高层次的专业技术人才，聘请企业中具有丰富实践经验的工程师等各类人才到学校任兼职教师。其次，要适时对教师开展培训工作。随着知识经济的到来，知识也有了"寿命"，固步自封、墨守成规必然被社会所淘汰，只有终身学习才能跟得上社会发展的步伐。因此，教师必须不断地接受培训，不断与时更新和完善自身知识体系，才能教育出更适应社会要求的学生。对于独立学院来说，它是地方经济发展的重要推进力量，为地方经济发展提供人才资源，因此，其师资队伍的培养目标必须与地方经济发展的步伐相适应。当地方经济发展模式发生变化时，有些教师不能适应这种变化，那么学院对教师的培训就显得尤为重要。

第二节　英国伦敦大学

英国伦敦大学是一个由多个行政独立的学院联合组成的联邦制大学，各个学院享有高度的自治权，并被作为独立的大学对待。（张泰金，1995）作为一种新的办学模式，从内在逻辑的角度看，我国的独立学院与英国伦敦大学体系极为相似；从大学发展史的角度来看，它们之间具有一定的历史承接性。

一、英国伦敦大学的诞生背景

自 16 世纪开始，文艺复兴、宗教改革、工业革命不断地将英国的社会文明推进。（高放，2003）最终在 18 世纪末 19 世纪初化为一股追求全面民主、自由、平等的自由主义浪潮，即在英国的功利主义教育思想的影响下，英国出现了高等教育全面改革的趋势。其中，按照高等教育世俗化、大众化、专业化设想而建立起来的伦敦大学是其重要成果。19 世纪以前，法国的巴黎大学和意大利的大学各显风采，这使得规模超过巴黎的伦敦相形见绌。无论是在欧洲大陆还是在英国，高等教育并不罕见，如英国的总教堂学校、天主教修士会馆、寺院的修士会都有高等教育的踪影，但大学却为数不多，让人引以为荣的大学就更少了。作为几乎是欧洲唯一没有大学的首都，人们对大学的荣誉感是伦敦创办大学的主观原因。从 16 世纪开始，英国航海家、作家、政治家等各界人士一直建议并尝试在伦敦建立大学。早期的英国高等教育均被牛津大学和剑桥大学垄断。"到 18 世纪后 50 年，随着英国农业生产的迅速发展和人口的快速增长，工业革命的浪潮开始席卷整个英伦诸岛。"（刘兆宇，2007）为了适应大规模现代化生产的需要，并保持向外扩张的国际竞争优势，英国社会需要大批掌握现代生产、科技、经济、管理乃至军事技术的人才，而仅仅依靠牛津、剑桥等传统大学已远远不能适应现代化生产的要求，在此形势下，伦敦大学于 1827 年正式成立。

工业革命时期，机器化大工业一方面带来了经济的极大繁荣，创造了大量财富，造就了新兴的中产阶级；另一方面工业革命也造成了两级分化，把大批雇佣工人变成了无产阶级，从小有积蓄变成赤贫，以至于失去购买力。1825 年秋，生产的盲目扩大和急剧膨胀超过了国内外市场的容量，使得销售出现停滞，物价逐步下跌，生产出现过剩，经济危机席卷了大英帝国。危机期间，企业纷纷倒闭，银行破产，金融市场动荡不安，股票猛跌。与此同时，货币危机也达到了相当严重的地步。经济危机造成生产和流通的停滞，也给投资造成了压力。当时，议会承认和保护的股份公司纷纷落马，没有得到承认的股份公司似乎更无出头之日，所以，投资人无法找到合适的投资领域，众多的资金处于闲散状态。投资者的目光开始聚焦投资高等教育，促成伦敦大学的建立。

二、英国伦敦大学的发展阶段

（一）初期发展阶段（从 19 世纪 20 年代至 19 世纪 30 年代）

1. 伦敦大学学院

历经 10 年之久的酝酿，1836 年伦敦大学正式成立。（万湘，2006）最初在首都伦敦建大学的想法大约出现于 17 世纪，当时人们希望通过在伦敦兴建大学来利用该市的财富，发展科技和商业学科，广泛培养职业人才，但由于历史条件的限制，这一想法一直未能成为现实，直到 19 世纪 20 年代，有人重新提出了这一设想。1825 年，英国著名诗人托马斯·坎贝尔在《泰晤士报》上发表致国会议员亨利·布洛姆的公开信，建议在伦敦为中产阶级创办一所新的自由大学。该建议立即得到了布洛姆、功利主义哲学家边沁及詹姆士·密尔、金融家戈德斯密及赞查利·麦考莱等的重视与支持，决定通过出售股票集资建校，并从股东中推举产生了校务委员会，制定了无宗教信仰限制和无宗教教学的办学原则。1827 年，英王乔治三世的第六个王子、苏塞克斯公爵奥古斯特斯·弗雷德里克为伦敦大学奠基。1828 年 10 月，伦敦大学（后改名为伦敦大学学院），在伦敦戈瓦街宣告开学。（侯翠环，2005）伦敦大学学院最初设语言、数学、历史、物理学、精神科学、道德科学、政治经济学和医学等八门课程，不过因未能取得皇室特许状，在创建初期只能向毕业生颁发荣誉证书而不能授予学位。

2. 伦敦国王学院

在创建初期，伦敦大学因世俗性受到广泛质疑。为了回应这种质疑，伦敦国王学院逐步建立。（万湘，2006）为了与新建的伦敦大学相抗衡，1828 年 6 月 21 日，对新大学持否定态度的惠灵顿公爵亚瑟·魏列斯利等，在英国国教三位大主教和七位主教的支持下举行集会，决定以国教精神为基础在伦敦另建一所大学，并恭请英国国王乔治四世为其保护人，将其命名为"伦敦国王学院"。此后，经过为期两年的筹建工作，英王学院于 1831 年在肯特伯雷大主教的主持下举行了开学典礼，由南伦敦圣马克肯宁顿教区牧师威廉姆·奥特就任英王学院的英国大学制度演变研究的第一任院长，还开设神学、数学、植物学、化学、法学、法国文学、德国文学、古典文学、商业原理等课程，但也只能向毕业生授予证书而不能授予学位。

3. 伦敦大学

1835 年 6 月，经过枢密院和内阁的多次讨论之后，英国政府做出一项折衷方案，同意颁发特许状，但将名称定为"伦敦大学学院"。（左宇希，2009）另颁布特许状成立由"文学和科学方面的著名人士"组成的考试机构，定名为"伦敦大学"。大学学院和国王学院的学生在学完规定课程以后，可凭证件参加伦敦大学主持的学位考试。其他教育团体的学生亦可持学完规定课程的证书参加伦敦大学的学位考试。伦敦大学由政府负责控制管理并提供经费。1836 年 12 月，在全新基础上由政府直接设立并提供经费的伦敦大学获得特许状，正式宣告成立。因此，可以看出，伦敦大学的主要职能就是考试认证机构。

（二）发展壮大阶段（19 世纪 30 年代至 19 世纪中叶）

1. 全国式发展

伦敦大学正式成立后不断发展壮大，至 19 世纪中叶，它的附属院校就遍及联合王国各地。伦敦医院、米德尔克斯医院和圣乔治医院的附属医学院首先声明隶属于伦敦大学，攻读伦敦大学的学位。1840 年初，英格兰、苏格兰和爱尔兰有 36 所医科院校与伦敦大学建立联系。到 1853 年，伦敦大学的附属医科院校达 68 所；非医科院校，包括伦敦大学学院和国王学院在内，共有 32 所。所以，伦敦大学的毕业生代表着近 100 所院校的精英。19 世纪上半叶，英国处于"铁路时代"，伦敦伯明翰铁路、大西方铁路和大联轨点铁路等沿线城市的许多院校都成为伦敦大学的附属院校。北自纽卡塞尔，向南沿铁路线的达勒姆、约克、利兹、赫尔、谢费尔德、曼彻斯持、利物浦、伯明翰以至布里斯托尔都有医科学校隶属伦敦大学。非医科院校，如达勒姆的圣克斯伯特学院，兰开夏的斯东赫斯持学院，曼彻斯持的新学院，伯明翰的斯普林希尔学院，布里斯托尔的浸礼会学院等也都攻读伦敦大学的学位。

2. 帝国式发展

随着英国殖民地的扩张，伦敦大学俨然已发展为英帝国的大学。（侯翠环，2005）1850 年，伦敦大学获得一个补充特许状，允许英帝国所有领地的院校学生都可以应考伦敦大学的学位。1856 年，伦敦大学接受英帝国领地学生入学考试和文学士学位考试，首先在毛里求斯举行，由英帝国殖民地办公室把考卷送交毛里求斯总督保管，由毛里求斯主教牧师任副主考。1866 年，直布罗陀采取同样形式进行考试。经过多年的发展，伦敦大学帝国式格局从此形成。

（三）不断成熟阶段（19 世纪中叶至今）

1. 学院规模不断扩大

随着英殖民地的不断扩张，伦敦大学的影响力和规模日益增强。经过近 170 年的发展，伦敦大学现已成为英国规模最大、课程最广泛的一所大学。（宋焕斌，2005）大学下属的学院都拥有高度的自治权，有些学院的规模甚至足以与一所大学相比，其中的伦敦大学因其高质量的教学与研究水准而享誉全球，其主要学科包括人文科学、自然科学、经济学、教育学、工程学、法学、医学、音乐和神学等，而该校颁发的各类学位证书、文凭和结业证明均被世界各国普遍承认。

2. 组织机构不断完善

伦敦大学组织机构主要包括决策机构、执行机构及肩负职能的各式委员会。董事会通过审议理事会提出的相关议案来进行决策。决策制定后，交由副校长为首的行政机构各部门具体执行，或由相应的学术团体执行。由董事会或理事会授权形成的各委员会具有监督职能。各委员会监督各项决策在各行政机构或学术团体的执行状况，并将相关信息反馈给董事会或理事会。董事会和理事会再次制定决策时，会根据各委员会的反馈信息做适当调整，以确保大学高效、有序地运行。

董事会和理事会组织是伦敦大学的决策机构。（左宇希，2009）董事会由校长、校务评议会主席、学院院长、师生代表等校外人士组成，它是伦敦大学决策的制定机构，其主要职能是：根据理事会的建议审议批准大学发展战略；对大学的资产和资源具有监控和管理的权利；审议或批准接纳或撤销学院地位；审议、批准大学的年度预算和年度财政报表；制定或修改大学章程和条例，确保大学在符合法规要求下履行其职责等；采取最好的措施和行动，以促进大学作为教育、学习和科研场所的利益之责任。（左宇希，2009）伦敦大学决策的执行机构可以从两个方面来看，首先是以副校长为首的行政机构，其次是附属于大学的中央学术团体，具体有：高级研究院、伦敦大学巴黎研究院、米尔港海洋生物站及伦敦大学的外部系统；行政机构是以副校长为首的一系列行政部门组成的；中央学术团体可以分为"校本部"和"校外部"两个部分。由于成立之初的伦敦大学校本部并不承担教学和科研任务，只是作为一种学位认证考试机构存在，因而，其中"校本部"负责招生、上课、科研等活动，而"校外部"只负责学位考试和教学质量监督。（王承绪，1995）在董事会的授权下，伦敦大学形成包括审计和风险委员会、提名委员会、外部系统审查署、高级研究员审查署等一系列的委员会作为监督机构，负责监督相应行政部门和学术团体的运行、执行董事会决议的效力及监督是否存在违规现象等。

三、英国伦敦大学的办学特色

(一)民主性

伦敦大学在管理制度方面表现出现代大学的民主特征。由于市场经济的影响,伦敦大学实行股份制,以公司的方式运作,民主决策。其组织民主性体现在:一是,组织管理的"参与式管理",提供"被管理者"参与决策的权利;二是,决策制定时的"一人一票制",给每个"被管理者"参与组织管理的平等权利。而以上两项权利又恰好涵盖了伦敦大学决策、行政、监督过程。在招生方面,伦敦大学主要服务于中产阶级,采用较低的学费标准,尤其是招生不分教派,教学不讲神学课程,实行走读制。这种做法虽然遭到国教会的反对和围攻,但却受到非国教人士的拥护和支持,为非国教青年提供了高等教育机会,使现代高等教育的大众化特征初见端倪,这既是英国现代高等教育的开端,也是英国高等教育民主化的表现。

(二)社会性

伦敦大学通过校外学位制实现了教育的全球扩张,推动了英国在各个方面的全球影响力,同时,也加快了自身的发展。(兰冰,2002)伦敦大学从创办之日起,除极少数例外,均把学位授予所有符合入学和课程要求,并通过大学规定考试的人,其目的是使那些由于经济限制、工作情况、家庭责任或没有进入当地高等院校学习的人有机会接受高等教育,获得伦敦大学学位。对于招生对象,最初只限于国内本土的人士,后来扩展到英联邦国家,以至全世界有学习要求的人员;国内学生可以通过本部注册成为校外学生,申请伦敦大学的学位和证书;国外学生也可以通过本部注册成为校外生,不用离开居住国到伦敦来学习,可以一边工作一边学习,不影响个人工作和家庭生活,考试合格者,同样可以获得伦敦大学学位;校外生没有名额限制,学习方法灵活多样,可根据自己的情况制订学习计划和进度,学费比常规大学的学费要低。大学也只是为校外生提供咨询服务,但是不进行教学,除工程、医学和社会学外,也不管学生准备考试的事宜。(刘子杰,2008)授予校外生的学位,具有两个特点:一是排除导师评定的可能性,因为这类教师由校内兼职,存在可信性,学位的授予完全根据学生考试成绩的评定;二是授予校内生或校外生的学位,标准一致。

(三)开放性

伦敦大学是英国规模最大、课程范围最广泛的一所大学,十分重视其组织与外部环境的联系,并通过组织机构成员构成的开放性,来保证伦敦大学的开放性。首先,作为伦敦大学决策机构的董事会,校外人士占了全部委员的六成以上,这确保了伦敦大学在做任何重大决策时都注重校外人士关于大学发展的意见,同时,加强了大学与社会的联系,促进大学发展适应社会的要求。大学作为一个社会组织必然与社会的其他系统相联系。伦敦大学董事会中校外人士的比例占一半以上,这不仅说明伦敦大学十分重视外部力量对大学发展的促进作用,而且善于充分利用社会资源。另外,作为董事会咨询机构的理事会，又称校务委员会，其成员来自伦敦大学的各个学术组织。各个学术组织的意见也就通过制定的议案反映到大学的决策中去，从而防止校外人士在大学管理中的非专业性对大学的不良干扰。其次，伦敦大学在各具体事务中也十分重视校外人士的参与。当然，这种类型的"参与"更注重人员的专业性。从以上两个方面可以看出，伦敦大学组织的开放性特点，不但保证了大学发展适应社会要求，也促进了校外力量对大学的监督，有助于大学管理的公平、高效、有序运行，进而加强了大学与社会的联系。

四、英国伦敦大学的经验借鉴

目前，我国独立学院的运行管理中，采用的是董事会领导下的院长负责制、校长负责制和主办单位领导下的校长负责制等形式。（张清献，2006）现在的问题是，有些学校领导思想认识不清，有顾虑，有观望；有的举办者和管理者责权关系不明；有些组织机构不健全，不落实；有些流于形式，董事会的功能发挥得不好；有些职责不清，有的越位，有的不到位，职能发挥效果欠佳等。如果不及时克服和改正，从管理的层面上就会扯大好形势的后腿，阻碍民办高校的发展。本书着重从大学管理体制视角来阐述英国伦敦大学成熟的董事会制度，并以此作为借鉴，指导并完善我国独立学院的管理体制。

（一）增强管理的民主性

无论是伦敦大学董事会组成还是其职能，都体现了较强的民主性。这也是伦敦大学能够成功办学的重要原因之一。纵观我国独立学院，其董事会的主要力量仍是投资方与母体高校，要消除在政策决策中的不公平性，必须改变决策机构的组成，以增强管理的民主性。可以成立校董会，校董会的组成人员由投资者和举办者共同商定，或适当增加董事会人员数量，可以吸纳社会知名教育专家、教师、职工和学生家长，以及政府人员进入董事会，并适当增加教师的比例。

（二）强化决策的科学性

伦敦大学横向组织机构分为决策机构、执行机构和监督机构，体现了伦敦大学管理体制的特点，健全了组织机构，强化了管理者的职责，保证了大学决策的科学性。为了改善我国独立学院组织机构权责不清的局面，我们应该强化和分清董事会的职能作用，严格职能履行职责。当涉及学院重大改革和方向抉择时，一方面组织专家研究论证，另一方面多征求教职工的意见，务求决策的科学性。

（三）重新界定各自职责

伦敦大学董事会和理事会分别属于决策机构和咨询机构。理事会又译为学院委员会。在决策制定的过程中，理事会是董事会的咨询机构，主要成员由副校长、各学院院长、高级研究院院长等构成。这种管理体制的设置体现了伦敦大学的管理特点，从而明确界定董事会和院长的职责。（左宇希，2009）因此，本部分认为，应该重新界定董事会和院长的职责，给予院长充分的自主权，院长可以在董事会通过的总体政策范围内自由行使职权，执行董事会的决定。例如，实施发展规划，拟订年度工作计划、财务预算和规章制度；聘任和解聘工作人员，实施奖惩；组织教育教学、科学研究活动，保证教育教学质量；负责日常管理工作；负责向董事会推荐学校副院长及管理骨干人选，负责学校的运行和管理工作。此外，伦敦大学董事会具有管理和监管伦敦大学资产和资源的权利，因而经济管理职能明显。独立学院发展中面临办学资金不足，扩容能力有限等问题，有必要深化董事会经济职能，保障学院进一步发展。

第三节　印度附属学院

独具特色的印度大学附属制与被称为"世界高等教育创举"的我国独立学院有着相似之处。（季诚钧，2007）从名称上看，附属学院与独立学院看似矛盾，其实从名称中恰恰能折射出这类学院处于依附与独立之间摇摆的真实状况，而对印度附属学院的得失利弊进行探究，对我国独立学院的发展具有重要的借鉴意义。

一、印度附属学院的诞生背景

印度附属学院的建立深受英国伦敦大学的影响。1757 年，印度和英国爆发了普拉希大战，印度战败逐步沦为英殖民地。（张金波，2008）英国在对印度进行殖民统治的过程中，于 18 世纪末到 19 世纪 50 年代为其创立了现代高等教育。但英国没有为印度大学制度发展一个新的组织结构，仅将当时正成为英国主要大学的伦敦大学模式移植过去，在印度被称为"大学附属制"或"纳附大学制"。印度出现附属学院的原因不仅在于上述历史传统，也有其现实原因。按照印度高等教育法的规定，只有大学才有学位授予权，学院只有依附于某个大学，其所授课程才有可能获得授予学位所需的学分。（曲恒昌，2002）因此，印度附属学院具有以下特征：一是几乎所有的学院都附属于某个大学成为其附属学院，否则将无法生存和发展；二是附属学院作为提供学位课程的教学机构，学生必须参加母体大学组织的考试，考试通过者才能获得由大学颁发的学位；三是附属学院相当于大学的一个办学点，接受大学的外部考试与学位认定；四是印度的大学相对较少，全印度只有 10 余所中央大学、39 所准大学（又称为公立大学，绝大多数为国家级研究所）、11 所国家级学院、150 多所邦立大学。在印度高等教育大众化的推进过程中，这200 余所高校无力承担大众化的艰巨任务，国家也提供不了高等教育大众化所需的巨额教育经费。因此，大学附属制度在实践中不断发展与壮大。

二、印度附属学院的发展阶段

（一）初期建立阶段（从 19 世纪中叶至 20 世纪中叶）

1857 年，印度最先成立的三所大学，即加尔各答大学、孟买大学和马德拉斯大学，学校本身并不进行教学，而是接纳本地区或者临近地区的高等教育机构作为自己的附属学院。（安双宏，2000）大学本身只是一种管理机构，而不是办学实体。大学负责制订并审核其附属学院的教学计划与大纲，组织附属学院的学生考试，制定学位标准并审核其附属学院的教学计划与大纲，组织附属学院的学生考试，制定学位标准并颁发学位。（曾向东，1987)这一制度在其发展过程中，逐渐形成了单一制大学与附纳型大学两种不同类型。单一型大学不吸收具有附属性质的学院；而纳附型大学除了接收附属学院之外，后来也设立了直属学院进行教学活动，这类直属学院被称为大学学院。大学学院往往以从事研究生教育为主，本科生教育则主要由附属学院承担。目前，印度的单一大学较少，绝大多数为附属大学。

（二）快速发展阶段（从 20 世纪中叶至 20 世纪 90 年代）

印度纳附大学和附属学院经历了上百年历程，发展势头迅猛。（伍海云，2008)在 20 世纪 50～60 年代，附属学院出现了第一次飞跃。1951 年，附属学院数量为 695 所；到 1971 年就达到了 3064 所，增加了四倍；到了 20 世纪 70～80 年代，发展又趋于平缓；到 1990 年，附属学院增加到 5748 所，还不到 1971 年的两倍；再到 20 世纪 90 年代至 21 世纪初期，这是印度附属学院急剧扩张的时期，1990～1998 年短短的八年时间，附属学院就从 5 748 所增加到 10 555 所，数量首次突破了 1 万，到 2005 年已经达到了 17 625 所。（季诚钧，2007)目前，约有 18 000 余所，并且有持续增加的趋势。

（三）改革发展阶段（从 20 世纪 90 年代至今）

印度附属学院制广受争议，凸显了许多的弊端，具有较为严重的消极影响，进而受到了印度教育界和政府的关注，要求改革的呼声也日益高涨。（马加力，1994)1966 年，印度教育委员会提出建议：凡已经表明自己有能力显著提高教学水平的优秀学院，都应该给予自治的地位。1986 年，印度政府颁布了《国家教育政策》，中央政府明确表达了创立自治学院的决心。1991 年，大学拨款委员会任命了一个实施自治学院计划的专家小组委员会，负责制定有关的政策措施。1993 年. 大学拨款委员会发布丁《修改后的自治学院计划指导意见》，就自治学院享有的办学自主权、与母体大学和其他教育机构的关系、认证标准、自治地位的授予和审批程序、自治学院的组织机构和经费资助等问题做出了明确的规定，成为学院改制的纲领性文件。（曲恒昌，2002)印度中央政府不仅为自治学院的创立制定了较详尽的纲领，而且采取了某些具体扶持措施，但全国改制和新建的自治学院有百余所，发展极不平衡，成效不大。

三、印度附属学院的办学特点

（一）办学规模和办学机制

在印度，一所纳附大学可以有几十所甚至几百所附属学院。附属学院只相当于大学的教学点，因此，规模一般很小，大的不过千人，小的只有几百人，形不成规模效益。（朱健和刘巨钦，2009)在办学机制方面，印度附属学院有如下特点：一是和伦敦大学一样，印度的"附属型大学"由大学本部、院系和大量的附属学院组成，其大学本部主要从事研究生教育，而附属学院主要承担本科生教育；二是印度附属学院由于仅仅是依附于某所大学的一个教学点，学院没有太大的自主权，在很大程度上受其纳附大学的限制；三是在经费管理和使用方面，附属学院虽然有权力使用和管理自有资金，但也必须按照相关规定来进行；四是大学对附属学院提供许多具体帮助，从而保证附属学院的基本教育教学质量。

（二）教学组织和办学模式

附属型大学又称纳附大学，对自己的附属学院居于绝对领导地位。（张金波，2008）在教学组织和办学模式上主要表现为：印度附属学院的课程、教学大纲、教材都是母体学校安排与决定的，大学依靠其掌控的学位颁发权，对其附属学院的课程设置、教学大纲、教学内容等方面进行严格控制，附属学院只能根据母体大学的规定执行；附属学院自己也没有组织考试的权力，附属学院学生必须参加母体大学组织的统一考试；附属学院无权改变课程设置与教学内容，任课教师也没有考核学生成绩的权利；在办学模式方面，印度附属学院只能在自己所在的行政区域内依附某一大学，并在划定的行政区域内招生，学生基本上为走读制，所办专业也以人文、社会科学专业为主。

（三）投资主体

从性质上看，印度的大学均为公立，附属学院则不同，其只有少数为公立，绝大部分（大约80%）为私立。（曾向东，1987）私立附属学院由慈善团体，个人或组织建立，并由私人信托、社团、和其他个人团体进行管理和提供资金，同时，政府也提供部分补助金。

（四）治理机构

附属学院的治理机构很多，呈现多样化的特点。每个机构的设置都有其自身明确的职责范围，各管理机构权力相互补充，相互协调，共同构成一个合理有序的治理结构。（朱键和刘巨钦，2009）机构成员的组成也兼顾各方面的利益集团，特别是有些重要的职位采取轮流担任的制度，可以最大限度地实现管理民主和权力的平衡，同时，各个机构都为日常工作制定了相关的规章制度，从而使得管理制度化，加强了行政的民主化程度。

四、印度附属学院的经验借鉴

目前，我国独立学院与印度附属学院一样，都是附属于某所大学，与母体学校有着千丝万缕的联系，因此，印度附属学院与我国独立学院有着相似之处。通过分析印度附属学院办学的得失与利弊，可以总结出对我国独立学院发展有利的经验借鉴。

（一）印度附属学院的利弊分析

评价印度大学附属制度，不是一件容易的事情。独立后，印度附属学院最大的特点就是发展迅猛。（赵中健，1992）对此，美国比较教育学家阿尔特巴赫曾经说过："印度独立后的高等教育特征是增长迅速。"对此，各方人士评价褒贬不一，见仁见智。

1. 印度附属学院的积极贡献

一般而言，印度大学附属制对于印度高等教育发展具有以下两大贡献。

(1)推进了印度高等教育大众化的进程。印度在1947年独立以后，高等教育有了飞速发展，尤其是在 20 世纪 60~70 年代，其速度之快，规模之大，在世界范围内也极为罕见。（曲恒昌，2002）20 世纪 90 年代中期，印度附属学院只有 7000 余所，而发展至今已有 17 000 余所，平均每所大学拥有附属学院 80 多所，平均每个邦有 400 多所附属学院；纳附大学容纳了全印度高校在校生的 90%，其中参加外部考试的附属学院学生占在校生的 85%，附属学院占据了全印度高等教育中 89% 的本科生、66% 的研究生和 82% 的教师。（Kulandaiswamy，2005）这些附属学院像漫天繁星散落在印度各地，触角伸及一些穷乡僻壤，使边远的山区学生也能方便入学，节省上大学所需的费用。这些附属学院招收了大量的学生，满足了民众接受高等教育的需求，使印度成为世界高等教育大国，如果没有众多的附属学院，单凭其他大学与纳附大学学院吸收如此众多学生是不可想象的。（赵芹，2007）尽管世界各国高等教育专家学者对印度高等教育扩张褒贬不一，莫衷一是，但一个明显的事实是：高等教育的发展给印度的经济、科技带来了巨大的变化，使之成为世界计算机软件强国、科技大国和人才储备大国。

（2）节约了大量的公共高等教育经费，使国家把资金集中投向一批重点建设大学。印度的高等院校共分为五类：综合大学、准大学、国家重点学院、研究院、综合大学附属学院。（孙立新，2012）附属学院为印度高等教育事业做出了较大贡献，主要表现在：一是大学拨款委员会承担了中央直属大学和"准大学"的全部费用，这些大学的学费很低，并由国家提供助学金，而约 3/4 的附属学院是私立的，各邦提供很少的经费与助学金；二是印度高等教育经费预算占教育整个预算的 1/3，而高等教育经费绝大部分都投向了重点建设大学，如印度理工学院由于政府的大力支持，已经成为世界一流大学，有几个重点学科，如计算机研制和软件开发都处于世界领先地位；三是印度每年可以向世界各国输出 20 万名 IT 人才，美国硅谷的高级精英很多都是印度籍人士，没有国家的重点支持，没有众多的附属学院作为高等教育大众化的支撑，也很难做到。

2. 印度附属学院存在的弊端

（1）从管理体制来看，大学对于附属学院的管理缺位，大学与附属学院存在管理冲突。严格地说，附属学院只是大学的一个教学点，缺乏大学的悠久历史传统与优良学术氛围。（赵芹，2007）因此，印度附属学院在管理体制方面存在诸多弊端。一是由于一所纳附大学往往有几十所甚至多达几百所附属学院，大学根本无法对附属学院实施有效的管理。二是由于种种原因，一些大学被迫接收一些不符合办学标准的学校为附属学院，也使得一些高等教育机构为了生存与发展，总是设法通过不同的手段要求大学降低标准，接纳不合格的学院成为临时性附属学院。但这些学院的管理水平、教学质量、办学条件长期达不到要求，大学只有通过外部考试来约束附属学院，别无良策。三是大学力图控制附属学院的办学活动，而附属学院尽可能争取各项权利，但由于大学控制了课程标准与考试要求，附属学院在教学方面缺乏足够的自主权，扼杀了附属学院办学的积极性。四是附属学院的管理理事会在教师聘任、教学设备购置等方面与大学讨价还价，双方办学理念、办学行为的冲突不利于附属学院的发展。

（2）从附属学院办学来看，教育质量下降，声誉不佳。目前，一些学者把印度大学文凭贬值、大学生失业等问题归咎于大学附属制度。（伍海云，2008）归结而论，印度附属学院在办学方面存在诸多弊端：一是由于装备落后、师资匮乏，机构臃肿，效率低下，规模偏小，为数不少的附属学院生源较差，质量不高，被称为"生产学位的作坊"；二是印度大学拨款委员会曾把本科学生人数少于 400 人、两年制证书学生数少于 200 人的附属学院称为病态学院，并认为这类学院难以进行有效教学，且由于附属学院的学生众多，存在着文凭含金量降低的现象，社会上用人单位对附属学院毕业生往往缺乏信任，认为其毕业生知识陈旧过时且无一技之长，其失业并非是无岗位，而是缺乏工作能力。

　　（3）从外部考试制度来看，外部考试制度运作不善，被人诟病。外部考试制度确立的初衷显然是为了使附属学院达到大学要求的学术标准，是一种质量保障的制度，但这一制度在实践中却滋生出一些意想不到的消极影响。（安双宏，2001）例如，纳附大学要对众多的附属学院学生进行统一考试，考试的组织工作庞杂繁重，一些大学组织如此庞大的考试，往往在工作中出现失误，产生不良影响；由于采取教考分离，附属学院的课程教师并不进行命题，导致教师在教学中帮助学生"押题"；一些纳附大学教师则受聘到附属学院进行教学辅导；有的附属学院为了提高学生及格率，集体作弊等。当然这一制度最为人诟病的则是外部考试，认为它导致了附属学院的"应试教育"，只是让学生学了些死记硬背的知识，使附属学院的教学严重脱离实际。

3. 印度附属学院的改革

　　为了避免附属学院办学中的消极因素，印度曾于 20 世纪 60 年代提出了将附属学院改造成自治学院的政策，以提高附属学院的自主权，使附属学院脱离大学组织的外部考试，自助决定考试内容与标准。（安双宏，2001）印度教育委员会于 1966 年第一次提出将一些教育质量高的附属学院建成自治学院的设想；1986 年的《国家教育政策》则"把成立自治学院作为高等教育改革的一项重要措施，计划至 1990 年第七个五年计划结束时建成 500 所自治学院，长远目标则是用自治学院取代附属学院"。但本项改革收效甚微，甚至可以说近于"难产"或"流产"，目前改为自治学院的附属学院约有 100 余所，所占比例微乎其微。（王长纯，2000）这项改革错综复杂，大学与附属学院均缺乏足够的改革动力，从附属学院角度来说，一旦改为自治学院，与大学的关系就疏远了，可能会影响招生的吸引力；从大学角度来说，担心附属学院成为自治学院以后，资质学院的学术标准降低了，而大学还得为自治学院的学生授予学位，从而导致大学的声誉受损。

（二）印度附属学院对我国独立学院的经验借鉴

1. 使独立学院走向独立，避免长期依附

　　附属学院由于是依附于某大学的，自主权有限，教学和管理均受制于母体学校，从而阻碍了附属学院的健康发展。对此，印度政府在认识到该问题的严重性后，实施了多种举措，重点在于增强附属学院的独立性与自主权。（朱健和刘巨钦，2009）这些给我国独立学院的启示就是：尽管我国现有大学的数量远比印度要多，教育行政部门应该把因适应高等教育大众化和扩招而出现的独立学院视为应急性措施，但扩大办学自主权是独立学院发展壮大的必要前提；对母体大学的附属只能是暂时的，最终还是要朝着高度自

治和独立的方向发展；在独立学院的后续发展过程中，应该让有条件的独立学院从母体学校中分离出来，成为真正意义上的普通本科院校；对于那些不具有独立办学条件的独立学院则应该予以取缔，由母体高校合并与接收。

2. 明确管理主体和治理结构

印度附属学院的一个值得借鉴的经验，就是管理主体多元化，分工明确，管理民主化、制度化。（王长纯，2000）目前，我国独立学院是由高等院校作为申请方举办的，申请方负有管理与教学之责任，对独立学院具有监督、指导的职责，但普遍存在产权性质模糊、管理主体混乱、分工不明确、管理民主化程度不高等问题。对此，我国独立学院一是借鉴附属学院的办学经验，进一步完善规章制度，对于申请方和投资方的权、责、利予以明确规定；二是增强内部治理的科学性，要按照治理需要建立学术研究、人才培养、师资引进等既定功能与职责的组织，通过校内外专家、教授的共同协作，推动民主与科学管理。

3. 实现学术自治

印度附属学院完全根据大学办学的模版开展教学活动，因为自主权的缺失，提升自身价值的内在动力不足，无法开展创新活动，仅仅是机械化培养人才，缺乏特色。对照而言，我国独立学院同样存在自主性不强，新专业开设权限不足，受母体大学影响巨大等现象，应鼓励独立学院追求学术自由、学术自治，接轨地方社会、服务地方经济发展，培养应用技术型学生队伍，与母体大学走差异化发展道路。

4. 提升学术标准

印度附属学院入学门槛低，管理宽松，学术标准偏低，培养的学生专业水平不高，竞争力不强，带来的是对附属学院声誉的影响，而声誉的影响造成了招生门槛更低的恶性循环。所以，其毕业生的知识水平一般较低，不太受用人单位的欢迎，造成大量毕业生失业。由此可见，我国的独立学院要实现可持续发展，就必须提高学术标准，严格控制好教学质量，以增加其毕业生的就业竞争力。

5. 合理设置专业

从印度大学毕业生失业统计情况来看，文科学生失业率要高于理工科学生。"在 20世纪 70 年代印度高等教育入学人数呈几何增长的时期，文科生失业率占大学生失业者总数的 40％以上。"（陈昱岿，2004）目前，我国独立学院所设置的专业尽管种类较多，但考虑到办学条件与办学成本，其在一定程度上存在着偏向人文社科类专业的情况。独立学院对应的母体大学多数为综合型大学，为独立学院所设置的专业以文科性质专业居多。而当前理工科性质专业尚处于接轨技术应用型专业转型阶段，文科类专业还未有转型应对的策略，以此所毕业的学生缺乏竞争力。这一现象尤其需要引起独立学院和相关教育部门的重视，应在合理设置专业的同时加大专业转型的力度，尽快让专业落地至行业，接轨于社会生产。

第七章　独立学院产品运作分析

独立学院作为我国现行高等教育的一种办学机构，其与公办高校和民办高校共同供给高等教育产品和服务。但独立学院所提供的高等教育产品和高等教育服务与公办高校和民办院校又有所不同，为了便于清楚地认识这种差异，离不开对独立学院产品的运作分析。而要对独立学院产品运作进行分析，"产品定性""产品投资""产品收益"等是不可回避的问题。其中，就"产品定性"而言，独立学院的特殊性决定了其在提供高等教育产品时，与公办高校和民办高校有很大差异。为此，有必要厘定其究竟是纯公共产品，还是准公共产品或俱乐部产品。就"产品投资"而言，在"产品定性"确定的前提下，需要解决由谁来投资的问题。独立学院的投资主体与公办高校和民办高校不同，是由申请者和合作者构成的，其申请者为母体高校以其品牌、师资、课程和管理等无形资产形式投入，合作者(亦即"社会办学力量")则以土地使用权、资金、校舍和教学设施等有形资产投入。就"产品收益"而言，有投资就要追求收益，我国相关法律规定出资人可以在独立学院的总收入扣除各项办学成本后的结余部分中取得合理回报。可见，正因为"产品定性""产品投资""产品收益"直接关系着独立学院产品的运作，如果不能很好地解决这些问题，那么不仅其产品运作无从谈起，而且独立学院作为我国现行高等教育的一种办学组织或者作为提供高等教育产品及其服务的一种形式就没有存在的价值。因此，本章将以产业经济为视角，从"产品定性""产品投资""产品收益"等三个环节分析独立学院的产品运作。

第一节　独立学院产品定性

自改革开放以来，我国高等教育市场化运作问题由来已久，争论颇多。争论的焦点，主要集中在高等教育以公益性为办学宗旨能否有盈利性。从理论层面视之，或许应该持否定的态度；从实践层面视之，或许应该持赞同的态度。争论的结果，后一种看法得到认同，并从相关法律法规上给予了肯定。由此，从公共产品供给视角来看，由于高等教育产品属性的复杂性和多样性，既可以作为"纯公共产品"，主要由政府提供，消费者分担部分成本；也可以作为"准公共产品"，主要由政府和投资者提供，消费者分担部分成本；还可以作为"私人产品"，主要由投资者提供，消费者分担部分成本。其中，"纯公共产品"对应公办高校；"准公共产品"对应独立学院；"私人产品"对应民办高校。结合我国独立学院这几年的办学过程，独立学院实行市场化运作极大地提升了自身的良性发展。近年来，从数量和规模上来讲，我国独立学院不断发展壮大，逐渐成为供给高等教育产品的主要力量之一。国内学者对于独立学院这一高等教育产品的关注和研究也越来也多。作为提供高等教育服务和产品的供给客体，独立学院产品的属性问题一直存在较多争议。为了厘清独立学院产品定性，本节基于公共产品供给的角度，在对独立学院进行产品定性时，首先从现实层面和理论层面来进行分析，然后再具体谈及独立学院的举办者及资金来源，在此基础上以求对独立学院的产品有比较明晰的定性。

一、研究意义

在我国，独立学院的产生有其必然的背景。我们在研究独立学院产品定性时，有必要从现实层面和理论层面来分析独立学院产生的原因，进而明晰独立学院产品的研究意义。

(一)现实层面

改革开放以前，我国高等教育事业属于政府全权负责的公办事业，政府以全公费的形式供给全部高等教育产品，满足了国家或社会对高等教育人才的需求。自 1978 年我国实行改革开放的国策以后，国民经济的活力得以激发，社会事业的各个方面飞速发展，整个社会对高素质人才的需求情况变得越来越迫切。同时，普通公众的经济收入逐渐增长，生活水平不断提高，他们对高等教育的需求也越来越大，特别是对优质高等教育——普通本科教育的需求，而当时公办普通高校受制于办学规模等因素，其所供给高等教育产品显然不能够满足社会的需要。这就造成了高等教育供需结构的不平衡，这种不平衡状况随着时间的推移越来越严重。国家为了改变教育供需结构的不平衡现状，开始鼓励民间力量举办民办专科层次的高校。我国民办专科学校在短短时间内得到了快速发展，在一定程度上满足了社会公众对高等教育的需求。但是，社会公众对于本科学校的巨大需求量仍然得不到满足。通过民办专科高校转设为民办本科高校来扩大高等普通本科教育的供给不失为一种选择，但不难看到，民办高校转设不仅需要这一高校整体实力的质的提升，而且转设行为本身也需要较长的时间才能完成。在这种情况下，国家为了满足大众的需求，提出按照民办机制把普通本科高校的二级学院转变为新的办学机制、新模式的本科高校——独立学院，通过独立学院这一新的办学机制来提升我国本科高等教育产品的供给量，进而满足社会公众对高等教育的实际迫切需求。

国家提出按照民办机制举办独立学院的主张，从一定意义上来讲，顺应了高等教育市场化运作的世界趋势。高等教育的市场化运作是指高等教育要采用市场机制，顺应市场规律，运用市场调节手段来运作和发展。高等教育市场化运作符合世界各国教育发展潮流。从近 20 年高等教育的发展历史来看，世界各国特别是西方发达国家在高等教育领域先后进行了民营化和市场化的改革，采用市场机制配置教育资源供给情况，通过学生缴费和民间投资等手段来扩大高等教育投入，展开高等教育的投资竞争，以此促进高等教育的超前发展。同时，世界各国也注重利用民营方式和市场机制促进高等教育面向市场、面向社会和面向未来，以更加适应社会发展的需要。从本质上来讲，高等教育市场化运作是为了提升高等教育产品的供给能力，从政府这一单一主体负责供给高等教育产品服务向包括政府、企事业单位和个人在内的多元主体供给高等教育产品服务转变。在这一过程中，遵循市场规律和市场规律中的有益部分来壮大高等教育产业的规模和提升高等教育的质量，激发高等教育产业的活力，在根本上满足经济发展及大众需求。

　　国家在我国高等教育大众化背景下，提出按照民办机制举办独立学院来满足民众需求，顺应了高等教育的发展规律。我国高等教育自新中国成立以来，经过近60年的发展，高等教育受教育总人数不断提升，高等教育毛入学率也在稳步增长。2002年，全国普通高校招生规模340万人，高等教育毛入学率达到15％以上[①]。依据美国学者马丁•特罗高等教育发展的"三段论"，我国自2002年显然已经步入了高等教育大众化阶段。马丁•特罗提出："以一个国家高等教育入学率在适龄青年中所占比例为指标，高等教育毛入学率为指标，将高等教育发展历程分为精英化（15％以下）、大众化（15％～50％）和普及化（50％以上）三个不同阶段。"（邬大光，2004）据此标准，我国从2002年就已进入国际公认的高等教育大众化阶段。当一个国家的高等教育进入大众化阶段后，政府仍然有必要对高等教育保持一定规模的经费投入，这从政府财政支持上对高等教育持续发展做了重要的保障，但在高等教育需求规模扩大的情况，政府限于自身财力既没有能力，也没有必要继续包揽整个高等教育的全部事务和费用。我国政府早在1993年的《中国教育改革和发展纲要》中就提出，国家财政性教育经费支出占GDP比例要在20世纪末达到4％。但是，随着经济体制的转变，国家财政收入占国民生产总值的比例在下降，财政赤字高达几百亿。该目标经过几番教育拨款政策调整，直到2012年才终于实现[②]。从我国高等教育发展的趋势来看，独立学院作为我国高等教育的有机部分，它的发展顺应了我国国情，是转型时期我国高等教育机制与模式的有效创新，有助于从新途径来扩大高等教育资源。独立学院的产生和发展，一方面有助于壮大我国高等教育事业，另一方面有助于满足我国民众对高等教育产品的迫切需求。

　　在我国高等教育大众化的国情之下，独立学院作为我国高等教育的一种新的办学机制来供给高等教育产品，以满足社会大众和经济发展的需要。由于独立学院所供给的是高等教育这一产品，结合上述分析，独立学院产品很显然具有准公共产品的性质。自2003年起，有越来越多的普通本科高校联合企业、事业单位和个人投资兴办独立学院。独立学院在我国政府相关政策引导下经过近10年的发展，目前全国共有普通高等学校2442所，其中包括独立学院303所。独立学院在我国普通高校中的所占比例达到12.41％[③]。独立学院在举办过程中由于兼具公办和民办双重机制的优点，这使得它一方面可以吸收公办母体高校在师资、教学、品牌和管理等方面的优势，另一方面它享有国家教育政策规定中的民办机制来吸收社会闲散资金，进而建立起高标准、高质量的办学硬件设施。总结起来，我国独立学院所取得发展成就有以下两点。

　　其一，扩大了我国高等教育产品的有效供给。在独立学院没有产生之前的很长一段时间内，我国高等教育严重依赖政府投资，国家财政投资于教育的压力一直很大。与此同时，我国民办高等教育的发展速度和质量不高，民办高校的师资水平整体不高，民办高等教育的发展状况制约了我国高等教育的整体水平和有效供给。而自独立学院产生之后，独立学院以其新的办学机制为社会公众提供了丰硕的高等教育产品供给，这从一定

---

① http：//news. xinhuanet. com/edu/2004−08/27/content_1898054. htm.（2004−10−9）
② http：//news. 163. com/13/0305/19/8P7QM5BJ00014JB5. html.（2008−9−15）
③ 《2012年全国教育事业发展统计公报》

程度上有效缓解了我国高等教育需求与供给之间的不平衡状况。独立学院作为新的办学机制一方面，有助于独立学院在办学过程中依据社会经济发展的变化来调整专业设置和人才培养方案，为经济和社会发展提供优质的劳动力和服务；另一方面，独立学院按教育成本收费，在一定程度上转变了社会大众对高等教育产品供给的责任认识，高等教育不仅是政府的责任，公民个人也有责任。独立学院充分利用社会资金来实现自身的不断发展，不仅减轻了政府的负担。同时，增强了自身的办学自主性和办学活力。

其二，培养了一大批应用型人才。在独立学院没产生的很长一段时间内，我国民众只有一种接受高等教育的方式，即就读普通高校。自独立学院出现后，它为那些有能力且想接受高等教育的大众提供了另一种选择。独立学院是依托其母体高校而举办的，其母体高校特别是一些知名高校往往具有师资雄厚、教学设施精良、品牌知名度高等优势或特点，这些优势为独立学院所用，在一定范围内满足了大众对高等教育的需求。作为我国本科教育办学层次的高等教育办学机构，独立学院的人才培养工作，一方面不同于普通高校的人才培养方式和水平，另一方面不同于高等职业技术学院的人才培养方式和水平。相对于普通本科高校来讲，独立学院在对其学生培养过程中，更加强调以企业和社会需求为导向，侧重于锻炼学生的实操能力。相对于高等职业技术学院来讲，独立学院在对其学生培养过程中，更加注重提升学生的学习素养和学习能力。综合来说，独立学院培养其学生时，融合了普通本科高校和高等职业技术学院的独特优势。

独立学院自产生至今已有十几年，其办学水平和规范程度越来越得到社会公众的认可。与此同时，作为高等教育的一种新形式，其在办学过程中也不断爆出各种问题。概括起来主要有以下几点。

其一，产权结构比较复杂且不明晰。当前，独立学院存在着"母体高校加私营企业""母体高校加国营企业""母体高校加政府加企业"等多种举办模式。这种以股份合作制兴办的独立学院中存在着若干产权主体，使得独立学院的产权往往较难界定清楚。不少独立学院在与投资者的合作协议中存在明显缺陷，如协议中仅仅确定了双方的利润回报率。但是，缺失对母体高校的无形资产和政府土地等资源价值合理估价。一些投资者在举办独立学院的过程中往往不能保障足额的资金投入，致使独立学院校舍建设受到制约，限制了独立学院的发展。这种做法对学校股权产生了隐性的影响，母体高校和投资者的股权比例实际已发生变化。还有一些投资者将独立学院的母体高校的无形资产作为资源，以此进行相应的贷款并获得其他间接收益，这些收益却能在股东的投资比例中体现（荆光辉，2011）。此外，有些独立学院是由公办高校与地方政府采用校政合作方式举办的，公办高校和地方政府纷纷拿出优势力量举办距离学院，依托校政双方的资源支持，该类型的独立学院的发展水平往往优于其他类型的独立学院，但这类独立学院在今后发展中其性质应怎么确定，目前尚存有较大分歧。

其二，办学运行机制不顺畅。独立学院与普通高校的不同之处在于其采用了新的办学体制——民办机制。独立学院在依照民办机制办校中，大都设立了董事会。董事会拥有独立学院的最终决策权，有权决定关系到独立学院发展的各重大事项。董事会聘用院长等组成学院专业管理团队，负责办学各项事宜。独立学院的这种管理机制保证了其在办学过程中的正常运转。但是，应当看到独立学院的董事会制度仍然存在诸多不完善的地方。例如，独立学院董事会和院长职责权限界定上的不清晰，常常出现"越位""错位""缺位"现象；一些独立学院的出资方控制着人事权和财权，往往与母体高校的办学理念产生冲突并产生一些短视的办学行为。

在梳理我国独立学院自产生至今的发展历程中，可知我们对独立学院所供给产品——高等教育进行定性的现实层面的意义主要有以下几点。其一，厘清我国独立学院的发展脉络。我国独立学院是在我国经济发展，民众对高等教育需求迫切的背景下的产生和发展起来的。独立学院作为特殊背景下采用新的办学机制举办的一类高等教育机构，分析其产生的历史背景，能够使我们对独立学院所供给的高等教育产品的特殊性有比较直观的认识，并且能够指引办学主体在今后的办学过程中更为清晰地定位独立学院供给产品。其二，引导独立学院走向符合高等教育市场规律的产品供给之路。独立学院办学主体、办学方式的特殊性决定了独立学院自产生之初就是在遵循高等教育市场规律的基础上，借鉴市场供给的方式来组织办学主体、吸纳办学资金等。我们对独立学院供给产品进行定性分析，不可回避的是要在符合高等教育市场规律的基础上定性清楚独立学院产品的性质，采纳合理的市场机制来发展独立学院。其三，总结独立学院发展的现有成果，改进存在的不足。我国独立学院经过十几年的发展，办学体制机制等各方面越来越规范，但仍然存在着一些问题。从现实层面解析独立学院产品的性质，有助于从产品结果出发，反观我国独立学院在现有发展过程中的可取之处和不足之处，进而可以有针对性地去促进独立学院的发展。

我国政府曾出台的高等教育发展规划指出：我国高等教育毛入学率要在21世纪20年代实现40%左右的目标。可见，随着我国经济的发展，我国公民接受高等教育的比例也在逐渐提高。国家出台的高等教育发展目标的政策，必然会激发越来越多的社会主体投资高等教育事业。作为供给高等教育产品的一种办学组织，独立学院在未来发展中必然会吸引更多的社会投资主体对其进行投资。在前文中简要阐述了我国近10年来独立学院发展中所取得成就及面临的一些问题。未来如何更好地发展独立学院，如何对独立学院产品进行定性，进而由其提供给公民更多更高质量的高等教育产品，这些现实层面的需要必然会带动理论工作者和实践工作者通力合作去研究以制定出相应的指导方案来引导独立学院的良性发展。

(二)理论层面

近年来，随着我国经济水平的发展，民众的收入水平也不断增高，他们对于子女接受高等教育的需求逐渐增多。与此同时，为了适应经济发展对于高素质人才的需要，我国政府逐渐改革高等教育机制，在此基础上产生了"二级学院"。"二级学院"在发展过程中基本上是其母体学校的翻版，但在其发展过程中逐渐暴露出浪费国家投资给公办学校的资源，以民办旗号收入高额学费等问题。这就使得政府不得不重新思考和定位"二级学院"，随之便产生了"独立学院"这一新的办学模式。为了从政策上规范和引导独立学院的办学管理工作，教育部在2003年发布了《意见》。该文件指出，独立学院是一种有别于普通高校、民办高校等的高校办学类型。该文件还指出，独立学院应采用民办机制的办学模式，并且应具有独立法人资格，能独立承担民事责任①。教育部出台的《意见》，从多方面对独立学院提出了"独立"发展的要求。在上述规定中，如果从产品运作的角度来看，独立学院由于采用了民办机制，其产品供给情况必然与公办高校有所差异。并且，前文已说明独立学院供给的高等教育产品具有准公共产品性质，这就使独立学院可以适用于民办高校的收费政策，独立学院可以依照国家有关对定对其招收的学生收取相应费用。总的来说，该文件的出台，从国家层面规定了未来我国独立学院发展的大方向，也使我国独立学院在实际发展中能够界定清楚自己的位置，走出适合自身发展的办学路子。

自 2003 年至 2008 年，独立学院在这五年间取得了快速发展。"2008 年，我国共有 315 所独立学院，在校生 186.6 万人，占全国民办本科高等教育在校生的 1/2。"（王茜婷和安卫华，2009)与此同时，也出现了不少问题。例如，部分独立学院在运行中实际上是变相"校中校"。为了进一步规范和引导独立学院的发展，教育部在 2008 年颁布了关于管理独立学院的新办法，即《独立学院设置与管理办法》。该办法第二条规定："独立学院，是指实施本科以上学历教育的普通高等学校与国家机构以外的社会组织或者个人合作，利用非国家财政性经费举办的实施本科学历教育的高等学校。"② 比较前后两个文件对于独立学院的概念阐释，可以发现国家对于独立学院的定位逐渐明晰。《办法》第三条对独立学院的性质做了规定："独立学院是民办高等教育的重要组成部分，属于公益性事业。"从独立学院产品角度来分析，该条规定再次明确了独立学院供给高等教育的准公共产品属性。一方面，独立学院属于公益性事业，应坚持其公益性。作为供给高等教育的新机制，独立学院为社会公众接受高等教育提供了更多的机会，进一步来讲，为社会经济的发展提供了更多高素质的劳动力。另一方面，独立学院按照民办教育的相关规定来筹措办学经费和收取相应费用用以维持学校运营。同时，"在扣除办学成本、预留发展基金以及按照国家有关规定提取其他必需的费用后，出资人可以从办学结余中取得合理回报"③。国家出台的关于独立学院和民办教育的政策文件，表明了我国政府高度重视独立学院的规范发展，也逐步明晰了对独立学院这一高等教育机制未来的发展方向。

从理论层面梳理我国独立学院的相关政策规定，可知我们对独立学院所供给产品——高等教育定性的主要意义有以下几点。其一，从产品属性出发，助推国家相关政策的完善。教育的发展离不开国家在政策上的引导和支持。自独立学院产生以来，我国政府根据独立学院在实际办学过程中遇到的新情况新问题，先后出台了一些列的政策法规来引导和规范独立学院的运转。在梳理这些政策法规的过程中，可以非常明显地看出我国政府对独立学院的定位越来越清晰。我们对独立学院供给高等教育产品进行准确定性，有助于合理引导独立学院发展，并能从理论研究上为政府提供进一步完善独立学院相关政策的参考和借鉴。其二，从产品属性出发，助推理论研究发展。我国独立学院自产生之初，就成为了理论界的一个研究热点和焦点。理论界从不同学科角度和研究方向

---

① http：//www. moe. edu. cn/publicfiles/business/htmlfiles/moe/s3014/201206/138410. html. ［2009－5－6］
② http：//www. gov. cn/flfg/2008－03/07/content _ 912242. html. ［2009－5－6］
③ http：//www. gov. cn/test/2005－07/28/content _ 17946. html. ［2006－6－17］

对独立学院进行了深入研究，并取得了丰硕的研究成果。在梳理相关成果时，我们发现从产品属性出发来研究独立学院的现有文献还比较少。为此，本章从产品属性出发，对独立学院产品进行准确定性，并探讨独立学院产品供给的内在机理，有助于深化对独立学院产品的研究。

二、定性分析

独立学院作为我国高等教育办学组织的一种新形式，它的快速成长扩大了我国高等教育产品的供给，提升了社会民众接受高等教育的机会。作为一种新型的高等教育办学类型，只有清楚界定其所提供的教育产品的属性，才能有助于大众对独立学院的选择及独立学院自身的发展。为此，首先，应对高等教育的产品属性进行界定，因为独立学院提供的是高等教育产品；其次，结合独立学院供给高等教育产品的实际情况，厘定清楚其产品属性。

(一)公共产品供给

自新中国建立以来或者说在我国计划经济时期，高等教育的供给主体一直是由国家承担的，所举办的高校亦即通常讲的普通高校，从公共经济学视之为纯公共产品；在市场经济时期，继普通高校办学机构之后陆续出现民办高校，从公共经济学视之为私人产品，但由于民办高校不能很好地扮演"补充"角色，又出现介于纯公共产品和私人产品之间的独立学院(亦即"混合产品"或"准公共产品")。于是，在我国高等教育产品定性问题上，一直存在着纯公共产品与准公共产品的属性争议。为了厘清高等教育产品的属性，有必要区分纯公共产品与准公共产品的差异。关于这个问题，依据著名公共经济学家萨缪尔森的经典理论界定，所谓"纯公共产品"意指无需个人购买就能使社会所有大众享受其使用价值，非竞争性和非排他性是其主要特点。何谓"非竞争性"和"非排他性"？所谓"非竞争性"是指消某商品的消费者人数的多少不会对该商品的效用和成本产生多大影响。所谓"非排他性"则是指一种商品不存在这样一种机制，可以有效地把未付消费者排除在外。一般来说，由于纯公共产品所具有的规模较大，民众在对公共产品进行使用时，不会发生"拥挤效应"，也不大可能通过特定方式来实现有效的排他性使用，不然其成本会非常之高。纯公共产品有行政管理、义务教育等。

准公共产品与纯公共产品之间存在差异，准公共产品只能具备纯公共产品的非竞争性和非排他性中的一种属性。就该产品的范围来讲，该类产品既不是私人物品，也不是公共产品，而是在这两类产品之间，其范围十分广泛，主要包括了两类：一类是任何人都可消费使用；另一类是使用者需支付一定费用才可使用。其中，就第一类来讲，某一消费者使用该产品的同时，其他消费者也可使用该产品，该类产品所具有的公共性，在一定程度上决定了使用该产品时可能会发生"拥挤效应"和"过度使用"的问题，如人们在使用地下水流域、供电等物品时会产生该问题；就第二类来讲，在消费该类产品时，如果有过多的消费者存在，就会造成对该商品的过度消费，这时为了使该产品的效用能够得到较好发挥，需要通过付费等方式来限制消费者数量。也就是说，在准公共产品的这两种类型中，均不同程度地存在着向使用者收费的特性。这就使得相关主体在生产或提供准公共产品时，可以取得相应的收益。

（二）高等教育产品

关于高等教育产品的属性，不同的学者存在着相似或者相反的看法。其中，代表性的观点有下述几种。劳凯声（2002）认为，教育是一种典型的公共物品，教育存在的首要作用在于服务社会大众，并在其发展中层次和门类逐渐得到丰富，从德智体美劳等诸方面开发人的能力，为社会创造出优秀的社会劳动力。王一涛和安民（2004）认为，产品或服务的提供方式决定了产品属性的界定，具体到教育这一产品来说，教育的提供方式是判断教育产品属于何种产品属性的关键因素，依据教育提供方式的不同，教育产品可分为公共产品和私人产品。以独立学院办学制度来说，其投资主体包括了政府、企业和个人，消费者在使用独立学院所提供的教育产品时，需要支付一定的费用，由此可以得出独立学院教育产品的准公共产品属性。如果由市场来提供教育产品，且使用者在消费教育产品时，必须以货币形式来支付使用费，那么该种教育产品具有明显的私人产品属性。杨汝亭（2009）认为，高等教育这一产品不完全是公共产品属性，其依据在于高等教育在一定情形下具有较明显的非排他性或非竞争性，"一定情形"指的是当高等教育的投资主体中包括政府这一主体时，由政府服务公众的根本存在目的出发，可以得出此时的高等教育产品相对于高校无政府出资的情况而言，它的排他性和竞争性较强，此时高等教育这一产品可以归属为纯公共产品。如果大学这一高等教育主要是由市场力量负责提供时，通过有偿付费这一形式可以将未付费者排除在受教育之外，此时高等教育这一产品显然可以归属为私人产品。苏林琴（2009）则认为，高等教育产品内在的包含着公益性质，属于为实现社会公众利益的公共事业，这就决定了高等教育产品的公共产品属性绝非商品，从高等教育准公共产品性质出发，高等学校在其运作过程中并不是把盈利作为其最根本的目的，也不能随意将高校承担的各类社会课题、收入学生学费等行为看成是其商品性的体现，而应正确的理解为高等教育产品服务是以实现社会公益为最根本目的。吴立武（2006）在研究和梳理国外学者对于高等教育的产品属性问题时，归纳出三种观点：有学者将教育归为纯公共产品属性；有学者将教育归为私人产品属性；还有学者将教育归为准公共产品属性，应依据该产品的提供方式来界定其产品属性的归属。另外，就高等教育产品来说，它包括高等教育知识和高等教育服务，高等教育知识产品由于其无偿使用性，归属于纯公共产品，而高等教育服务由于其一定的有偿使用性，归属为准公共产品。可见，在高等教育产品属性上不同专家存在分歧：有的认为属于公共产品或纯公共产品，有的认为属于准公共产品，还有的认为属于私人产品。其中，在公共产品属性定性上，有的依据功能性——教育存在的首要作用在于服务社会大众，有的依据结构性——高等教育知识归属于纯公共产品，而高等教育服务则归属于准公共产品，还有的依据主体性——政府提供的高等教育产品或服务归属于纯公共产品；在准公共产品和私人产品属性定性上，其意见比较一致，认为产品或服务的提供方式决定了产品属性的界定，如果由市场供给归属于私人产品，如果间于政府和市场供给归属于准公共产品。

总的来说，就公共产品的供给主体归属来讲，可以分为以下三种情况：第一，该产品具有纯公共产品性质，这类产品应由政府或主要应由政府负责提供，如我国计划经济时期举办的普通高校；第二，该产品具有私人物品的性质，这类产品应由市场负责提供，如我国市场经济时期举办的民办高校；第三，该产品如果介于纯公共产品和纯私人物品之间，这类产品则由市场和政府来负责提供，如我国市场经济时期举办的独立学院。

三、定性确定

（一）独立学院产品属性分析

在我国现阶段，独立学院是投资各方依照国家有关规定采用新机制、新模式来举办的本科高校。独立学院按照民办运营机制来进行办学运作，这决定了其在提供高等教育产品时，应当遵循民办运营的市场规律，适用于按照市场机制的使用者付费规则，独立学院产品的准公共产品属性在收费标准依据中有较明显体现。2003 年，教育部发布的《意见》中规定："独立学院的学生收费标准由所在地省级人民政府根据国家有关民办高校招生收费政策制定。"① 从这一规定中可以看出，政府对于独立学院这一高等教育的民办性质界定，其所提供的高等教育产品绝非纯公共产品，而是具有准公共产品的属性。2005 年，国家发展和改革委员会发布的《〈民办教育收费管理暂行办法〉的通知》中规定："制定或调整民办学校对接受学历教育的受教育者收取的学费、住宿费标准，由民办学校提出书面申请，按学校类别和隶属关系报教育行政部门或劳动和社会保障行政部门审核，由教育行政部门或劳动和社会保障行政部门报价格主管部门批准；民办学校学历教育学费标准按照补偿教育成本的原则并适当考虑合理回报的因素制定。"② 从这一规定中可知，民办学校在提供教育产品时，政府界定其为私人产品，一方面其具有公益性，另一方面也可取得相应收益。2006 年，教育部发布《关于进一步规范高校教育收费管理若干问题的通知》规定："高校学费标准按属地化原则管理。国家现行高校收费政策有规定的，执行现行规定；没有规定的，由省级教育行政部门综合考虑实际成本、当地经济发展水平和居民经济承受能力等因素提出意见，报同级价格、财政部门审核，并经省级人民政府批准后执行。"③

此外，我国教育实行属地归属管辖的体制，我国独立学院受其所在省级教育行政部门管辖的体制。各个省份结合本省份情况出台了相应的文件来规定本省份独立学院的收费标准。例如，湖北省教育厅于 2006 年 8 月份出台《关于进一步规范高校教育收费管理的通知》规定："普通高校举办的独立学院的一般本科专业学费标准为每生每学年 10 000 元，本科重点专业由学校根据学科建设发展、专业设置、学生报考志愿、社会对人才需求及培养成本等情况确定，其学费标准可在本校一般本科专业学费标准的基础上向上浮动 30％。"④ 2007 年安徽省出台的《关于民办普通高校及独立学院学历教育学费收费标准等有关问题的通知》中规定：独立学院中的普通专业收费为 11 000 元，艺术专业收费为 14 000 元。2007 年广东省出台的《关于进一步规范我省高等学校收费管理的通知》中规

---

① http://www.moe.edu.cn/publicfiles/business/htmlfiles/moe/s3014/201206/138410.html.［2012-8-10］
② http://bgt.ndrc.gov.cn/zcfb/200601/t20060109_499612.html.［2010-6-25］
③ http://www.gov.cn/zwgk/2006-05/25/content_290635.html.［2012-2-24］
④ http://www.hbe.gov.cn/content.php?id=3007［2007-9-25］

定：广东省内不同独立学院共划分为四档收费标准分别是 18 000 元、15 000 元、13 000 元和 23 000 元。上述三组数据表明：各个省份由于经济发展水平和居民收入水平的差异，其关于独立学院学费收费标准和独立学院不同专业学费收费标准的规定各不相同。

由此可见，无论作为公共产品出现的普通高校，还是作为私人产品出现的民办高校，依据国家有关法规规定均存在收费。尤其，在计划经济时期我国普通高校举办不存在收取学生费用由国家完全承担，但在市场经济时期尽管普通高校举办仍由国家承担，学生却要按照补偿教育要求缴纳学费，不能因为普通高校收取一定费用就否定其公共产品的性质。作为私人产品出现的民办高校所收取的费用，既包括作为补偿教育的学费，还包括办学的合理盈利。而独立学院作为介于公共产品与私人产品之间的混合产品，按照国家相关法规规定依据民营方式运行，在收费上完全按照民办高校要求进行。因此，是否收取学费不是判断高等教育产品属于公共产品或私人产品的一大标准，但收取学费的高低差异却可以成为区分高等教育属于公共产品或私人产品的一个有效标准，当然排除乱收费的情形。之所以如此是因为私人产品由市场供给，不仅涉及成本补偿，还涉及合理盈利，否则就违背市场经济规律。独立学院费用的收取也存在这种情形，我国独立学院产品的准公共产品的属性，可以从上述国家及地方政府有关部门对独立学院学费收取及调整标准的规章制度中得到印证。

现在的问题是，独立学院的投资主体双元性和职能双重性，让人们往往忽视其私人属性部分，放大其公益职能部分，由此引发人们对于独立学院作为产品的属性分析，这就不免涉及到对独立学院的公益性与营利性的解读。

（1）独立学院的公益性

在汉语中，"公益"被解释为"公共的利益，亦即多半指卫生、救济等群众福利事业"（《现代汉语词典》）；与此相对应，在英文中是"publicbeneift"（公共利益或公共收益）和"commonweal publicwelfare"（公共福利）等概念。一般说来，政府举办公立教育是完全免费或部分免费的，在一定意义上确实可以被视为一种"公共福利"，但在讨论民办教育问题时，认为"民办教育事业属于公益性事业"，显然不是指民办教育提供这种免费的福利，而是指它能增加"国家和社会的公共利益"（效益外溢性）。因此，独立学院的公益性是指教育能够为受教育者（及其直系亲属）之外的其他社会成员带来的经济的和非经济的收益。

（2）独立学院的营利性

依据民法原理，所有权包含占有权、使用权、收益权和处分权四项权能。其中，收益权即收取所有物所生利益的权利，是与使用权有密切联系的所有权权能。在通常情况下，所有权的取得表明收益权的当然取得，国家不可以通过权力的行使限制甚至剥夺公民权利的行使。这同样适用于投资者对独立学院的所有权，即所有者应当享有对校产的占有、使用、收益及处分等权利。《民办教育促进法》第 51 条规定"出资人可以从办学结余中取得合理回报"。可见，无论从法理还是我国现有的法律法规，独立学院营利（回报）是允许的，事实上独立学院的举办者也都希望收回教育投资并得到一定的回报，这也是符合市场经济法规的。但是，这个回报（营利）用"合理"加以限制，而不是其他回报，对于如何区分有关法律法规做了明确规定。

(二)独立学院产品属性定性

目前，国内学者对于高等教育性质的研究较多，上述几种关于高等教育的典型性说法就是例证。而基于产品角度来分析独立学院却很少有，其中的代表性观点为"民办民营高等教育的准公共产品或准私人产品观"。在我国现阶段高等教育格局中，民办民营高等教育这一产品的表现主要是独立学院和民办高校，因为这两种形式的高校是按照民营机制来创建和运营的。独立学院这类高校教育机构主要是利用民间资本投资办学。这类高等教育很显然具有两大特性：第一，在消费时的可分割性及较强的排他性和竞争性。独立学院的学生作为消费者，需要缴纳学费才能上学，这种缴费不是公办高校中"成本的分担"，而是全部成本加利润，相当于购买商品的方式接受高等教育服务。第二，在收益上的效益外溢性，即其消费的收益不是完全排他的，有效应外溢。接受这类教育服务不仅能增加消费者自身的人力资本，带来较大的私人收益，还会通过消费者的劳动、知识创新等功能增加社会效益。(杨继瑞，2007)从消费上来讲，独立学院产品并不是无需付出成本就可人人受益的，它具有排他性和竞争性，消费者使用该产品需要支付相应的费用。从收益上来讲，独立学院产品能够为消费者带来劳动能力提升等实用价值。同时，也在客观上造成了社会效益的增加，其收益的公共产品属性得以体现。因此，我们可以说独立学院产品在收益上具有准公共产品属性，在消费上具有私人产品属性。

综合上述观点，本部分认为独立学院产品具有准公共产品的属性，这就包括了两层含义：其一，独立学院产品具有其内在的公益性；其二，购买者必须付费才能享有独立学院的产品，进而才能享受独立学院产品所带来的效用或价值。这一认识有助于我们认清独立学院提供的高等教育产品所具备的准公共产品属性，也有助于独立学院依照民营机制取得良好的发展。在此基础上，独立学院的市场化运作才能有坚实合理的基础，按照市场机制去运作独立学院，扩大独立学院产品供给规模，满足社会民众对高等教育的需求，为经济发展提供优质人力资本。

现在的问题是，对于独立学院作为产品在属性分析上的不同看法，由此引发对于独立学院作为产品在属性定性/产权界定上的争议。目前，对独立学院和民办高校出资办学者，绝大多数是以投资性质办学，我国民办教育法律对产权界定/属性定性模棱两可。

第一，我国《民办教育促进法》对学校财产进行规定，民办学校对举办者投入民办学校的资产、国有资产、受赠的财产以及办学积累，享有法人财产权；民办学校存续期间，所有资产由民办学校依法管理和使用，任何组织和个人不得侵占。这就意味着民办学校的财产所有权归法人所有，学校存续期间举办者和办学者不拥有学校财产的所有权。投资人一旦投资民办教育，资产的管理和使用权将归学校而不再归投资者，回避了产权的终极处理问题。

第二，我国《民办教育促进法》还对办学过程中积累财产处理进行规定，民办学校在扣除办学成本、预留发展基金以及按照国家有关规定提取其他的必需的费用后，出资人可以从办学节余中取得合理回报。但是，由于允许举办者取得合理回报的规定出现在扶持与鼓励一章中，应当视为一种扶持与奖励的手段，而非对财产投入的正当收益。

正因为我国民办教育法律对产权界定/属性定性的模棱两可，影响了对其产权界定/

属性定性的解读，还可能引发其他问题的出现。

第一，对有形资产处理。独立学院投资主体有母体高校、国家和企业等三方；资产来源有办学者投入、国家政策性投入、社会捐赠和办学积累等四种渠道。在办学期间，这些资产所有权归属独立学院所有，即形成法人财产权。但是，独立学院在法律地位上却是民办学校。如果以民办学校名义来处理举办高校和国家政策性投入的国有财产，那么国有财产流失也就顺理成章了；如果将企业投入完全收归国有不考虑营利和对企业投入不进行适当补偿，那么将严重打击投资者办学积极性，独立学院发展必将受阻。目前，关于独立学院产权的处理在理论上不符合逻辑，与事实也相差甚远，产权的四项功能尽失。

第二，对无形资产处理。举办高校的声誉、师资以及社会关系网络和渠道是独立学院得以创立的前提和基础。对此，教育部 26 号令规定，独立学院举办高校投入办学的无形资产，应当依法评估作价，并且占办学总投入的比例。但是，目前还没有关于高校无形资产评估的指标，无形资产的投入很难转化为可以量化的货币资本。尽管无法量化，但在事实中举办高校却以此主要依靠来收取学费的 20%～30% 作为"管理费"。从本质来看，独立学院创立时需要借用举办高校的无形资产，即独立学院可获得一个明确的身份和可靠的信誉。凭借这种资质，独立学院才能与政府等社会组织建立关系。举办高校的无形资产是"象征性"产权。举办高校通过这种"象征性"产权的让渡，实现闲置资产和人力资源充分利用，缓解经费紧张的压力，举办高校和合作方都从无形资产中获得利益。

针对以上存在的诸多问题，对"独立学院产品属性定性"的进一步解读，独立学院作为我国高等教育发展中一种特殊形式，既不是单纯逐利的企业法人，也不是依靠国家投资的机关法人、事业单位法人，更不是以"人和"为主要特征的社会团体法人，而是兼具营利性和公益性双重属性的特殊法人形式，亦即从公共产品供给看属于准公共产品或准私人产品。独立学院的这种混合属性，决定了产权不能完全遵循市场机制配置，需要考虑社会公益，这就需要正确解读、处理独立学院的营利性。而营利性对于独立学院是把"双刃剑"。如果营利性太弱运转资金不足，那么可能有生存危险；如果营利性太强损害其公益性，那么容易偏离教育目标。规范独立学院的营利性，有利于更好地促进其发展，更好地为实现社会公益目标服务。对此，需要注意两个方面。

（1）加强道德自律

虽然独立学院作为教育机构是以公益性即为社会培养人才为使命，但也会受到利益的诱惑或驱使。如果不通过一些手段来强化独立学院的公益性意识，那么也会出现在不自觉中渐渐偏离教育目标宗旨的可能性。当前，一些独立学院在运行过程中偏离了公益性的宗旨，仅仅以谋取利益为取向，为了组织成员的利益而降低、忽视甚至损害教育的公益性。为此，必须制定完善独立学院的纪律章程来增强其自我约束力，通过有效形式的监督确保独立学院以使命感和社会责任感为支撑，形成一种"道德驱动与自律"机制，促使独立学院的规范发展。

（2）完善法制环境

国家允许独立学院营利性的存在，旨在推进我国高等教育事业的发展。但是，如果没有强有力的法律制度进行规范，那么就难以保证其有效地展开公益活动。面对我国独立学院存在营利行为的现实，要进行规范就要使该营利行为公开化、合法化。对此，需要对《高等教育法》第 24 条"设立高等学校……不得以营利为目的"的条款加以完善，应该将其调整为"由政府出资兴建的高等学校……不得以营利为目的"，而不是指所有的高等学校都不得以营利为目的。同时，还应该在《意见》中明确独立学院的营利行为以及明确规定预留发展基金的比例，规定出资人应当从年度净收益中，按不低于年度净资产增加额或者净收益的 25％的比例提取发展基金，用于学校的建设、维护和教学设备的添置、更新等。法律允许取得收益，鼓励社会资金进入教育，但也要防止一些人牟取非法利益。必须从法律上规定出资人端正办学目的，既要使那些致力于教育事业和所办学校水平高、社会反映好的出资人得到鼓励，又要使那些唯利是图、办学质量低和行为不规范的出资人受到惩戒。

第二节 独立学院产品投资

　　一般来说，所谓投资主要是指"投资主体在进行固定资产投资时的投资资金等投资行为。随着市场经济的不断完善发展，投资概念的内涵也发生了较大变化，既包括投资主体对固定资产和流动资产所做的投资，又包括投资主体对股票、证券等金融产品的投资。政府对公共基础设施的建设也属于投资。究竟怎样厘定投资，在学界有广狭二意。从广义上来讲，投资是指投资主体为获得未来可预期的资金等收益所进行的经济要素投入；从狭义上来讲，投资是指投资主体在进行投资时所投入的资金"（夏志强，2006）。本节主要是从广义角度理解投资。从广义而言，主要有两个维度：一是投资主体，它是投资活动的经济主体，从法学角度来讲是社会经济活动中的法人和自然人，从经济学来讲包括政府、企业、个人和事业单位等；二是投资内容，主要是指投资主体投入的经济要素，既包括土地、厂房在内的实物形态的经济资源，又包括资金等在内的非物质形态的经济资源，而经济要素常被定义为投资资金或资本，可以说投资内容既涵盖了金融资产、非金融资产，又涵盖了有形资产和无形资产。从独立学院举办角度来看，其产品投资中的投资主体有地方政府、普通本科高校和社会办学力量等，它们在对独立学院进行投资时，可以以资金、土地、师资和品牌等多种方式进行投资。而由于各主体搭配形式差异，还会形成不同的独立学院产品投资模式。鉴于此，独立学院产品的"投资主体""投资内容""投资模式"正是本节所要关注的内容。

一、投资主体

　　投资主体是关注独立学院产品投资的第一要素。一般而言，所谓"投资主体"是指具有相对独立投资权利的主体，主要包括政府、企业和个人。投资主体的成立要件有三个：第一，投资主体具备独立决策的能力；第二，投资主体拥有投资所需的足额储备资金；第三，投资主体拥有对投资客体资产的所有权，且能够自主安排经营事宜。就独立学院来说，作为国家面向社会所供给高等教育产品的客体，其所供给的产品具有准公共产品的性质，这就决定了投资主体举办的独立学院具有双重属性，也就是说，既具有公益性的一面，也有营利性的一面。其中，就其营利性来说，投资主体以一定的形式投资于独立学院能够取得一定的收益。根据独立学院的不同类型来看，在其资产构建的过程中存在母体高校（普通本科高校）、投资方（主要是企业、地方政府和个人）和中央政府等三大投资主体。独立学院的举办者母体高校、投资方地方政府或企业均具有投资独立学院的经济能力，而中央政府则以出台政策的方式来对独立学院进行制度供给，是一类特殊的投资主体。

（一）母体高校

谈及独立学院的投资主体首当其冲就是其母体高校。而所谓"母体高校"是针对依附的独立学院而言的普通本科高校，是从母体高校与独立学院的投资与被投资关系来认识的，二者自独立学院产生之初就存在一种密切的"亲缘关系"。早在 20 世纪 90 年代，我国普通高校中开始出现"公办公营"或"公办民营"的二级学院或分校情形。这类办学机构，无论是"校中校"还是"校外校"，都是在高校扩招背景下出现的，并有相应的政策法规支撑。1999 年实行的《中华人民共和国高等教育法》第六条规定："国家根据经济建设和社会发展的需要，制定高等教育发展规划举办高等学校，并采取多种形式积极发展高等教育事业。国家鼓励企业事业组织、社会团体及其他社会组织和公民等社会力量依法举办高等学校，参与和支持高等教育事业的改革和发展。"（王晓松，2009）同年，教育部颁布的《关于实施〈中华人民共和国高等教育法〉若干问题的意见》中也指出："要按照《高等教育法》第六条第二款的规定，积极鼓励企业事业组织、社会团体及其他社会组织和公民等社会力量依法举办高等学校，逐步形成以政府办学为主体，社会各界共同参与，政府举办的高等学校和社会力量举办的高等学校共同发展的办学体制。"[①]从上述的法律和行政规章中可以看出，我国政府为了满足大众对高等教育资源的需求，促进我国高等教育事业更好地发展，明确鼓励包括企业事业组织、社会团体和公民个人在内的社会各方力量投资高等学校，明确支持高等学校采用多种形式办学，虽没明确提及普通高校可以举办高等学校，但普通高校作为我国事业单位的一种类型，蕴涵着可以以自身的资源来举办高等学校。

但是，真正作为独立学院前身出现的"公办民营"二级学院或分校，则始于 21 世纪之初我国东部一些省份出现的依照新办学模式和机制来试办的高校二级学院。为了杜绝一些普通高校打着"采取多种形式积极发展高等教育事业"幌子举办"公办公营"这类"校中校"情形，规范作为独立学院前身这些"公办民营"二级学院的发展，2003 年教育部专门出台了《关于规范并加强普通高校以新的机制和模式试办独立学院管理的若干意见》。《意见》第二款中提到独立学院是新形势下高等教育办学机制与模式的一项探索和创新，是更好更快扩大高等教育资源的一种有效途径，对今后我国高等教育的持续、健康发展具有重大的意义。为此，今后各高等学校，都要继续有步骤、有计划地推进独立学院的试办工作。这是我国出现独立学院以来，中央政府部门首次明确提出鼓励高等学校举办独立学院。《意见》第三款中提到独立学院的申请者，应为普通本科高校。申请

---

① http://news.xinhuanet.com/edu/2002-01/21/content_2784556.html.〔2009-4-10〕

者要对独立学院的教学和管理负责，并保证办学质量。申请者要充分发挥校本部的智力、人才资源优势，切实加强独立学院的教师队伍和管理队伍建设，建立并不断完善

　　独立学院教学水平的监测、评估体系（吴永桥和彭鹏，2010）。2008 年教育部《办法》中有进一步指出："参与举办独立学院的普通高等学校须具有较高的教学水平和管理水平，较好的办学条件，一般应具有博士学位授予权。"[1] 这就对普通高校作为独立学院的申请者所应负责的投入做了较明确的规定，进一步具体规范了作为独立学院举办方的普通高校的资质。普通本科院校作为我国高等教育产品供给中的主要力量，其公办性质决定了其能够得到政府财政拨款的支持，这使得学校可以有较为充分的资金去发展高校的师资力量和软硬件设施，其培养出来的人才质量相比较于民办高校要高出不少。从普通高校的角度来讲，普通高校在举办独立学院过程中，可以充分发挥它所具备的良好社会声誉、强大师资水平和完善学校管理工作制度等方面的优势。同时，作为独立学院的投资方，普通高校能够在独立学院举办中取得合理的经济回报。从独立学院的角度来讲，独立学院可以充分利用母体高校的上述优势来吸引社会公众的关注，吸引更多的生源。同时，也有可能借助母体高校的资源实现自身的持续发展。

（二）投资方

　　独立学院投资者或举办者除母体高校以外，还有作为投资方的企业单位、事业单位、地方政府、社会团体和公民个人等社会力量。在此，着重介绍企业和地方政府。

1. 企业

　　在我国，企业出资兴办学校已有近几十年的历史。近年来，国家在出台的一些法令、政策中也都鼓励和支持企业兴办学校。2003 年 9 月起实行的《民办教育促进法》规定："国家机构以外的社会组织或者个人，利用非国家财政性经费，面向社会举办学校及其他教育机构的活动，适用本法；国家对民办教育实行积极鼓励、大力支持、正确引导、依法管理的方针。"[2] 可见，国家法规明确了社会组织投资教育的合法性。进一步来说，企业作为国家机构以外的社会组织之一，其投资兴办学校的行为受到国家法规的的保护和支持。就企业兴办独立学院来说，2003 年教育部发布的《意见》中的第三款指出："独立学院的合作者可以是企业、事业单位，社会团体或个人。同时，合作者负责提供独立学院办学所需的各项条件和设施，参与学院的管理、监督和领导。"（教育部，2003）这不仅从政府规章层面上明确了企业可以作为合作方来出资举办独立学院，而且规定了企业在举办独立学院中的相关责任。2008 年，教育部在其发布的《办法》中进一步细化了包括企业在内的参与举办独立学院的社会组织所应具备的资质。该文件的第八条规定："参与举办独立学院的社会组织，应当具有法人资格，其注册资金不低于 5000 万元，总资产不少于 3 亿元，净资产不少于 1.2 亿元，资产负债率低于 60%。"[3] 总的来说，企业对独

---

[1]　http://www.gov.cn/flfg/2008-03/07/content_912242.html.［2012-2-24］
[2]　http://www.gov.cn/test/2005-07/28/content_17946.html.［2008-8-15］
[3]　http://www.gov.cn/flfg/2008-03/07/content_912242.html.［2008-12-8］

立学院的投资是指在独立学院举办过程中，企业负责提供资金、教学场地和设施设备。企业对独立学院的投资是一种科技与经济相结合的合作行为，企业作为投资方投资独立学院往往是出于能够给企业带来科研转化成果及资金上的收益。在于普通高校合作举办独立学院的过程中，企业所获收益往往低于母体高校，这是因为一方面企业自身缺乏办学经验，另一方面母体高校掌握着诸如办学品牌、办学师资等办学资源，这使得企业在双方合作中处于非主导地位。

2. 地方政府

在独立学院的存在和发展中，企业作为其投资主体，无论在其法律文本规定上，还是在其具体举办和运行过程中，都有其法理依据和实例佐证，即事业单位、社会团体和公民个人，也是有理有例可循。但是，地方政府作为独立学院的投资主体，尽管不乏这方面实例，如电子科技大学中山学院，而在专门针对独立学院举办和运行的《意见》和《办法》法律文本中并未有明确规定，但地方政府只要不是采用财政性经费支持独立学院，而是采用其他方式支持或扶持，就不会违背有关法律文本的要求，就可以成为独立学院的投资主体。目前，就我国现有独立学院来说，地方政府作为独立学院的投资方，主要是一些发达地区的省级以下地市一级的地方政府。这些地方政府以优惠的政策条件来吸引本地区或者外地区的优质高校来地方政府所在地举办独立学院。独立学院所在地的地方政府在与这些普通本科高校合作举办独立学院的过程中，除了拨付财政资金予以支持外，还常常以非财政资金、土地、税收优惠政策来扶持独立学院。地方政府的投入意在改善并发展本地区的高等教育事业，扩大本地区高等教育机会、增加本地人才和科技资本，追求高等教育所带来的社会效益。一般情况下，这些地方政府对独立学院的学校产权、剩余索取权等权力没有明确的主张。同时，地方政府不对学校资产的处置和学校管理等进行直接干预。

(三)中央政府

中央政府作为独立学院投资主体，在学界存在争论。毋庸置疑，在独立学院的存在和发展中，离不开中央政府的大力支持，但这个支持以何种形式出现却存在分歧，有的把中央政府的制度供给视为背景，有的则把中央政府的制度供给视为投资。实际上，不管以何种形式出现，都充分肯定了中央政府的极端重要性，可根据研究需要而处理。基于此，本部分既然探讨独立学院产品投资主体，就把中央政府视为一种特殊主体而出现。作为独立学院的投资方，如果说母体高校主要以品牌效应注入，投资主要以实物和资金注入，那么中央政府则主要是从制度供给层面来对独立学院进行投资。一般来说，制度供给的主体主要有中央政府、地方政府和风俗习惯三类。从法学角度视之，前两类为成文法，后一类为习惯法。无论是成文法还是习惯法，一经形成就具有相对的稳定性。对此，在学界不乏依据。美国学者道格拉斯·诺思(1992)认为，制度实际是为约束在谋求财富或本人效用最大化中个人行为而制定的一组规章、依循程序和伦理道德行为准则。我国学者杨瑞龙(1993)结合我国国情认为，在我国制度有三种类型：宪法秩序、制度安排(制度供给的具体方面)和行为的伦理道德规范，其中的宪法秩序和行为的伦理道德规范一经形成便具有相对稳定性，而具体的制度安排则会随社会、个人等主体对制度需求而创新。显然，政府是制度的主要供给者。结合我国现有的基本政治制度，我国的制度变迁具有明显的供给主导型的特征。当然，我们也可以理解为，制度变迁的主导因素是权力中心必须在合乎法规且合乎道德规范的之下，做出的关于制度安排的意愿和行为。我国的制度供给是一种自上（中央政府）而下（各级地方政府）层层展开的过程。独立学院之所以在 20 世纪 90 年代出现并发展，这与教育部 2003 年的《意见》和 2008 年的《办法》是分不开的，尽管刚出现之时中央政府采取"不表达、默许"的态度，但一经表态就是自上而下进行的，在制度供给的框架下允许独立学院的发展，使之成为继民办高校后我国高等教育第三类办学机构。

二、投资内容

投资主体是关注独立学院产品投资的第二要素。独立学院的举办者中既有母体高校，又有企业，也有政府。这三方举办主体因其自身的优势不同，其对独立学院投资的内容也各有不同。母体高校更多的是从师资等方面来对独立学院进行投入；企业则偏重于从资金等方面来对独立学院进行资金投入；地方政府利用土地、税收等方面的优惠来投资于独立学院。

（一）母体高校对独立学院的投资

就资产的性质来说，母体高校在独立学院的投入大致可以分为两类：人力资源和资产（含无形资产）。在独立学院创办初期，母体高校从校园、师资、管理、经费等各方面给予独立学院相当的支持与援助。具体来说，母体高校对独立学院的投入主要有以下几个方面。①提供丰富的优质师资资源。母体高校在其几十年乃至上百年的发展过程中积淀了丰富的师资资源，加之，独立学院在专业设置上与其母体高校的专业设置非常相近或者说是基本一致，这使得可以将母体高校的办学师资力量充分地利用到独立学院的办学过程中。②先进的教学设施设备。在独立学院的创建初期，其办学资源、办学条件等存在先天薄弱，独立学院往往依托母体高校在上述方面的优质资源。此外，由于母体高校在其办学过程中对自身教学设施设备进行了持续性的更新，其硬件水平达到了相对比较高的水平。母体高校在教学设施设备方面的资源可以充分为独立学院办学提供便利条件，以满足独立学院培养学生的教学需求。③学科建设方面的经验。就独立学院自身的独特性来讲，独立学院在对其教学方法和内容的设定和发展方面有别于母体高校的相关做法或实践。不可否认的是，由于二者先天的亲缘关系，独立学院可以充分借鉴母体高校的专业建设和学科建设的有益经验。在实际办学过程中，母体高校往往会对独立学院的专业和学科建设进行指导，使得独立学院在专业建设和学科建设发展能够在较短时间内得到良好发展（高志强等，2009）。④浓郁的文化氛围。独立学院由于办学时间较短，其校园文化氛围存在先天不足。与独立学院相比，母体高校由于办学时间久，其传承和培养了浓郁的文化氛围。母体高校在举办各种文化体育活动时，充分吸引独立学院学生来参与，这样一来就能够对独立学院学生进行文化气息的熏陶和培养。⑤丰富的教学管理经验。独立学院在设置诸多不同专业时，主要是由其母体高校对其进行把关指导。母体高校对独立学院的专业课教学的规范程度、教学质量等多方面进行了有力的监督指导，这就对独立学院的办学质量和办学秩序做了强有力的保障。⑥母体高校的品牌。公办高校在长期办学中形成了独具特色的品牌影响力，公办学校作为独立学院的母体高校，其自身的品牌影响力自然会辐射到独立学院之中，这在无形中对学生选择就读独立学院产生了影响力和吸引力。例如，浙江大学城市学院独创的"高教立交桥"培养模式。这一模式具体是指，从应届毕业生中推荐部分优秀学生免试攻读浙江大学研究生；从每年入学的一年级新生中选拔少量优秀学生转入浙江大学相近或相关专业学习。这些举措调动了学生们学习的积极性，学生们的学习热情高涨（安云初等，2006）。

独立学院依托母体高校为自身发展带来的优势主要是：第一，后发优势。相对于民办高校而言，独立学院自成立之初就具有天然的优势。它从其母体高校那里获得了诸如师资、管理等优质教育资源，有力地助推了其后续的可持续发展。第二，品牌优势。母体高校经过长期发展而形成了较高的师资水平和学校声誉。独立学院借助与母体高校的特殊联系，可以充分利用母体高校的这些优势。母体高校的这些优势使得独立学院在生源、人气和教育教学质量等方面均得到了强有力的保证。第三，平台优势。母体高校具备完善的关于学校建设发展规划的平台，那么独立学院就可以充分借助母体高校的这方面的优势：一方面充分使用母体高校所能给予的各方面资源；另一方面可以在规划方面与母体高校一起进行，避免了独立学院的盲目建设，使得独立学院有时间和精力去发掘最紧迫的教育资源。

（二）投资方对独立学院的投资

1. 企业对独立学院的投资

企业对独立学院的投资主要包括了两种投资合作方式。其一，企业与高校形式上的双方合作投入。之所以称之为形式上的双方合作，是因为在该模式下的企业方不是独立于母体高校之外的社会企业，而是母体高校的校办企业，合作双方虽然也依照国家规定签署相关办学协议，但母体高校拥有独立学院的实际上产权，除此之外不存在社会其他投资方。这方面的独立学院的典型例子，是厦门大学嘉庚学院。厦门大学嘉庚学院位于厦门大学新校区内，由厦门大学提供师资和管理资源。校企双方在嘉庚学院举办过程共投资 4.5 亿元人民币作为初办资金。其中，厦门大学作为校方投入 1.5 亿元人民币，厦门嘉庚教育发展有限公司作为企方投入 3 亿元人民币。在独立学院的总投资当中，该公办大学占的比例近 1/3，而合作方投入占的比例近 2/3。但是，实际情况并非如此，查证当地工商注册资料可知，该企方的大股东为厦门大学资产经营有限公司，而厦门大学资产经营有限公司是厦门大学的校办全资公司。因此，实质上该独立学院的投资方只是厦门大学一个投资主体。其二，高校与企业实质合作投入。由这种方式兴办起来的独立学院其母体高校负责师资、管理等方面的投入，而合作方企业在负责提供其他应有的办学条件。这方面的独立学院典型例子，是福州大学阳光学院。阳光学院由福州大学和阳光集团共同举办，在举办双方的协议书中明确规定，福州大学负责提供学院在教学过程中所需的教学、后勤和设施等管理服务工作，并且有义务负责办学所需的包括土地、选址、提供教室、语音室、电脑室、图书馆、实验室、各种仪器设备，提供学生宿舍及学院聘用的部分教职员的宿舍等；阳光学院的校园及办学硬件条件是在阳光集团对已有的阳光国际学校进行改建、扩充的基础上投入使用的（王影，2006）。以上企业作为独立学院投资方与母体高校的合作形式，在2003《意见》出台前蜂拥而出的"二级学院"或"分校"中比较常见，第一种校企形式合作类型属于通常讲的"校中校"，是一种高校的内涵式发展模式；第二种校企实质合作类型属于通常讲的"校外校"，是一种高校外延式发展模式。真正能作为独立学院前身的"二级学院"或"分校"，是这里谈及的第二种类型。除此之外，在举办独立学院过程中校企合作方式是下面通常所要谈及的类型。

依据校企双方对独立学院参与管理程度的不同，主要有以下三种类型。第一，学校与企业合作，在学院工作方面由学校主导实施。四川大学锦城学院和南京理工大学泰州科技学院是这种模式的代表。独立学院的该种运行模式决定了办学的主导方是学校，学校全权负责独立学院的各项管理工作，负责制订独立学院资金运作计划，负责制订独立学院的发展规划等方面，也就是说学校的主导作用确保了独立学院办学思想和办学目标的顺利实现，但此种合作模式下，能否充分调动企业方的积极性，直接关系到校企双方合作关系的持续保持。第二，学校与企业合作，学院的工作由企业主导，在该模式下企业方很显然具有主导作用，但企业方在实际举办独立学院过程中容易以市场利益为主导，也容易忽视独立学院的特殊性，一味地把独立学院按照市场机制来运作，长此以往会对独立学院的办学质量和人才培养水平造成严重负面影响，像某些独立学院在招生时收取不合理的高额学费。第三，学校与企业合作，学校负责独立学院日常教学管理工作，企业则负责独立学院的后勤等方面工作。像上海复旦大学太平洋金融学院，在实际举办过程中校企双方分工明确，其中母体高校负责独立学院的日常教学管理工作，而企方负责独立学院的后勤等管理工作。独立学院的战略决策工作则由校企双方共同商讨决定，其办学优势在于校企双方的分工协作能够快速兴建起一个规模较大的独立学院，其缺点学校和投资方在独立学院运作中的协调工作加大（何秋颖，2009）。

2. 地方政府对独立学院的投资

地方政府作为独立学院的投资主体，决定了其投资内容上一般主要集中在提供土地、资金及配套设施和税收优惠政策等方面。在政府，特别是一些发达地区的地方政府，在经济飞速发展中深切感到高等教育资源和本科人才的重要性。出于吸引优质高等教育资源、扩大本地区的高等教育产品供给，以及利用高校的科研优势来加速孵化本地区科技产业的目的，在一些经济发达省份的独立学院最初的举办过程中，有些地方市级政府甚至注入部分启动资金来大力支持独立学院的建设；还有一地方的市级政府提供一定土地以供独立学院来建设校舍。在制度供给层面提供税收优惠政策和毕业生安置政策更是通常采用的扶持办法。总体来看，地方政府对独立学院的投资是为了通过独立学院的举办来带动本地区文化教育事业的发展，进而服务于本地区经济建设的。

（三）中央政府对独立学院的投资

中央政府作为独立学院的投资主体，在其投资内容或形式上有别于母体高校出资的无形资产和企业出资的有形资产两种类型，我国中央政府对独立学院的举办和发展主要是从制度供给上进行的一种制度上的投资，这对独立学院的发展起到一种宏观上的指导和规范的作用。中央政府在制度供给层面的投资，主要有间接制度供给和直接制度供给两种。就间接制度供给投资而言，《教育法》作为教育领域基本法，明确了高等教育办学的公益性宗旨；《高等教育法》作为高等教育领域法律，提倡高等教育可采用多种形式办学；《民办教育促进法》作为社会办学领域的法律，明确在坚持主要由国家举办高等教育前提下鼓励除政府之外的社会力量举办高校。这些法律文本，对独立学院的举办和运行提供了法律依据。否则，1999~2003 年在独立学院法规文本颁布之前，不会出现各种形式的"二级学院"探索。就直接制度供给投资而言，教育部的《意见》和《办法》在独立学院举办和运行中具有里程牌的作用。其中，2003 年的《意见》指出：近年来，我国独立学院的确得到较快发展，但一些独立学院在办学过程中出现了不少问题和矛盾，对相关的政策急需进一步明确，管理工作也应加强和规范，为此特提出针对独立学院的规范管理的若干意见。这个《意见》，是中央政府针对独立学院的第一个法规文本，规范和加强了由母体高校举办的独立学院，同时也表明了中央政府对继公办高校和民办高校之后第三种办学机构——独立学院的认可。为了进一步引导独立学院的发展，2008 年中央政府又专门出台了《独立学院设置与管理办法》，在《意见》基础上又做了补充和完善。毕竟《意见》作为独立学院的第一个法规文本，提出了 10 个方面的要求，在具体规范和加强独立学院举办和运行中，难免比较原则、不太准确，颁布四年以后又出现一些新的问题，亟需在制度供给层面补充和完善，于是《办法》应运而生，从而保证了独立学院的可持续发展。可见，正因为有在制度供给层面直接投资，使得独立学院成为我国高等教育领域一种新的办学机构，发挥着越来越重要的作用。因此，无论对独立学院的制度供给的间接投资还是直接投资，如果离开中央政府的制度供给或安排，就没有独立学院的今天和明天。

三、基本模式

独立学院的办学资金来源于社会组织或个人，办学主体呈现出多元化特征。独立学院自产生至今已有十几年的历程，独立学院在办学过程中，已经初步形成了独具自身特色的办学模式，独立学院的可持续发展具备了较好的基础。在独立学院举办过程中，根据举办方在合作方式和资金来源等方面的差异，可将独立学院的办学模式分成以下几种基本类型。

（一）企业与高校的"校企合作"模式

所谓"校企合作"模式，意指独立学院的举办者包括普通本科高校和企业。这种合作办学模式是当前我国独立学院的主流模式。该种投资模式下，独立学院的举办有两方面特点：一方面，社会力量承担独立学院的投资建设，独立学院依照民办学校的标准来收入相关费用；另一方面，普通本科高校（亦即母体高校）承担独立学院的师资培养、专业课程设置、文凭发放等日常学校管理工作。例如，苏州大学文正学院是由苏州大学和苏州凯达房地产发展有限公司共同兴办的，苏州大学作为其母体高校全面负责文正学院的学校日常管理、师资力量和学校教学规章计划等工作，而苏州凯达房地产发展有限公司则负责文正学院的楼宇建设、教学设施设备的购买与维护及学校后勤工作。（胡伟华，2007）又如，江南大学太湖学院是由江南大学与无锡威孚集团有限公司、江苏太湖锅炉股份有限公司等五家当地企业共同举办。作为投资方的江苏太湖锅炉股份有限公司和无锡威孚集团有限公司都是社会信誉度非常高的全国知名企业，其社会责任感极强，对独立学院的投资并非基于短期牟利的目的，而是看好高等教育产业的长远发展前景，这有助于该学院的长远规划和发展。这五家当地企业主要负责太湖学院的楼宇建设、教学设施设备的购买与维护及学校后勤工作；而江南大学作为其母体高校则全面负责其学校日常管理、师资力量和学校教学规章计划等工作。（黄婧，2007）再如，华中科技大学文华学院是由华中科技大学与武汉美联地产有限公司联合创办的。武汉美联地产有限公司作为投资方对该学院累计投入了5亿元，购置校园土地近1500亩，建设了两个校区，在短短三年中就达到万人规模；华中科技大学作为其母体高校由中国工程学院院士、华中科技大学教授张勇出任该院院长，这是我国独立学院发展史上首次由院士出任独立学院院长，在这种管理模式下学院重大事项决策由董事会决策，学院日常教育教学和行政事务院长办公会负责，学院党委主管思想教育、组织人事和实施政治监督的学院管理体制，该管理模式使得董事会、院长办公会和党委三者关系得以理顺，逐步形成了权责分明、规则清晰、沟通及时、决策迅速、执行有力的发展格局。[1] 另外，江苏科技学院的天平学院、南京师范大学的中北学院、四川外国语学院成都学院等基本上都是这种模式。

这种校企合作模式的优势在于：其一，就母体高校来说，母体高校在其发展的历程中不断在教学、管理等方面积淀了很多优质的经验和办法，母体高校的这些资源可以借力给独立学院，进而促进独立学院的快速发展；其二，从企业来说，企业依托其雄厚财力，能够为独立学院发展提供长期有效的资金保证。此外，还应看到，在该模式下，借社会资本举办高等教育，有利于扩大国家优质高等教育资源，充分发挥民营企业的办学活力，通过市场机制配置高等教育资源，这对于促进高教大发展有一定的好处。当然，在关注到这种模式优势的同时，对于其所存在的劣势也不能忽视不见。由于私营企业的流动资本有限，这些企业在有资金时首先要顾及企业正常的经营发展，在一定程度上导致其对独立学院资金投入规模的不足。加之，私营企业出于盈利的目的，其对独立学院的投资是希望从中得到可观的收益，但由于高等教育产品收益周期长且收益率不高，导致私营企业在投资独立学院时表现出急功近利的短视投资行为。

（二）高校与政府的"政校合作"模式

这种模式下独立学院的举办方主要有地方政府和母体高校。其中，独立学院所在地的地方政府直接负责独立学院所需的资金、土地等投入，而母体高校则主要负责独立学院的日常教学管理及其他服务工作。双方在办学过程中分工明确，有助于通力合作。显然，这种独立学院是由公办高校与政府合办而成，其兴办目的在于壮大当地高等教育力量，为当地经济发展培养更多的人才。实际上，在该种模式下又可细分为两种合作方式，

---

① http://www.hustwenhua.net/xygk/ldjs/201109/8080.html.（2008-7-12）

即"本地政府与本地公办高校"和"本地政府与外地公办高校"。其中，就"本地政府与本地公办高校"的合作模式而言，该模式的代表院校是浙江大学宁波理工学院，该学院的举办方为宁波市人民政府和浙江大学，宁波市人民政府作为其投资方提供办学所需的资金，而浙江大学作为其母体高校对学院的教学管理提供全方位的指导。就"本地政府与外地公办高校"的合作模式而言，该模式的代表是北京师范大学珠海分校，珠海市政府作为其投资方负责提供办学所需土地和资金，而北京师范大学作为其母体高校则负责该学院的教学管理及其他服务工作。

珠海市政府允许学校用国有划拨土地作抵押向银行贷款取得了学校建设所用的10多亿元资金，而珠海市政府却不要求任何直接的投资回报。同时，不参与学校的管理、运营等一切办学行为。此外，珠海市政府还以货币形式对该学校教学与管理人员进行补贴，具体标准为每人每年1.2万元。在该办学模式中，珠海市政府投入力度之大可见一斑。之所以如此，珠海市政府主要是基于高等教育这一产业对本市发展的巨大推动作用，是一种长远战略投资行为。有人因该模式中地方政府的行为而质疑该独立学院已不属于"独立学院"范畴，具有公办高校的性质。但是，珠海市在珠海分校的实际办学过程中不投入经常性教育经费，主要由北师大珠海分校借鉴民办高校运行机制自筹经费，独立办学。（黄阳，2008）所以，就其学校基本性质来说其仍属独立学院。可以看出，这种模式的特点在于：一方面，由当地政府负责提供举办独立学院所需的土地、资金及其他配套设施；另一方面，由母体学校负责提供师资力量和管理力量。

由此可见，这种办学模式正是整合了地方政府及公办高校的优势力量来办学，因此具有很强的优越性。地方政府对于独立学院的投资，主要是基于提升本地区的高等教育水平，为本地区经济发展输送更多高素质人才的需求，以政策、资金等为优惠条件来吸引外地知名高校来本地区举办独立学院。为此，地方政府一般都不直接参与独立学院的管理，通过划拨土地、参与校园设施建设等方式来支持独立学院的建设，赋予了独立学院较大的自主发展权限。加上，母体高校利用其丰富的高等教育管理经验来负责独立学院的日常运营管理工作，这样做一方面可以使得这类独立学院具有明确的办学模式及目标；另一方面，通过对在校学生的有针对性的培养，为当地经济的发展提供大量应用型人才。

（三）政府与高校和企业的"政校企合作"模式

"政校企合作"模式指的是独立学院的举办主体涉及高校、企业和地方政府等三方。在这种模式中，母体高校作为独立学院的最重要主体，它以师资、品牌和管理的方式对独立学院进行投入；企业以直接注入资金等方式对独立学院进行投资；地方政府则以土地、货币补贴或低息贷款等方式来对独立学院进行投资。该种模式举办的独立学院大多布局在如浙江、广东等东南沿海经济发达地区。可见，该模式举办的独立学院区别于上述两种模式中母体高校利用自己的品牌优势和资源优势来吸引社会力量投资独立学院。在该种模式中，东南沿海经济发展水平较高的城市以有吸引力的办学条件来吸引一些著名高校去本地举办独立学院，进而提升本地生源接受高等教育的机会。此外，有些本地国有企业还以注资等方式参与举办独立学院。例如，"浙江大学城市学院的举办方由浙江大学、杭州市人民政府、浙江电信实业集团公司三方组成，这三方分别以品牌、资金、校产等形式进行注资。与此相对应，该校实行了有这三方派驻代表所组成的校董事会，校董会选聘校长等管理工作人员来负责学校日常教育管理工作"（吴若冰，2008）。

"政校企合作"模式的在于独立学院同时吸收了公办高校和民办教育的双重优势。但是，国内学者中有人质疑这种"政校企合作"模式，认为这种模式不应该属于独立学院的典型模式，实质上是一种公办模式的二级学院。他们指出，该模式下独立学院的资金来源包括政府财政经费、国家企业资产，而这两者不是严格意义上的社会力量。事实上，在我国现有财政性教育经费体制之外，地方政府做出的其他教育投资，可以被认为是社会力量投资或不求回报的捐赠。而从独立学院的独立法人地位、独立招生、独立校园、独立颁发文凭和民营机制运行等"独立性"要件来看该模式仍为独立学院模式。

第三节　独立学院产品收益

独立学院作为提供高等教育产品的一种办学组织，其所提供的高等教育产品具有准公共产品性质，这就决定了独立学院既有其公益性的一面，也有其营利性的一面。为国家鼓励独立学院的存在有其学理依据并立法给予保证，也为普通本科高校和社会办学力量投入独立学院提供动因。基于此，我国政府一直在政策上鼓励社会力量投资兴办独立学院，而社会力量之所以会投资兴办一个重要的原因就在于能够为其带来可观的经济收益。近年来，无论是独立学院的实际举办者还是学者们开始逐步关注独立学院的收益问题，本节在前人研究的基础上，拟对独立学院的产品收益进行介绍，这也是前文介绍独立学院的产品定性和产品分析的落脚点。本节期望通过探讨，有助于对独立学院产品运作分析有一个完整、清醒的认识，也有助于对独立学院存在和发展有一个新的视角。

一、产品收入

收入这一概念经常出现于商业活动及日常活动中。为了研究清楚产品收入的概念，有必要对收入这一概念进行厘定。在会计学中，收入所指的是在会计中可能会引起业主权益的增加。其可能表现为资产的增加或负债的减少，或两者兼而有之，即所有者权益的增加；与收入相关的经济利益的流入应当会导致所有者权益的增加，不会导致所有者权益增加的经济利益的流入不符合收入的定义，不应确认为收入；收入只包括本企业经济利益的流入，不应该包括为第三方或客户代收的款项；收入是与所有者投入资本无关的经济利益的总流入（陈宏艳，2009）。收入应当会导致经济利益的流入，从而导致资产的增加。由此，我们可以看出收入往往指的是给（有形资产和无形资产的）投资者带来了实际的经济利益。

（一）企业收入

关于企业收入的概念和内容，我国相关法规中有较为明确的规定，而学者们对此的认识也大都统一于国家的相关规定。2006年，财政部公布《企业会计准则——基本准则》中第三十条规定，"收入是指企业在日常活动中形成的、会导致所有者权益增加的、与所有者投入资本无关的经济利益的总流入"①。该准则所涉及的收入，包括销售商品收入、提供劳务收入和让渡资产使用权收入。2007 年，我国颁布的《中华人民共和国企业所得税法》对企业收入做了进一步的细化规定，其中的第六条规定："企业以货币形式和非货币形式从各种来源取得的收入，为收入总额。主要为销售货物收入；提供劳务收入；转让财产收入；股息等权益性投资收益；利息收入；租金收入；特许权使用费收入；接受捐赠收入；其他收入。"②

(二)非企业收入

非企业收入可通俗的理解为企业之外的社会组织和机构(主要包括事业单位、非营利性组织、社会团体和民办非企业等)在正常经营中所取得的各种收入。结合独立学院供给高等教育产品时兼具公益性与营利性，在这里主要概述与之相近的非营利性组织和事业单位收入的概念与构成。

1. 非营利性组织收入

依据《民间非营利组织会计制度》的相关规定，收入指的是"民间非营利组织开展业务活动取得的、导致本期净资产增加的经济利益或者服务潜力的流入。收入应当按其来源分为捐赠收入、会费收入、提供服务收入、政府补助收入、投资收益、商品销售收入等主要业务活动收入和其他收入等"(财政部会计司，2005)。基于政府对非营利组织收入概念的界定。可见，非营利组织收入区别于其他收入的方面有两点：其一，非营利组织收入的增加将提升其资产总额或减少其负债，这有助于其为社会公众提供更多的服务或产品；其二，非营利组织收入的增加将会引起其财务上本期净资产总额的上升。

2. 事业单位收入

事业单位是相对于企业单位而言的，一般是由国家设置的，以增进社会福利，满足社会文化、教育、科学、卫生等方面需要，提供各种社会服务为直接目的带有一定公益性质的机构。依据其经费来源可以分为：参公、全额拨款、财政补贴、自收自支等四大类。结合本书研究需要，值得注意的是全额拨款事业单位包括学校、科研单位等组织机构。为了探讨独立学院收入的内容，有必要先分析清楚与之相近的公办高校(全额拨款事业单位)的收入，以此来区分两者的异同。

关于公办高校的收入，我国政府专门出台了相关政策文件对其进行具体规定。2012年，财政部与教育部联合发布了修订后的《高等学校财务制度》(以下简称《财务制度》)。《财务制度》第十九条规定："收入是指高等学校开展教学、科研及其他活动依法取得的非偿还性资金。"③ 第二十条规定："高等学校收入包括①财政补助收入，该类包含了财政下拨的教育拨款、科研拨款和其他拨款；②事业收入，该类包含了教育事业收入

---

① http：//www.gov.cn/ziliao/flfg/2006－04/11/content＿250845.html.［2009－2－17］
② http：//www.gov.cn/ziliao/flfg/2007－03/19/content＿554243.html.［2012－2－24］
③ http：//jkw.mof.gov.cn/zhengwuxinxi/zhengcefabu/201212/t20121226＿721866.html.［2013－2－14］

和科研事业收入；③上级补助收入；④附属单位上缴收入；⑤经营收入；⑥其他收入。"从上述规定中，可见，独立学校的收入主要包括了这六大类收入。

（三）独立学院收入

目前，国内关于独立学院收入构成的现有学术研究认为，大多数独立学院的收入存在单一化的特征，即主要依靠学费收入来维持学校的正常运营。除此之外，个别信誉度高、资质较好的独立学院有来自社会、个人的捐赠所获得的收入。独立学院在举办本科高等教育，供给高等教育产品时，既有社会公益性的一面，也有营利性的一面。其中，社会公益性决定了独立学院的举办者在举办独立学院过程中不能只为了取得经济上的收益，而不顾其社会公益性一面；其私立性的一面表明举办方出资举办独立学院的背后存在着一定的经济动因，举办方之所以愿意出资举办独立学院，正是因为认识到高等教育这一产品具有风险性较低并且收益较合理的特性。目前，国家为了鼓励社会组织和个人投资兴办独立学院，已出台相关政策文件来专门保护独立学院举办方能够在举办独立学院过程中取得一定的合法收益。《办法》第五条规定，国家保障独立学院及其举办者的合法权益。第四十三条规定："独立学院在扣除办学成本、预留发展基金及按照国家有关规定提取其他必需的费用后，出资人可以从办学结余中取得合理回报。出资人取得合理回报的标准和程序，按照民办教育促进法实施条例和国家有关规定执行。"（杨盘华和李惠玲，2009）而《民办教育促进法实施条例》对"合理回报"规定有："第四十四条，出资人根据民办学校章程的规定要求取得合理回报的，可以在每个会计年度结束时，从民办学校的办学结余中按一定比例取得回报。第四十五条，民办学校应当根据下列因素确定本校出资人从办学结余中取得回报的比例：收取费用的项目和标准；用于教育教学活动和改善办学条件的支出占收取费用的比例；办学水平和教育质量。"政府政策文件对"合理回报"的规定有利于保护举办者的权益，也体现了举办者举办独立学院的私立性。

为了厘清独立学院产品收入的构成，有必要分析政府层面对此的相关规定。教育部在《办法》中做出如下规定，独立学院是民办高等教育的重要组成部分，属于公益性事业。可见，我国独立学院具有民办高等教育的属性。到目前为止，我国政府还没有出台关于独立学院收入管理的具体政策文件。就独立学院是否应归属于民办高校来说，目前社会各界对此问题还存在较大争议，但长远来看独立学院在未来发展中转设为民办高校是其可行的一条出路。因此，有必要分析政府部门对于民办高校收入的相关规定。目前，在地方政府中有不少省份已专门出台了相关政策文件对民办高校收入做出规定。例如，2008年，广东省出台了《广东省民办高校财务管理暂行办法》。该文件的第二十七条规定："收入是指学校在日常活动中形成的、会导致所有者权益增加的、与所有者投入资本无关的经济利益的总流入。学校收入包括教育事业收入、投资收益、经营收入、科研事业收入、利息收入、处理固定资产净收益、固定资产盘盈等其他收入。"① 由于独立学院是按照民办机制运营及民办高等教育的重要组成部分，本部分认为，独立学院收入的具体构成可参照上述关于民办高校收入的规定，具体分为包括教育事业收入、科研事业收

---

① http://www.gzfinance.gov.cn/zwgk/zcfg/zfcg/t20081006_10218.html.〔2009-10-12〕

入、经营收入、投资收益和其他收入。可见，独立学院的收入主要来源于其向学生收取的学费，但在其中存在着诸多问题，主要表现为以下几个方面：

1. 学院各部门之间沟通环节不流畅

部分独立学院由于没有完整的收费管理制度，认为收费工作仅仅是财务部门的工作，与学院其他部门关系不大。事实并非如此，独立学院收费工作不仅是财务部门的工作，还涉及招生就业部、教务处、学生处、各教学部系、宿舍管理中心等部门。当学生信息出现变动时，如学生出现休学、复学、退学、转专业、调宿舍、入伍、留级等情况时，各部门之间没有及时的沟通和协调，导致收费系统中学生信息没有及时变更，极易造成少收或漏收学费、住宿费和书费等。

2. 没有严格的规范学费管理制度

独立学院虽然拥有一套收费管理制度及办法，但由于各职能部门之间缺乏有效的沟通，在具体执行过程中存在相互推卸责任的现象。各院系虽然直接管理学生，但却对学生收费工作没有直接责任，催缴学费的意识不强，造成一部分学生恶意拖欠学费、住宿费。由于学费收入是独立学院办学经费的主要来源，学生欠费严重影响了独立学院教育事业健康发展。

3. 学院对国家收费政策宣传、引导不足

部分独立学院对收费政策宣传不重视，收费催缴力度不够。加上个别学员没有严格执行国家的有关收费规定，变相擅立收费项目、提高收费标准，从而产生了一些乱收费、高收费现象。学生对此较有意见，甚至怀疑学校收费规定的合法性，思想上产生着抵触情绪，也间接的影响了学费的催缴工作。

因此，为了规范并完善独立学院收入，需要从以下几个方面入手：

1）完善教育收费公示制度，实现教育收费的合规合法

加强教育收费项目、标准、范围等收费许可的公示，是保证教育收费财政监督、物价角度、教育监督和社会监督的重要渠道。完善教育收费公示制度，就需要做到：首先，应保证所有的学费、住宿费、代收费以及服务性收费等教育事业性收费都全部纳入收费许可范围，取得收费许可；其次，保证所有的收费许可项目都纳入收费公示范围，不可选择性收费公示，从而保证每个应缴学生都能及时掌握自己应缴费项目和标准。

2）增强票据管理意识，加强票据业务的监督和稽查

财务部门对票据的管理，虽然不是对经费的直接管理，但它却直接影响着经费的管理。如果收费票据管理不严格，高校收费行为就失去了控制和监督，也会严重影响会计信息质量和会计规范化管理水平的提高。票据管理人员不能仅将票据的发放作为主要工作职责，还应按规定不断监督、检查各单位票据使用和管理情况，及时催收应交回的票据。

3）加强学生欠费管理，保证办学经费及时收回

学费、住宿费等收入是独立学院主要办学经费的来源，独立学院应高度重视学生欠

费催缴工作。财务部应定期向各院系提供学生欠费情况，把收费管理工作与各院系经济责任挂钩，即将年度经费预算与各院系学生缴费情况结合起来。根据学生欠费率计算各院系收费完成情况，按比例拨付预算经费指标，并且作为年度绩效管理考核内容，学生缴费达到一定比例的院系和辅导员给予表扬和奖励，以促使各院系做好学生欠费催缴工作。

二、产品支出

产品支出因产品支出主体的不同，其概念有所差异。就公共机构（主要是政府机构）来说，其产品支出亦称为公共支出或政府支出，是指政府为履行其职能而支出的一切费用额总和。换句话说，一旦政府在以多少数量、以什么质量向社会提供公共物品或服务方面做出了决策，公共支出实际上就是执行这些决策所必须付出的成本（杨丹，2006）。所以，公共支出也就是政府行为的成本。就企业来说，其产品支出，又称为企业支出，是指所有需要付款的都叫支出，但很多人习惯于仅指日常的固定费用，如水电费差旅费办公用品等，或者是设备维护、租金、咨询费、人员工资、培训费、保险费、税费等。除了费用之外的支出还有购买材料、购买设备、修建厂房，有时还要支付欠款，临时借款、甚至罚款等。

（一）企业支出

企业支出是指企业在生产经营过程中所耗费的材料、人工和其他费用的支出。其中，材料支出是为生产或提供服务而使用的各种材料的成本，包括购买价款、相关税费、运费、装卸费、保险费，以及其他可以直接归属于材料取得的成本；人工支出是企业为获得职工提供的服务而支付给他们的报酬及其他支出，包括职工的工资、奖金、津贴、福利费、养老保险、医疗保险、失业保险、工伤保险、生育保险、住房公积金、职工工会经费、教育经费等；其他费用是除材料支出和人工支出之外，其他与产品生产相关的费用，包括各生产单位耗用的燃料费、动力费、办公费、差旅费、劳动保护费、低值易耗品摊销费和固定资产的折旧费，无形资产的摊销费等。按费用的属性对支出进行划分，有利于准则按照各成本要素项目分别进行规定。

（二）非企业支出

非企业支出可通俗的理解为企业之外的社会组织和机构（主要包括事业单位、非营利性组织、社会团体和民办非企业等）在正常经营中所耗费的各种支出。

1. 非营利组织支出

依据我国《民间非营利组织会计制度》的相关规定，非营利组织支出亦即非营利组织的费用，指的是民间非营利组织为开展业务活动所发生的、导致本期净资产减少的经济利益或者服务潜力的流出。按照其功能可划分以下几大块："①业务活动成本，是指民间非营利组织为了实现其业务活动目标、开展其项目活动或者提供服务所发生的费用；②管理费用，是指民间非营利组织为组织和管理其业务活动所发生的各项费用；③筹资费用，是指民间非营利组织为筹集业务活动所需资金而发生的费用；④其他费用，是指民间非营利组织发生的、无法归属到上述业务活动成本、管理费用或者筹资费用中的费用，包括固定资产处置净损失、无形资产处置净损失等。"（刘川州，2008）

2. 事业单位支出

在研究事业单位支出的具体构成时，本部分主要分析与独立学院支出研究相近的作为全额拨款事业单位的高等学校支出。高等院校作为高等教育产品的供给者，其在高等教育产品方面的支出可以理解为提供高等教育服务所消耗的教育成本。教育成本可以从两个层面来理解：其一，广义的教育成本。学生在接受教育过程中所消耗社会各方面的所有费用。在学生受教育过程中，小到学生家庭为学生支付的学费和学校为学生提供的教育师资、场所设备，大到政府和社会为学生提供的资金、土地等，这些主体都对学生教育进行了成本支出。其二，狭义的教育成本。该成本主要指的是学校在学生接受教育过程中所耗费的各项费用支出，具体来说包括教职员工管理费、办公费、学生奖助费用、维持学校运转和保证学校发展的折旧费、修缮费，以及其他与教育生产活动相关的费用支出等。为了研究高校独立学院运营的经济效益，应从狭义上理解办学成本。

就公办高校的支出项目来说，我国政府出台了相关政策文件对其进行具体规定。2012年，财政部与教育部联合发布了修订后的《财务制度》。其中，第二十四条规定："高等学校支出包括事业支出、基本支出和项目支出；经营支出；对附属单位补助支出；上缴上级支出；其他支出（包括利息支出、捐赠支出等）。"[1] 从上述规定中，高等学校的支出主要包括高校在运转过程中所耗费的事业支出、高校在科研创收上所形成经营支出、高校对其对附属单位进行的资金补贴支出、高校按照国家规定向上级缴纳的支出、其他支出等。

高等教育产业与其他产业部门相类似，向社会提供自己生产的产品即教育服务，并通过市场交换获取收益，其生产成本的核算可以借鉴普通企业产品成本核算的机理、原则和方法。高等教育产业的产业单位就是一所学校（如一所高校独立学院），就是提供教育服务，培养人才的"特殊工厂"。教育服务生产成本就是生产这种教育服务的活动中耗费的各种费用的总和。这些费用包括直接费用和间接费用。首先，直接费用是高等学校开展教学活动，提供教育服务所发生的、应该直接计入生产成本中的费用，它包括支付给教师的工资、奖金、医疗和生活补贴等福利费用，以及各种社会保障经费等；支付给学生的奖学金、助学金、困难补助；为教育生产活动（教学活动）提供生产手段和生产资料的支出，如土地、校舍、教学实验设备及运行费用、图书资料费、体育设施设备及运行费用、水电气等能源消费费用等；教育生产活动中的直接费用，如生产实习费、教学旅差费、毕业论文设计费等；学校各种设施的维修费、固定资产折旧费、大修基金等。其次，间接费用则是高等学校在开展教学活动、提供教育服务之外发生费用，这是学校教育生产活动所必须的支出，应通过一定的标准或比例，计入学校生产成本之中。它包括学校行政管理部门的人员经费、办公经费、管理业务费（如招生和就业经费），以及与

---

① http：//jkw.mof.gov.cn/zhengwuxinxi/zhengcefabu/201212/t20121226_721866.html.［2011－12－9］

培养学生相关的其他费用。(夏志强，2006)

(三)独立学院支出

独立学院作为高等院校中的一种类型，其在办学过程中所产生的高等教育产品支出，大体上就是上述所指的其所花费的教育成本的总和。具体来讲，独立学院支出主要包括了两方面：其一，直接办学成本支出。该成本支出部分是指在独立学院举办过程中所耗费的教学管理人员工资、教学设备维修维护费用，以及支付给银行的借款利息费用。其二，结余经费。结余经费是指在独立学院办学过程中总收益减总支出所剩余的资金部分。结余经费主要是在母体高校和企业等投资方之间进行分配，投资各方在独立学院举办之初所签署的协议对这部分经费的分配做了相关规定。母体高校主要利用其师资、管理等方面对独立学院进行投资。母体高校在分配这部分结余经费时，主要是以管理费的方式来提取其中的一部分。而企业等投资方则依照独立学院举办协议及国家教育法规的规定，在国家允许的合理范围内取得结余分配的适当部分。目前，绝大多数独立学院采取的回报方式是将办学结余收入(即学费收入—母体高校分配—办学成本和预留发展经费)支付给投资者作为"投资回报"(樊哲，2011)。

目前我国独立学院在支出上主要存在以下问题：教育本身属于公益性事业，是非赢利性事业，虽然我国《民办教育促进法》明确可以有合理回报，实际上这种回报不会很高。另外，高等教育对于办学资源和条件要求很高，需要投入的办学成本较大。一方面是办学资金的大量投入，另一方面是办学收益的微量化，甚至负收益。两者的不可调和性要求独立学院在经营过程中，要不断强化成本意识，科学利用管理经济学、教育经济学理论指导办学实践，在确保教育质量的基础上，不断降低办学成本，提高办学效益。

为改进独立学院支出状况，可以从以下几个方面入手：

1. 灵活用人制度，严格控制人力成本

与发达国家相比，我国高校人力成本比例还普遍偏高。独立学院虽然人员配置普遍比普通本科院校精干，但其人力成本占教育事业费支出比例仍然较大。利用民办的灵活用人制度，严格控制人力成本依然是独立学院成本控制首先要攻克的堡垒。通过人才派遣方式，补充管理人员等辅助性岗位队伍。高校管理队伍，如机关办事员、教学一线的教学、教务秘书，图书馆管理员，实验室管理员等岗位，可通过人才派遣的形式来满足用工需求。浙江工业大学之江学院管理队伍中有 60 名人才派遣员工，他们中大部分具有本科及以上学历。该批员工的加入，不仅缓解了学院人员紧张的问题，同时每年可节约160 万元的成本支出。

2. 资源优化配置，严格控制投资成本

有统计表明，我国高校实验室的利用率不足 60%，大型仪器设备的利用率在 20% 以下，有些高校仪器设备甚至闲置不用，这不仅降低了有限教育资源利用率，加剧了高校资源紧张局面，而且还增大了设备维修保养成本。独立学院在进行教育资源配置时，要对投资项目进行科学论证，制定合理目标成本标准和实现该标准的措施，确保配置向高

效率的项目倾斜，实现整体效益的最大化。另外，独立学院要充分依托母体及社会办学，充分利用母体及社会所能提供的大型仪器设备资源，降低办学投资成本。

3. 完善资金运作，严格控制信贷风险

独立学院投入的多元化决定了其必须建立完善的财务管理制度。高校收支结构相对企业而言更加简单，资金运作规律性更强。独立学院要加强对收支情况的分析，善于把握资金周转规律，建立以预算管理为核心的财务管理体系，建立适应独立学院管理体制的财务管理监督体系，加强资金运作科学性，严格控制信贷风险，使有限资金用到实处，更好的为教学、科研服务。

三、产品收益

收益是指个人或组织在生产经济活动中物化劳动和活劳动的劳动消耗与所取得的符合社会需求的劳动成果之间的比较，或简单理解为投入与产出、所得与所费的比较（代蕊华，2000）。它包含两层含义：一是投入与产出的对比关系，二是产出必须符合社会需要。在这两层含义中，前者是数量化层次的，后者是社会化层次的。具体到产品收益来说，可以理解为产品支出与产品收入的对比关系。产品收益也显然具有数量化层次的收益，也包括了社会化层次的收益。

（一）企业收益

从经济学的角度来说，企业收益概念内涵的代表性观点有以下几种。其一，亚当斯密认为收益是指财富的增加。他还指出收益的条件是不能损害资本。其二，威廉姆森等认为，企业剩余是企业为了获得特性收益而进行的专门投资。其三，哈森认为，企业收益指的是企业在经营年度内所得的资本收入减去所消耗的人、财、物的总成本后的净收益。其四，美国财务会计准则委员会于 1980 年 12 月首先提出了"全面收益"这一新概念，并将其定义为：企业在报告期内，除与所有者之间的交易以外，由于其他一切原因所导致的净资产的变动（裴宗舜和张思群，2004）。1997 年，Financial accounting standards board 正式公布了第 130 号财务会计准则《报告全面收益》。全面收益包括净收益和其他全面收益。其中，净收益仍由收益表提供，只反映已确认及已实现的收入（利得）和费用（损失）；其他全面收益则涵盖那些已确认但未实现、平时不记入收益表而在资产负债表部分表述的项目，包括外币折算调整项目、最低退休金负债调整、可销售证券的利得或损失。就企业来讲，企业收益指的是在会计核算年度内，企业年终收入资本总额减去企业消耗资本总额的剩余部分。从企业投资者投入资本的角度来说，企业收益是指在企业原始资本保持不贬值的基础上，企业在经营过程中新增加的产值部分所形成的收益。这种收益往往与企业资本投入密切相关，体现为企业资产在量上的变化。

（二）非企业收益

非企业收益可通俗的理解为企业之外的社会组织和机构（主要包括事业单位、非营利性组织、社会团体和民办非企业等）在正常经营中所取得的各种收入与所耗费的各种支出的差额。

1. 非营利组织收益

非营利组织是这类组织具有明显的非营利性。它旨在解决关系到社会公众整体利益的事件。相对于营利组织来讲，非营利组织的独特之处在于其不以营利为目的，并且，社会公众及相关学者对非营利组织能否营利有不同甚至相反的看法。但是，从保证非营利组织持续运作的角度来说，其必须产生一定的收益，这样才能为其活动的开展提供资金保证。结合上述对非营利组织的收入和支出的研究，可见其收入和支出都受到了严格限制。结合前述对非营利组织收入和支出的分析，非营利组织的收益就是其收入减去其费用后剩下的净余额。需要指出的是，本部分认为在核算非营利组织的收益时，应努力提高资金利用效率，着眼于更好地为社会民众服务，以体现其组织宗旨。

2. 事业单位收益

前文在研究事业单位收入和支出时重点分析了高等学校的收入和支出。在这里，结合研究独立学院收益的需要，主要分析公办高等学校的收益情况。简单来讲，高校收益是指学校的总的产出除以总的投入所得到的比例。高校的投入主要是指投入到高校的人力（教师、管理人员等）、物力（土地、校舍等设施设备）、财力（学校的各项资金费用）等资源。高校的产出主要是人才、科研成果和社会服务成果及部分物质产品等，这些产出中有以数量表示的、有形的产出，如学生人数、科技成果数量，也有难以用数量表示的、无形的产出，如人才的素质水平（王丹，2010）。高校产出主要包括了高素质的学生、学术成就和科技孵化应用到社会的部分等。有些成果是可以以数量来衡量，如学生人数等。有些则难以数量来衡量，如学生的德智体培养程度。进一步来讲，高校效益可以理解为以下含义：其一，高效的总投入与高校的总产出的比例关系；其二，高校所培养的人才及培育应用于社会的各项成果对社会的有用性。可以看出，第一层含义是从数量角度来分析的，而第二层含义则是从社会适用性的角度来分析的。

（三）独立学院收益

产权是收益的基础，没有产权就没有收益，要厘清独立学院的收益，必须先对独立学院的产权关系进行分析。关于产权的概念代表性的说法有：其一，《牛津法律大辞典》对产权的解释为，产权是指存在于任何客体之中或之上的完全权力，包括占有权、使用权、出借权、转让权、用尽权、消费权和其他与财产相关的权利（沃克，1988）；其二，配杰威齐认为，产权是因存在着稀缺物品和其特定用途而引起的人们之间的关系（刘伟和李凤圣，1988）。基于上述对产权的代表性观念释义，可以看出：第一，产权必须是以特定载体为基础的，只有在特定载体之上产权才有可能存在，如果没有特定载体，则产权无法成立；第二，产权所表现和体现的是主体与特定客体的特定法律关系，法律当中的所有权等即为上述这种关系的体现。从法律角度来分析，产权包括以下两层含义：其一，产权主体对产权客体的法律权利规定，即产权主体可以对产权客体采取或不采取某种行为；其二，产权主体对产权客体在做出采取或不采取某种行为时所能得到好处。

　　独立学院的投资主体主要有母体高校、企业和政府等方面，投资各方依据其对独立学院的出资份额而占有不同比例的产权所有权。从法学角度来讲，产权包括了特定主体对特定客体所拥有的一些权力，其中比较重要的是所有权、使用权和收益权等。具体到独立学院的产权而言，需要重点研究其所有权、收益权和办学权等三项权益。结合独立学院实际中的多元投资主体情况，这三项权益往往归属于不同的主体。多方主体之间必然同时存在合作关系和监督关系。具体来讲，所有权是指独立学院的财产权归属多元产权主体中的那一方，或者各方所占比例；收益权是指举办各方在投资兴办独立学院时所能取得的收益；办学权是指独立学院在办学过程中发生的服务于培养学生的各项事宜的权利。独立学院的终极所有权归属有以下三种情况。第一，法人地位不独立且无资产终极所有者。此种类型的独立学院，在成立之时就没有明确的独立法人地位和资格，也就没有独立的法人财产权。独立学院的终极所有权不属于投资方中的任何一方，独立学院的终极所有者是虚置的。在这种情况下，独立学院的投资各方依照在办学时所签署的法律协议来明确各方对独立学院所占有的所有权、收益权的份额。第二，独立法人地位及清晰的管理机构和职责。此种类型的独立学院，从成立之时就确定了学院的法人地位。学院董事会的组成有投资各方共同组成，并选举出法人代表。学院的教育教学及日常管理事务则由董事会聘任的专职院长等管理层来负责。在通常情况下，独立学院的所有权是按照投资各方在举办独立学院时所签署的法律协议来明确进行规定的。如果因办学过程中遇到特大困难而导致办学终止，那么，独立学院的资产分割和清理工作仍然依照协议中的相关条款来执行。可见，独立学院的上述三权相互之间的界定清晰。第三，母体高校对独立学院拥有着所有权的决定权。此种类型的独立学院往往是由母体高校所举办的公办民营的二级学院发展而来的。具体来讲，在这种情况下，独立学院的董事会是由母体高校之外的合作方来担任，而母体高校负责委派相关人员担任独立学院院长。母体高校在董事会的决策权并不与其所有权相匹配，同时在独立学院的办学利润分配上，母体高校的收益权也不与其资产所有权相匹配（朱军文，2004）。

　　我国独立学院产权归属的上述三种情况中存在的产权模糊的现状导致独立学院在使用过程中权利归属的不清。概括起来主要有：第一，独立学院管理权和经营权的不清晰。独立学院这两种权力的不清晰主要是因为其财产权模糊所造成的。就我国独立学院的办学现状来讲，独立学院一般采用民办机制来进行运作。独立学院的董事会由举办各方组成，董事会负责独立学院战略发展层面的职责。独立学院的日常教学管理工作则由董事会聘用的院长及其管理团队负责。在董事会中，企业等投资方往往占据主导地位，掌握着独立学院的决策权、经营权。这是因为相对母体高校方，企业等投资方投入巨额资金，其所担风险更大。一般情况下，独立学院的院长由母体高校委派的相关人员来担任，院长负责独立学院的日常管理工作。独立学院的权责看似明晰，实际存在巨大隐患。由于独立学院的举办各方都不具备独立学院的最终所有权，那么在独立学院的运作当中，举办各方无法对对方的相关行为做出有力的约束和监督，举办各方有可能做出损害对方利益的行为而得不到有力惩处。另外，从理性角度来讲，独立学院所供给产品的特殊性决定了独立学院收益的长线性，举办各方不在短期内就能获得巨额收益，而需对独立学院进行长线投资才有可能获得可观收益。但是，企业等投资主体基于自身利益，加之其在独立学院董事会的主导决策权，往往会做出短视行为，以短期高收益为目标。第二，独立学院各举办方的收益权不清晰。在我国，依照相关法律规定，公办学校具有事业单位法人性质，其具有明显的公共产品属性。公办学校以培育各类人才为责任，从事各类教育教学活动。就独立学院来讲，近年来国家出台的关于独立学院的各种章程中多次提到独立学院的举办方应在办学过程中取得合理的回报或补偿。但是，限于政策、章程的高度概括性，国家对于"合理回报"的界定，以及实际当中举办各方对其如何分配仍然十分笼统和模糊，这就导致独立学院的收益权不明确。独立学院收益权的不确定有可能造成两方面的危害：其一，独立学院受益权的不明晰有可能挫伤独立学院举办各方的投资积极性。举办各方对独立学院的投资并非是出于公益，特别是企业投资方在对投资独立学院时往往是以能够取得可观收益为其根本目的的。如果投资各方拿不到明确受益，则其对独立学院的投资积极性会大为降低，甚至会导致其撤资。其二，独立学院收益权的不清晰有可能导致举办各方做出互相损害的行为。举办各方在对独立学院收益进行分配时，由于没有国家明确条规可依，就有可能做出损人利己的行为。（黄阳，2008）

在厘清独立学院产权的基础上，独立学院作为高等教育产业的一个经济单位或生产经营部门，其收入就是它生产的全部产品通过市场交换得到的价值实现，其经济收益则是总收入与总成本的差额。高校独立学院作为具有独立法人地位的独立产业实体，它自筹资金投入，独立组织教学活动，承担着经营效率和收益的自我约束压力。独立学院的收益概念可定义为：独立学院的物化劳动和活劳动的消耗与所取得的符合社会需要的劳动效果之间的比例，或简单理解为学校的产品收入与产品支出的比例（焦冬梅，2011）。与高校效益的内涵相关，独立学院的收益也包括了两层含义。其一，独立学院产品的总收入除以总支出而得的比例；其二，独立学院所出产品（人才和成果）的社会实用性。上述第一层含义是从数量角度来分析的，第二层含义是从社会适用的角度来分析的。

从独立学院产品收益的社会化层次来讲，其主要收益有以下几方面。

其一，从学生家长角度分析，家长直接承担了其子女接受高等教育的学费、生活费等一系列费用，目前我国独立学院的学费标准为1万～2万元，个别学校的某些专业其学费超过了两万元，如此高额的费用对于一个普通家庭来说，无疑是一笔巨大的开支，个别家庭为了筹集其子女学费往往负债累累。但是，为什么家长们愿意付出这么大的代价让子女去就读于独立学院呢？独立学院能够提供高等教育的机会无疑是首选的答案。独立学院为相当一批在高考中发挥失常或者说不具备考取更高考分的学生提供了接受正规本科教育的机会，从心理上满足了为人父母望子成龙的期望，家长即使承担较大支出成本，但对孩子的未来抱以更大收益的理性预期也是一项不可忽视的原因。

其二，从学生自身角度分析，学生接受四年高等教育能为其在未来工作生涯中带来的潜在人力资本增值预期大于其高中毕业后直接工作的工资收益，这是那部分在达到了三本分数线且没能就读一二本学生，作为次优方案来选择独立学院就读本科的主要深层诱因。加之，近年来一些独立学院非常重视其办学特色和办学质量，积极与市场和企业的需求相结合，这些学校的毕业生保持了较好的就业水平，这对学生本身选择独立学院也是一个很大的吸引条件。

其三，从投资方角度分析，由于独立学院的民办性质，国家并不给予独立学院教育补贴，独立学院的收费往往高出公办高校几倍。独立学院的收入主要是收入学生的学费、住宿费等费用。独立学院往往自兴建起短短几年内就扩大招生并保持较大的招生规模，以此来实现规模效益，进而维持学校的正常运营。"一般认为，8000 人规模是独立学院亏本盈利的分水岭，由于独立学院是在短时间内投入额巨资本兴建大规模基础设施，8000 人以下的规模一般认为支大于收，8000 人以上能够实现学费收入与教育成本及运营支出基本相抵。"（马巍，2012）有学者在研究独立学院办学效益问题时，从会计学的角度做了研究，即以教学差旅费、业务费、体育维持费和教学仪器设备维护费等四项费用分析得出结果。该学者以吉林一所独立学院为具体研究对象，经研究发现独立学院在快速发展时期，四项经费的投入在相当长的一段时间内处于比较高的比例，伴随着在校生规模的不断扩大，四项经费没有呈现出明显的下降趋势，也就是说，从四项经费支出角度考虑，独立学院的规模效益不明显。从投资方角度来说，在投资兴办独立学院的过程中，仅仅依靠学费来支持所有支出，这对于处于发展期的独立学院收益并不明显，其原因在于初始额巨大、投资回收期长，学校如果不达到一定的学生规模，那么学校收入支付运营成本后并不会有多少盈余。作为提供高等教育产品的一种办学模式，独立学院的投资具有初期投资额巨大、成本回收周期长、运营成本高、收益相对稳定的特点。投资者的投资行为取得收益的周期性较长且可行性较大。

从独立学院产品收益的数量化层次来讲，其收益是其总收益与总支出的对比关系。

关于独立学院的具体收益情况，有学者针对某一具体独立学院进行了分析。该案例分析了贵州省的一所独立学院 2002～2007 年的收益情况。这所学校是 2001 年以母体高校与企业合作的模式来兴办的，其中母体高校投入闲置校区的固定资产和无形资产，企业负责投入 3500 万的学校初始建设资金。该独立学院的总固定投资额为 8098 万元，其中包括土地、教学楼、科研设备、图书资料等固定资产。该独立学院 2002～2006 年的学费总收入为 18 438.2 万元，2002～2006 年学校举办产生的直接费用（课酬费、管理费、工资支出等）共计 2761 万元，在 2007 年度该学院的办学直接费用为 1143.4 万元。该学者假设举办该学院的固定资产投资为一次性收入，不要求收回固定资产投资，则该学院这六年间的成本收益为：18 438.2－2761－1143.4＝14 533.6 万元。在不考虑举办该学院固定资产投资成本偿付和资产现值变化的情况下，该学院 2002～2007 年获取净收入供给 14 533.6 万元。假设以 10 年为期限收回固定资产投资，则该学院举办至 2007 年的净收益为：18 438.2－4044.5－2761－1143.4＝10 489.1 万元，该学院举办以来的固定资产五年累计投资回报率为 129.53%。（范伟，2008）上述数据显示，该独立学院投资兴办五年来的经济效益较为明显。显然，该学者所剖析这典型案例，尽管比较具有代表性，但忽略前面所谈及 8000 人招生规模是独立学院收益的关键因素环节，从而影响对独立学院收益的准确把握。此外，母体高校无形资产合理折算一直是出资双方争执的焦点，应该怎样合理计入成本或投入，在我国法理上规定不是很明确，也缺乏一些典型实例支撑。不管怎样，该案例研究有个性也有共性，反映了独立学院收益的情形，也从某种程度表明：正因为独立学院这一办学机构在举办和运行中具有初期投资额巨大、成本回收周期长、运营成本高、收益相对稳定和经济收益较为明显等特点，单靠国家在背负公办高校沉重负担情况下独立为之，难以胜任而鼓励社会办学力量参与，而社会办学力量基于稳定的收入和高额的回报预期积极投入高等教育办学领域。由此，基于国家政策的引导和支持，社会各个主体积极参与举办独立学院，经过 10 多年的发展，独立学院的办学数量和质量得到迅速提升，其迅速超越了民办高校办学规模，逐步发展为我国高等教育事业的重要组成部分之一，成为我国高等教育办学主体的一大生力军。

第八章　独立学院产品成本分析

在把高校作为提供高等教育产品的组织看待时，独立学院与公办院校和民办院校相同的是，提供的产品都是社会服务。但是，独立学院所提供的这种服务不同于公办与民办院校所提供的它又主要体现在将独立学院作为产品来看待的成本运作当中。为了清楚地认识这种不同，有必要对独立学院产品的成本运作进行分析。要对独立学院产品成本运作分析，最重要的三个要素多半涉及"资源配置""成本构成""成本分担"，这是一般关注产品成本分析通常采用的方法。其中，就"资源配置"而言，独立学院要能够维持正常的运行，必须要有人力、金融和土地等种种资源支撑，这些资源的筹集、运转是独立学院能够正常发展的必要条件；就"成本构成"而言，为了筹集这些资源，独立学院就离不开经营成本，独立学院与普通公办高校不同，它具有较强的盈利性；就"成本分担"而言，为了研究独立学院的成本问题，这就牵涉到独立学院的成本分担，由于独立学院成本分担问题的特殊性，需要对其进行数理模型分析才能予以清楚。基于此，本章以独立学院产品的"资源配置""成本构成""成本分担"等布局，借鉴以往对公办高校和民办高校的研究成果，对独立学院产品成本分析进行探讨。

第一节　独立学院资源配置

资源配置是经济学的基本理论问题，也是产业经济的实践问题。资源配置的方式、途径、效率、成本及对社会公平的影响等问题，历来是经济改革的理论和实践不可回避的。独立学院的资源配置，也是其中需要关注的一个重要方面。在具体对独立学院的资源配置关注中，它还是探讨独立学院的成本构成和成本分担的前提，应该首先加以解读和介绍。一般而言，独立学院资源配置包括人力、金融和土地等三个方面资源的配置。独立学院资源配置，既具有普通高校和企业的混合特征，又具有自身的特性。优化独立学院的资源配置，无疑对独立学院的发展具有十分重要的意义，也从另一视角探讨独立学院的存在和发展之必需。

一、人力资源

(一)人力资源解读

人力资源作为一个概念的提出，始于 1954 年著名管理大师彼得·德鲁克，他认为人力资源是不同于物类资源的一种特殊资源，因人不同于物有感情，在其使用中必须通过有效的手段和必要的机理机制才能发挥出最大的经济价值；之后，20 世纪 60 年代西奥多·W. 舒尔茨以此创立人力资源理论；最后，这个理论逐渐被人知晓，学界对此研究也逐渐增多。但是，在具体使用人力资源概念时，却存在众说纷纭：张德(2001)认为，人力资源就是劳动者身上蕴涵的能够促进经济及社会进步的能力之总和，包含了潜在的能力和运用起来的能力这两种；陆国泰(2000)认为，人力资源是指包含在人体内的一种生产能力，是表现在劳动者身上以劳动者的数量和质量表示的资源，对经济发展起着决定性的作用，是企业经营中最活跃、最积极的生产要素；伊凡·伯格认为人力资源是指，人类可用于生产或提供各种服务的活动、技能和知识(陆国泰，2000)。综合国内外学者看法，本部分认为所谓人力资源就是指可以促进经济与社会发展，具备劳动能力的人之总和，即主要包含了蕴函于劳动者身上的体力与脑力这两个因素的总和。

对人力资源的解读，不仅可以从概念内涵，还可以从外延来厘定。综合学界看法归纳起来人力资源主要由两个部分所构成：一是现实的人力资源，就是已经从事社会生产的人力资源；二是潜在的人力资源，就是虽具备劳动能力却没有参加社会生产的人口。此二者之间的年龄界限，一般就是一个国家的法定劳动年龄。而法定劳动年龄的规定，在各国之间也不尽相同，主要是由于各国的基本国情不同。

在一般国家里，劳动年龄的范围为15~64岁，然而我国有所不同，男性的劳动年龄是16~60岁，女性的劳动年龄是16~55岁。据此，人力资源的外延可被划分为六个部分的人口：一是由就业人口所构成的总团体，即处于劳动年龄以内正在从事社会劳动的人口，被称之为适龄劳动人口；二是已从事劳动但未达到劳动年龄的人口，被称之为未成年的劳动人口；三是虽然超过了就业年龄区间范围但仍发挥"余热"继续劳动的人口，我们称其为老年就业人口；四是具备了劳动能力并且处在劳动年龄范围内，且有就业需求的人口，被称其为就业人口；五是处在劳动年龄内但仍接受学校教育，称为就学人口；六是处在劳动年龄内却没有从事社会劳动而在家里从事家务劳动的人口，被称为家务劳动人口。总体看来，前四部分是经济活动人口，他们共同构成了现实的社会人力资源供给，这是直接的、已经开发的人力资源；后两部分并不构成现实的社会人力资源。

(二)独立学院人力资源

独立学院人力资源，是人力资源在独立学院中的具体运用。根据有关资料介绍，按照运行机制与办学模式的差异，独立学院的人力资源现状可划分为三种类型：第一，申办方现任教师＋部分聘任教师＋少数兼职教师模式，以浙江大学城市学院为代表，任课教师和管理人员都是由申办方浙江大学派任，在任课教师中有80%以上都是由浙江大学在职教授与副教授担任的(乔桂芬和朱燕，2011)，在这类师资以申办高校现任教师为主、聘任教师为辅助和兼职教师为补充的类型中，创办初期能够取得迅速发展，这与有申办方师资的大力支持不无联系，但也有可能重蹈普通高校在教师聘任制上的覆辙。第二，聘任教师＋部分申办高校现任教师＋极少数兼职教师模式，以四川外语学院成都学院为代表，专任教师大部分为公开招聘，少部分为四川外语学院派出，在这类以聘任教师为主、申办高校现任教师为辅和兼职教师为补充的类型中，优势在于能较为规范地推行聘用制，实行岗位管理制度，形成人员能进能出、待遇能高能低、职位能上能下的人才竞争机制，逐步在独立学院中建立一支高水平的师资队伍，但在管理过程中也存在母体学校现任教师与聘用教师待遇不完全一致的问题，进而影响到聘用教师的工作积极性。第三，申办高校现任教师＋聘任教师＋社会兼职教师模式，以燕山大学科学技术学院为代表，申办方、聘任制和社会兼职的教师各都占到了 1/3 的比例（董世非等，2011），在这类申办高校现任教师、聘任教师与社会兼职教师三者所占比例差不多的类型中，有个显著的弊端就是兼职教师数量过多，激励和约束都是问题，导致了独立学院的教师质量难以得到有效的保障。

以上独立学院人力资源三种类型所反映出的现状，不可否认在独立学院的创办及发展过程中，在理论和实践上都取得了显著进步，但随着办学规模的不断扩大，以及其他类型高等学校的不断发展，独立学院中的人力资源（师资）问题也日益显现出来。

（1）教师成份的多元性使独立学院教学过程的完整性难以保证。按照教学规律，完整的教学过程主要应包括"备""教""辅""改""考"等五个环节，而目前独立学院的教师队伍普遍由申办方委派、专任教师和社会聘请教师这三个部分所构成。伴随着独立学院招生人数的增加、师生比逐渐减小，教师面对的学生数量越来越多，加之独立学院教师面临着各方教学压力，投入到独立学院中的时间和精力也有限，这就导致了独立学院中的教师也许大多只是满足于完成单纯的课堂教学任务，而对于备课，除了备大纲、备教材之外，"教"这一个环节为多数教师所忽视，因而难以做到有的放矢、因材施教，结果自然把握不好教学效果，这就导致了独立学院中教师对于学生的教学过程缺乏应有的完整性，使得独立学院的人才培养质量难以得到有效保证。

（2）办学层次与培养目标的错位使独立学院人才优势难以体现。在独立学院创办初期，由于存在师资缺口，能够借助于母体高校优质的教师资源对于独立学院创办初期的发展有着显著的意义，但独立学院学生的来源和母体高校有着非常大的区别，这就要求独立学院在人才培养目标上要不同于母体高校。独立学院目前的多数管理人员和教师队伍都来自母体高校，在教师风格上难免还是按照母体高校即一本学校的风格来实施，这体现在人才培养上就是用一本的培养模式来培养三本独立学院的学生，从而忽略了独立学院自身办学特点，使得独立学院难以获得一种人才培养的比较优势。

（3）传统观念对教师择业心态的影响导致独立学院人才引进难，留住更难。独立学院是民办高等教育的重要组成部分，传统追求稳定的择业观在我国根深蒂固，不少人在择业时更倾向于选择公办院校这个"铁饭碗"。究其主要原因，一方面，不少求职者对独立学院工作的稳定性及安全感都存在不同程度的顾虑；另一方面，独立学院在发展过程中面临着不少问题，影响到求职者的就业选择。致使某些求职者不过是把独立学院作为一种暂时的过渡而已，万一找到更好的工作就立马跳槽。此外，另有部分独立学院"功利性"文化，致使专任教师存在着"临时打工"的得过且过心态。独立学院要想引进并留住其发展所需要的人才，就必须要付出一定的代价才可以。

（4）高层次人才和专业特色师资匮乏致使独立学院学科建设力度稍显无力。近些年来，虽然独立学院师资队伍的整体结构比独立学院创办初期有较大改善和提高，但随着高校专业结构逐步跟随市场导向而调整，独立学院在师资引入、结构配置和团队建设上，都落后于社会发展的形势，由此导致了独立学院中教师以外来教师为主，自有教师所占比例小，中青年骨干教师和学科带头人数目较少，高层次的学科带头人、专业特色人才更是捉襟见肘。加之受传统观念影响，高水平拔尖人才出于对目前待遇和未来发展的考虑，不愿意进入独立学院任教。上面诸此种种原因就导致了独立学院中缺乏高水平的拔尖人才，缺少有特色的师资队伍；也导致了独立学院在加强学科内涵建设，打造优势、特色、品牌专业上处于不利地位，缺乏前进动力。

针对以上独立学院存在的诸多问题，为了促使独立学院不断发展，就必须优化配置独立学院的人力资源。为此，要做好以下两个方面的工作：一方面要通过加强人才的培养和引进，造就一支数量足够、结构合理、素质较高的教师团队；另一方面要勇于探索新的管理模式，持续发掘人才潜力，激发全体教师的创造力与工作积极性，并且要改善人才成长环境，使广大教师能够充分实现自身价值。具体说来，需要从以下几方面着手。

(1)加快建设构建教师发展平台。人才是发展之所需要，发展是人才之所向往。持续发展的独立学院是吸引人才到其中施展才华的大好舞台，也是增加学校对于人才吸引力的重要因素。目前，高校对人才的需求正在日益增大，特别是对于高层次人才的竞争日益激烈。为此，独立学院就要把构建良好的发展平台作为吸引人才的基础工作，以良好且持续的发展趋势和显著的发展成果来吸引优秀人才到独立学院中任职。各高校要积极响应教育部所启动的独立学院评估工作，对照评估指标培养和引进师资力量：一方面以足够的师资队伍满足评估要求；另一方面以高标准通过评估提高学校的地位，增强学校对人才的吸引力。对此，独立学院要坚持科学发展观，精心培育弘扬继往开来、与时俱进的大学理念与大学精神，营造崇尚学术的良好氛围，使独立学院成为优秀人才师资所向往的地方。独立学院要进一步加强科技创新体系的建设，进一步加强学科建设，培养优秀创新型团队，建成以学科为中心的人才附着力。

(2)创新机制优化教师发展环境。用好人才的关键就在于激活用人体制。当下，独立学院需要紧密围绕着自身的人才强校战略，进一步完善人才引进政策，落实人才各项待遇，仅仅围绕着学科和专业的发展建设需要，增强人才工作的力度，着力引进一批学科带头人和紧缺型人才，构建一支结构合理的人才梯队。为了稳住、引进和激励教师发展，就必须要尽力实现由仅仅重视改善经济条件到鼓励、支持与引导教师在事业上发展的重大调整。在引进人才上，要坚持"公开选拔、公平竞争、择优录取、合同管理"的原则，进一步规范完善以质量为基础的学术评价指标体系，重视发挥同行专家和校学术委员会在人才学术评价中的重要作用，并且需要逐步深化收入分配制度改革，坚持将物质奖励与精神奖励相结合，健全合理科学的科学评级及分配激励机制。坚持德才兼备的原则，弘扬良好的师德师风，提倡团队精神、爱岗敬业精神和为教育事业而献身的精神，充分发挥教师在学风建设中的主导地位和作用。选拔出并用好具备领导能力的学科领军人物担任学科带头人，并要赋予其足够的管理权限。

(3)把握原则加快实施人才强校战略。一是要坚持内部培养和外部引进相结合的原则，从提高师资队伍整体素质的目标出发，要加大对于内部师资的培训力度，并且要着重从外部引进一些高层次的优秀人才；二是要坚持个体发展与团队发展相协调的原则，要把个体的发展纳入团队的发展当中去，通过促进团队发展来带动个体提高，并且通过个体发展来促进学科团队的发展；三是要坚持各层次人才相衔接的原则，既要重视鼓励高层次的拔尖人才脱颖而出，也要积极培养后备教师；四是要坚持能力建设与道德建设相结合的原则，既要注重人才的能力培养，也要加强对于教师的思想道德教育，以培养适应社会主义事业发展的师资队伍。

（4）统筹规划促进人才工作协调发展。统筹独立学院的师资力量务必要做到：立足现实，谋划长远；统筹兼顾，重点攻坚；分类对待，注重效果。对此，独立学院的各部门和各院系都要结合学校的长远目标对自身的师资建设进行科学的设计谋划，总体规划要突出指导性和战略性，专项规划要突出操作性及针对性，将分级与分类规划相结合，以形成一个严密的体系系统。要协调好各方面工作之间的关系，充分发挥综合效益，保证政策的协调性和措施的配套性。要着力突出师资队伍建设的战略重点，提高人才队伍的整体素质，增强师资队伍的竞争力；师资队伍建设要以各领域学科带头人作为骨干，聚集优秀的创新型团队；认真抓好中青年优秀教师的培养，着力提高博士学位教师所占比例，培养一批后备型学术带头人；制订并完善教授培养计划，夯实学科专业建设的中坚力量。

（5）强化管理加强对师资队伍建设的组织领导。目前独立学院所实行的是在董事会领导下的校长负责制度，这一制度的目的就是要充分发挥出学校董事会统揽全局、协调各方的领导核心地位，并且根据"管宏观、管政策、管协调、管服务"的要求，以形成董事会对独立学院的统一领导。独立学院必须要建立科学的人才观，要善于识才、集才、用才；注意综合力量，逐渐完善师资队伍建设统分结合、协调高效的工作运行机制；在独立学院中进一步贯彻落实责任制，加强对于师资的考核管理，推进师资二级队伍管理机制的完善，运用有效方式使得师资队伍发展目标能够贯彻执行；借助政策帮助、创新体制、优化环境、便利服务及制度优化等方法，促使独立学院师资队伍不断成长，促进教师作用更好发挥。

二、金融资源

（一）金融资源一般解读

金融资源作为一个概念，最早是由西方学者戈德史密斯所提出的，他把金融资源定义为，在金融领域中关于金融服务主体和客体的结构、数量、规模、分布及其效应、相互作用关系的一系列对象总和或者集合体。[①] 他所提出的金融资源的概念与金融结构的含义相近。在金融结构理论当中，主要讨论的是金融工具、金融机构和金融结构的有关问题。而当中，金融机构指的是金融中介机构，这是一种根据金融工具融合资金和负债的机构；金融工具就是金融机构对于其他经济主体的债券和所有权凭据；金融结构是一国所拥有的金融工具和金融机构的总加。目前国内学界关于金融资源和金融发展的研究，主要是借鉴了白钦先教授的相关论述。他将金融资源的内容划分为三个层次：一是基础性金融资源，主要包括货币等资本；二是实体金融资源，主要包括金融制度供给、信用金融、金融机构和金融市场；三是整体功能性金融资源，这是金融体系在实际运行当中所实现的经济功能。综合看来，在学界已有的研究成果中，鉴于研究视角的差异，关于金融资源内涵的界定也有不同。从广义上来看，在一定时期内全社会可被用于投资或者

---

① MBA智库百科. 金融资源[EB/OL]. http:. http://wiki. mbalib. com/wiki/金融资源[2014-6-13]

消费的各类经济资源都可以被称为金融资源，区域资本投入就是一个典型的广义金融资源表象形式；在狭义上，金融资源包含银行的货币信贷量、金融机构从业人员的数量质量、证券融资、金融深化指标、保费收入等几个方面的内容。此外，在对金融资源的把握中，它的外延也是值得关注的。根据金融资源的属性，可将其划分为四个层次。

1. 货币资源

货币资源是基础性的金融资源，指的是中央银行根据社会经济发展需要而在市场中发行流通的货币量总和，这是社会财富的货币化体现。鉴于以实体的社会财富作为基石的货币资源有着量的累计与功能累计的特殊性，它对全部类别的金融资源都有着决定性的基础作用，其他类别的金融资源在配置和开发都务必要建立在货币资源的基石上。社会经济生活中常见的经济泡沫，就是在经济发展中忽视了货币基础而不切实际盲目开发的结果。在货币资源形成之后，一部分就继续以货币资源作为原始形态而存在，在本期执行货币的流通职能，作为商品交换媒介被消费，从而退出了流通领域。流通性是货币资源的基本特征。其中一部分仍然以它的原始形态存在，但最后还是以量的积累状态储存下来，在后面发掘的基础金融资源中，储藏性是这部分货币资源的本质特性；剩余部分借助于经济主体的开发可以转化成货币资源的形式。

2. 资本资源

资本资源指的就是为了满足市场、流通需要而在货币资源的开发当中所形成的一种再生性金融资源。由货币资源转化而成的资源，借助经济行为人的开发和配置，投资于社会和经济建设领域，通过与人力资本等的结合，发挥着创造价值的功能。所以，资本资源具有周转、增值的基本特征。从资源的角度说，资本在根本上是一种社会资源。资本主要是处于一定社会关系之中的，就如马克思所说的，资本自身是一种经济社会关系，因为任何一种资本本身就是自然资源和劳动资源的共同凝结，都是它与其他资本之间的关系，都是一个资本所有者对于其他资本所有者的关系。

3. 制度资源

制度资源是由金融政策、金融法规、金融机构与金融市场等要素共同构成的。我们可以将它们统称为功能性金融资源。金融机构的设立及重置、金融法规和政策的制定和重调、金融市场的建立与完善，不管是对于一个国家还是一定区域，它的经济和社会效用都是非常显著的。尤其是在一定区域内，对于一个特定的经济行为人来说，如果可以获得上述任何一方面金融资源的开发权，都能够从中获取特殊的经济及社会收益。无论是国际金融领域的资本账户的开放还是金融业务的准入，都可以说明这一点。但是，在所有国家中，此类金融资源的开发和准入许可权，始终掌握在政府和立法主体手中。

4. 商品资源

金融商品是金融资源开发的"产品"。金融商品的边界是非常很大的，不仅包括储蓄、债券、存贷款、股票和外汇等传统的金融商品，而且还包含从这些传统品种中衍生出来的各种期权、期货、互换等各类金融衍生性产品。此外，通过资产证券化这种新型融资方式，可以成功地把债务融资转化成资产融资，这是当今国际金融业发展的趋势之一。金融业务的分离与合并大大加速了经营者的创新活动，这种新兴业务往往具有存款、保险、贷款、证券等传统金融服务中两种以上的性质，用"乱花渐欲迷人眼"来形容也不为过。例如，各个商业银行所发展的个人理财类产品，它们的本质就是银行在灵活运用存款和对价格、汇率进行组合创新的基础之上所生成的。金融商品处于发行过程的时候具有一般的金融资源属性，是各种经济开发和配置的对象。

（二）独立学院金融资源

根据上述金融资源的外延，对于独立学院金融资源可以将其置于资本这一层次开展研究。根据社会平均利润率规律，资本在运动中能够带来剩余价值，即给资本所有者带来回报。我国的《民办教育促进法》对这个有明确规定，民办院校在扣除办学成本，预留出发展基金和其他费用支出以外，投资者可以从办学结余当中取得一定数量的合理报酬。投资到独立学院中的资本可以给投资者一定的报酬，根据和资本概念的相似性可以称其为"教育资本"。正因为此，这部分所提到的教育资本指的是投资人凭借拨款、控股或者是借贷款等方式投资到高校中用于提高办学的债务资本和效益资本，只可以在法律所允许的范围之内收取一定的合理回报，这主要指的是以房屋、设备等形式存在的高等教育生产要素。独立学院作为一类民营机制的高校，其办学资金的筹措基本是依靠市场机制从市场上募集而来。从广义上看，独立学院的办学资源包括资金、师资、土地及教育教学管理和课程体系等内容，要想从市场上筹集到师资、土地及办学所需的后勤资源、教育教学管理资源等都需要大量的资金做支撑，需要有货币投入，独立学院办学资源筹集的核心是办学资金的筹集；从狭义上看，独立学院资本的筹集主要是金融资本的筹集。本部分主要是从狭义方面解读解读独立学院金融资源。

据有关资料介绍，在独立学院办学实践中，筹集金融资本主要有以下几种渠道。第一，合作者投入。独立学院一般是由社会力量和普通本科高校二者合作办学，主要的资本投入由合作方来负担，合作方作为独立学院注入金融资本的主要来源，是民办教育投资者投资办教育的主要方式。根据教育部8号文件，独立学院的成立必须要具备一定的规模，在其设计、规划办学规模时都往往不满足于这些基本要求，特别是校园占地面积一般都在几百亩甚至上千亩，房屋建筑面积也远不止四万平方米，大多数独立学院的首期办学投入都上亿元或数亿元。第二，申办方的投入。在独立学院的办学实践当中，普通高校作为申办方一般只供给品牌、师资和教育教学管理等，但也有部分申办方不仅投入了上述种种，而且直接投入了资金，如浙江大学在举办浙江大学城市学院的时候就直接投入了本金6000万元。在实际开展上，不少申办方高校都是把它们投入的无形资产折合成现金，按照现金额来计算出其参与独立学院办学进程应当从中获取的资金收入。第三，政府的直接投入或变相投入。独立学院虽然没有被定义为企业法人组织，但从投入性质和收益分配角度来看，它仍然具有"营利"的特性，类似于企业法人组织，考察其投入时应该关注到政府通过减免税收、无偿划拨或低价出让土地等方式的变相投入，如独立学院的用地基本上是国家按照公益性教育事业的用地方式进行划拨所得，虽然独立学院也为此支付了土地获取及土地熟化成本，但这个价格远远低于市场商业地价，这个差价实质上是政府的变相投入，且是"准现金"投入。第四，独立学院自主融资投入。按照相关法律规定，独立学院作为一个独立的法人经济组织，可以承担必要的民事责任，也能享受到一定的民事法律权利。独立学院在理论上可以自主融资、自主发展。在实践中，许多金融机构纷纷向一些办学实力强、运营发展顺利的独立学院提供授信贷款，满足了独立学院自主发展的资金需求。例如，浙江大学城市学院通过这种方式自主融资达6亿元之巨。还有一些独立学院在政府的支持下，突破抵押贷款的政策局限，向银行抵押贷款，获得了自主发展的大量资金。例如，北京师范大学珠海分校，从政府那里无偿获得了超过5000亩的划拨地，经过政府同意，并在政府的帮助下，以土地为抵押，在银行获得大量的资金支持。通过这种政策调整和制度创新，珠海地区的独立学院迅速发展壮大起来。这种由独立学院自主融资、筹资的方式是独立学院获得快速发展的重要途径。

以上独立学院金融资源四种渠道所反映出的现状，不可否认在独立学院的创办及发展过程中，在理论和实践上都取得了显著的进步，但随着办学规模的不断扩大，以及其他类型高等学校的不断发展，独立学院中的金融资源问题也日益显现出来。

(1)筹资结构不合理，过度依赖学费。当前，在独立学院的经费来源上，虽然已经基本形成了一种多渠道筹资办学的体制，但存在的问题依然比较明显，这主要表现为独立学院经费来源过分依赖学费收入，收费政策和生源的不稳定性，容易导致独立学院在筹资上不稳定性，这是一种不合理的筹资模式。虽然2010年年末我国居民的储蓄存款余额达到30.33万亿元，但一般家庭的支付能力十分有限，贫富差距大，多数储蓄额集中在少数人的手里。根据相关资料统计，占我国人口数量46.6%的城市人口的储蓄额就占到了70%，而占全国人口总数53.4%的农村人口其储蓄额仅占储蓄总额的30%（梅秀花，2011）。这些事实证明了，只有数量稀少的富裕家庭才可以承担起独立学院的高昂学费，但城市中的贫困家庭和绝大多数农民根本无法承担起高额的教育费用，因而影响到了其子女顺利实现受教育权利。独立学院的经费多数来自学费，过度依赖学费收入使得学校资金链条很不稳定，学校资金面临着巨大的断裂风险。这种筹资结构的不合理之处十分明显，因而其学费收入的不稳定会使得独立学院的自身发展陷入一种非常不安全的境地。

(2)没有明确筹资部门，组织机制不完善。目前，在我国独立学院的机构设置中尚没有组建专门的筹资机构，这直接影响到独立学院筹资活动的正常进行。我国大多数独立学院为了节约成本而刻意减少机构设置，一般只设置了财务处这一部门来管理学校的日常经费。而国外高校大多都设置了专门机构来从事学校的筹资活动。据研究表明，分散的组织机构设置更能够提高学校的筹资效果，这是因为分散的筹资机构在不需要增加太多人员和经费的情形下就可以迅速扩展其筹资活动，通过将大目标分解为若干个小目标，就能够有效降低目标的实现难度，这比统一组织的集中管理效果更为显著。

(3)政府财政资助太少缺乏坚强后盾。虽然我国独立学院的产生和兴起是为了缓解政府财政压力，实现高等教育大众化，但这并不意味着在独立学院成立以后，政府对此就可以不闻不问。教育是我国的一项重要公共事业，独立学院是一种非营利性组织，它以供给教育服务为主要目的，具有十分强烈的公益属性，能产生十分巨大的社会效益，对社会具有重要的正外部性。按照成本分担当中的"谁受益，谁支付"原则，政府应该对独立学院以一定数额的经费补助，但是目前我国政府投资在全部教育投资中占据的比例较低，这不利于充分激发社会各界对独立学院投资的积极性，使得独立学院的经费开支逐步沦入供应不足的两难困局之中。如果政府对独立学院资助力度加大，不仅缓解了当前我国独立学院资金普遍短缺的困境，更象征着独立学院地位的提升，可以大大激励独立学院投资者和办学者的积极性。从国际经验也可以看出，美国、英国政府把资助私立高校作为一项基本责任，对私立学院的资助比例是比较大的。英国政府对私立高校补助的比例高达75%。我国政府也要加强对于独立学院的经费注入，肩负起促进独立学院发展的责任，借独立学院之手为地方经济发展培养出更多的应用型人才。

(4)社会捐赠所得收入微乎其微。查阅资料不难发现，在私立高等教育非常发达的国家很多名校人才辈出，学校经费大多来自校友对学校的捐助，捐赠事业发展得非常成熟。通过对我国独立学院的调查，除了极少数学校外，很多学校从未得到过社会的捐赠。例如，2009年10月15日按照中南财经政法大学武汉学院财会系彭浪教授与中国社会科学院经济管理出版社在交往合作中洽谈成功的，出版社共向中南财经政法大学武汉学院捐赠法律、经济、管理类专业书籍3535册，共708种，总价值122 331元。尽管该出版社曾向全国11所高校捐赠图书，但向独立学院捐赠尚属首例。也就是说，我国独立学院与国外私立大学相比，社会捐赠在筹资结构中，金额数量可以说是微乎其微，占比例非常低。其实，我国整个高等教育的捐赠事业都很贫乏。公办高校，除了清华大学、北京大学等名校因为拥有良好的社会认可度和校友资源得到较多的社会捐赠外，其他学校的资金来源结构中社会捐赠所占比例非常少。更何况我国独立学院只有短短十几年的发展历史，社会认可度较低。很多原因造成独立学院很难吸引到社会捐赠。而国外私立高校接受捐赠较多是由于政府对于社会捐赠制定了许多优惠政策，从而吸引了社会各界人士捐款。然而，我国对于学校捐赠所制定的优惠政策并没多大吸引力，在这种情况下独立学院只有自己想法来吸引社会捐赠。

针对以上独立学院存在的诸多问题，为了促使独立学院不断发展，就必须优化配置独立学院的金融资源。为此，要做好以下几方面的工作。

(1)拓展创收渠道。我国独立学院可以通过科技开发来为其发展筹集必要的教育发展经费，这主要凭借独立学院自身的科研优势或者是母体高校的品牌优势，走产学研一体化道路，通过科技开发、学习培训等项目获得的收入，以及独立学院通过加强财务管理提高资金运作效益而获得的经营性收入。现今我国独立学院拓展创收渠道的这方面做的还不够，创收的渠道还比较少。与国外私立大学相比，由于国家经济发展水平和办学历史不一样，国外在摸索中已经形成了一个良性循环的成熟产业链：创收是为了买到更好的设备、请到顶级学者，顶级学者和设备的配置是为了把学生培养为更有生产力的人，培养有生产力的学生也就成了一所高校拓展的核心。根据国外经验同时结合我国独立学院自身特点，可以从资格认证和职业培训等多方面来进行尝试，努力拓宽独立学院的创收渠道。

(2)完善教育捐赠免税制度。社会捐赠这一经费来源渠道通常被独立学院所忽视，多数独立学院都不够重视这个经费来源渠道。在我国目前独立学院的筹资过程当中，只有为数不多的几所独立学院接受社会捐赠且获取社会捐赠的比例不高。原因主要在于以下三个方面：一是独立学院在高校中的地位不被认可；二是独立学院发展历程较短，校友会等方面都不成熟；三是我国捐赠免税制度还不完善，没有一些详尽的支撑文件。借鉴国外经验，这种筹资方式还有很大的发展空间，政府应制定适合教育捐赠的资金免税制度，调节捐款的良性机制同时采取倾斜政策，积极支持独立学院的发展。

（3）完善教育收费制度。高等教育作为准公共产品的一种，个人和社会都可以从中受益，收费是理所应当的，但是个人应当缴纳多少费用，而国家又要资助多少，这一直是一个难点问题，特别是对于独立学院来说。而在现实中，个人更多关注的是自身对于学费的支付能力，而政府更多关注的是政府自身的财政支付能力与教育公平的实现。因而，努力减少高等教育的办学成本，实行有区别的学费标准，不同教育质量、不同类别、不同专业之间的高校之间，其学费标准都不能完全一致，要体现出差别性。同时，政府应制定相关的学生资助制度和政策，这样既能达到教育收费的公平性，也能增加学校资金的筹集量。

三、土地资源

（一）土地资源一般厘定

土地是一种特殊的资源，关于其内涵的认识在学术界中众说纷纭，莫衷一是。美国经济学家马歇尔认为，土地就是自然界为了帮助人类，在海洋、陆地、空气、光和热等方面所赠与的物质力量（王兴博，2007）。美国经济学家伊利认为，土地资源就是自然资源和自然力量的总和，不只包含了地面上的东西，还包含了地面下的东西（黄贤金，2009）。联合国粮食及农业组织也认为，土地资源指的是土地及其周围的自然环境之总和，土地资源是社会经济状况的组成部分（毕宝德，2011）。综合上述看法，本部分认为，所谓土地资源就是地球陆地表面及覆盖其中的各种生物的总和，简言之就是陆地及其自然附属物的总称。在土地资源外延上，依据土地用途、特性及地理分布上的差距，按照一定的方式把土地资源分成各种类型。按照不同的类型，土地资源可以分为不同的方式。就我国而言，可以把土地资源大概分成三种类型：第一，根据土地资源的自然属性来分类，如按地貌、土壤、植被等来分类；第二，根据土地资源的经济属性来分类，如根据土地生产水平、所有权、使用权、收益权等要素来进行分类；第三，根据土地资源的经济自然属性和其他因素进行的总体分类，如根据土地的开发现状来进行分类。借鉴国外的成功经验，同时与我国的具体国情结合起来。例如，我国最近颁布的《土地管理法》具有代表性，如果将土地资源分为三类，分别为农业用地、建设用地及未利用土地。为了提高土地利用的效益，我国相关人员还根据《土地利用调查技术规程》，把我国的土地资源类型分成了9个大类和46个小类，其中8个大类的土地分别为园地、耕地、林地、牧草地、居民用地、交通用地、工矿用地、水产用地及未开发的土地。

（二）独立学院土地资源

高校基础设施建设是高校建设发展的重要基础，而高校基础设施建设又离不开土地作为基础。土地资源是促进高校发展的重要资源，如今高校土地资源管理工作的重要性日益凸显。当国家需大量培养人才时，高校就要相应扩大招生规模、加大校园建设力度。如果高校的土地资源匮乏，资源与配置之间的矛盾突出，其正常的建设与发展必然会受到影响。独立学院作为我国高校重要的组成部分，其生存和发展也离不开土地资源。筹集办学用地是独立学院成本构成的主要内容之一。独立学院土地资源的取得方式与政府对独立学院经济属性的认定有关，也与各地方政府确定的本地产业经济结构和产业发展政策有关。政府对独立学院"营利"与"非营利"的认定结果不同，土地资源的获取方式和获取成本就不同；各地方政府对各地教育产业政策不同，其获取土地的成本也就相差很大。在实践中，各地方政府，特别是社会经济发展较好的东部、东南部地区的地方政府，大多将独立学院确认为非营利性组织，这些独立学院多是按非营利性教育用地的规定而获得政府的"划拨用地"；一些地方政府还将教育确定为本地的支柱产业，使之在本地的产业结构中居于重要地位，获得了多项公共产业政策支持，这些地方的独立学院土地资源的获取就更加容易、成本就更低。例如，我国广东省珠海市就把教育作为可持续发展的一项重要事业来抓，大力发展独立学院，北京师范大学珠海分校和吉林大学珠海学院等都从政府那里获得了不少土地的无偿使用权及国家共同政策的支持。在中西部许多地方，地方政府虽然声称优先发展教育，支持独立学院的发展，但在向独立学院提供土地资源时仍将其作为营利性单位，通过"招、拍、挂"或协议出让土地使用权，土地价格接近商业用地，成为举办独立学院的一笔巨大的成本开支。

以上独立学院土地资源所反映出的现状，不可否认在独立学院的创办及发展过程中，在理论和实践上都取得了较大的进步，但随着独立学院自身办学规模的发展壮大，还有其他各种类型高等学校的发展，独立学院中在土地资源管理中的问题也逐渐暴露了出来。

（1）独立学院"定性"不准，法律法规不完善。按照我国的相关法律条文，如果建筑单位利用国有土地，就务必要遵守法规缴纳一定的土地出让金，而且要采用有偿开发利用的方法。但是，在公益事业的用地上，建设单位应当采取行政拨付的办法来获取土地的使用权。划拨土地使用权是使用者运用出让土地使用权以外的其他办法来依法获取国有土地的使用权。这也是国家在一定时期内，继续向土地使用者无偿提供建设用地。根据 2001 年国土资源部所公布的《划拨用地目录》，可以申请政府划拨用地的土地被划分为 19 个大类和 121 个小项。其中规定，非营利性教育设施用地可以申请政府划拨。在政府教育行政管理部门的文件和有关法规中，一直没有承认独立学院的"营利"性质，在进行组织登记时，也一直把独立学院按照事业法人组织登记，一直把它与公办学校一样当成非营利单位对待。因此，独立学院的土地资源理应从政府那里，通过划拨的方式获得土地使用权。

（2）无偿占用或非法获得国有土地收益权。独立学院一般是通过低价转让土地或者是采取无偿拨付方式来获取土地的使用权，但这种方式也存在一定问题。首先，当这些土地被用于独立学院的日常经营时收益没有及时被划归国库，这必然造成国家的重要财政损失。近些年来，"大学城"的发展之所以如火如荼，其根本动因可能是因为它可以打着"公益事业"的名义行"房地产经营"之实。例如，高校通过公开向社会销售房产的形式，在独立学院的内部经营网吧、餐饮、电信、储蓄、房产租赁等行业。国家既没有从中获得财政税收，也没有获得地租上的收入。其次，在独立学院发展壮大之后，国家极有可能损失掉土地的收益权和处置权。于是，独立学院通过这种方式运作土地，在它们转成民办机制甚至是破产之后，成了独立自主的办学主体，独立学院的举办方就能够借助非正式渠道获得对于独立学院土地的处置权及收益权。这就使得国有土地的使用权和经营权不合理地转移到了私人手中，这见对国有资产的一种变相转移。当独立学院破产的时候，甚至会造成国有资产被敛入私人囊中。

针对以上独立学院存在的诸多问题，为了促使独立学院不断发展，就必须优化配置独立学院的土地资源。为此，要做好以下工作。

一般来说，划拨土地使用权和出让土地使用权这二者之间的不同之处就在于是否要向相关方出让土地使用金。即使独立学院获得了政府的行政划拨用地，也不意味着它就是无偿取得了土地使用权，仍需缴纳土地获取及土地开发建设所发生的成本。目前，在划拨土地使用权的方式上，主要有基准地价法、成果法和收益还原法等方式。在新近出台的《城镇土地估价章程》当中明确指出的"规划土地使用权价格"的说法，就明显有这层意义。划归土地使用权评价价格的方式（殷彤，2009），一般有成本法、收益还原法、基准地价法及市场比较法等。例如，用基准地价法来估算划拨土地的价格，就是将基准地价中的土地所有者权益去除，来核算划拨地价格；如果划拨的土地是生地即未经过"五通一平"或"七通一平"等过程熟化的土地，则直接以土地取得成本的方法来核算。具体在现实操作中的计算公式是，划拨土地价格＝适用的基准地价×年期修正系数×期日修正系数×因素修正系数（划拨地权属因素的系数为1——基准地价中所有者权益比例）。（黄茜，2007）

国家对教育划拨土地价格的存在，表明独立学院土地的获取不是完全无偿的，其价格是独立学院办学成本的重要组成部分。这就要求独立学院的举办者、投资者要将城市地价因素作为校址选择的重要参考。同时，依据最佳办学经济规模来确定校园土地的大小。独立学院土地资源的合理配置除了土地资源的获取外，还要将有限土地资源进行合理、经济、高效的使用，将"有限的""昂贵的"土地资源在教学、生活、文娱体育公共设施、景观用地等方面进行恰当的分配使用，提高土地使用效益，减少土地资源浪费，这既是有效使用稀缺资源、节省办学成本的要求，也是高校学校应尽的社会责任。

第二节　独立学院成本构成

成本构成是继资源配置成本分析之后所要关注的第二个问题。独立学院的成本构成是对资源配置的进一步深入和细化，对于独立学院在市场经济条件下提高运作效率和经济效益，在与民办、公办、职业技术学校等其他类型高校竞争中求生存、求发展具有十分重要的意义。根据会计学相关理论，本部分把独立学院成本过程划分为成本要素、成本核算及成本控制等三个要素进行研究。

一、成本要素

（一）成本要素一般解读

　　成本要素概念最先出现在经济领域，它作为商品经济的专有词汇，是商品价值的基本构成部分。在市场经济中，市场主体为了进行生产经营，就总要耗费一定的人、财、物等资源，这部分资源的货币化和对象化形式就被称为成本或成本要素。随着商品经济的步伐，成本或成本要素在不同领域其表现不同。在工业企业中的成本要素，一般可以分为原材料、燃料、工资、附加费和折旧费等五种。高校在培养学生过程中的成本要素，如果以成本的经济内容为标准，一般可以将其划分为公用经费支出（办公费、印刷费、水电费、取暖费、邮电费、会议费、交通费、差旅费、会议费、劳务费、招待费、就业补助费、物业管理费、租赁费、维修费、交通工具购置费、专用设备购置费、图书资料购置费等其他各项公用经费开支）、人员经费开支（工资、津贴、奖金、社会保障经费及其他等）、个人和家庭的补助开支（离退休费、生活补助、住房补贴、助学金及其他各项支出等）和收入再分配性支出（拨出经费、上缴上级支出和对附属单位补助支出、结转自筹基建支出等方面的开支）等四部分；如果以成本的经济用途为标准，一般可以分为教学支出（教师的工资和教学业务所发生的费用等）、科研支出（申报课题经费、购置设备实验材料经费、调查研究经费等）、行政支出（行政管理部门发生的各项支出）、学生支出（奖学金、助学金、减免的学费、医疗费用、学生活动开支等）和固定资产折旧支出等五部分。本部分重点关注高校成本要素，根据需求采用不同的分类方法。

（二）独立学院成本要素

　　独立学院在成本或成本要素分类中显然适用高校在培养学生过程中产生的办学成本。除具有高校成本或成本要素分类的共性外，还可以有其他标准的分类方法。如果以计入成本的方式为标准，那么可以把成本划为间接成本（行政管理费、后勤保障费、固定资产建设维护费及其他可以间接用于科研和教学的经费支出）与直接成本两种（在学生培养过程中可以直接计入成本对象的那些成本支出）；如果按照成本归属的范围为标准，那么可以将成本划分为办学总成本（学年总成本、各个专业学年总成本）和生均培养成本（培养一个学生所花费的成本）两种；如果以成本习性为标准，那么可以把成本划分为变动成本（随学生人数变动而相应发生变动的工资支出、办公经费、水电费、实验实习材料费及为保证学校正常运转而垫付的各项日常开支的总和）和固定成本（随学生数量变动而增减的固定资产的使用费、修缮费及各项行政管理费用支出）两种。显然，独立学院的成本或成本要素标准不同其分类就不同，且各种不同的分类方法总是为一定目标服务的，在研究或实际运作中往往根据其需求选择一种或多种。当然，究竟选择哪一种或数种需要了解独立学院的成本或成本要素的构成，为其成本核算做铺垫。

二、成本核算

（一）成本核算一般解读

成本核算概念最先运用于生产经营领域，之后凡是在运作过程中要耗费人、才、物等资源而产生消耗都将涉及成本核算。这就是说，成本核算的适用范围比较广泛。在生产经营领域，它指的是企业在生产经营的过程当中所发生的各种支出（消耗），按照一定的对象进行分配归集、计算成本和单位成本的做法，它将货币作为计量的基本单位、将会计核算作为核算的基础，它是企业成本管理的重要内容，对于企业准确预测成本，为企业的经营决策提供参考都具有十分重要的意义；在非生产领域当中，成本核算的含义与作用和生产领域差不多，也是一个部门成本管理的重要构成。同时，无论生产领域和非生产领域的成本核算，都应当遵循如下原则：第一，计入成本的费用，必须符合法律、法规和规章等方面的规定，不合乎规定的不能被计入成本当中（简称合法性原则）；第二，提供的成本信息必须要与客观事实相符绝不能随意提高与降低会计成本，不同的会计人员对同一会计事实进行核算也应当收到同样的核算结果（简称可靠性原则）；第三，成本信息要对企业等单位的决策有帮助，过时的信息无法为决策提供参考甚至会干扰到正常的决策进程（简称相关性原则）；第四，必须把连续不断的时间分为一定的阶段，如划分为年、季、月这样的核算周期，以分别计算出各个期间的成本（简称分期核算原则）；第五，在成本核算中必须根据实际发生的成本多少进行准确核算不能随意编造（简称实际成本计价原则）；第六，应当由本期成本来负担的费用不管其是否已经发生都要把它计入到当期成本当中去，而不应当由本期成本来承担的费用虽然在本期已经支付也不能将其计入当期成本中（简称权责发生制原则）；第七，成本核算所使用的方法在不同的会计时期一定要保持前后一致（简称一致性原则）；第八，在成本核算时要抓住那些对企业发展和决策具有重要影响的原则，而对于那些细枝末节不太重要的会计项目不能过分注意而应当作简化处理（简称重要性原则）。

（二）独立学院成本核算

当前，知识经济时代已经来临，全球经济一体化进程日益加快，这就给我国的高等教育带来重大的挑战。教育产业理论不断拓宽着办学效益这一名词的内涵，高等学校由单纯追求社会效益转向社会效益和经济效益并重，从单纯重视投入到注重投入产出比。独立学院作为我国高等教育大众化背景下的一股新生力量，国家对其经费补贴逐年减少，独立学院最终脱离母体高校而独立是必然趋势，学校必须有长远发展战略，只有这样才能生存与发展。但是，在独立学院的成本核算中却存在一些问题。

（1）成本核算环境的缺失。1998年我国颁布的《高等教育法》明确规定，国务院教育行政部门要会同国务院其他各有关部门根据在校生人均教育成本来规定高校每年的经费开支标准。随后，国家发展和改革委员会颁布的《高等学校教育培养成本监审办法》中，对于高等教育成本核算的基本原则、成本项目和成本构成都做出了明确规定。但是，在现在所实行的高校教育成本会计制度中，并没有对高校成本核算做出硬性规定和要求，这就使得国家发展和改革委员会的规定成了纸上空文,不能在现实中得到执行。

(2)高等学校会计制度的约束。目前,我国尚未建立一套和独立学院的体制相互配套的财务和会计制度,独立学院的会计制度一般是参照高校会计制度和《事业单位会计准则》。我国现在实行的会计制度下会计核算采用的是收付实现制度,即以实际收到或支出的现金作为标准,据此来确定高校的成本和收入等各项开支。这样做,没有考虑到成本核算的真正周期,容易把不同期间发生的成本混到一起,这种方法不利于准确核算各期发生的会计成本。按照这样的方法进行成本核算,所反映出来的信息就不是真实全面的。而在我国现行的高等学校会计制度当中,也未设立专门反映投资者投入和收益的会计科目,因而不能够准确反映出投资的资产所有和收益处置等权利;也没有设立成本核算的成本类科目,如"教育成本""累计折旧"等科目,由此就导致了在日常的核算过程中不能准确评估办学成本。

(3)基本建设支出和日常财务支出的核算相分离。在我国当前的高校会计制度中,独立学院在建设项目上实行的是单独核算,并没有将它纳入统一的财务核算之中去,因此不能真实准确地反映出独立学院的经营状况。由于单独核算建设投资,这样投资方的资金投入就被划归到基本建设账目中,就不能在学校的账户上体现出所投资金产生的经济收益,即基本建设投资情形。如果基本建设工程完工之后,未能有效及时办理过户手续,就不能显示在学校的账目上,这部分资产的数量一般还比较大,这样就导致了学校在资产负债情况上的不准确性,歪曲了独立学院的实际资产和负债情况。

(4)固定资产核算制度的制约。在我国当前的高校会计核算制度当中,在固定资产的核算上仅仅计算其原值,对于固定资产的折旧值则没有考虑。只在固定资产报废时一次性减少固定资产的原值,这样做容易导致固定资产核算上的不准确,而使得高校的固定资产账目不真实。现在固定资产的折旧计提是根据民办高校规定资产分类折旧表上面的年限规定来执行的,这个制度是参照企业会计制度中对固定资产折旧制定的,但是在固定资产入账范围和金额等问题的界定上却是参照事业会计制度的相关规定,因此,在账务的处理上随意性比较大。而对于无形资产的计量,我国现行的高校会计核算制度实行的是一次性计入当期的费用,在其他的收益期没有任何费用要承担,收益和支出的分离就使得在购置无形资产和不购置无形资产这两个期间成本上的差距较大,由此就导致了独立学院教育成本的不稳定性。

(5)会计人员业务水平参差不齐。我国独立学院成立时间不长,缺少一支独立的、业务素质精良的财会人员队伍。独立学院财务人员的构成也比较混杂,既有来自投资方的人员也有来自举办方高校的人员,还有通过社会招聘而来的人员。这些来源不同的财会人员业务素质参差不齐,在当前我国政府机构追求精简化、追求部门效益最大化的情况下,这种财务人员缺乏稳定性,流动性强,并且存在一人身兼多职的现象,其不良后果是十分严重的。上述原因均不利于对独立学院的教育成本进行科学合理的核算。

针对以上独立学院存在的诸多问题,为了促使独立学院不断发展,就必须完善独立学院的成本核算。为此,要做好以下工作。

(1)借鉴企业的成本核算模式把权责发生制作为基础进行核算。对于独立学院来说,只有收集到准确的成本核算信息,才能够更好地进行成本控制。因此,就需要建立起一套适合于独立学院自身的会计核算制度。在这个方面，独立学院可以汲取企业在此方面的经验，将企业成本核算中的权责发生制移植到独立学院当中来。所谓权责发生制，是一种严格根据会计期间来进行成本核算的原则，在应用这个原则后可以有效克服独立学院在成本核算上的混乱状况。这一会计核算方法是独立学院自身进行科学成本核算的基本前提，也是准确计算其当期收益的必要条件。因此，为了对独立学院进行准确的成本核算，就必须改革当前的会计核算原则，逐步建立起一套以权责发生制为基础的会计核算体系，以便准确地反映出独立学院各项资产的收益状况。

（2）修订、完善现行会计科目的设置。在我国现在施行的会计制度当中，并没有单独针对高校的成本核算，这就导致了在会计科目的设置上并没有专门出台针对高等院校的会计科目设置。现在高校的会计制度在核算支出的时候仅仅局限于"教育事业支出"类的科目，不能适应分配、分类和归集等方面的需求。独立学院所面临的实际问题就更多，它们必须要重新设置成本核算的会计科目，如要重新设置各类一级科目，并且要在一级下面设置二级科目，这些可以直接被用于教学过程中所发生的各种费用支出；还可以通过设立"间接办学成本"科目来统筹管理教学及辅助教学中所消耗的各种费用。设置"管理费用"科目归集行政管理费用，设置"财务费用""累计折旧""摊销"等成本费用科目，核算不同种类的成本与费用。

（3）完善成本核算体系。我国学术界还没有形成对于教育成本的一致认定，诸多学者专家在这个问题上各执一词。在独立学院教育成本核算问题上，必须要紧密结合独立学院成本核算的主要内容，设计出一套既可以将独立学院和其他类型的高校做比较，又能够满足高校成本核算之需，同时还能够作为国家宏观管理部门决策依据的核算体系。在独立学院的成本核算中要采用全面成本核算，核算体系应当包括以下几个方面。

第一，成本核算对象。高校是一种特殊类型的企业，它的教学院系多，产品种类、专业都多；生产周期也较长，最短的是两年，最长可以达到七年。在高校成本核算时，要考虑确立成本核算对象的基本性质，然后才能据此选择合理的方法，分配、归集各种间接、直接费用。

第二，成本分配标准。对于管理费用等用于全体学生的费用，在分配时要确定统一的分配标准。具体是按照学生的实际工作量，还是具体的学生数来作为成本分配标准，各个不同的独立学院要结合自己的实际情况来做出决定，但在选择做出之后，就不能够任意变更。

第三，成本核算期间。独立学院在学生培养周期上和高校的会计周期二者之间存在很多不一致的地方，我国的高校会计核算周期一般采取的就是公历制，从每年的 1 月 1 日到当年的 12 月 31 日，但学生的培养周期则是从每年的秋季直至次年的夏季，这是一个一般意义上的完整学年。学费的收取时间和学生培养经费的支出二者在时间上不一致，由此就不能对教育成本进行准确核算，建议可以考虑在设置独立学院的会计核算周期时，与学生的培养周期相一致，将每年的 7 月 1 日到次年的 6 月 30 日作为一个核算周期来看。

第四，成本核算项目。在成本核算的项目上，独立学院可以参考普通高校的成本核算，按照办学成本的经济内容，将其划分为工资费用、教育费用、行政费用、折旧费用、修缮费用及科研经费等几方面。这样来设置成本项目，与我国高校的会计核算科目相一致，以便科学合理地配置独立学院中各种有限资源，不断提升独立学院的办学效益。

（4）实行固定资产折旧制度与无形资产摊销制度。建立完善必要的办公设备、教学设备、房屋建筑等基础设施，这是使独立学院取得稳步发展不能或缺的基本物资保障。在独立学院的固定资产构成中，有举办方高校所投入的固定资产，也有投资方投入的固定资产。然而不管它的来源是哪里，处在什么地方，它们自身的价值都是一样的，在使用过程中都会不断磨损，当市场波动和技术进步时它还会贬值，不能把固定资产在实际使用当中所发生的价值耗损一次就计入当期购置成本当中，而是要从它服务对象中得到补偿。高等学校的固定资产使用周期长、资产价值大，如果用计提折旧的方式计入到办学成本当中去，就能够形成合理的收支配比，这样其办学成本会更加符合真实状况，也有利于完善对独立学院固定资产的有效管理。在计提固定资产折旧时可以参照企业的折旧制度，也可以借鉴国外大学中的折旧制度，在一般情况下固定资产的使用年限得到合理确定以后就可以运用直线折旧法。对于举办高校用声誉、品牌和土地使用权等投资到独立学院当中的无形资产，如果不能在独立学院运行当中进行合理摊销，就不能体现出申办高校的价值之重要。购置大批计算机软件等无形资产，一次支出的资金数额较大，若不进行摊销就会造成各年支出的波动幅度较大。鉴于此，就需要对独立院校所使用的无形资产在使用和受益期间进行合理摊销，以便更加有利于办学成本的对比及核算。

（5）稳定财务管理人员队伍，加强业务培训工作。独立学院是采取新机制、新模式的一种高等教育发展新模式。在独立学院的财务管理中，涉及的内容也是纷繁复杂且前所未闻，这就要求财务人员不仅要熟悉高校的基本会计制度，还要十分熟悉企业的相关会计制度。同时，更要把这两种制度有效结合，灵活运用到实践过程当中去；还要建立一支相对稳定的财务管理人员队伍，避免财务管理人员的过于快速流动；要不断强化对于财务人员的业务培训工作，尽快建立起一支高素质、高业务能力的专业团队，以适应不断变化的业务环境，逐步提高独立学院的财务管理科学化水平。

三、成本控制

（一）成本控制一般解读

成本控制概念最先也是运用于生产经营领域，意指企业根据其自身情况预先设立各项成本管理目标，并在其日常的生产经营活动中按照这个预先设置好的目标，对于构成成本的各个部分的要素进行一系列的防范和纠正，以此确保企业能够实现管理成本目的的一种重要管理措施。这个措施，一般包括成本预算、成本管控、成本规划、成本核算、成本考察和成本处理等六个互相关联的环节；还能够根据发生成本时机将其划为事先控制、事中控制和事后控制等三种类型。之后，在非生产领域也经常运用成本控制，作为确保单位能实现管理成本目的的一种重要管理措施。同时，无论生产领域和非生产领域的成本控制，都应当遵循如下原则：第一，全过程原则，不仅控制产品制造过程汇总的所有花费，且对设计产品、销售产品和使用产品这些步骤中所产生的研制设计成本、工艺成本、售卖成本、管控成本和保养维护成本等实行有效及时的管理。第二，全员原则，鉴于成本控制涉及企业的全体员工和各个部门，为提高生产效益，有效降低企业的运营成本，必须充分调动起企业各部门及全体员工关心成本、积极参与成本控制的积极性、主动性。第三，全方位原则，成本控制不仅是单纯的监督和限制，还要起到开源节流、节省支出、尽量减小浪费，用最小的成本来获得最大的效果。第四，因地制宜原则，成本控制过程要避免简单一刀切式的整齐划一，应当结合每个企业、每个部门的实际情况，因地制宜有针对性地建立起适合每个系统、企业、岗位和部门的成本控制方案。第五，目标管理原则，企业的目标成本是一个庞大的系统，要把企业的成本进行层层分解才能有效地对企业成本进行控制。目前比较可行的方法就是根据目标管理理论对目标成本进行有效分解，其结果可以使得相关的责任方责任明晰，及时通过比较发现成本之间的差别，从中总结出成本超支的原因之所在，从而采取有效措施来对现有方式进行改进。第六，例外管理原则，管理者要把主要的注意力集中在重要问题上，对于企业正常的成本支出则只需简单控制，而对于各种突发的例外事项则必须要及时查找出出现问题的原因，并且要积极采取有效方式进行改正。尽管以上原则主要针对生产经营单位而言，但非生产经营单位涉及成本管理时也常常用到。

(二)独立学院成本控制

办学成本指的是高校在学生培养的进程中所消耗的活劳动和物化劳动的全部价值，它作为一个典型的经济学范畴随着产品的交换而发生，又伴随商品经济的进程而不断变更其具体的表征。不管怎样变化，在其含义解读上有广义和狭义之分。广义来看，教育成本是指国家、社会及家庭为了培养一名适合社会需要的人才所花费的所有费用，既包括无形成本(即学生因在大学读书而失去的其他方面的机会成本)也包括有形成本(即能用货币来计量的这部分成本)；狭义来看，教育成本指的是高校在培养学生的过程当中所产生的所有开支，一般由硬件建设费、宣传推广费、队伍建设费、品牌特色费、风险运作成本、教学运行经费和管理费用等七个部分的开支现金所构成。结合独立学院成本特点，独立学院成本控制主要涉及以下几个方面的内容。

(1)硬件建设。这大体包含了维修基础设施、购买土地、采购教学服务设备等各个项目所花费的购买成本，这是作为独立学院开支最大的一种一次性花销。根据有关资料计算，以一个2000人规模的学校为例，单单建设硬件就需要至少投入两亿元，而在学校投入运营之后，每年还需要50万~100万元的建设、维护开支。例如，城南学院一共有7400名学生，硬件建设至少就要投入8亿元的资金。除去这些，设施及设备折旧费也是一个不菲的金额数目。出于有效简化计算手续之需要，可以用年限平均法来进行固定资产的折旧计算。如果固定资产数额不多的话，可以不计算其残值，计算公式如下：每年折旧费=资产原值/估计使用寿命，可以根据此公式来进行折旧计算。具体情形如下表8-1所示。

表 8-1 固定资产分类、使用年限一览表

序号	固定资产类别	使用年限/年
1	房屋建筑物	50

序号	固定资产类别	使用年限/年
2	机器设备	30
3	电子设备	5
4	运输设备	10

注：房屋及大型设备的使用时间按 50 年计，每年的折旧费高达 0.16 亿元

（2）人员经费。这主要包含教师的工资，特别是独立学院在办学初期需要提供优厚的工资待遇才能吸引到优秀人才加入其中。另外，还包括各种保险费及师资培训费等开支，这些都计入常规性支出项目，基本上占据了独立学院学费收入的一半以上。

（3）宣传及特色品牌战略费用。鉴于独立学院的招生是在全日制本科招生中的最后一批，在独立学院的招生过程中必要的宣传推广是非常重要的，一般要用 30 万～50 万元专门用来做宣传推广工作。独立学院要想在市场中得到长足发展，就需要有自己独特的办学风格，打造出有特点的学校品牌，这也是独立学院在竞争中对国内市场所起到的激活效用。打造特色和品牌都不可能是立竿见影的过程，需要独立学院投入一定的资金、人力和物力。

（4）风险成本。独立学院作为一种自主的办学模式，完全跻身于激烈的教育竞争当中，它们的风险意识和危机感也尤为强烈。而今，独立学院所面临的经营风险主要包括政策风险、市场风险和经营投资风险这三大类。政策风险，是指国家调整相关教育政策，如收费政策的调整；教育市场风险，如二本的扩招、适龄入学学生数量的缩减、学校增多等问题导致的教育市场的饱和甚至供过于求；经营风险主要是指教师队伍的不稳定所导致的家长和学生的不满意，少数投资者的急功近利等行为导致的金钱危机，还有就是校园的一些突发性公共安全事件等。

（5）日常教学运行费。这些开支主要包括教学业务费、体育经营费、教学实施修理费、差旅费、水电费、办公费、学生活动费和校园绿化等费用。

以上所谈及的都是独立学院运营过程中成本控制所要涉及的，但总存在这样或那样的问题。独立学院作为一种全新的办学体制，基本上依靠自筹资金的方式来自主办学。独立学院大多缺乏政府的财政拨款来维护独立学院的教学工作和管理运营，因此实行的是"以学养学"根据成本来收费的政策，所积累的资金大多用来满足独立学院之发展所需。现今，大多数独立学院和母体高校之间的联系并没有完全厘清，产权归属盘根交错。据相关资料，我国目前有 40 所左右的独立学院尚未建立自己的独立校园，接近 30％的独立学院还没有实现彻底的财务独立。从法人地位来看，母体高校与独立学院应当是平等关系；然而从管理上来看，二者之间又是领导与被领导的关系。随着独立学院规模的不断扩张和办学实力的不断增强，其管理的复杂性也在逐渐增大。校本部"权力过分集中"这一矛盾逐步突出，独立学院所面临的困难是自身未获得相应的发展权力，但是却要承担过多的责任，这是一种全责不对等。所以，就现在来看，健全独立学院的预算管理，建立一系列行之有效的成本管理系统，对教育成本实施有效控制的意义就显得十分重大。

针对以上独立学院存在的诸多问题，为了促使独立学院不断发展，就必须完善独立学院的成本控制。为此，要做好以下工作。

(1)编好预算制定办学成本定额。当前独立学院的办学收入及办学规模相对比较稳定,独立学院在财务计划上实行的是独立编制,以此制定科学合理的成本定额,通过此可以对独立学院的办学成本进行有效控制。独立学院的预算包括综合预算、部门预算和分项预算;各种预算的编制,可采用零基预算法进行细编;各类支出,为了确定数据的定额,就必须参照往年的数据资料,不能采取以前单纯的"基数加增长"的编制预算方式,而是按照预算年度全部数据及事宜的发展变化和轻重程度来重新测量各类指标或者项目的支出需要。一旦确立了学校的财务预算状况及定额,就不能随意对其进行变更;关于计划之外的一些类别,出于计划严肃性和有效性考虑,必须要经过院办公会讨论,院领导集体研究并且批准同意之后方可列支;要不断完善学院的预算、跟踪、处理和评估体系,构建独立学院管理财务、控制成本的行之有效的管控系统,用来增进资金的利用效益,促进收支结构不断合理。按照成本定额和预算额,要及时跟进追踪每个月各个部门经费使用的实际情况。这样不仅能够分析、监督、评价预算定额在各个职能部门的实际执行状况,还能够起到较好的警示效用,从而不断提高学校各个机构及其成员的管控成本观念,也能够针对日常经费开支中出现的偏差进行及时的调整。

(2)控制人员工资费用。独立学院工作人员的工资作为独立学院办学成本的重要组成部分,占据了平时经费开支的一半还多。为了加强控制人员的工资费用,就务必围绕工作人员的进入、使用及完善工资分配体制等方面进行优化。独立学院的分配制度,需要在市场机制下运行,并且要有一定程度的主动性和适应性,要加强对人员工资费用的实际控制,主要安排独立学院的工资人事机构来组织具体的各项工作。

调入人员是独立学院根据各个职能机构对于管理、教学、科研和其他方面的需求,先制订调入人员的方案,由学院的人事管理机构来组织具体的招聘工作,聘任能够符合职位要求并且能够成为独立学院正式工作人员的行政行为之一。独立学院为了取得稳步的发展进步,就务必要打造一支高学历高能力的教师队伍。但是,从控制人员工资的角度来看,则要求独立学院的人员越少越好,对其支付的工资也是越少越好,这二者之间是反相关的。这就要求独立学院精简设置相关机构,同时积极引进一批高素质优秀人才。只有独立学院配备了一支高素质的领导团队,优秀教职工在其领导之下才能够为学校前途和发展贡献自己的力量。此外,还可以依托校本部的师资优势,积极发展独立学院的师资队伍。

工资分配工作是控制人员经费开支的重要环节,其目的是解决好工资开支与独立学院可以用于工资开支这两者之间关系的问题。在创办独立学院的初期,学院的师资构成中以青年老师为主体,随着这些老师职务和职称的不断提高和国家对于工资待遇的不断调整,人员的工资总额出现增长是一定的,此谓工资增长的刚性。随着学校招生规模的形成和学生收费的合理,在学校办学收入基本稳定的条件下,在学校工资分配的设计上,就需要保持一定的增长空间,要采取总量控制和优化学校机构设置、控制人才的结构相结合的方式、方法,系统地建立起一套对于独立学院工作人员的工资控制制度。

(3)控制公务费、教学业务费。在控制独立学院的教学业务开支和公务费上应该用控制预算的方式,根据部门、分项目责任来精准落实到每个人身上。每月初各个部门的负责人收到费用开支明细之后,要根据逐条的比对研究,将控制成本的理念贯穿到办学过程的全方位中；对网络通信工具予以良好利用，争取实现无纸化办公，这样能够节省不少的纸张、墨水及电话费。独立学院要把教学业务费、公务费和目标管理及年终考核挂钩，以营造一种人人都节俭，凡事讲效率的崭新工作环境。

(4)控制修缮费和固定资产使用费。影响修理费及固定资产开支的最大要素就是固定资产的投资规模，若其投资较大，则这些费用所需的开支一般而言就较高。加强对独立学院这些项目开支管理的方法一般有以下几个：第一，要对固定资产的投资规模进行有效控制，新创办的独立学院一般不能建造讲排场的奢侈楼堂馆所，也不能购买一些利用率不高的机器设备等固定资产，而要按照独立学院对于发展规模的实际需要，遵守一切不能影响独立学院自身发展的宗旨，从严控制独立学院中固定资产的投资份额，只有这样才能够更好地管理固定资产修理费及管理费。第二，应稳步提升各种教学设备与仪器的使用效率，为了使独立学院的固定资产能够得到有效使用，应该从以下几方面工作做起。一是在购买新的固定资产时要多方讨论，细致研究方案的可行性，以确定最佳时机来购入固定资产，并仔细评估成本收益比，以避免不必要的浪费；二是对已经购建的固定资产，在严格固定资产管理手续制度的基础上，充分考虑固定资产的合理使用问题，逐步延长其使用年限，充分利用好独立学院现有的固定资产，提高其使用效率；三是对于闲置不用的利用率较低的固定资产，应当运用租、转、并的办法，努力提高其利用效率，以缓解学校的资金压力。

第三节　独立学院成本分担

约翰斯通在 1984 年的美国大学自主服务第三十届年会上，第一次提出了高等教育的成本分担理论。他认为，高等教育的成本在所有的国家中都应当由政府、高校、社会、家长这四个主体共同承担。家长可以通过间接与直接两种方式承担教育成本。其中，间接承担的方式大概有家庭储蓄和学生勤工俭学所得，再有就是学生申请的助学贷款。在大多数欧洲国家当中，纳税人基本承担了全部的教学成本，此外也承担了一部分的学生生活成本。按照独立学院的产品属性来看，独立学院所提供的产品具备准公共服务属性，这就要求独立学院应当建立多元化的成本分担机制。但是，在我国的独立学院当中，学生作为受教育者，承担了大部分成本。

一、历史沿革

我国社会主义市场经济不断发展，在全面建设小康社会的现实需要推动下，教育这一重要的问题理所当然成为政府、全社会、全体人民密切重视的热门话题。随着高等教育体制改革的深化和我国高等教育逐步迈入大众化阶段，越来越多的学子渴望能得到受教育的机会。但是，目前在短期内我国的公立院校难以满足群众受教育需要，独立学院就是在这种情况之下产生并发展的。独立学院在发展过程中，随着相关法律法规的制定与完善，成本分担机制也在发生着变革。

(一)国有民办二级学院的产生阶段(1992～1999 年)

自 20 世纪 90 年代初开始，部分高校开始兴办被称为"二级学院"的教育机构。"二级学院"的学生大多为计划外生源。对于这类国有民办二级学院来说，其成本分担的主体主要是来自接受教育的学生，具体原因可从这些国有民办二级学院的产生原因不难看出。这主要是由于地方政府为了应对办学经费的短缺，同时高校也可以钻制度空子借国有民办二级学院来谋取经济收益。故而，这些国有民办二级学院的成本分担任务就主要落在了接受教育的对象——学生身上。从财政上来说，这类教育机构的办学经费完全来源于学生学费，大多数民办二级学院的平均学费为公办高校的三倍左右。这种按"培养成本"收费的标准对处于"经费困境"的普通高等学校来讲具有直接的刺激。"当骤然扩大的学生规模能够与不菲的学费收入紧密联系在一起时，'学生规模'就成为一种最重要的甚至稀缺的资源。地方公立高校对于扩张有着最强烈的诉求，同时它们也面临着最大的财政危机，它们就是最有动力并且有着制度空间上的'制度知识'和'默会知识'，凭着地方政府和中央政府的许可，它们能够充分利用策略空间，在与资本市场的联合之上创造出新的社会组织。在某种意义上，独立学院可以说是地方公办高校为了应对办学经费之紧缺才发明的一种擦边球或者说是一种钻原有制度空子的创新制度，这是某些公办院校由于羡慕民办学校的高收费、低标准而发明出来的一种拓宽学校收入来源方式和创收渠道的政策调整。"（张兴，2003）退一步讲，即使母体大学兴办"二级学院"没有追求经济利益的直接目的，但作为母体大学也能通过"二级学院"对合并后过剩或能力不足的教职员工进行分流。

（二）从国有民办二级学院走向独立学院的阶段（1999～2003 年）

1999 年，为了满足群众日益增长的接受高等教育需要，面对经济社会的发展现状，我国做出了高等教育扩招的决策部署。据有关资料介绍：1998 年招生数为 108.4 万人、1999 年为 159.7 万人、2000 年为 220.6 万人，三年之内招生数目已经翻了一番。当时高等教育财政拨款的模式，由"中央统一计划拨款"调整为"分级计划拨款"。这一模式主要是根据学校的行政管辖权限，各自由中央及地方二级财政共同分担，这样做的本质是中央财政部门只管理中央各直属机构管辖高校的开支，而地方高校经费的资金全部由地方政府来承担，这是一种高等教育地方化的方针政策。可以看出，中央政府在做出高等教育扩招政策之后，并没有为扩招全部买单，而是把扩招的大部分财政负担转嫁给了地方政府、大学与受教育者。1999 年以后，各个高校开始利用自身的资源和优势积极招商引资、吸纳社会上的闲散资金，将原有的附属于本部的公有民办性质的二级学院纷纷变成了独立学院。

在此段时间内，独立学院的成本主要是由地方政府、申办方高校、受教育者这三者共同分担的，且三者所承担的成本在具体形式上有所不同。就地方政府而言，普通公立高等学校的扩招任务的完成需要地方政府财政的支持，特别是对缺乏中央财政支持、经费较为匮乏的地方高校更是如此。但是，自从分税制改革之后，地方财政收入就一直落后于中央的财政支出，这就导致了不能提供各地高校所需要的所有办学经费。在此同时，地方政府在投入财政方面也更加喜好于投向能够给地方政府带来经济收益的短期行为。在此前提下，"给政策"或"给土地"参与民办学院的兴办、满足人民群众的受教育需求、完成高等教育扩招任务、加强政府统治的合法性就成了地方政府的理性诉求。因为

"给政策"就是"给钱",并且这种"给钱"是不需要动用财政拨款的,而是由申报高校办本科、发母体大学文凭、按照民办学校的培养成本收费来解决。对于申办方高校而言,其投入到独立学院当中去的更多是品牌、师资等无形资产。而对于学生来说,则需要支付相应的高额学费。

(三)独立学院的诞生和发展阶段(2003～2008 年)

为更好地促进独立学院的发展,国家教育部在 2003 年 5 月份颁布了《意见》,正式确定了独立学院的合法地位,并提出了独立学院应当具备的基本要求,独立学院开始作为中国教育改革的重要举措登上历史的舞台。

在《意见》中,对于独立学院的成本分担做出了相应的规定。从中我们可以看出,申请者、合作者和学生这三个成本分担主体各自的分担责任。申请者即为普通本科高等院校,它们要对"独立学院的教学和管理负责,并保证办学质量。申请者要充分发挥校本部的智力、人才资源优势,切实加强独立学院的教师队伍和管理队伍建设,建立并不断完善独立学院教学水平的监测、评估体系"。而合作者要"负责提供独立学院办学所需的各项条件和设施,参与学院的管理、监督和领导"。并且,在《意见》中明确规定,"试办独立学院建设、发展所需经费及其他相关支出,均由合作方承担或以民办机制筹措解决"。而对于成本分担的重要主体学生来说,"学生收费标准由所在地省级人民政府根据国家有关民办高校招生收费政策制定"。

(四)调整规范时期(2008 年至今)

2008 年 2 月,教育部通过了《独立学院设置与管理办法》,此办法自 2008 年 4 月 1 日起正式实施。独立学院无论是公有民办的性质,还是最终走出"公"字的制度创新之路,在与公办院校的竞争中始终面临着不足,那就是没有或较少获得国家财政的支持,资金投入不足始终是独立学院面临的一个重要问题。而独立学院由于其民办性质,在资金来源上必然不能像公办高校那样期望政府给予大量的财政投入,故其主要的经费来源只能由投资方和学生二者承担,这就对独立学院自身教育成本核算和分担的合理性提出了更高的要求。在对教育成本进行合理核算和分担的基础上,一方面要求独立学院要像企业一样建立起比较完善的财务制度,尽量减少不必要的开支;另一方面也要积极开拓财源,争取社会各界力量的捐赠乃至国家财政的投入。这也是独立学院为了长期健康发展而在成本分担问题上的一个发展趋向。

二、影响因素

独立学院成本分担的影响因素是多方面的,主要包含了教育成本水平、分担能力、供需现状、收益水平、教育发展阶段、教育体制和国际高等教育成本分担的变化方向等。

(一)教育成本

高校向学生收取学费,其实质就是高等教育的成本分担。独立学院是高等教育中的一种重要形式,其收取学费的基本依据就是教育成本。这个教育成本,就是提供教育服务的主体——独立学院，在培养学生方面所花费的费用，不包含学生家庭或者受教育者付给学校的高等教育开支。按照《高等教育法》，国务院教育行政部门和国务院其他相关部门按照在校学生的人均教育成本来规定高校年经费标准及筹资经费的基本原则。因此，核算高等教育成本就成为合理确定高等学校拨款标准和收费标准的基础根据。如果在独立学院办学过程中不核算教育成本，那么就不能准确地确定学生的人均成本，也不能确认收费多少才可以保障学校正常教育工作的开展和教育任务的完成。究竟怎样核算教育成本，应当考虑几个要素。

1. 独立学院成本核算主体

计算教育成本信息，首先就必须要获得具体单位的相关成本数据，也就是要界定教育成本核算的主体。为了确定成本核算的主体，就一定要从产品供给者的视角来思考问题。对于教育产品来说，其供给方即为学校，学校当然就是教育成本核算的主体，但另有他人以为应当把高等教育的院系作为具体的核算主体。独立学院在进行教育成本核算时，可以分成两级来依次进行，即学校一级和院校一级两个主体，把公共成本分流到教育成本当中，据此来计算出全部教育成本。关于学校所举办的企业和附属机构，不可以把它们划入学校的会计核算体系中去，也不能把它们的费用开支划入教育成本中去。应该把它们当成自主的会计主体来进行独立的核算工作，学校对它们的拨款、补贴一般也不能够被划入教育成本当中去。

2. 独立学院成本核算期间

教育成本的核算期间，就是指核算和报告教育成本的总时间。一般来说，会计分期都是按照公历年份来进行划分的。目前，在高等院校的财务上实行的是预算管理、会计分期和年度财政相协调的机制，也根据公历年份来分期核算。因为学生是成本核算的对象，他们的入校、升级和离校时间与公历年份不一致，只有根据学生的学年来划分核算期间才能够对教育成本进行准确计量。

3. 独立学院成本核算对象

成本核算的对象当然是学生。在 2005 年发布的《高等学校教育培养成本监审办法（试行）》中，对于标准学生数的折算方法进行了具体固定，各种类型的学生折算为标准学生的权重分别是：本科、专科、第二学位、在职人员、高职教育的学生为 1，成人脱产班、预科班、进修班、高职班的学生为 1，博士为 2，硕士为 1.5，国外来的留学生为 3，函授和网教生为 0.1，夜大学生及其他的学生都是 0.3。

4. 独立学院成本核算范围

高校的经费开支不是都能够划入到教育成本核算的概念当中的，从教育成本的概念我们可以看出，教育成本的内涵是受教育者在接受教育服务中间所发生的各类损耗，和教育服务没有关联的开支都应当被去除，如此才可以准确地计算教育成本。

5. 独立学院成本计量方法

目前，我国国内教育成本的核算方式主要有三种：一是调查统计法；二是会计核算法；三是会计调整法。

（二）分担主体的分担能力

制约个人和社会分担能力大小的一个重要影响因素就是他们手中所控制的财力。对于个人来说，他们的分担能力取决于其劳动报酬所得，就是他们通过合法劳动或者经营所获得收入，主要指的是税后的可支配性收入，这就是教育成本个人分担理论的经济基础；而对于社会来说，一般由个人和组织构成，其中的组织分担能力是由营利性组织合法性经营税后所得可支配性盈利部分构成，它与个人的可支配性收入一道共同构成社会分担，这就是教育成本分担理论的经济学基础。在一定的时期内，社会总的财力与个体的分担能力都是有限的，并且二者之间存在一定程度的此消彼长的关系。

1. 政府对教育成本的分担能力

政府对于高等教育成本的分担能力和政府的财政承担能力紧密联系，这最终受制于政府的财政收支具体状况，而且它与高等教育的发展规模呈现一定的正相关性。改革开放以来，我国经济快速发展，居民收入持续提高，但国民生产总值中财政收入所占的比例却呈现出逐年降低的趋势。现在，我国人民群众不断增长的受教育需求与国家财政投入严重不足之间的矛盾日趋凸显。特别是人民群众对优质高等教育需求的增长和优质高等教育资源稀缺的矛盾也显现出来了。这与世界上其他国家面对的问题差不多，我国的高等教育在发展当中所面临的主要瓶颈之一就是，人民群众不断扩大的受教育需求和政府财力有限性这两者之间的矛盾关系。特别是在独立学院中，这种政府投入不足的状况更为突出。

2. 个人对教育成本的分担能力

国家在确定独立学院成本补偿的标准时，一定要考虑本国居民实际的经济承受能力。关于个人对于教育成本的承担能力，可以依据个人的相对分担能力和绝对分担能力这两个方面来进行具体分析。

一方面，个人的相对分担能力可以从国民财富分配结构的情况反映出来。国民财富分配结构的变化表明，改革开放几十年来，个人的经济负担能力相对国家而言已大幅度上升，国际货币基金组织提供的政府财政统计资料表明，我国的财政收入在国民生产总值中占据的比例不但远远低于多数发达国家的水准，甚至还低于不少发展中国家的水平，而实际上我国居民的实际储蓄额位居世界各国的前列。这个现状是我们在研究高等教育成本分担的比例关系时，必须要考虑到的一个重要因素。

另一方面，我国居民对教育成本的绝对分担能力有提高的趋势。这是由以下几个方面因素的影响造成的：第一，家庭实际收入不断增加，这将会直接影响到个体对于高等教育的实际购买力，可以提高个体对于高等教育的实际分担能力；第二，家庭成员文化程度的不断提高，会让人们对于接受高等教育更加重视，更能够有效提高叫停对高等教育成本分担的预期心理承受能力；第三，家庭人口结构向单一化方向发展，进一步提升了家庭分担高等教育成本的意愿。

（三）教育收益水平

明确收益对于教育活动中的各类关系的界定是十分必要的。独立学院教育收益主要来自两个方面：社会收益和个人收益。社会、个人二者收益的总和构成独立学院的总收益。依照"谁受益，谁分担"的标准，既然有收益就必然要承担相应的责任和履行相应的义务，因而社会和个人就要共同分担独立学院的教育成本即投资。

1. 社会收益

社会收益是一种收益面广泛、形式和内容多样并且比较模糊的收益，既包括物质收益，又有精神收益；既有经济性收益，也有非经济性收益。社会公共的物质财富与精神财富的积累、增值得益于独立学院教育发展的程度。社会直接收益主要包括独立学院所培养的人才和所提供的科技成果、文化成果等。

2. 个人收益

个人收益指的就是个人及其家庭在接受独立学院教育之后所能获得的实际收益。个人从独立学院教育中获得的收益可以借助计算不同教育程度的受教育者在收入上的差别而得到显著的证实。个人接受独立学院教育，不仅可以使其在未来一定时期内享有一定的额外经济利益，还可以获得某些非经济利益。例如，个人在接受独立学院的教育之后能够在未来获取更高的社会地位，提高自身文化素养，拓宽就业机会，降低失业风险等。

（四）高等教育的供需现状

高等教育的供给与需求是影响独立学院投资行为的两个重要因素，目前我国高等教育在总供求上的特点主要表现为：群众对于优质高等教育的需求旺盛却供应不足，这是目前我国独立学院得以产生并迅速壮大的重要原因。高等教育供需上的矛盾对于我国独立学院的投资行为特别是个体的投资有着极其显著的影响，这是确立独立学院成本分担比例时不得不考虑的一个重要变量。据有关资料统计，我国现在一本录取率为 8.5%，在 900 万名考生里面只有不到 100 万能够被一本院校所录取。若不能有效缓解高等教育的供需矛盾，高考改革就丧失了其基本前提和基础保障。美国排前 200 名的学校覆盖美国本科的 50% 以上，而我国排前 100 名的学校仅仅覆盖 5%。虽然上大学不难，但作为考生及其家长来说，都期望能够上好大学（本科），而这个难度则较大。特别是现在家庭条件越来越好之后，越来越多的人强烈希望上好大学（本科），而好大学的数量毕竟有限。

三、数理模型

（一）价值

美国著名教育经济学家布鲁斯·约翰斯通在 1986 年正式提出了高等教育的成本分担理论。在其著作《高等教育成本分担》一书中，他根据"谁受益、谁承担"的基本原则，分别阐明了各分担方的职责。他认为，高等教育的成本应主要由四个主体来承担，即政府、家长、学生和社会捐赠者。关于教育成本分担理论，21 世纪由于个体受教育需求的迅速增长，教育资源的供不应求，再加上政府财政收入的有限性，这些因素共同导致了高等教育成本的居高不下。为了推动高等教育事业的发展，满足公民受教育需求，为社会发展培养合格劳动者，高等教育成本分担理论日益引起了学术界广泛和强烈的研究兴趣。各国学者根据各国基本国情，将教育成本分担理论与本国国情相结合，进一步发展了高等教育成本分担理论。

在国外研究中，比较有代表性的观点是 Teixeira、Johnsone 和 Rosa 等在他们共同著作中所提出的，虽然教育成本分担理论得到了全世界的广泛认可，但由于各国的基本国情和发展现状不同，在这一理论研究中尚存在不少分歧和争议。例如，成本分担的形式、教育成本诸分担主体之间的关系等。在国内研究中，王序坤（1995）认为，高等教育的成本分担要遵循两条基本原则：第一条为"收益结构原则"，即依据各个收益主体的收益大小来确定其分担的成本份额；第二条是"能力结构原则"，就是依据各个收益主体的分担能力来确定其各自的分担份额。而崔玉平（2006）则认为，高等教育的学费应当按平均成本来定价，而不能按边际培养成本来定价。虽然国内外有不少学者都对高等教育的成本分担理论进行了研究，但纵览已有研究成果，发现其仍有以下几点不足。第一，研究缺乏与各国实际的有机结合。现在的研究仍过分拘泥于约翰斯通的研究范畴，缺乏与本国基本国情的结合和适应。第二，研究主题分类模糊。现有的研究主体仍主要受制于约翰斯通的最初理论，并且主体不够宽泛，研究的是学生和家长这两个分担主体，而对于其他主体的研究较少，缺乏对分担主体一个宏观的把握和认识。

针对现有研究不足，本部分试图对中国高等教育成本分担主体进行理性再划分，并通过数理模型进行必要的实证分析，来验证各成本分担主体的责任和分担份额，期望能对已有的研究成果有所补充和推动。

（二）解读

本部分所做的解读，主要依据国内学者对"高等教育成本分担比例数理模型"研究内容（甘国华，2007），并结合本书所要研究的"独立学院书本分担目的，经过疏理，归纳而完成"。

1. 模型假设

为了研究方便，我们只考虑一个学生接受高等教育的成本分担情况。假设一个学生接受高等教育后产生的公共收益（即可以给社会和国家带来外溢收益）为 y_1，私人收益为

y_2，国家预先拨出 y_1 中比例为 x_1 的财政收入来对该学生进行教育投入。同时，假设一个学生接受高等教育所发生的直接成本为 E，国家的分担成本(公共价格)为 M_1，个人(家庭)分担的成本为 M_2。另外，我们假设高等教育产生公共效益为 y_1 时，需要国家支付转换成本为 $c_1 = a_1 y_1^2$。其中，a_1 表示公共收益 y_1 的转化效率，a_2 越小表明转化效率越高。一般而言，公共收益 y_1 的转换实现成本一般是比较高的，它主要是由国家或社会投资而形成的人力资源就业或工作平台体系。例如，为了实现某一高校上千教师给国家和社会带来的公共收益 y_1，国家或社会就要投入大量的资金来搭建工作平台体系，分摊到每个人的公共转换实现成本是比较高的。而私人收益 y_2 的个人转换实现成本相对要小得多，它表现为实现个人的收益而必须满足的生活和工作条件的个人支付成本。

但是 y_1(或 y_2)仅仅是一个学生由于接受了高等教育后对国家和社会的外溢收益(或家庭收益)的增加值，即一个大学毕业生对国家和社会的外溢收益(或家庭收益)的增加值，也就是说一个大学毕业生对国家和社会的外溢收益(或家庭收益)的总合减掉一个高中毕业(未接受高等教育)对国家和社会的外溢收益(或家庭收益)的剩余部分价值。同样，转换实现成本 $c^1 = a^1 y_1^2$ 与 $c^2 = a^2 y_2^2$ 也是类似的成本增加部分。其中，$c_1 = a_1 y_1^2$ 是一个大学毕业生给国家带来总的外溢收益时，需要国家支付转换实现成本总和减掉一个高中毕业业生给国家带来外溢收益时需要国家支付转换实现成本的剩余部分成本。$c_2 = a_2 y_2^2$ 是一个大学毕业生给家庭带来总的外溢收益时，需要家庭支付转换实现成本总和减掉一个高中毕业生给家庭带来外溢收益时需要家庭支付转换实现成本的剩余部分成本。

2. 国家投入分析

根据以上假设，国家从一个学生的高等教育中可以获得纯公共收益为

$$\Pi = (1 - x_1) y_1 - a_1 y_1^2 \tag{8-1}$$

对式(8-1)进行求导并令导数为 0，即

$$\Pi' = (1 - x_1) - 2a_1 y_1 = 0$$

则可得

$$Y_1 = (1 - x_1) / 2a_1$$

此时，$\Pi'' = -2a_1 < 0$，且 $\Pi = (1 - x_1)^2 > 0$，可以求出国家在一个学生高等教育上的最优教育投资额 m 为

$$m = x_1 y_1 = -2a_1 y_{12} + y_1 \tag{8-2}$$

那么，$m' = 1 - 4a_1 y_1$

因此，当 $y_1 < 1/4a_1$ 时，$m' > 0$，则 m 会随着 y_1 的增大而增加；但是，当 $y_1 > 1/4a_1$ 时，$m' < 0$，则 m 会随着 y_1 的增大而减小，这是因为随着 y_1 的增大，由于 a_1 较大，所以存在着转换实现成本 $c_1 = a_1 y_1^2$ 巨大，此时会改变人才社会价值实现的效率，即降低 a_1 的值显得比直接投资教育更为重要。

当 $y_1 = 1/4a_1$ 时，$m' = 0$，这时国家教育的最大投资额为

$$M_{\max} = 1/4a_1 - 0.5$$

显然这是关于 a_1 的递减函数关系，我们可以清楚地看到随着国家人才社会价值实现效率的提高，即国家人才转换实现成本越来越低的时候，国家的高等教育最大投资额也

会逐渐增多，其分担能力和分担比例也会随之变得越来越大。

3. 福利性高等教育条件分析

在有些国家或在很多国家的某一段时期，都存在把高等教育当成一种社会福利，高等教育全部由国家财政拨款，而个人或家庭免费享受高等教育，这在一定的社会和经济条件下是可以实现的，下面我们将沿用以上模型进行分析。

1）国家投入要求

当国家的最优投资额满足 $m \geqslant E$ 时，那么个人或家庭就可以免费接受高等教育，即存在的条件为

$$-2a_1 y_1^2 + y_1 \geqslant E \tag{8-3}$$

式(8-3)的条件可以等价于以下一组条件：

$$\frac{1-\sqrt{1-8a_1 E}}{4a_1} \leqslant y_1 \leqslant \frac{1+\sqrt{1-8a_1 E}}{4a_1} \tag{3-4}$$

$$1-8a_1 E \geqslant 0$$

从式(8-4)条件分析来看，如果要实现高等教育的社会福利化，那么高等教育直接成本规模、高等教育人才价值社会化的效率必须达到一定的要求，在这两方面满足 $1-8a_1 E \geqslant 0$ 条件时，人才的社会价值 y_1 也要满足一定的条件范围。为什么不是越高越好呢？这主要是由于人才价值社会化的成本因素，即 a_1 的因素。通过我们的进一步分析发现：当 a_1 越来越小，即人才价值社会化的效率越来越高时，高等教育公共收益 y_1 满足的条件也将越来越宽松。

2）家庭的基本要求

在高等教育作为福利性方式运行时，如果学生要接受高等教育，则家庭从高等教育中获得的净收益 N 必须满足如下条件：

$$N = y_2 - a_2 y_2^2 \geqslant 0 \tag{8-5}$$

则 y_2 必须满足 $0 \leqslant y_2 \leqslant 1/a_2$，一般来说，这一条件在正常情况下是比较容易达到的。

中国从 1978 年改革开放至 20 世纪 80 年代高等教育开始收费以前，国家百废待兴，经济和社会发展急需高层次人才，人才的社会转化效率很高，转换实现成本趋于零，所以一直实行免费高等教育，符合上面的数理分析理论。

4. 国家与家庭共同分担的条件分析

1）正常家庭经济条件下分担分析

当 $m < E$ 时，总的教育成本中剩下的那部分 $E-m$ 就需要家庭或个人来分担。这时我们得到家庭从高等教育中得到的净收益 N 的表达式为

$$N = (1-x_2)y_2 - a_2 y_2^2 = y_2 - a_2 y_2^2 - (E-m) \tag{8-6}$$

由于 N 要大于或不小于 0，可以得到分担基本条件为

$$\frac{1-\sqrt{1-4a_2(E-m)}}{2a_2} \leqslant y_2 \leqslant \frac{1+\sqrt{1-4a_2(E-m)}}{2a_2} \tag{8-7}$$

$$1-4a_2(E-m) \geqslant 0$$

从式(8-7)分析来看，如果高等教育成本要家庭承担一部分，那么高等教育直接成本中家庭承担的成本 $E-m$ 和受高等教育后的个人回报效率 a_2 必须达到一定的要求，在这两方面满足 $1-4a_2(E-m) \geqslant 0$ 条件时，人才的个人回报价值 y_2 也要满足一定的条件范围。为什么不是越高越好呢？这主要是人才个人回报价值的成本因素，即 a_2 的因素。通过我们的进一步分析发现：a_2 的价值一般很小，人才的个人回报价值满足的条件也就很宽松。这也可以说明只要家庭经济条件正常，子女有机会受高等教育就一般不会放弃的原因。

2）家庭贫困经济条件下分担分析

在家庭经济条件正常的情况下，由家庭或个人来承担部分 $E-m$ 比较容易，即不存在家庭分担成本。但是，一旦家庭存在经济困难，为了筹措足够的钱需要到处借钱，这时候就存在高等教育家庭分担成本，包括物质成本和心理成本，而且随着家庭贫困程度的增加而上升，甚至有极个别农村的家庭为小孩上大学凑不到学费而寻短见的情况发生，而生命的代价是至高而无价的，存在分担成本无穷大的情况。因此，对于家庭贫困的学生，可以设学费承担总代价为 $k(E-m)$，其中 $k>1$（对经济条件宽裕的家庭来说 $k=1$）。这是，家庭的净收益就降低，表示为

$$N = (1-x_2)y_2 - a_2y_2^2 = y_2 - a_2y_2^2 - k(E-m) \tag{8-8}$$

如果 N 要大于或不小于 0，则家庭分担基本条件为

$$\frac{1-\sqrt{1-4a_2k(E-m)}}{2a_2} \leqslant y_2 \leqslant \frac{1+\sqrt{1-4a_2k(E-m)}}{2a_2}$$

$$1-4a_2k(E-m) \geqslant 0 \tag{8-9}$$

从式(8-9)来分析，对贫困家庭来说，如果要其承担部分高等教育成本，那么高等教育的直接成本中家庭承担的成本 $E-m$、受高等教育后个人的回报率 a_2 必须满足更严格的要求，即必须满足 $1-4a_2k(E-m) \geqslant 0$ 条件，同时人才的个人回报价值 y_2 也要满足更严格的要求。通过我们的进一步分析发现：即使 a_2 的值很小，但对于农村很多贫困家庭来说，k 的值一般在 $1.5\sim5$，人才的个人回报净价值的空间很小。这也就存在很多农村的学生上大学存在进退两难的困境：去读书，没什么很大的意义；不去读，更是没有出路。现在，有很多学者提出城乡的贫富差距来自过高的高等教育成本分担负担，"一人上学，全家受穷""高中生拖累全家，大学生拖垮全家"的现象在农村贫困家庭真实存在。

3）成本分担比例分析

从上面的分析来看，国家分担的部分为 $m=-2a_1y_1^2+y_1$，个人分担的部分为 $E-(2a_1y_1^2-y_1)$；国家分担比例 $M_1=m/E$，个人分担比例 $M_2=1-m/E$。在满足式(8-7)或式(8-9)的条件下，个人分担的部分与高等教育直接成本、人才的社会化效率和社会化价值有关。在高等教育总的直接成本下降或人才社会化效率提高时，个人所分担的高等教育成本部分就会减少；在人才社会化效率较高的条件下，人才社会化价值越高，其所承担的教育成本也会越少。

5. 民办高等教育分担条件分析

民办高校与公办高校在教育成本分担上的最大差别在于，国家是否承担部分教育成

本。在民办高校当中 $m=0$，教育费用要全部从受教育者的家庭中分担支出，这时得到家庭从高等教育中获得的净收益 N，其表达式为

$$N=(1-x_2)y_2-a_2y_2^2=y_2-a_2y_2^2-E$$

由于 N 要大于或不小于 0，可以得到分担基本条件为

$$\sqrt{(1-4a_2E)/2a_2}\leqslant y_2\leqslant 1+\sqrt{(1-4a_2E)}/2a_2$$
$$1-4a_2E\geqslant 0$$

从上面两式对比分析可以看出，对于民办高校来说，如果要家庭承担高等教育成本的全部，那么高等教育直接成本 E、受高等教育后的个人回报率 a_2 必须满足更严格的要求，即必须满足 $1-4a_1\geqslant 0$ 的条件，同时学生的个人收益 y_2 也要满足更严格的要求。如果以上条件都得到满足，那么国家也能得到更多的公共收益。

总之，以上分析的是民办高等教育分担条件，没有涉及独立学院作为高等教育的分担条件，而这两种高等教育办学体制又是存在差异的，似乎存在偏离主题之嫌疑。实际上，按照我国有关独立学院政策法规规定，独立学院在这行机制上与民办高校是完全一致的，这里对民办高校教育分担条件的分析，也是适合独立学院分担条件的分析。

（三）在独立学院的运用

1. 增加政府的财政投入

政府财政资源有限，因此目前在独立学院的发展过程当中，政府对于独立学院的财政投入可以说是微乎其微，但事实上政府在独立学院的发展当中应当起到一定的积极作用。因此，政府需要加大对独立学院的财政投入。主要原因如下：首先，不管是公办高校还是独立学院，它们所提供的教育服务都是一种准公共物品，教育不仅对个人，更对企业和整个社会的发展起到巨大的推动作用，政府无疑是分担的主体之一；其次，从国外民办高校的发展历程来看，在民办高校发展过程中，政府都给予了一定的财政补贴。因此，政府应加大对独立学院的财政投入，在具体方式上可以是多种多样的，如向独立学院无偿或适度有偿提供教学所需仪器设备和图书资料，给予独立学院一定的财政拨款等。

2. 建立贫困生资助体系实行差别收费制度

在独立学院的发展过程中，存在着分担主体过于单一的问题，而承担教育成本的恰恰应当是投资方、政府和学生这三方中最弱势的一个群体。对于目前独立学院中很多贫困学生难以负担高昂学费的问题，政府应当从以下两个方面着力解决：一是要建立比较完善的奖助学金制度，对成绩优秀的学生给予适当奖励，对家庭贫困的学生给予适当的补助；二是实行差别收费制度。一方面，不同类型或者同一类型不同教育质量独立学院的教育成本是大不同的，独立学院应根据自身办学条件和提供的教学产品质量来合理确定学杂费的数额，不同独立学院根据教育质量的不同，收取不一样的学费也是无可非议的，不必过分追求收费标准的整齐划一；另一方面，不同地区的独立学院收费标准也应该有所差别。东部地区比较发达，其办学质量也较高，人们的收入水平也比较高，可以

适当提高学生学杂费，但中西部地区相对贫困，则应考虑适当降低学生学杂费。

3. 建立税收优惠机制引导社会捐赠助学

从国外来看，民办院校在运行过程中都在一定程度上吸纳社会力量办学，积极引导社会捐赠助学。以美国为例，1996 年，私立高校捐赠收入在其高校收入来源总额中占比高达 14.3%。在日本，私立学校的私人捐赠就占到了学校总收入的 50% 以上（蒙有华和徐辉，2006）。鉴于我国经济发展还比较落后，政府长期以来对独立学院教育发展重视度不够，而社会或私人对于独立学院的捐赠更显得微乎其微。本部分认为，应从以下几个方面加以解决：一是政府应制定积极的政策鼓励企业加大对独立学院的捐赠，如可以通过以捐款抵免税收的形式强化企业捐赠的意识；二是提高企业和个人向独立学院捐款的税前支付比例，鼓励更多的企业和个人对独立学院捐款；三是独立学院利用自身的技术和科研优势，积极主动地去吸收社会捐款。

4. 鼓励投资方投资于学校建设

独立学院资金来源的三大主体为政府、投资方和学生。学生每年所缴纳的学杂费是独立学院资金的重要来源。但是，在独立学院刚开始建立的时候，其初始投入主要依靠投资方的资金投入和政府的优惠措施。而投资方投资于独立学院的主要目的是获取利润，加上最近几年正处于独立学院从母体学校脱离的试验期，一旦独立学院从母体学校中脱离出来，投资方是否还相信独立学院依然能够获得这么多的生源还是一个未知数。正是于此，独立学院应不断提升自身的教学质量，扩大自身的影响力，通过自身的努力让投资方放心，让投资方把每年的分红再次投入到独立学院的建设之中，只有这样独立学院才能不断发展壮大。

参 考 文 献

安双宏. 2000. 影响印度高等教育质量的几个因素[J]. 江苏高教,（4）

安双宏. 2001. 印度高等教育：问题与动态[M]. 哈尔滨：黑龙江教育出版社

安云初，荆光辉，谢志钊，等. 2006. 依托与依赖：独立学院与母体高校关系思辨[J]. 中国高教研究,（5）

奥尔森 M. 1995. 集体行动的逻辑[M]. 陈郁，郭宇峰，李崇新译. 上海：上海人民出版社

奥斯本 D，盖布勒 T. 1996. 改革政府：企业精神如何改革着公营部门[M]. 上海：上海译文出版社

奥斯本 D，普拉斯特里克 P. 2002. 摒弃官僚制：政府再造的五项战略[M]. 谭功荣，刘霞译. 北京：中国人民大学
    出版社

鲍德威，威迪逊. 2000. 公共部门经济学（第二版）[M]. 北京：中国人民大学出版社

本刊编辑部. 2006. 公共服务：社会和谐的重要保障[J]. 浙江经济,（22）

本刊编辑部. 2014. 充分认识"先照后证"意义 积极稳妥推进改革[J]. 工商行政管理,（13）

毕宝德. 2011. 土地经济学[M]. 6 版. 北京：中国人民大学出版社

别荣海. 2011. 高等教育转型中的政府与高校关系重塑[J]. 探索与争鸣,（9）

布朗，杰克逊. 2000. 公共部门经济学[M]. 张馨主译. 北京：中国人民大学出版社

财政部会计司编写组. 2005. 民间非营利组织会计制度讲解[M]. 北京：人民出版社

蔡建文. 2008. 服务型政府：科学发展观视阈下的政府再造[J]. 蚌埠党校学报,（1）

蔡梅娥. 2011. 对独立学院法律地位的审视和重构[J]. 首都教育学报纸,（8）

曹恰. 2010. 关于独立学院师资队伍建设的若干思考[J]. 教育与职业,（5）

常丽丽. 2005. 国有民办二级学院的发展问题及对策[J]. 太原师范学院学报（社会科学版）,（4）

常思亮. 2006. 近年来北爱尔兰高等教育入学与政府资助[J]. 现代大学教育,（4）

陈国维. 2002. 河南省高等教育发展模式探讨[J]. 河南科技,（7）

陈宏艳. 2009. 新会计准则下关于收入与利得的理解[J]. 中小企业管理与科技,（8）

陈建军. 2009. 独立学院实验室建设中的共享与自建[J]. 科教文汇,（7）

陈克江. 2006. 高等院校独立学院发展中的问题与对策研究[D]. 南京：河海大学

陈其林，韩晓婷. 2010. 准公共产品的性质：定义、分类依据及其类别[J]. 经济学家,（7）

陈倩，王宇辉. 2006. 对独立学院发展相关问题的探析[J]. 广东工业大学学报（社科版）,（3）

陈小尘，胡弼成. 2010. 美国高等教育质量管理及其借鉴[J]. 高教探索,（1）

陈学飞，王富伟，阎凤桥，等. 2011. 独立学院地方性发展实践的政策启示——基于浙江省独立学院的实地调查[J].
    复旦教育论坛,（1）

陈彦雄. 2009. 组织文化中的信任问题研究[D]. 西安：西安科技大学

陈应侠，李永发. 2011. 我国独立学 院发展趋势探析[J]. 江淮论坛,（2）

陈昱岿. 2004. 印度大学毕业生失业的教育因素及其对我国的启示[J]. 红河学院学报,（1）

陈振明. 2002. 政府再造——公共部门管理改革的战略与战术[J]. 东南学术,（5）

陈振明. 2005. 公共管理学[M]. 北京：中国人民大学出版社

成爱枝. 2009. 浅析独立学院现行会计制度的弊端和改革方向[J]. 成才之路,（28）

成长群. 2010. 加强对独立学院的科学管理和规范管理[J]. 学习月刊,（4）

程红. 1999. 经济全球化过程中各国公共行政改革与我国的回应[J]. 福建行政学院福建经济管理干部学院学报,（2）

程艳新. 2004. 行政生态视野下我国行政改革的可行性分析[J]. 行政论坛,（6）

储东涛. 2004. 从现代产权理论到现代产权制度[J]. 江苏大学学报（社科版）,（4）

褚金柳. 2006. 我国农村义务教育投入现状分析及对策研究[D]. 天津：天津师范大学

崔爱林. 2008. 世纪初澳大利亚高等教育改革评析[J]. 河北师范大学学报(教育科学版),(11)

崔玉华. 2006. 独立学院研究综述[J]. 煤炭高等教育,(9)

崔玉平. 2006. 高校的学费折扣与学费定价[J]. 教育发展研究,(2)

代东东. 2007. 高等职业技术学院存在的问题及其对策初探[D]. 武汉:华中师范大学

代蕊华. 2000. 正确理解办学效益的内涵[J]. 上海教育科研,(6)

戴本博. 1990. 外国教育史(中册)[M]. 北京:人民教育出版社

戴吉亮,耿喜华. 2007. 我国高等学校融资空间分析[J]. 青岛理工大学学报,(2)

戴守英. 2004. 提高教育质量是高等教育发展之本——在中国与澳大利亚高校女校长论坛上的演讲[J]. 国际关系学
    院学报,(1)

邓凯. 2007. 委托代理理论与独立学院代理人激励约束机制研究[D]. 兰州:西北大学

邓志良,叶泽方. 1995. 古典决策和管理决策的动机与效果浅析[J]. 中南工学院学报,(2)

邱乘光. 2014. 邓小平对实事求是思想路线的贡献[J]. 中国延安干部学院学报,(4)

丁富增. 1999. 国际高等教育发展与改革比较[M]. 北京:北京师范大学出版社:211~212

董建新. 2005. 政府是否是经济人[J]. 中国行政管理,(3)

董世非,姜恩,单小霞等. 2011. 燕山大学依靠改革实现跨越式发展[N]. 光明日报,(5)

樊香兰. 2009. 新中国基础教育财政体制的发展历程[A]. //中国地方教育史志研究会,《教育史研究》编辑部. 纪
    念《教育史研究》创刊二十周年论文集(9)——中华人民共和国教育史研究[C]. 中国地方教育史志研究会、《教育
    史研究》编辑部:(4)

樊哲. 2011. 独立学院发展的现状研究与对策建议[J]. 中国高等教育,(1)

范伟. 2008. 基于企业运作模式的独立学院发展战略研究[D]. 贵州大学

范艳. 2007. 独立学院发展过程中的问题研究[J]. 高等教育学,(9)

方同庆. 2010. 独立学院转设民办高校若干财务问题探析[J]. 教育财会研究,(3)

房斌. 2011. 全民健身公共服务体系构建的发展路径及对未来发展趋势的探究[J]. 体育与科学,(5)

房生凯. 2002. 美国社区学院的办学特色及对我们的启示[J]. 辽宁工程技术大学学报(社会科学版),(3)

费坚. 2006. 当前我国独立学院"独立"的困境与对策研究[D]. 南京:南京农业大学

费坚. 2012. 我国独立学院发展的战略审视[D]. 南京:南京农业大学

费利耶 E. 1996. 行动中的新公共管理[M]. 牛津:牛津大学出版社

封雷. 2007. 新公共管理理论借鉴与政府治理转变[J]. 法制与社会,(3)

冯·诺依曼 J,摩根斯坦 O. 1963. 竞赛论与经济行为[M]. 王建华,顾玮琳译. 北京:科学出版社

付林. 2009. 我国高等职业教育政策研究[D]. 东北师范大学

甘国华. 2007. 高等教育成本分担研究[M]. 上海:上海财经大学出版社

高宝玲. 2009. 独立学院发展中存在的问题与对策研究[J]. 江西教育,(36)

高放. 2003. 马克思主义面临当代发达资本主义的挑战[J]. 马克思主义与现实,(3)

高鸿业. 1996. 西方经济学[M]. 北京:中国经济出版社

高建民. 2004. 美国基础教育财政发展史研究[D]. 保定:河北大学

高培勇,朱军. 2001. 公共部门经济学[M]. 北京:中国人民大学出版社

高时庆. 2004. 简介西方国家私立教育的发展历程[J]. 中国民办教育,(1)

高书国. 2007. 从徘徊到跨越:英国高等教育普及化模式及成因分析[J]. 外国教育研究,(2)

高志强,许春英,黄拥军. 2009. 独立学院办学能量积累策略研究[J]. 湖南农业大学学报(社会科学版),(4)

古翠凤,周劲波. 2008. 基础教育供给的历史变迁[J]. 内蒙古社会科学(汉文版),(4)

顾媛媛. 2006. 我国政府公共管理模式取向研究[D]. 大连:东北财经大学

关红霞. 2006a. 独立学院发展过程中的若干问题及对策分析[J]. 湖北成人教育学院学报,(4)

关红霞. 2006b. 独立学院内部运行机制研究[D]. 武汉:武汉理工大学

关玉波. 2009. 师资配置与义务教育均衡发展研究[D]. 厦门:厦门大学

郭崇益. 2005. 从"无所不为"到"无为而无不为"的政府行为改革的思考[J]. 贵阳市委党校学报,(4)

郭慧卿，张明嘉. 2010. 以市场需求为导向，探析独立学院人才培养目标[J]. 教育教学论坛，(6)

郭建如，马林霞. 2005. 我国高职教育与民办高校的发展定位[J]. 黄河科技大学学报，(1)

郭晓平，叶玉华. 2010. 国际基础教育发展现状与趋势[J]. 教育研究，(10)

郭新力. 2006. 国外政府实施义务教育的模式及其启示[J]. 学习与实践，(4)

郭盈. 2009. 美国社区学院对我国高校独立学院的启示[J]. 厦门广播电视大学学报，(2)

国家行政学院国际合作交流部. 1998. 西方国家行政改革评述[M]. 北京：国家行政学院出版社：4

国务院发展研究中心"公共管理与政府改革"课题组. 2002. 西方发达国家政府管理改革概况及其对我国的借鉴意义[J]. 长江论坛，(6)

韩继坤. 2008. 专利技术交易成本的制度经济学分析[J]. 科研管理，(3)

韩康. 2007. 公共经济理论与实践[M]. 北京：中国工商出版社

郝慧. 2009. 我国独立学院可持续发展的法律分析[J]. 湖北工程学院(社会科学版)，((4)

何逢春，李忠良. 2006. 美国社区学院职业教育模式研究[J]. 世界教育信息，(7)

何秋颖. 2009. 校企合作型独立学院投资主体关系探究[D]. 成都：电子科技大学

何树红，李凯敏. 2014. 我国高校投融资现状研究[J]. 学理论，(2)

贺国庆，王保星，朱文富，等. 2003. 外国高等教育史[M]. 北京：人民教育出版社

洪成文. 2000. 国外大学经费筹措的主要方式[L]. 高等教育研究，108

侯翠环. 2005. 英国新大学运动及其历史意义[J]. 河北大学成人教育学院学报，(1)

侯光明. 2001. 管理博弈论导论　一门新兴交叉学科[M]. 北京：北京理工大学出版社

侯丽娜. 2010. 独立学院属性与未来走向问题研究[D]. 长春：东北大学

侯书和. 2003. 论西方国家"政府再造"理论及其发展趋势[J]. 山东理工大学学报(社会科学版)，(2)

胡建美. 2009. 公共财政视域中的基础教育均等化[D]. 长沙：湖南师范大学

胡伟华. 2007. 独立学院可持续发展对策研究[D]. 合肥：安徽大学

胡宇轩. 2009. 西方政府再造理论对我国政府改革战略选择的启示[J]. 赤峰学院学报(汉文哲学社会科学版)，(11)

鹏向东. 2006. 依托名校办民校[J]. 高等教育研究，(9)

黄健荣. 2005. 论公共管理之本质特征、时代性及其它[J]. 公共管理学报，(3)

黄婧. 2007. 西部地区独立学院人才培养模式探究[D]. 南宁：广西大学

黄茜. 2007. 浅谈划拨土地使用权价格评估[J]. 安徽农业科学，(3)

黄贤金. 2009. 土地经济学[M]. 北京：科学出版社

黄阳. 2008. 独立学院产权问题研究[D]. 成都：四川师范大学

黄永林. 2008. 论我国独立学院"合理回报"的依据[J]教育财会研究，(6)

姬莹. 2011. 从巴黎公社看马克思的"人民公仆"理论[J]. 山东行政学院学报，(1)

季诚钧. 2007. 印度附属学院与我国独立学院的比较[J]. 浙江师范大学学报(社科版)，(2)

简伟秀. 2008. 高校十年扩招后问题与原因分析[J]. 科技信息，(36)

姜代武. 2009. 我国独立学院的十年"独立"之路[J]. 现代教育科学，(4)

姜毅. 2006. 独立学院师资建设问题探析[J]. 教育发展研究，(12)

蒋衔武，周南，陆勇. 2008. 西方管理理论的演变及其认识的异同分析[J]. 全国商情(经济理论研究)，(5)

蒋正峰，贺寿南. 2009. 博弈论中的理性问题分析[J]. 华南师范大学学报(社科版)，(1)

焦冬梅. 2011. 数据包络方法(DEA)评价独立学院办学效益[J]. 科技资讯，(8)

焦新. 2003. 教育部负责人就当前我国教育改革和发展若干问题答记者问[J]. 科学咨询(教育科研)，(11)

教育部. 2003. 关于规范并加强普通高校以新的机制和模式试办独立学院管理的若干意见[N]. 中国教育报，2003－5－15(1)

金军，郭晶晶. 2007. 高等教育产品供求调节与民办高校收费[J]. 高教发展与评估，(1)

金三林. 2009. 政府支出对我国居民消费的影响[J]. 重庆工学院学报(社会科学版)，(12)

金耀基. 2008. 大学之理念[M]. 北京：三联书店

金勇锋，张美善. 2011. 中德美三国义务教育的比较研究[J]. 考试周刊，(77)

荆光辉. 2011. 独立学院发展研究[M]. 长沙：湖南师范大学出版社

康乃真. 2000. 美国、加拿大社区学院的比较与思考[J]. 江苏高教，(2)

柯佑祥. 2008. 高等教育的财政中立研究[J]. 高等工程教育研究，(2)

孔喜梅. 2006. 高等教育经费短缺现状及解决途径[J]. 郑州大学学报(哲学社会科学版)，(4)

孔祥沛. 2011. 评估视角下独立学院专业建设的思考[J]. 江苏高教，(4)

昆仑. 2007. 卫生关键：基本卫生保健[J]. 中国社区医师，(3)

拉本德拉·贾. 2004. 现代公共经济学[M]. 王浦幼，方敏译. 北京：中国青年出版社

兰冰. 2002. 伦敦大学及其远程教育的发展[J]. 云南电大学报，(2)

劳凯声. 2002. 社会转型与教育的重新定位[J]. 教育研究，(2)

雷新华，李冬梅，连丽霞. 2007. 美国赠地学院对我国高等农业教育的启示[J]. 高等农业教育，(9)

黎发高. 2011. 论我国独立学院的发展趋势：股份制民办高校[D]. 南昌：南昌大学

李波. 2006. 政府再造之行政文化战略选择[J]. 武汉理工大学学报(社会科学版)，(2)

李波. 2011. 政府在独立学院发展中的角色分析：基于新公共管理视角[D]. 桂林：广西大学

李春. 2005. 基于科学发展观的政府管理体制创新[J]. 江西行政学院学报，(1)

李芬. 2009. 新公共管理对中国行政管理改革的借鉴意义[J]. 重庆行政，(2)

李功林. 2012. "名校＋政府"型独立学院发展战略研究[D]. 成都：电子科技大学

李光红. 2007. 从新公共服务理论的视角看独立学院发展中的政府角色[D]. 武汉：华中师范大学

李慧敏，王卓甫. 2010. 基于设计视角的工程项目管理[J].. 科技进步与对策，(19)

李娟. 2012. 谈美国社区学院建设的经验[J]. 办公自动化，(4)

李军鹏. 2007. 建立与完善国家责任体制[J]. 学习论坛，(12)

李军鹏. 2011. 论中国行政体制改革的总体战略[J]. 公共管理变革，(3)

李凯歌，程强. 2010. 试论西方文官"政治中立"原则的嬗变[J]. 韶关学院学报，(8)

李丽霞. 2005. 知识经济时代中西方高等教育比较[D]. 哈尔滨：哈尔滨工程大学

李林，周震. 2007. 独立学院创新应用型人才培养策略研究[J]. 中国成人教育，(2)

李敏谊. 2008. 改革开放三十年教育事业发展的伟大成就[J]. 教育学报，(12)

李宁. 2006. 论新公共管理视野下政府管理高等教育的职能定位[D]. 长春：东北师范大学

李巧珍. 2007. 三年来独立学院研究综述[J]. 黑龙江高教研究，(10)

李睿. 1999. 非对称信息博弈论与经济管理方法[J]. 情报理论与实践，(3)

李枭鹰. 2007. 中国民办高等教育政策法规发展历程及意义[J]. 教育发展研究，(24)

李勇. 2010. 我国高校负债成因、化解路径及风险防范——近年来高校负债国内研究文献综述[J]. 黑龙江高教研究，(3)

李云霞. 2006. 关于民族教育立法的思考[J]. 青海民族研究，(1)

李振文. 2005. 独立学院的政府管理研究[D]. 武汉：华中科技大学

连进军. 2008. 美国社区学院的特色化发展之路[J]. 中国高等教育，(11)

廖雅琪. 2006. 美国研究型大学对我国一流大学建设的启示[J]. 高教探索，(3)

林似非. 2007. 美国、英国、韩国高等教育大众化的演变模式及其启示[J]. 理工高教研究，(6)

林修果. 2006. 公共管理学[M]. 北京：人民出版社

刘宝存. 2009. 改革开放以来我国高等教育管理体制的回顾与前瞻[J]. 复旦教育论坛，(1)

刘川州. 2008. 试论中小企业财务管理中存在的问题及对策[J]. 现代商业，(33)

刘翠秀. 2005. 独立学院的产生、发展及原因[J]. 继续教育研究，(4)

刘光临. 2009. 大学独立学院的兴起与发展[M]. 武汉：华中理工大学出版社

刘国军. 2008. 加强地方政府行政问责体系建设的对策[J]. 红旗文稿，(1)

刘海波. 2008. 我国高等教育财政思想变迁研究[J]. 复旦教育论坛，(2)

刘江义. 2007. 美国的"人民学院"——关于美国社区学院的理念、经验和特点研究[J]. 中国职业技术教育，(2)

刘金富，徐文国. 2003. 关于产权理论的几点思考[J]. 北华大学学报(社科版)，(4)

刘俊，王英. 2010. 对独立学院可持续发展的思考[J]. 理论月刊，(10)

刘兰明. 2004. 高等职业技术教育办学特色研究[M]. 武汉：华中科技大学出版社

刘力，贾海英. 2003. 新思路 新举措 新模式——浙江大学城市学院的改革与探索[J]. 教育发展研究，(8)

刘丽平. 2008. 美国高等教育改革发展的特点及启示[J]. 兰州大学学报(社会科学版)，(2)

刘美萍. 2007. 论公共服务市场化与我国非政府组织的发展[J]. 徐州师范大学学报(哲学社会科学版)，(1)

刘伟，李凤圣. 1998. 产权通论[M]. 北京：北京出版社

刘香汉. 2006. 税费改革后农村义务教育投入研究[D]. 北京：国防科学技术大学

刘向东，张伟，陈英霞. 2005. 欧洲高等教育机构经费筹措模式及经验启示——以欧盟七国为例[J]. 外国教育研究，(11)

刘心廉，田鹏，郭凤歧. 2005. 构建独立学院内部管理的新模式[J]. 辽宁教育研究，(3)

刘艳. 2006. 从义务教育的投资审视教育公平问题[J]. 教书育人，(1)

刘央，张宏杰. 2009. 新中国成立以来我国义务教育投入体制的演变[J]. 石河子大学学报(哲学社会科学版)，(1)

刘洋. 2009. 独立学院发展研究[J]. 科教文汇，(5)

刘在洲，汪发元. 2009. 独立学院发展之路的几点思考[J]. 高教探索，(3)

刘泽云. 2003. 西方发达国家的义务教育财政转移支付制度[J]. 比较教育研究，(1)

刘兆宇. 2007. 19世纪英格兰高等教育转型研究[D]. 保定：河北大学

刘哲. 2008. 我国地方高校社会服务职能研究综述[J]. 湖南农业大学学报(会科版)，(4)

刘子杰. 2008. 伦敦大学校外生制与我国高等教育自学考试制度的比较研究[J]. 河北师范大学学报(教育科学版)，(3)

卢栋仁，威廉姆森. 2010. 第三位获诺贝尔奖产权理论家[J]. 产权导刊，(2)

卢文丰. 2012. 彻底脱离母体高校：独立学院发展的必然抉择[J]. 长江大学学报(社会科学版)，(7)

陆根书，刘朔，姚秀颖. 2008. 强化独立学院学位管理提高学士学位授予质量[J]. 复旦教育论坛，(4)：50－55

陆国泰. 2000. 人力资源管理[M]. 北京：高等教育出版社

罗红霞，杨彩. 2008. 独立学院投资中的多方博弈问题现状[J]. 经济研究导刊，(10)

罗昆，阚海宝. 2010. 独立学院转设的问题研究[J]. 中国石油大学胜利学院学报，(3)

罗文剑，潘丽君. 2007. 试论我国政府绩效评估制度的完善——一种基于行政文化视角的考量[J]. 中共太原市委党校学报，(5)

马国芳，刘洪. 2009. 近30年来政府职能转变历程及目前的定位研究[J]. 云南财经大学学报(社会科学版)，(4)

马加力. 1994. 当今印度教育概览[M]. 郑州：河南教育出版社

马陆亭. 2004. 高等学校的分层与管理[M]. 广州：广东教育出版社

马陆亭. 2006. 教育投入政策的国际比较与我国改革重点[J]. 国家教育行政学院学报，(12)

马露奇. 2008. 美法高等教育经费筹措策略比较[J]. 教师，(8)

马倩. 2009. 国外建设服务型政府的经验及启示[J]. 世纪桥，(15)

马巍. 2012. 高校独立学院经济运作浅析[D]. 长春：吉林大学

马喜姝. 2007. 独立学院筹资问题研究[J]. 行政管理，(7)

毛克平. 2007. 政府与高校关系之内涵分析[J]. 现代企业教育，(18)

毛立红. 2007. 民主行政视阈中的新公共管理[J]. 周口师范学院学报，(4)

梅秀花. 2011. 中国人口结构变化对储蓄的影响[D]. 沈阳：辽宁大学

梅志罡. 2006. 新公共管理理论及其借鉴意义[J]. 行政论坛，(1)

蒙有华，徐辉. 2006. 美国教育捐赠制度探析[J]. 高教探索，(6)

孟晓情. 2009. 新公共管理影响下的中国政府管理模式研究[J]. 法制与社会，(5)

苗玉宁. 2011. 转型发展中的独立学院定位思考[J]. 中国高等教育，(7)

明航. 2008. 民办学校财产归属是影响其发展的关键[J]. 河北师范大学学报，(7)

明廷华. 2009. 独立学院办学模式研究[D]. 金华：浙江师范大学

内蒙古党委办公厅，政府办公厅. 2009. 内蒙古党委办公厅、政府办公厅印发《关于在全区推行机构编制实名制管理的意见》的通知[J]. 内蒙古政报，(8)

倪明辉，须莹，高尚，等. 2010. 高校举债风险成因及控制措施分析[J]. 交通科技与经济，(6)

宁晓玲，朱水成. 2009. 提升我国政府执行力的制度因素分析[J]. 产业与科技论坛，(8)

宁有才. 2008. "大部门制"行政改革模式探析[J]. 广州社会主义学院学报,(3)

诺思 D. 1992. 经济史上的结构和变革[M]. 厉以平译. 北京:商务印书馆

彭芳,杨晓明. 2009. 改革教学方式方法,培养应用型人才——以独立学院为例[J]. 中国科教创新导刊,(3)

彭斐. 2009. 完善独立学院产权制度,构建教育股份制[J]. 黑龙江科技信息,(11)

彭华安,张留芳. 2007. 对独立学院办学模式的理性思考[J]. 复旦教育论坛,(3)

彭华安. 2012. 理性的选择:独立学院制度运行研究[D]. 南京:南京师范大学

彭移风,宋学锋. 2008. 高职院校生源危机的现状、成因与对策研究[J]. 高等职业教育,(2)

彭媛,张静. 2009. 国有企业进行股份制转制后财务管理目标的前后变化[J]. 大众商务,(1)

齐鹿坪. 2006. 独立学院的管理体制问题研究[D]. 武汉:华中师范大学

齐永立. 2009. 深化行政管理体制改革探讨[J]. 现代商贸工业,(4)

乔桂芬,朱燕. 2011. 独立学院师资队伍建设初探[J]. 管理观察,(10)

秦慧民,王大泉. 2005. 关于"独立学院"属性及相关问题的思考[J]. 中国高教研究,(4)

裘宗舜,张思群. 2004. 全面收益理论:一种全新的收益观[J]. 财会月刊,(3)

曲恒昌. 2002. 独具特色的印度大学附属制及其改革[J]. 比较教育研究,(8)

曲慧梅. 2008. 古典组织理论与现代组织理论评述[J]. 哈尔滨商业大学学报(社科版),(4)

阙海宝,杜伟. 2006. 以无形资产构建独立学院股份制新模式[J]. 复旦教育论坛,(4)

阙明坤. 2012. 新转设民办本科高校 SWOT 分析及发展战略研究[J],浙江树人大学学报,(1)

饶华敏,姚迪. 2013. 我国现代高等教育中的政府管理[J]. 继续教育研究,(3)

芮国强. 2006. 区域高等教育发展中的地方政府作用分析[J]. 江苏高教,(6)

萨缪尔森 B A. 2004. 经济学(第 12 版)[M]. 史晨译. 北京:中国发展出版社

山西省人民政府办公厅. 2014. 山西省人民政府办公厅关于印发 2014 年山西省深化行政审批制度改革实施方案的通
    知[J]. 山西政报,(10)

珊丹,蒋楠. 2010. 本科院校兼办独立学院的利弊分析[J]. 中国电力教育,(3)

尚余红. 2003. 博弈论前史研究[D]. 西安:西北大学

沈百福. 2008. 改革开放以来我国财政教育投入研究[J]. 复旦教育论坛,(5)

沈雁霞. 2007. 美国社区学院的办学特色及对我们的启示[J]. 河南机电高等专科学校学报,(5)

施进军,杨登明. 2010. 张书玉:爱是无穷的力量[J]. 教育(中旬),(5):27-28

施宙等. 2009. 西方管理思想的发展历程与趋势[J]. 科技创业月刊,(2)

石钧. 2008. 当前中国高等教育投入机制的分析与思考[J]. 西南科技大学高教研究,(1)

史琼. 2009. 关于我国民办高校产权问题的几点思考[D]. 成都:四川师范大学

史小艳. 2014. 论义务教育阶段受教育权的国家义务——基于基本权利功能的视角[J]. 云南大学学报(法学版),(2)

斯蒂格里茨 JE. 2008. 公共部门经济学[M]. 郭庆旺,等译. 北京:中国人民大学出版社

宋红娟,朱凌洁. 2007. 中英两国高等教育大众化比较研究[J]. 黑龙江教育(高教研究与评估),(22)

宋焕斌. 2005. 伦敦大学[J]. 昆明理工大学学报(社会科学版),(2)

宋坡. 2009. 浅析美国司法审查制度——兼论其对我国司法审查的启示[J]. 法制与社会,(6)

苏华. 2009. 独立学院发展对策研究——以江西省为例[D]. 南昌:南昌大学

苏俊瑾,李武生. 2011. 浅谈广西壮族自治区水行政许可工作[J]. 广西水利水电,(4)

苏林琴. 2009. 公共性:高等教育的基本属性[J]. 现代教育科学,(2)

苏武江,杨蜀康. 2010. 独立学院:在四方合作博弈中创新发展路径[J]. 当代教育论坛(管理研究),(5)

孙爱东,袁韶莹. 2006. 独立学院——我国高等教育新的战略选择[J]. 社会科学战线,(2)

孙福东. 2008. 论和谐社会与思想道德建设[J]. 时代文学(下半月),(5)

孙立新. 2012. 私立高等教育:印度社会发展的重要动力[J]. 宁波大学学报(教育科学版),(1)

孙平. 2006. 提升基层工商士气的法则与效应[J]. 中国工商管理研究,(11)

孙世欣. 2012. 关于独立学院的若干思考[J]社会科学,(7)

孙特英. 2010. 基于波特竞争模型的独立学院竞争环境分析[J]. 黑龙江对外经贸,(9)

孙万猛. 2009. 论我国教育产业化的成因与发展[J]. 考试周刊, (36)

孙远雷. 2001. 关于"高校扩招"后教育质量问题的思考[J]. 现代大学教育, (3)

汤建民, 汤江明, 薛云. 2009. 近十年来独立学院的研究足迹——1999~2008研究论文知识图谱分析[J]. 浙江树人大学学报, (2): 20~25

唐春丽. 2009. 新公共管理的主要思想及其启示[J]. 合作经济与科技, (13)

唐林伟. 2010. 职业教育办学模式论纲[J]. 河北师范大学学报(教育科学版), (5)

唐倩. 2005. 企业中的人性化管理理论和实践[J]. 徐州工程学院学报, (4)

滕大春. 2002. 外国近代教育史[M]. 北京: 人民教育出版社

童慕兰, 陈志芳, 王姝珺. 2014. 以"平均增长率"来观照我国的"高校大扩招"[J]. 鄂州大学学报, (1): 66~68

涂金兰. 2007. 独立学院人才培养定位思考[J]. 湖南师范大学教育科学报, (2)

万明钢, 白亮. 2010. "规模效益"抑或"公平正义"——农村学校布局调整中"巨型学校"现象思考[M]. 教育研究, (4)

万湘. 2006. 英国大学制度演变的研究[D]. 长沙: 湖南师范大学

万秀兰. 2004. 美国社区学院的转学教育[J]. 比较教育研究, (3)

汪玉凯. 2007. 冷静看待"大部制"改革[N]. 中国经济时报, 2007-12-10

汪慧玲, 温龙. 2007. 我国农村公共产品供给的经济学分析[J]. 经济问题, (5)

王波. 2008. 彰显职业教育特色的美国社区学院办学及其启示[J]. 兰州石化职业技术学院学报, (1)

王长纯. 2000. 印度教育[M]. 长春: 吉林教育出版社

王超然. 2007. 西方"政府再造"理论及对我国政府改革的启示[J]. 通化师范学院学报, (6)

王成东. 2007. 高校后勤社会化——中国新公共管理运动的试金石[J]. 黑龙江教育学院学报, (7)

王承绪. 1995. 伦敦大学[M]. 长沙: 湖南教育出版社

王丹. 2010. 20世纪90年代以来江苏省普通高校办学效益研究[D]. 南京: 南京师范大学

王凤玉, 刘英俊. 2012. 美国社区学院的办学特色[J]. 现代教育管理, (7)

王宏伟. 2002. 全球化与跨国国家的形成(上)[J]. 国外理论动态, (4)

王洪强. 2011. 从西方"政府再造"理论评析我国政府再造[J]. 合作经济与科技, (18)

王家辉. 2005. 博弈论中的"囚徒困境"模型. 统计与决策[J]. (15)

王建, 谢鸿飞. 2005. 新建本科院校发展对策的探讨[J]. 理工高教研究, (2)

王金琼. 2008. 独立学院面临的内外困境及路径选择[J]. 现代教育科学, (1)

王澜明. 2012. 我国政务服务中心的建设和运行[J]. 中国行政管理, (9)

王利军. 2010. 三所美国大学与高校社会职能的萌芽和发展[J]. 中国电力教育, (4)

王明伦. 2008. 高等职业教育有效发展战略分析[J]. 职业技术教育, (4)

王诺诺. 2011. 法国的"文凭教育"[J]. 教育, (32): 63

王佩亨. 2003. 西方发达国家政府管理改革概况及其对我国的借鉴意义[J]. 决策咨询通讯, (4)

王茜婷, 安卫华. 2009. 独立学院持续健康发展问题研究[J]. 沈阳教育学院学报, 3: 67

王清. 2009. 当代西方行政改革的趋势及其启示[J]. 辽宁行政学院学报, (3)

王善迈. 1996. 教育投入与产出研究[M]. 石家庄: 河北教育出版社

王盛琳. 2009. 服务型政府: 中国行政体制改革的根本点[J]. 法制与社会, (2)

王世谊, 沈利华, 张正云. 2004. 构建社会中介组织中党建工作新的运行机制[J]. 湖北行政学院学报, (4)

王晓梅. 2010. 市场经济条件下政府管理高等教育的职能问题初探[J]. 理论观察, (1)

王晓松. 2009. 中国民办高等教育法制建设综述[J]. 民办教育研究, (4)

王兴博. 2007. 我国城市土地供应机制初探[D]. 大连: 东北财经大学

王序坤. 1995. 教育成本的分担原则及其选择[J]. 教育发展研究, (5)

王旭明. 2008. 高校在校生人数规模由98年的4千人发展到1.4万人. 2008-04-25

王亚伟. 2011. 新公共管理理论对我国公共管理的启示[J]. 中共郑州市委党校报, (6)

王一涛, 安民. 2004. "教育是公共产品"吗?——对一个流行观点的质疑[J]. 复旦教育论坛, (2)

王莹. 2012. 福建省高等教育供给问题研究[D]. 福州：福建师范大学

王影. 2006. 普通高校举办独立学院的资产问题研究[D]. 厦门：厦门大学

王永明. 2007. 从西方新公共管理运动看第三部门的发展[J]. 前沿,（3）

王竹青,曹雪彦,王红英,等. 2012. 以发展方式转型为契机加强公共服务体系建设研究[J]. 经济论坛,（1）

王作江,王绚皓. 2006. 关于独立学院特殊回报问题的探讨口[J]. 教育发展研究,（5）

文晶娅. 2012. 独立学院人才培养定位与实践[J]. 湖北经济学院学报,（5）

文通. 2010. 我国独立学院法律问题研究[D]. 长沙：湖南大学

文雯,李乐天,谢维和. 2007. 中国教育大众化初期学科结构变化的主要特点和实证分析[J]. 中国高教研究,03：52-56

我国财政教育有关问题研究课题组. 2010. 财政教育投入有关问题研究[J]. 财政研究,（10）

沃克. 1988. 牛津法律大辞典[M]. 北京：光明日报出版社

邬大光. 2004. 高等教育大众化的理论内涵和概念解析[J]. 教育研究,（9）

吴长青. 2005. 独立学院的政府管理研究[D]. 武汉：华中科技大学

吴春. 2002. 组织理论的发展概述[J]. 新疆大学学报(社科版),（1）

吴凡. 2004. 羽翼丰了,就要独立飞翔——潘懋元教授谈独立学院的崛起、问题及前景[N]. 中国教育报,2004-8-20

吴国萍,梁君. 2005. 高校独立学院董事会制度建设[J]. 改革与战略,（6）

吴立武. 2006. 高等教育产品属性及其财政职能定位[J]. 江苏高教,（5）

吴荣顺,宫照军. 2010. 论我国独立学院内部治理机制的问题与对策—镜鉴美国私立高校的比较研究[J]. 民办高等教育研究,（4）

吴若冰. 2008. 独立学院的产权问题与投资模式探究[D]. 南宁：广西大学

吴伟. 2008. 公共物品有效提供的经济学分析[M]. 北京：经济科学出版社

吴文俊. 1994. 世界著名科学家传记(数学家)[M]. 北京：科学出版社

吴娴,代芳芳. 2009. 独立学院法律地位研究[J]. 青年科学,（3）

吴新华. 2010. 近年来国外高等教育困境及改革[J]. 沿海企业与科技,（3）

吴亚玲. 2012. 试析我国高等教育管理体制改革[J]. 学术探索,（11）

吴艳君. 2003. 政府供给不足的制度分析[J]. 中州大学学报,（3）

吴永桥,彭鹏. 2010. 普通高等学校对其独立学院适度管理探析与实践[J]. 科教文汇,（25）

吴桌建,沈建乐. 2006. 地方政府在独立学院中的职能分析[J]. 绍兴文理学院学报

伍海云. 2008. 印度附属学院的治理及其对我国独立学院治理的意义借鉴[J]. 外国教育研究,（11）

夏绪仁. 2008. 论贫困大学生经济资助与思想教育的结合[J]. 上饶师范学院学报,（5）

夏志强. 2006. 高校独立学院市场化运作的经济学分析[D]. 成都：四川大学

肖菲. 2009. 基于绩效评估的行政问责制研究[D]. 武汉：武汉科技大学

肖江淑. 2008. 独立学院师资队伍建设问题研究[J]. 今日科苑,（20）

肖雪莹,朱倩. 2012. 关于加强独立学院师资建设的思考[J]. 现代交际,（10）

肖远骑. 2004. 访美掠影[J]. 基础教育参考,（21）

辛孝群. 2006. 地方政府绩效评估：现状、问题与路径选择[J]. 华南理工大学学报(社会科学版),（4）

史卓顿·休,奥查德·莱昂内尔. 2000. 公共物品、公共企业和公共选择[M]. 费朝辉,徐济旺,易定红译. 北京：经济科学出版社

徐超. 2011. 我国独立学院的发展研究[J]. 重庆教育学院学报,（5）

徐冲. 2007. 浙江实施城乡一体化发展战略的制度创新与政策措施(续)[J]. 新重庆,（12）

徐红,祝小宁. 2005. 政府绩效评估的现状及其对策分析[J]. 西南交通大学学报(社会科学版),（2）

徐辉,季诚钧. 2006. 独立学院人才培养的理论与实践研究[M]. 杭州：浙江大学出版社

徐钧. 2007. 独立学院与其母体高校合作模式的再认识[J]. 教育发展研究,（7）

徐小洲. 2003. 高等教育论——跨学科的观点[M]. 北京：人民教育出版社

徐妍,王春云. 2010. 优化独立学院专业课程设置,培养一专多能"多证式"高级应用型人才[J]. 民办高等教育研

究，(1)

许彬. 2003. 公共经济学导论[M]. 哈尔滨：黑龙江人民出版社

许进军. 2009. 探析教育经费合理负担和补偿模式的构建[J]. 继续教育研究，(7)

许小年. 2009. 自由与市场经济[M]. 上海：上海三联书店

许志娥. 2008. 独立学院的产生和发展[J]. 现代企业教育，(8)

续润华. 2000. 美国社区学院发展研究[M]. 北京：中国档案出版社

续润华. 2009. 浅析美国社区学院的办学特色[J]. 教育与职业，(9)

闫博，孟子勋. 2014. 独立学院发展制约因素研究综述[J]. 当代继续教育，(2)

严毛新. 2008. 独立学院法律地位研究[J]. 广西青年干部学院学报，(2)

阎凤桥. 2008. 中国高等教育规模扩张中的系统特征分析[J]. 北大教育经济研究，(1)

杨丹. 2006. 我国政府公共支出绩效评估[J]. 时代经贸，(3)

杨德广. 2000. 改制是高等教育走出困境的出路[J]. 北京航空航天大学学报(社科版)，(2)

杨帆. 2005. 改革与完善我国独立学院治理结构的思考[J]. 黑龙江教育，(10)

杨继瑞. 2007. 高校独立学院市场化运作的经济学分析[M]. 四川：西南财经大学出版社

杨建华，张爱玲. 2007. 现行教育投入体制下农村基础教育面临的危机及对策[J]. 河北师范大学学报(教育科学版)，(6)

杨琳. 2012. 独立学院课程设置研究——以电气工程及自动化专业为例[D]. 扬州：扬州大学

杨琳，陈菲. 2012. 试论独立学院课程设置的原则与目标[J]. 中国电力教育，(8)

杨盘华，李惠玲. 2009. 浅析独立学院怎样实施合理回报[J]. 商业会计，(12)

杨汝亭. 2009. 从高等教育产品的性质看高等教育的供给[J]. 高校教育管理，(3)

杨瑞龙. 1993. 论制度供给[J]. 经济研究，(8)

杨炜长，石邦宏. 2009. 对优化独立学院内部治理机制的思考[J]. 中国高教研究，(9)

杨晓青. 2007. 高等教育规模发展的影响因素分析[J]. 教育发展研究，(12)

杨新建. 2003. 我国矿业权制度建设中存在的问题及改进方向[J]. 中国地质矿产经济，(2)

杨章诚. 2001. 对公立高校民办二级学院办学模式的思考[J]. 福建师范大学学报(哲学社会科学版)，(3)

姚晓威. 2010. 试论我国高校的办学自主权[J]. 中国电力教育，(18)

姚艳杰. 2010. 英国义务教育入学政策现状、问题及对策[J]. 湖南科技学院学报，(9)

叶澜. 1996. 教育概论[M]. 北京：人民教育出版社

殷彤. 2009. 国有划拨土地价值构成及其估价[J]. 发展，(8)

尹伟. 2007. 独立学院的发展历程与特征探析[J]. 高等农业教育，(8)

尹迎春. 2004. 关于在农村率先实行义务教育免费的思考[J]. 价格月刊，(9)

尤献忠. 2004. 高等学校组织结构分析及改革研究[J]. 湖南师范大学教育科学学报，(1)

游建军. 2008. 美国高等教育发展史上"赠地运动"的借鉴与启示[J]. 四川理工学院学报(社会科学版)，(5)

于守海，李漫红. 2007. 美国社区学院董事会的权力均衡及其启示[J]. 沈阳师范大学学报(社会科学版)，(3)

于忠华. 2011. 独立学院办学政策演变历程及其评价[J]. 中国石油大学胜利学院学报，(3)

余春梅. 2009. 政府高等教育管理职能转变中存在的问题探析[J]. 法制与社会，(2)

俞桂海. 2009. 贫困山区农村公共产品供给[J]. 行政论坛，(5)

俞学明，刘文明，钟祖荣. 1999. 基础教育新概念——创造教育[M]. 北京：科学出版社

袁贺敏. 2008. 论从制度上发挥市场在资源配置中的基础性作用[J]. 高等函授学报(哲学社会科学版)，(8)

袁振国. 2001. 中国教育政策评论(2001)[M]. 北京：教育科学出版社

臧乃康. 2004. 新公共管理与政府治理成本[J]. 政治与法律，(5)

曾娇. 2011. 文化视域下美国社区学院快速发展的原因分析[J]. 才智，(1)

曾瑞. 2011. 独立学院师资队伍建设研究[J]. 电子科技大学学报(人文社科版)，(1)

曾向东. 1987. 印度现代高等教育[M]. 成都：四川大学出版社

翟志华. 2008. 高等教育财政体制现实选择研究[J]. 黑龙江高教研究，(10)

詹琼雷，周清明. 2009. 我国高等教育管理体制改革中政府职能转变的路径选择研究[J]. 湖南医科大学学报(社科

版），（3）

张德. 2001. 人力资源开发与管理[M]. 北京：清华大学出版社

张国庆. 2000. 行政管理学概论[M]. 北京：北京大学出版社：652

张海峰. 2008a. 独立学院发展中的政府角色研究[D]. 成都：电子科技大学

张海峰. 2008b. 独立学院发展中的政府角色刍议[J]. 内江科技，（2）

张会敏. 2008. 独立学院的发展道路探索——基于资源依赖的理论视角[D]. 武汉：华中科技大学

张建新，廖宏志. 2011. 中国高校管理机构的弊端、突破口与路径探讨[J]. 思想战线，（6）

张建英. 2005. 博弈论的发展及其在现实中的应用[J]. 理论探索，（2）

张金波. 2008. 独立学院的形成与发展：国际比较的视角[J]. 现代大学教育，（6）

张乐天. 2009. 教育政策法规的理论与实践[M]. 上海：华东师范大学出版社

张力. 2007. 优先发展教育、建设人力资源强国的战略意义[N]. 中国教育报，2007-10-29(005)

张玲玲. 2006. 新公共管理理论在发展独立学院中的应用[J]. 中国成人教育，（2）

张明龙. 1999. 产权分类与产权制度选择[J]. 学术论坛，（5）

张清献. 2006. 国外私立高校内部管理体制研究及启示[J]. 黄河科技大学学报，（1）

张士义. 2012. 从"南方谈话"看党的十四大的三大历史性决策[J]. 中国特色社会主义研究，（1）

张仕华，姚水林. 2007. 美国社区学院课程设置的特点及其启示[J]. 广州广播电视大学学报，（3）

张思锋，李洁. 2008. 公共经济学[M]. 西安：西安交通大学出版社

张泰金. 1995. 英国高等教育：历史·现状[M]. 上海：上海外语教育出版社

张铁明. 2008. 中国民办学校举办权的现实诠释与突破[J]. 教育发展研究，（6）

张维迎. 2012. 市场的逻辑[M]. 上海：上海人民出版社

张卫良，黄波. 2009. 产权、投资方和内部管理机制——独立学院发展过程中存在的若干问题探析[J]. 海南工业大
学学报(社会科学版)，（2）

张兴. 2003. 国有民办二级学院的起源与类型[J]. 当代教育论坛，（9）

张兴荣. 2006. 新公共管理理论对我国政府改革的启示[J]. 宜宾学院学报，（8）

张学敏. 2003. 我国义务教育经费投入体制的变迁[J]. 教育科学，（4）

张烨，叶翔. 2006. 独立学院问题研究述评[J]. 湖北社会科学，（11）

张应强，彭红玉. 2009. 释放政府手中的教育权力[J]. 高等教育研究，（12）

张友福. 2010. 独立学院转设为民办普通本科院校的思考[J]. 企业家天地(理论版)，（4）

张再欣. 2006. 同步建设绩效政府和法制政府的思考[J]. 改革与战略，（9）

张震，邓朴. 2008. "行政人"人性设定："经济人"还是"公共人"[J]. 四川大学学报(哲学社会科学版)，（4）

张志成. 2011. 独立学转设后面临的机遇与挑战[J]，中国石油大学胜利学院学报，（3）

张志明. 2003. 行政职能主体性分化的行政效率[J]. 吉林省行政学院学报，（8）

张志勇. 2009. 寻求农村义务教育经费保障新路径[N]. 中国教育报，2009-7-7(004)

赵德志. 2012. 非正式组织特征、作用与管理——基于中国文化情境的视角[J]. 辽宁大学学报(社科版)，（4）

赵光年，王慧珍. 2010. 独立学院内涵式发展的实践与探索[J]. 中国成人教育，（18）

赵丽芬，郭军海，谢元态. 2007. 中法美高等教育经费来源的比较及借鉴[J]. 江西农业大学学报(社会科学版)，（6）

赵芹. 2007. 印度高等教育附属制度研究[D]. 厦门：厦门大学

赵婷婷，张凤荣. 2007. 社会经济转型期土地利用规划的公共管理职能[J]. 国土资源，（10）

赵玉峰. 2008. 社会资本视角下非正式组织的分类与管理[J]. 行政论坛，（5）

赵中健. 1992. 战后印度教育研究[M]. 南昌：江西教育出版社

中共中央马克思恩格斯列宁斯大林著作编译局. 1995. 马克思恩格斯选集，第3卷[M]. 北京：人民出版社：12-13

钟定铭，彭溯源，王小兵. 2008. 独立学院人才培养计划及课程设置的研究与实践[J]. 当代教育论坛，（10）

周白华. 2006. 关于独立学院发展的战略思考[J]. 江苏高教，（4）

周春初，易臣何. 2008. 独立学院的教育教学资源整合与共享体系研究[J]. 纺织教育，（4）

周国宝. 2006. 独立学院的办学特色及其对中国高等教育的影响[J]. 辽宁工程技术大学学报(社科版)，（1）

周济. 2002. 历史性的跨越[N]. 中国教育报，2002—7—11

周济. 2003a. 促进高校独立学院持续健康快速发展结合[J]. 中国高等教育(半月刊)，(13/14)

周济. 2003b. 促进高校独立学院持续健康快速发展[J]. 教育发展研究，(8)

周济. 2005. 独立学院是我国高等教育改革与发展的重大举措[J]. 中国民营科技与经济，(6)

周金其. 2007. 基于共生理论的高校独立学院演变研究——以浙江省为例[D]. 杭州：浙江大学

周开杨. 2010. 独立学院人才培养模式改革的实践与探索[J]. 中国大学教学，(10)

周满生. 2006. 独立学院产生的背景、发展与政策调控[J]. 国家教育行政学院学报，(7)

周一涛. 2004. 公务员惩戒处分的救济制度比较研究[J]. 行政与法(吉林省行政学院学报)，(11)

朱丹. 2001. 人力资源管理教程[M]. 上海：上海财经大学出版社

朱海波，郑保. 2010. 三十年行政管理体制改革：进程、成效和基本经验[J]. 长春市委党校学报，(1)

朱慧新. 2009. 独立学院教学质量外部保障机制探究[J]. 黑龙江高教研究，(3)

朱健，刘巨钦. 2009. 印度附属学院治理模式对我国独立学院发展的启示[J]. 理工高教研究，(02)

朱江华. 2009. 改革开放以来中国行政体制改革：研究综述及其展望[J]. 经济研究导刊，(7)

朱军文. 2004. 新制独立学院终极所有权归属及其影响探析[J] 清华大学教育研究，(5)

朱毅蓉. 2004. 国外民办高等教育的成功经验及启示[J]. 发展研究，(11)

朱正亮，鄢烈洲，李晓波. 2005. 试析独立学院运行机制的基本特征[J]. 湖北社会科学，(6)

朱之鑫. 2006. 转变政府职能 创新社会主义和谐社会行政管理体制[J]. 中国经贸导刊，(10)

朱志德，林锦彪，程发良. 2006. 论办学母体对独立学院的重要性[J]. 东莞理工学院学报，(5)

朱中原. 2008. 责任政府的渐进路径[J]. 中国改革，(6)

祝爱武. 2014. 高等教育办学主体的模式选择[J]. 高等理科教育，(1)

邹先云. 2007. 独立学院发展中的四方责任问题[J]. 中国高等教育评估，(1)

左宇希. 2009. 伦敦大学组织结构及其特点研究[D]. 长春：吉林大学

本刊资料室. 2004. 温家宝关注服务型政府建设[J]. 中国信息界，(19)

《2020高教发展战略研究》课题组. 2007. 迈向2020——全国和辽宁高等教育发展的战略选择(之二)[J]. 辽宁教育研究，(8)

Bcijoamam A J. 1965. An economic theory of clubs. Economic，32

Dimand M A，Dimand R W. 1997. The Foundations of Game Theory. 3vols[M]. Aldershort and Brookfield，VT：Edward Elgar Publishing

Frank W. 2004. 后福特主义与高等教育[A]. 蒋臻译∥Browning G，HalCli A，Webste F. 当代社会学与社会理论的趋势[C]. 周易正，等译. 台北：韦伯文化出版有限公司

Kulandaiswamy. 2005—5—18. The problems with the current higher education system in India[N]. The Hindu

Slaughter S，Leslie L. 1997. Academic Capitalism：Politics，Policises and the Enterpreneurial University[M]. Baltimore，MD：Jonh Hopkins University Press

Weintraub E R. 1992. Toward a History of Game Theory. Annual Supplement to Volume 24 History of Political Economy[J]. Duke University Press

后　　记

一本书稿完成后，按照惯例总离不了谈"感想"和"分工"，我也脱不了这样的"俗气"。把独立学院作为研究对象，是从指导在独立学院工作的在职硕士开始的。从开题报告到学位论文的指导颇费心血，但也对独立学院逐渐产生了兴趣；以此为基础，有了撰写一本独立学院专著的想法，并拟定了提纲，收集了资料，组织麾下2008届科学硕士参与各章初稿撰写，但未及时抽出时间审查、修改就此搁置起来；当2012届科学硕士入门以后，2014年开始着手此项工作，在我指导和督促下，他们对各自承担的部分反复修改，有的几乎重新撰写，基本达到出版要求；2015年在此基础上进行统稿，修改仍存在的问题，并定稿后做了查重修改。

回想从开始接触，到2015年能摆在出版社编辑的桌上，历时几个年头，似乎自己也经历了一场"八年抗战"。不管何种原因所致，不能不说是自己学术生涯上的一种悲哀，看来拖延症缠身不轻。这期间几经沉浮，备受煎熬，"放下"还是"拿起"的念头犹如坐"过山车"。好在终于坚持下来，"熬出了头"。这本被打开的书终于可以合上了！至于书稿质量究竟如何，能否令人满意、入得各位法眼，只能让读者去评说了。至少把自己思考的、研究的，以书稿形式体现出来，对几年来断断续续的关注在此做总结，也是对自己学术追求一个迟来的交代。

本书的分工为：第一章，张震、祝小宁；第二章，张震、车洁；第三章，张震、张宇；第四章，张震、杨慧；第五章，张震、周扬静、杨雨馨、孙兴玮；第六章，郑天翔、张震；第七章，张震、曹哲；第八章，张震、郭晓冉。杨曦副教授参与了第一章初稿的撰写，锁利铭教授参与了第五章第一节中博弈论公式推导部分的撰写。曾蓉娣讲师参与部分节初稿撰写及格式调整工作。张文恒、王丽萍、白进思、李茹、苟明娇和郭芳等参与二校参考文献校对。全书最后由张震、祝小宁统稿和定稿。在此，对参与本书的参与者所付出的辛勤劳动表示感谢；对李雪梅女士（妻子）对我工作任劳任怨的支持表示感谢。

最后，本书在撰写过程中参考了学界同仁的成果，但由于书稿资料过于繁浩，未能将所有参考资料一一详细列举，对此本人深感歉意；同时也对所有文献的作者表示由衷的感谢。

张震于峨眉山家书斋

2015年6月6日